D1877466

पकी जेठ का गुलमोहर

(स्मृति-कथा)

पकी जेठ का गुलमोहर

(स्मृति-कथा)

भगवानदास मोरवाल

वाणी प्रकाशन

वाणी प्रकाशन

4695, 21-ए, दरियागंज, नयी दिल्ली 110 002

शाखा

अशोक राजपथ, पटना 800 004

फ़ोनः +91 11 23273167 फ़ैक्सः +91 11 23275710

www.vaniprakashan.in
vaniprakashan@gmail.com
sales@vaniprakashan.in

PAKI JETH KA GULMOHAR
by Bhagwandass Morwal

ISBN : 978-93-5000-090-8

© 2016 भगवानदास मोरवाल

प्रथम संस्करण

मूल्य : ₹ 495

इस पुस्तक के किसी भी अंश को किसी भी माध्यम में प्रयोग करने के लिए प्रकाशक से लिखित अनुमति लेना अनिवार्य है।

सिटी प्रेस, दिल्ली-110 095 में मुद्रित

वाणी प्रकाशन का लोगो मक़बूल फ़िदा हुसेन की कूची से

'यह स्मृति-कथा हमारे समाज के उन तमाम गुमनाम और अलक्षितों को समर्पित है, जो जाने-अनजाने भले ही हमारी रचनाओं के पात्र बनने से रह जाते हैं मगर हमारी स्मृतियों में हमेशा ज़िन्दा रहते हैं।'

पकी जेठ का गुलमोहर

ललमुँहा। पता नहीं उस साधु ने क्या सोचकर यह नामकरण किया था? उस साधु ने जिसके बारे में जीजी (माँ को हम जीजी कहकर बुलाते थे) एक क़िस्सा अपने मरने तक हुमक-हुमक कर सुनाया करती थी। जब तक मैं आज भी अपने आपको आईने में निहारता हूँ तो उस साधु पर, जिसके बारे में जीजी यह क़िस्सा अपने मरने तक, न जाने कितनी बार सुना चुकी थी, बेहद ग़ुस्सा आता है। गेहुँए और साँवले रंग के बीच का रंग भला कैसे लाल हो सकता है, और कैसे वह ललमुँहा हो सकता है? समझ से परे है।

लगता है उस साधु ने एक माँ का दिल रखने के लिए यह शब्द दिया होगा! जबकि मुझे पता है कि मेरा रंग-रूप कभी भी, न तो जन्म के समय और न जन्म के बाद लगभग सालभर तक, जब शिशु का चेहरा-मोहरा तेज़ी से बदलता है, ऐसा रहा होगा, जैसा उस साधु ने कहा था। अगर एक साधु के कहने से एक माँ अपने नौनिहाल की हालत और उसका असली रंग-रूप जानने के बावजूद ख़ुश हो जाए तो इससे अच्छा आशीष और क्या हो सकता है। वह भी तब, जब उस माँ ने नौ महीने तक अपनी कोख में बड़े जतन से उसे सहेजकर रखा हो, और जो लगभग मरणासन्न अवस्था में हो। शायद यह उस औघड़ साधु की वाणी और उसके मुँह से निकले शब्दों का परताप था कि एक माँ के अचेत पड़े नौनिहाल की देह में साँस लौट आयी, और जिस क़िस्से को जीजी अपने मरने तक न जाने कितनी बार सुना चुकी थी, उसे बयान करने के लिए यह ललमुँहा आज ज़िन्दा है।

साधु तो अपना आशीष देकर चला गया मगर अपने पीछे छोड़ गया, उस छोटे-से क़िस्से को, जो आज जीजी की अनुपस्थिति में कानों में रह-रह कर मानो थपकी देता है। आख़िर क्या था यह क़िस्सा जिसे अपने मरने तक जीजी न जाने कितनी बार सुना चुकी थी। सो क़िस्सा यूँ है कि बचपन में जीजी का यह ललमुँहा एक बार सख़्त बीमार हो गया था। इतना बीमार कि लगता था बचेगा नहीं। एक दिन जीजी घर के बाहर नीम के नीचे अपने नौनिहाल की बीमारी के चलते चिन्ता-मग्न बैठी थी कि इसी बीच एक साधु भिक्षा माँगने आ गया। अनजान साधु ने पहले इधर-उधर देखा, फिर घर के बाहर जमे चाक, उससे

थोड़ी दूर रखी आथरी[1], थापा-पींडी[2] और एक तरफ़ पड़े चिकनी माटी के ढूह को देखा तो वह भाँप गया कि यह किसी कुम्हार का घर है। पूरी तसल्ली होने के बाद साधु ने पीने के लिए पानी माँगा। जीजी के बजाय वहाँ बैठी बड़ी बहन ने साधु को पानी का गड़ुआ लाकर दे दिया। साधु ने पानी पिया और उठकर जाने लगा, तो चिन्ताग्रस्त माँ ने जाते-जाते साधु से गुहार लगाते हुए कहा, "ऐं रे बाबा, नेक-सो हमारे लाला ऐ देखियो। कई दिनाँ हैगे हैं ठीक ही ना होरो है!"

दरअसल, मेरी ननिहाल ब्रज के एक ज़िले भरतपुर की एक तहसील और अच्छे-ख़ासे नगर कामाँ में है। ब्रज के साथ-साथ यह नगर मेवात का हिस्सा भी माना जाता है। इसलिए मेरी मेवाती बोली पर ब्रज का ज़्यादा असर है और इसी असर के चलते हरियाणा वाले मेवात में जो मेवाती बोली जाती है, उसे 'कठेर' मेवाती कहा जाता है। एक पौराणिक मान्यता के अनुसार मेरे ननिहाल अर्थात् कामाँ का असली नाम 'काम्यवन' है। माना जाता है कि यह काम्यवन ब्रज के बारह वनों में पाँचवाँ श्रेष्ठ वन है। भगवान वाराह ने इस काम्यवन के बारे में कहा है–

सर्वेषु काम्यकं श्रेष्ठम् एतदेव परम मतं।

विश्वकर्मा द्वारा निर्मित इस कामाँ नगरी में चौरासी तीरथ, चौरासी मन्दिर, चौरासी खम्भे, तीन सौ कुएँ और छह करोड़ साठ हज़ार छह सौ सिंहासन थे, जो द्वापर युग में भगवान श्रीकृष्ण के लीला केन्द्र रहे। इस नगरी की पौराणिक महिमा का अनुमान इसी से लगाया जा सकता है कि–

उचकंच पंचमं काम्यकं वनानां वनमुत्तमम।
तत्र गत्वा नरो देवी मम लोके महीयते॥

राजा कामसेन द्वारा बसायी गयी यह नगरी, कहते हैं औरंगज़ेब के हमले की भी शिकार हुई। यह एक मान्यता है। प्रामाणिक तौर पर कहना मुश्किल है। इसकी एक विशेषता यह है कि यहाँ कभी नब्बे कुंड हुआ करते थे, जिनका नामकरण अनेक देवी-देवताओं और तीर्थ-स्थलों के नाम पर किया गया। इनमें चरण कुंड, गरुड़ कुंड, चन्द्रभागा कुंड, धर्म कुंड, नर नारायण कुंड, देवकी कुंड, लंका कुंड, वाराह कुंड, मणिकर्णिका कुंड, गणेशजी कुंड, यशोधरा कुंड, नारद

---

1. आथरी : मिट्टी का वह पात्र जिसमें कच्चे बर्तनों को गढ़ा जाता है।

2. थापा-पींडी : मिट्टी के बर्तन गढ़ने के दो औज़ार। इनमें से एक यानी थापे से बर्तन को बाहर से गढ़ा जाता है, जबकि पींडी से अन्दर से सहारा दिया जाता है। इन दोनों औज़ारों की क्रिया को देखकर ही कबीर ने कहा है–
गुरु कुम्हार सिष कुम्भ है, गढ़ि-गढ़ि काढ़े खोट / अन्दर हाथ सहार दे, बाहर-बाहर चोट।

कुंड, प्रयाग कुंड, पुष्कर कुंड, श्याम कुंड, द्वारिका कुंड, बलभद्र कुंड, गान्धर्व कुंड, परशुराम कुंड, सूर्य कुंड, विमल कुंड, सुरभि कुंड, चैतन्य कुंड, शान्तनु कुंड, प्रह्लाद कुंड, भोग कुंड आदि प्रमुख हैं। यहाँ पंचतीर्थी कुंड भी है, जो पांडवों के नाम पर बना है। कहा जाता है कि ब्रज के इस पाँचवें श्रेष्ठ काम्यवन ने पांडवों को उनके अज्ञातवास के दौरान आश्रय प्रदान किया था। मेरे नाना का घर इसी नगर के उत्तर में स्थित शीतला कुंड व श्रीकुंड की दिशा में है।

पता नहीं यह कैसी विडम्बना और विरोधाभास है कि पौराणिक किंवदन्तियों व मिथकों पर जीने वाले अधिकतर समाज, क्यों आर्थिक अभिशाप के शिकार रहते हैं? जीवनयापन की मूलभूत सुविधाओं से यहाँ के रहवासी वंचित रहते हैं? विश्वकर्मा की बनाई और राजा कामसेन द्वारा बसायी यह नगरी ही नहीं बल्कि कृष्ण की लीला-स्थली पूरा ब्रज और इससे सटा मेवात इस अभिशाप को आज तक झेल रहा है। विकास की दृष्टि से ये दोनों क्षेत्र बेहद पिछड़े हुए हैं। इस आर्थिक पिछड़ेपन की गवाही यहाँ के युवाओं के पिचके गाल, अन्दर धँसी हुई आँखें और सूखे नितम्ब दे देंगे। भारतीय समाज के इस निर्मम धार्मिक विरोधाभास, अन्तर्विरोध और विद्रूपता को समाजशास्त्र की किस श्रेणी में रखा जाए, कि किंवदन्तियों और मिथकों में जहाँ ऐसे क्षेत्र बेहद ख़ुशहाल नज़र आते हैं, असल जीवन क्यों इसके ठीक उलट दिखाई देता है?

तो उस औघड़ ने उचटती निगाह अपने सामने लगभग अचेत पड़े बुख़ार में तप रहे शिशु पर डाली, और एक बेपरवाह वक्र मुस्कान उछालते हुए बोला, "ऐ बीबी, तेरे या ललमुँहा की ना फटे गोंड भी!"

जीजी ने इतना सुन राहत की साँस ली और भिक्षा में जो बना, साधु को दे उसे ससम्मान विदा कर दिया। इस तरह यह था वह छोटा-सा क़िस्सा, जिसे जीजी अपने मरने तक प्रायः सुनाया करती थी।

दिल्ली सू बैराठ तक, मथुरा पच्छिम राठ।
बसे चौकड़ा बीच में, मंझ मुलक मेवात॥

मेरी जानकारी में भारत के मानचित्र पर नगीना नाम की दो जगह हैं और दोनों उत्तर भारत में हैं। इनमें से एक उत्तर प्रदेश में है जो धामपुर नगीना के नाम से जाना जाता है। जबकि दूसरा इस देश के विकसित राज्यों में शुमार मगर खाप पंचायतों के तालिबानी फ़रमानों के लिए कुख्यात हरियाणा के दक्षिण में स्थित 'काला पानी' कहे जाने वाले मेवात में है। अब इसे मेरा दुर्भाग्य कहिए या कुछ और कि मेरा सम्बन्ध खाप पंचायत के लिए बदनाम हरियाणा के इसी

'काला पानी' के इसी मेवात से है। भयाना, नाईवाड़ा और आबरेज तीन हिस्सों में बँटे इस मेवात के बारे में कहा जाता है—

ज्ञान भयाने नीपजै, नाईवाड़े मल्ल।
चतराई आरेज में, तीनूँ बात असल्ल॥

दरअसल, 'काला पानी' नाम के पीछे भी एक द्विज सोच और समाजशास्त्र छिपा हुआ है। यह सर्वविदित है कि गुलाम भारत में फ़िरंगियों के ख़िलाफ़ आवाज़ उठाने वाले या बग़ावत करने वाले स्वतन्त्रता सेनानियों को फ़िरंगियों द्वारा सज़ा के तौर पर 'काला पानी' भेज दिया जाता था। उस ज़माने में यह एक ऐसी निर्मम सज़ा होती थी, जिसे सुनते ही लोगों की रूह काँप उठती थी। बाद में काला पानी की यह सज़ा एक मुहावरे के रूप में इस्तेमाल होने लगी। आज़ाद भारत में यह सज़ा इस देश के विकसित राज्यों में शामिल, मगर खाप पंचायत के अमानवीय फ़रमानों के लिए कुख्यात हरियाणा के सरकारी मुलाज़िमों को देने के लिए शुरू हो गयी। यानी हरियाणा में अगर किसी सरकारी मुलाज़िम को सज़ा देनी होती है, तो उसका तबादला इस 'काला पानी' अर्थात् मेवात में कर दिया जाता है। जबकि मेवात की धरती तो सन्त-फ़क़ीरों से भरी-पूरी रही है। यह वही धरती है जहाँ इस्लाम क़बूल करने के बाद भी मेवों में मेवात के जनकवि सादल्लाह की महाभारत पर आधारित काव्य-रचना, बल्कि यह कहना उचित होगा कि महाभारत का मेवाती में अनुवाद 'पंडून कौ कड़ा', आज भी बड़े गर्व के साथ गाया-बजाया जाता है। कहते हैं कि सादल्ला ने इसका अधिकांश हिस्सा लिखा, जिसे पूरा किया इनके शिष्य नबी खाँ ने। इतना ही नहीं बल्कि मेवात के लाल दास (असली नाम लाल खाँ), भीकजी, दानशा, नत्थू, मीर खाँ, राजू, खक्के, चरणदास, सहजोबाई, दयाबाई, एवज जैसे लोक कवियों का रचना-संसार भारतीय दर्शन, अध्यात्म और सांसारिक क्रिया-कलापों का ही सार है।

आख़िर मेरे मेवात को 'काला पानी' की संज्ञा क्यों दी जाती है? लम्बे समय तक मैं इसकी एकमात्र वजह इसके आर्थिक पिछड़ेपन को मानता रहा। मगर जब पूरे हरियाणा पर नज़र डालता हूँ, तब पाता हूँ कि इसी हरियाणा का अहीरवाल और राजस्थान के रेगिस्तान से सटे बाँगड़ इलाके तो मेवात से भी गये-गुज़रे हैं। फिर इन्हें 'काला पानी' क्यों नहीं कहा जाता है? मेरी मान्यता और धारणा के अनुसार केवल मेवात को इसलिए इस संज्ञा से शोभित किया जाता है क्योंकि यह मेव (मुस्लिम) बाहुल्य क्षेत्र है। हम मेवात के सांस्कृतिक-ऐतिहासिक मूल्यों, योगदान व महत्त्व की बात करें, तो इसकी भूमिका इस देश के बहुत से तथाकथित

राष्ट्रवादी राज्यों व क्षेत्रों से कहीं बड़ी है। इन तथाकथित राष्ट्रवादियों को तो यह भी पता नहीं होगा कि ब्रज के सबसे बड़े कवि अब्दुर्रहीम ख़ानख़ाना की माँ, एक मेव सरदार हसन खाँ मेवाती की भतीजी थी। उस हसन खाँ मेवाती की जिसने राणा सांगा के ख़िलाफ़ युद्ध न करके राणा सांगा के साथ मिलकर बाबर के ख़िलाफ़ युद्ध लड़ा था। दुर्भाग्य से हसन खाँ मेवाती इसी युद्ध में खेत हो गया था। इनको तो इतना भी पता नहीं होगा कि 13 दिसम्बर, 1936 को बिहार के चम्पारन में कांग्रेस के एक अधिवेशन में राष्ट्रपिता महात्मा गाँधी ने मेवात के मेवों के बारे में यहाँ तक कहा था, अगर मेवों जैसा साहस भारत की सारी जातियों में हो, तो मैं इस देश को चौबीस घंटे में आज़ाद करवा दूँगा। विभाजन के समय मेवात के गाँधीग्राम कहे जाने वाले गाँव घासेड़ा में 19 दिसम्बर, 1947 को इसी गाँधी ने, पाकिस्तान जाने वाले मेवों को रोकते हुए कहा था, मेव हिन्दुस्तान की रीढ़ की हड्डी हैं। भारत की केन्द्रीय सरकार व पंजाब राज्य की सरकार से मेरा निवेदन है कि वे मेवों के जान व माल की पूरी सुरक्षा की गारंटी प्रदान करें। मेवों की देशभक्ति की इससे बड़ी मिसाल और सबूत क्या हो सकता है, जिसे दिल्ली के बिड़ला हाउस में 1947 में इसी गाँधी ने अपने शब्दों में इस तरह व्यक्त किया था, "गाँधी भी उन लोगों के साथ मेवात में मरना पसन्द करेगा, जो लोग अपनी मातृभूमि में मरना चाहते हैं।" मगर विडम्बना देखिए कि जिन मेवों के साथ गाँधी जैसा फ़क़ीर मरना पसन्द करता था, उन्हीं के बारे में मेरे राज्य का मुख्यमन्त्री कहता है कि अगर इन्हें भारत में रहना है तो बीफ़ खाना छोड़ना पड़ेगा वरना वे पाकिस्तान चले जाएँ। इसीलिए अपने इसी काले पानी यानी मेवात के बारे में किसी स्थानीय शायर ने कहा है–

जवाँ मरदाने मेवाती, हरेक कूवत से टकराए।
शहनशाह-ए-देहली तक को, ख़ातिर में नहीं लाए॥

और देखिए–

इन्हें मग़लूब करने के लिए आती रही फ़ौजें।
दमादम हर घड़ी साहिल से टकराती रही मौजें॥

मेवातियों की देशभक्ति की इससे बड़ी मिसाल और क्या हो सकती है कि–

दिल्ली पे धावो दियो, अपणा पण के पाण।
डरपाँ मेवन सू सदा, खल्जी मुग़ल पठान॥

ऊपरलीघाँ और निचल्लीघाँ दो हिस्सों में बँटा काले पानी का यही छोटा-सा

जज़ीरा यानी नगीना ही मेरी पैतृक जन्म-स्थली है। इसके पूरब में इस्लामी मदरसा है, तो धुर पच्छिम में दुकाना अर्थात् ईदगाह और इससे पहले ग्यारमी में पचपीर। उत्तर में शिवजी का अस्तल व हिन्दुओं के सवर्णों का श्मशान यानी चीहँटा है, तो दक्षिण में दादा खानू की मज़ार और उससे आगे दलितों का चीहँटा है। पूरब में स्थित बड़कली का ज़िक्र न करना, नगीना के अस्तित्व को नकारना जैसा है। वही बड़कली जिसने क़स्बे की व्यापारिक गतिविधियों को जैसे आज चुरा लिया है। हालत यह है कि क़स्बे और बड़कली पर बिकने वाली सब्ज़ियों में पाँच रुपये किलो तक का अन्तर होता है। क़स्बे के बजाय हर व्यक्ति बड़कली पर अपने काम-धन्धे को प्राथमिकता देना चाहता है। क़स्बे में प्रवेश करते ही सबसे पहले हमारे नगीना के हृदय कहे जाने वाले गौहरवाली चौक से परिचय होता है। गौहरवाली वही चौक है जहाँ रामलीलाओं से लेकर अन्य सांस्कृतिक और चुनावों के दिनों में छोटी-मोटी सभाओं का आयोजन किया जाता है।

हिन्दुओं के बनिया, बामन, जैन, विभाजन के दौरान पाकिस्तान से आये सन्नार्थियों (शरणार्थियों) के अलावा कुम्हार, चमार, भंगी, खटीक, भड़भूँजा, डकौत, माली, तेली, नाई, धोबी, चानौर (कोली), कुंजड़ा, फ़क़ीर, लुहार, मीरासी, खाती जैसी प्रमुख जातियों और उनकी मिली-जुली तहज़ीब की मिसाल है नगीना। इसकी भौगोलिक बनावट बड़ी अजीब है। उत्तर से लेकर दक्षिण को अगर हम पैदल चल कर मात्र आधे घंटे में पार कर सकते हैं, तो पूरब से पच्छिम को पार करने में दो गुना से अधिक समय लगता है। साम्प्रदायिक सौहार्द के यहाँ सारे प्रतीक और धार्मिक-स्थल मौजूद हैं। जैन मन्दिर, कुम्हारों का मन्दिर, चमारों का मन्दिर, भंगियों का मन्दिर, माता मन्दिर के अलावा जामा मसजिद, ईदगाह, पीरों की मज़ार सभी कुछ है मेरे क़स्बे में।

पच्छिम के ऊपरलीघाँ के मेरे चौधरी मोहल्ले की बसावट और बनावट एक असली हिन्दुस्तानी समाज की बनावट है। कहने को यह चौधरी मोहल्ला मेवों के चौधरी मोहल्ले के रूप में जाना जाता है। मगर इसमें बहुमत खटीक, कुम्हार, माली, सन्नार्थी, लुहार, कँडेरा, कुंजड़ा, नाई और एक हद तक चमारों और भंगियों का है। एक समय यानी 1980 तक इस चौधरी मोहल्ले का अपना रुतबा और महत्त्व था, परन्तु समय की पड़ती फीकी चमक के साथ इसकी भी चमक मन्द पड़ती चली गयी। आज यह सिर्फ़ कहने को चौधरी मोहल्ला रह गया है। इस मोहल्ले पर तो आज यह दोहा सटीक बैठता है—

ठाकर रहा न ठग रहा, घोड़ा रहा न चोर।
ठुकरानी भी ना रही, जो सिंह जणे ही और॥

अब तो हालत है कि–

चतर लोग भूखा मराँ, मूरख भोगें भोग।
पईसा ऐसी चीज है, कर दे बेहूदा कू लोग॥

ऊपरलीघाँ के इसी चौधरी मोहल्ले का एक उप-मोहल्ला है–खटीकवाड़ा। 1980 तक खटीकों के आठ-दस परिवारों के इस मोहल्ले में बड़ी रौनक रहती थी। इसका चौक आल्हा-ऊदल के क़िस्सों, बाजीगरों के इन्द्रजाल से लेकर भालू नचाने वाले, बन्दर-बन्दरिया के खेल के अलावा पूरे बदन पर सिन्दूर लीपने वाले और कमर में बैलों के गले में बँधने वाले घुँघरुओं को बाँध उन्हें बजाते हुए भोपाओं द्वारा एक-दूसरे के हाथों में पड़ती लम्बी चाबुक का खुला मंच था। न जाने कितनी बार इस चौक में सारंगी के साथ बचपन में आल्हा-ऊदल सुना था। इस खटीक जाति का इतिहास भी बड़ा दिलचस्प है। कहने को यह जाति अनुसूचित जाति है, मगर यह जाति चमारों और भंगियों की तरह कभी अछूत या शूद्र नहीं रही। बल्कि यह एक व्यापारिक जाति है। दूसरी सवर्ण और पिछड़ी जातियों की तरह अछूतों और शूद्रों से दूरी बनाकर रखती है। भेड़-बकरियों को खरीदने व बेचने के साथ-साथ यह जाति उनके चमड़े का व्यापार भी करती है। खटीक जाति की उत्पत्ति को लेकर मुझे जो एक क़िस्सा प्राप्त हुआ है, वह इस प्रकार है–

'कुफल नाम का एक भक्त था। ब्रह्मा से उसने एक वरदान देने को कहा कि वह चोरी करने में निपुण हो। भक्त के माँगने पर ब्रह्मा ने उसे यह वरदान दे दिया। यह कुफल के एक वंशज का नामकरण था जिसके दो पत्नियाँ थीं–एक क्षत्राणी और दूसरी अहीरन। क्षत्राणी से राजपासी और भील उत्पन्न हुए, तो अहीरन से खटीक उत्पन्न हुआ। उत्तर प्रदेश के प्रतापगढ़ में जो गाथाएँ प्रचलित हैं, उनसे पता चलता है कि पासी, अरख, खटीक और पचार एक ही वंश के हैं। यह भी कहा जाता है कि पुराने ज़माने में पासियों की अबर के राजा से लड़ाई हुई। कुछ पासी डर के मारे खटिया के पीछे छिप गये इसलिए वे खटीक कहलाये, और जो पासी अरख के नीचे छिप गये वे अरख कहलाये।'

चौधरी मोहल्ले के इसी खटीकबाड़े में एक ही गोत्र बल्कि कहिए एक ही परिवार के चार भाइयों के घर हैं। पूर्वी राजस्थान के ब्राह्मणों में भरद्वाज ऋषि के वंशज कहे जाने वाले 'जागा' या 'जग्गा' के नाम से विख्यात इस जाति के (जिसका मुख्य पेशा कुल पुरोहिताई है) बेताल नागरी लिपि में रचित दस्तावेज़ों के अनुसार, नगीना के जिस चौधरी मोहल्ले में मोरवाल गोत्र का यह कुनबा

रहता है, उस जगह को कभी इसी मोहल्ले के ईसब खाँ नाम के मेव से एक मन चने और एक बैल में ख़रीदा गया था। पिछले सैकड़ों सालों से कुल पुरोहिताई करने वाले 'जागा' अर्थात् 'जग्गा' केवल कुछ हिन्दू जातियों जैसे माली, कुम्हार, ब्राह्मण, अहीर, गूजर व जाटों के वंशजों का ही इतिहास व लेखा-जोखा नहीं रखते हैं। बल्कि कुछ मुसलमान शासकों जैसे गौरी, गज़नवी से लेकर मोहम्मद तुग़लक, जलालुद्दीन, दिलावर खाँ, हुमायूँ, अकबर, शाहजहाँ, बहादुरशाह ज़फ़र के साथ-साथ राजस्थान, हरियाणा, उत्तर प्रदेश और मध्य प्रदेश के मेवों की कुल पुरोहिताई की भूमिका भी निभाते आ रहे हैं। मेवात में मेवों के तेरह पालों और बावन गोत्रों की कुल पुरोहिताई तो जागा आज भी करते हैं। जदुवंशी, सूरजवंशी, राठौर और पृथ्वीराज के वंशज दूलौत, छिरकलौत, डेमरोत, बाघोरिया, बड़गूजर आदि पालों के कुलों का पूरा लेखा-जोखा इनके पास मौजूद है। समय-समय पर सम्बन्धित परिवारों की जानकारियाँ ये जागा सत्ताईस अक्षरों वाली 'बेताल नागरी' लिपि में अपनी पोथियों में दर्ज़ करते रहते हैं।

जिस तरह इस देश में हर जाति के पास उसका एक कथित-तथाकथित गौरवशाली अतीत, इतिहास, लोक-विश्वास और उनसे जुड़ी अनेक किंवदन्तियाँ हैं, उसी तरह मेरी जाति यानी कुम्हार जो प्रजापति, प्रजापत, कुमावत, कुलाल, कुमार, पंडित, पटेल, कूट पालक, घटकार, चक्रजीवी, कुम्भकार जैसे नामों से जानी जाती है, तथा जिसे सृष्टि का आदि कलाकार माना गया है उसका भी एक अतीत है। इससे जुड़ी कई किंवदन्तियाँ लोक में प्रचलित हैं। एक किंवदन्ती जिसे चाचा (पिता) अकसर सुनाया करते थे, मुझे आज भी याद है और जो इस प्रकार है—

एक बार उज्जैन का साधु भर्तृहरि घूमते हुए एक गाँव से गुज़र रहा था कि मारे गरमी के उसका हलक़ सूखने लगा। गरमी और प्यास से साधु अत्यन्त व्याकुल हो उठा। संयोग था कि उस गाँव के जिस मोहल्ले में सबसे पहले उसने पदार्पण किया, उस मोहल्ले का सबसे पहला घर कुम्हार का पड़ा। साधु ने वहीं अपना झोली-डंडा रखा और थोड़ा विश्राम करने की ग़रज़ से रुक गया। नीम की घनी छाया के नीचे कुम्हार पूरी तन्मयता और एकाग्रता के साथ मिट्टी के लौंदे को आकार देने में लीन था। इतनी तन्मयता और एकाग्रता के साथ कि उसे इसका भी भान नहीं हुआ कि उसके पास अभी-अभी कोई आकर रुका है।

बीच में एक बार कुम्हार ने गर्दन उठाई, तो एक साधु को वहाँ चुपचाप खड़ा देख वह अवाक् रह गया। उसने काम रोकते हुए पूरे आदरभाव के साथ साधु को बैठने के लिए मूढ़ी सरका दी। इसी बीच उसने अपनी पत्नी को आवाज़ देते हुए तुरन्त एक लोटा ठंडा पानी लाने के लिए कह दिया। पत्नी जब पानी लेकर

आयी, तब उस साधु को देखकर उसने मुँह बिचकाते हुए आँखों ही आँखों में पति को डाँटा कि बेमतलब वह क्यों इन सन्त-फ़क़ीरों के फेर में पड़ा रहता है। मगर कुम्हार ने इस पर ध्यान न देकर, पत्नी से पानी का लोटा लिया और उसे बायें हाथ की हथेली पर रख साधु की ओर बढ़ाते हुए कहा, ''बाबा, पहले पानी पिओ! मारे गरमी के हलक़ सूखा जा रहा होगा!''

साधु ने पानी पिया और आगे की यात्रा के लिए प्रस्थान करने की ग़रज से उठकर जाने लगा कि कुम्हार ने शिष्टतावश औपचारिकता निभाते हुए निवेदन किया, ''बाबा, कहाँ जा रहे हो इस गरमी में। थोड़ा आराम कर लो। वैसे भी यह साधु कौन-सा इस ग़रीब कुम्हार की चौखट पर रोज़-रोज़ आता है!''

साधु ने सचमुच उसका निवेदन स्वीकार कर लिया। पत्नी को जब पता चला तो वह ग़ुस्से से तमतमा उठी। कुम्हार ने पत्नी को समझाते हुए कहा कि साधु है, कौन-सा इसे हमेशा के लिए यहाँ वास करना है। धूप की तपिश कम होने के बाद जब साधु पुनः चलने के लिए उठकर जाने लगा, तब औपचारिकतावश कुम्हार ने फिर निवेदन किया, ''महाराज, अच्छा होता अगर आप रात का विश्राम यहीं कर लेते!''

साधु ने वापस अपना झोला-डंडा रखा और सचमुच कुम्हार का निवेदन स्वीकार कर लिया।

कुम्हारिन को पता चला तो सुनते ही पति पर चढ़ बैठी कि घर का तो ख़ुद ही पूरा नहीं पड़ रहा है, ऊपर से इस मोडे को और न्यौत दिया। खूब खरी-खोटी सुनायी कुम्हारिन ने उसे।

बाहर बैठे साधु ने सब सुन लिया।

इस तरह साधु कुम्हार के घर अतिथि के रूप में दो दिन ठहरा। कुम्हार से जो बना उसने किया। उसके आदर-सत्कार में उसने कोई कमी नहीं छोड़ी।

जिस दिन साधु को कुम्हार के यहाँ से प्रस्थान करना था, उसी दिन उसके यहाँ बर्तन पकाने के लिए अहूवा (आवाँ) चढ़ना था। कुम्हार से विदा लेने के बाद साधु चलने लगा, तो चुपचाप जाते-जाते अहूवा पर लगने वाले 'ठीकरों' में से एक ठीकरे पर, न जाने क्या लिखकर उसने वहाँ डाल दिया।

ठीक तीसरे दिन, जिस दिन अहूवा उतरना था, सूर्योदय होते ही गाँव का एक महाजन पास के किसी गाँव में वसूली करने जा रहा था। चूँकि अहूवा रास्ते के किनारे पर था इसलिए उसे वहीं से गुज़रना था। पक चुके अहूवा की राख जगह-जगह से उतरकर नीचे बैठ गयी थी। अहूवा पर आँच की ताप को रोकने के लिए जिन ठीकरों को बड़े जतन से एक-दूसरे से जोड़कर लगाया गया था, वे भी सब उलट-पुलट चुके थे।

महाजन जैसे ही अह्वा के बग़ल से गुज़रा कि एकाएक उसकी नज़र एक ऐसे ठीकरे पर पड़ी जिस पर कुछ लिखा हुआ था। महाजन ने रुककर उस ठीकरे को उठाकर बाँचा और बाँचने के बाद, उसका अर्थ जैसे ही उसकी समझ में आया, लगा जैसे पूरा अह्वा उसके आगे तेज़ी-से घूम रहा है।

भला यह कैसे सम्भव है? सुबह-सवेरे जागती हुई आँखें कोई स्वप्न तो नहीं देख रही हैं? महाजन का दिल ज़ोर-ज़ोर से धड़कने लगा। चुपचाप उसने काँपते हुए हाथों से ठंडी राख को उठाया और हथेली पर रखकर जाँचा, तो उसके आश्चर्य का ठिकाना नहीं रहा। ठीकरे पर लिखी इबारत का अर्थ एकदम वही है, जैसा महाजन ने समझा था।

उसने बिना एक पल गँवाए वसूली पर न जाने का निर्णय किया और वापस तेज़-तेज़ क़दमों से घर की ओर हो लिया, अपने नहीं, कुम्हार के घर की ओर।

सवेरे-सवेरे बिना किसी पूर्व-सूचना के महाजन को अपनी दहली पर आया देख कुम्हार घबरा गया। सोचने लगा कि उसने इस महाजन से कौन-सा कर्ज़ लिया हुआ है, जो यह अचानक आ धमका।

महाज़न मुस्कुराते हुए वहीं बिछी एक खाट पर बैठ गया।

"सेठजी, कैसे सवेरे-सवेरे?" अकबकाते हुए कुम्हार ने पूछा।

"जो अह्वा पककर तैयार है क्या वह तेरा है?" पहला सवाल किया महाजन ने।

"सेठजी, है तो मेरा ही।"

"हुँऽऽऽ..." कुछ क्षण रुककर फिर पूछा महाजन ने, "इसे तेरी बेचने की सलाह है?"

"बेचने के लिए ही तो ये बर्तन पकाये हैं सेठजी।"

"तो फिर बता, पूरा अह्वा कितने में बेचना है?"

कुम्हार ग़श खाकर गिरते-गिरते बचा। उसने महाजन को सिर से पाँव तक कई बार देखा। उसे न तो अपनी आँखों पर विश्वास हो रहा और न ही कानों पर।

"सेठजी, महाजनी छोड़कर कहीं बर्तन बेचने का इरादा है क्या?" हिम्मत करके कुम्हार ने पूछा।

"काम की बात कर!" महाजन ने डाँटते हुए कहा।

कुम्हार की समझ में कुछ नहीं आया। उसने मन ही मन स्वयं को धिक्कारा कि एक तो सवेरे-सवेरे लक्ष्मी खुद उसके पास चल कर आयी है, ऊपर से वह ऊलजलूल सवाल कर रहा है। उसे आम खाने से मतलब है या पेड़ गिनने से। अन्ततः कुम्हार ने महाजन का प्रस्ताव स्वीकार कर पूरे अह्वा के दाम बता दिये। महाजन ने भी बिना एक पल गँवाए जेब से पैसे निकाले और कुम्हार को दे दिये।

इसके बाद महाजन अपने घर गया और कुछ खाली बोरियाँ, एक बड़ा अनाज छाननेवाला छलना तथा तीन-चार पल्लेदारों को लेकर अहूवा पर पहुँच गया। महाजन ने अहूवा से सारे पके हुए बर्तन बाहर निकलवाये, और अपने पल्लेदारों से बची हुई राख़ को छानने के लिए कह दिया।

जैसे-जैसे राख़ छनने लगी उसे देखकर इस बार सचमुच कुम्हार मूर्च्छित हो गया। कुम्हारिन ने महाजन को रोकने की बहुत कोशिश की। खूब रोयी-चिल्लायी मगर सौदे के मुताबिक़ उस अहूवा पर महाजन का अधिकार हो चुका था। सारी राख़ छनने के बाद छलने में बची छानन को महाजन ने बोरियों में भरा और पल्लेदारों को घर ले जाने का आदेश देने के बाद मुस्कुराते हुए बोला, "इन बर्तनों को भी तू ही ले ले। भला ये मेरे लिए वैसे भी अब किस काम के।"

मुश्किल से कुम्हार धीरे-धीरे उठा और मुट्ठी में राख़ भरकर उसे अपने माथे पर मारते हुए एक बार फिर मूर्च्छित हो गया।

होश आने पर कुम्हार दौड़ा-दौड़ा महाजन के पास गया और जाते ही पूछा कि, उसे कैसे पता चला कि उसके अहूवा (आवाँ) की राख़ में कंचन मिला हुआ है? महाजन अपने साथ लाये उस ठीकरे को, जिस पर साधु भर्तृहरि कुछ लिख कर गया था, पढ़कर सुनाने लगा–

बाबा का हेत, माई का कुहेत।
आधा कंचन, आधा रेत॥

कुम्हार के कुछ पल्ले नहीं पड़ा कि इस पहली पंक्ति का अर्थ क्या है। पहली पंक्ति का अर्थ उसकी समझ में ही नहीं आया बल्कि अपने अहूवा की राख़ में उसने अपनी आँखों से खुद देख लिया, जिसमें आधा कंचन मिला हुआ था। चाचा इस दोहे का अर्थ जब सुनाते और समझाते थे, तब लगता था मानो उनमें उस कुम्हार की आत्मा प्रवेश कर जाती थी। वे बताते थे कि कुम्हार की जाति भोली और मूरख तो है ही बल्कि अशिक्षा के कारण कैसे वह कुम्हार ठीकरे पर लिखी उस इबारत का मतलब नहीं समझ पाया। समझ जाता तो जो कंचन महाजन के पास है, आज उसके पास होता और यह जाति आज आर्थिक रूप से सम्पन्न होती। अपनी जाति की आर्थिक दीनता और अशिक्षा के लिए चाचा उसी कुम्हार के भोलेपन को मानते हैं। दरअसल, साधु भर्तृहरि उस कुम्हार की सेवा-शुश्रूषा से इतना प्रसन्न हुआ कि वह उसे ठीकरे पर लिखकर यह सन्देश दे कर चला गया था कि अहूवा पकने के बाद वह उसे पढ़ लेगा और राख़ से कंचन छान कर अलग कर लेगा। चाचा अकसर इस लोकोक्ति को भी सुनाते

रहते—'इकला खाती, दूजा लुहार/सब कुनबे से लगे कुम्हार।' यानी खाती अकेला और लुहार दो व्यक्तियों से अपना धन्धा चला लेता है। मगर कुम्हारी का धन्धा अर्थात् माटी के बासन बनाने का ऐसा काम है जिसमें पूरा परिवार लगा रहता है।

ऊपरलीघाँ के चौधरी मोहल्ले और उसके उप-मोहल्ले खटीकबाड़े के लोगों को भूलना अपने उन पात्रों को भूलना है, जो मेरी अँगुली पकड़ अकसर मुझे अपने अतीत के भूल-भुलैयों में ले जाते हैं। चाहे वह ताई चन्दरबी हो या सलेमी यानी सलेम खाँ। चाहे वह फूफा मस्तान फ़क़ीर हो या रहीमी यानी अन्धी फूफी। चाहे वह ताई बन्नो हो या ताई मानकौर। चाहे वह सौदान खाँ का पिता कन्हैया हो या ताऊ मेवला। ये ही क्यों टोंकणी, महकी, रहमानी, बुंदी, बादामी, सोनदेई, दुर्गो मौसी, हरदेई, बादामी, गुलाबो, संजा, ज्ञानो या फिर दल्ला, नबी खाँ, कूड़ा, दादा भरपूला, छोटे लाल, गोपाल, घसीटा, मुंशी, चेतराम, बसन्ता, बदलू, मेलू। उधर भंगियों में चाचा गोगू, ताऊ मंगत जो रिश्ते में ताऊ, काका थे, और इधर भाई लगने वाले सुल्ली यानी सुलेमान, जुम्मे खाँ, अतर खाँ, नवाब, ओमी यानी ओमप्रकाश मेहता, बग्गू अर्थात् भगवानदास मेहता, हुसैनदीन, सुभान खाँ, सूरज ये सब चौधरी मोहल्ले के वे पात्र हैं, जिनके कन्धों पर बैठकर और जिनकी अँगुलियाँ पकड़-पकड़ कर यह ललमुँहा आज यहाँ पहुँचा है। नामों का भी अपना कोई समाजशास्त्र होता होगा, जिनका यही पता नहीं चलता कि वे कब अपनी असली पहचान भूल, ऐसे उपनामों में बदल जाते हैं जिनका किसी भी शब्दकोश में कोई अर्थ नहीं होता।

ताई बन्नो की याद आते ही एक झटके में मन अतीत की उस मटमैली रोशनी में लौट जाता है, जिसके धुँधले पड़ चुके सायों के होठों से फूटते रतवाइयों[1] के बोल जैसे कानों में फ़ज्र की अज़ान के शब्द घोल रहे होते हैं। अपनी ननद अन्धी यानी रहीमी के साथ मिलकर गायी जाने वाली ये रतवाई, अकसर रात को गायी जाती थीं। इनका गाने का तरीक़ा और सलीका जैसे आज भी हौले-हौले थपकी देता है। आज चौधरी मोहल्ले ही नहीं बल्कि मेवात की रूह से ही ये रतवाइयाँ ख़त्म हो गयी हैं। कुछ रतवाइयाँ ही केवल यादों के सफ़ों पर कभी-कभार सुनाई दे जाती हैं। ज़रा आप भी इन्हें सुनें और सोचिए कि मेवात का यह लोकगीत रतवाई, किस काव्य-विधा के ज़्यादा निकट है—

परबत पे मोरा नाच रहो
देख तो चलूँ याको नाच

1. रतवाई : मेवाती लोकगीत की एक विधा।

बलम डोला डाट्यो।

●

मेरा नणदी का बीरा
परदेसी की पीत फूस को तापणो
परदेसी उठ जाए, जीव को दाझणो।

●

औंडी रोटी घी घणो
खा ले मेरा नणदी का बीर
तोमें मेरो जी घणो।

●

झूठो मोती ओस को
पौन चले ढल जाए
भरोसो ना है मौत को।

ताई बन्नो का ससुर यानी दादा भरपूला फ़क़ीर नगीना के दक्षिण-पश्चिम में स्थित दादाखानू की मज़ार पर अपने मोहल्ले के खटीक, कुम्हार और चमारों के गलेप चढ़वाने के साथ-साथ, एक देसी कुशल सर्जन भी था। उसकी ख्याति आसपास के साँठावाड़ी, माँडीखेड़ा, गुमट, खोयरी, उलेटा, करहेड़ा, कंसाली, घाघस, भादस, किथोरपुरी, जलालपुर समेत दूसरे गाँवों तक फैली हुई थी। दादा भरपूला अधपके फोड़ों में चीरा लगाया करता था और दवाई के रूप में अपना बनाया हुआ मलहम लगाया करता था। दादा भरपूला के गुज़रने के बाद सालों तक इस काम को उनका पोता यानी इसी ताई बन्नो का इकलौता बेटा सुमान खाँ करता रहा। मगर बाद में उसने इसे छोड़ दिया। इसे छोड़ने की सबसे बड़ी वजह थी इसका निःशुल्क होना। एक तरह से यह समाज सेवा की भावना से प्रेरित था। धीरे-धीरे महँगाई बढ़ने के साथ-साथ यह भावना अपने आप समाप्त होती चली गयी। इसी तरह की मलहम नगीना के पुराने बाज़ार में, लँगड़े डॉक्टर के बग़ल में लाला अमरनाथ भी अपनी दुकान पर निःशुल्क बाँटा करता था। अस्सी के दशक में गाँव-देहातों से पलायन के चलते अमरनाथ का परिवार भी नगीना को छोड़कर शहर चला आया, और इस तरह समाज सेवा की भावना ने धीरे-धीरे दम तोड़ना शुरू कर दिया। जिस समय शाम को दादा भरपूला पीड़ित के कच्चे फोड़े में चीरा लगाता था, वह दृश्य किसी को भी विचलित कर सकता था। चीरे

के वक़्त मारे दर्द के मरीज़ के मानो प्राण निकल जाते। यह दर्द तब और भी दुगुना हो जाता था, जब चीरे के बाद दादा भरपूला फोड़े से खूनी मवाद को, अँगूठे व तर्जनी के पोर से भींच कर पूरी निर्ममता के साथ बाहर निकालता था।

एक बार ताई बन्नो का अपने इकलौते बहू-बेटे से कुछ मन-मुटाव हो गया। यह मन-मुटाव इस हद तक बढ़ गया कि ताई बन्नो ने यह तय कर लिया कि चाहे उसे भीख माँगकर खाना पड़ जाए, पर वह बहू-बेटे का नहीं खायेगी। एक तरह से यह अपनी खुद्दारी और ग़ैरत को बनाये व बचाये रखने का एक माँ का प्रण था, जिसे उसने करके दिखाया। वैसे भी बक़ौल ताई बन्नो एक फ़क़ीर का माँग कर खाने में घटता क्या है।

इस तरह एक दिन पूरे मोहल्ले ने देखा कि सुबह-सुबह उनके दरवाज़े से आवाज़ आती है, "अल्लाह ही अल्लाहऽऽऽ!"

पहली बार एक जानी-पहचानी सी जनानी आवाज़ को जानने की चाहत के चलते मैं दरवाज़े पर गया तो जानकर मुझे हैरानी हुई। क्योंकि इससे पहले मैंने कभी सुबह-सुबह कोई जनानी आवाज़ नहीं सुनी थी। एक पल के लिए जैसे भीतर तक किशोर मन विचलित होता चला गया। यह जनानी आवाज़ किसी और की नहीं थी बल्कि ताई बन्नो की थी, जो कन्धे पर ओन्ने की झोली लटकाये भिक्षुणी बन दहलीज़ के बाहर खड़ी थी। जिसकी आँखों में एक माँ के ऐसे अनेक अजन्मे सवाल आ-जा रहे थे, जो सुमान खाँ जैसे किसी भी बेटे के मुँह पर तमाचे जैसे थे। ताई बन्नो की उस समय यह दशा देखकर मुझे आज रह-रह कर मेवाती लोक कवि नत्थू के छप्पे का यह दोहा याद आ रहा है—

ना माता को दोस, पिता को ना हैं चारो
ना माँ-बापन् को दोस, पुतर जिनको होए नकारो
कहा खोट कपास को, जामें काणो आवे फोस
पड़े खेत में कावड़ो[1], 'नत्थू' हाळी को कहा दोस।

ताई बन्नो की झोली से अन्दाज़ा हो गया कि उसमें आधा सेर के क़रीब चून पड़ा हुआ है। जब तक मैं वापस भिक्षा के रूप में चून लेने के लिए मुड़ता, तब तक जीजी भी आ गयी। जीजी ने ताई बन्नो को अन्दर बुला लिया। जीजी ने उसकी आँखों में जैसे ही झाँका और उसमें कुछ टटोलने की कोशिश की, ताई बन्नो की हिलकियाँ बँध गयीं। जीजी ने उसे बहुत तसल्ली दी। समझाने की बहुत कोशिश की मगर वह अपने इस फ़ैसले से टस से मस नहीं हुई कि वह भिक्षा माँगना छोड़ देगी। बल्कि पूरी मज़बूती के साथ बोली, "कलबत्ती, बहाण

1. कावड़ो : कपास के डोडे का काला पड़ जाना।

मैं माँग-माँग के खा लूँगी; पर बेटा-बहू के रहमोकरम पे ना जीऊँगी।”

हारकर जीजी ने उसकी झोली में कटोरी भर चून भिक्षा के रूप में डाल दिया। इसके बाद कई दिनों तक कुछ मर्दानी ‘अल्लाह ही अल्लाह’, ‘राधे-राधे’ जैसी आवाज़ों के बीच एक ‘अल्लाह ही अल्लाह’ जनानी आवाज़ भी अल्लसुबह हमारी दहलीज़ पर दस्तक देती रही। बाद में पास-पड़ोस की लानत-मलामत के बाद सुमान खाँ ने अपनी माँ से माफ़ी माँगी, तब कहीं जाकर ताई बन्नो ने भिक्षा माँगना बन्द किया।

जैसा कि ताई बन्नो का ससुर यानी दादा भरपूला फ़क़ीर जाति का होने के कारण ऊपरलीघाँ के खटीक, कुम्हार और चमारों सहित जिसकी दादाखानू में श्रद्धा थी, उसकी मज़ार पर गलेप भी चढ़वाता था। हिन्दुओं में पीर-फ़क़ीरों की मज़ारों पर गलेप यानी चादर चढ़ाने और उन पर दीये जलाने की परम्परा बहुत पुरानी है। दादाखानू पर गलेप चढ़ाने की रिवायत के पीछे कई कारण हैं। पुत्र पैदा होने के अलावा दीवाली-होली, और जुम्मेरात अर्थात् बृहस्पतिवार को आज भी अकसर दादाखानू पर गलेप चढ़ाई जाती है। जब भी अपने क़स्बे जाता हूँ और घूमते-घामते दादाखानू की मज़ार की ओर निकल जाता हूँ, तो मज़ार के आसपास उगे झाड़-झंखाड़ में बहुत-से हरे रंग के गलेपों के टुकड़ों को उलझे हुए पाता हूँ। मज़ार के अगले हिस्से पर एक छोटी सी कुंडी बनी हुई है, जो बारिश के पानी से भरी रहती है। बचपन में पचपीर और दादाखानू की इस कुंडी के पानी, जिसमें अनगिनत छोटे-छोटे कीड़े विचरण कर रहे होते थे, उसे हम अपनी आँखों पर लगाते थे। ऐसा करने से हमें लगता था कि हमारी आँखों की रोशनी कभी मन्द नहीं होगी। दिलचस्प यह है कि गलेप चढ़वाने का यह काम आज ताई बन्नो की इकलौती बहू अर्थात् दादा भरपूला की पोत बहू जैतूनी सम्पन्न करती है। गलेप चढ़ाने के दौरान मज़ार के आसपास जो अलौकिक वातावरण पैदा होता है, वह आज भी मुझे बेहद सम्मोहित करता है। मज़ार पर टाँगी गयी जली हुई अगरबत्तियाँ। मिट्टी के सकोरे में धधकते अंगारों पर जलते लोबान की गन्ध और आसपास पेड़-पौधों पर साँझ के धुँधलके में कलरव करते पखेरुओं का नाद, पूरे वातावरण में जैसे अलौकिक वैराग्य घोल देता है। लगता है मज़ार में साँस रोक कर दादाखानू मौन धारण किये हुए हैं।

अब तो दादाखानू की स्तुति में गाया जाने वाला गीत भी किसी को याद नहीं है। यह भी पता नहीं चलता, कौन, कब उसकी मज़ार पर गलेप चढ़ा आया है। दादाखानू की स्तुति में ही नहीं बल्कि शादी-ब्याह के अवसरों पर गाये जाने वाले गीत, जिन्हें बन्ना-बनवारा कहा जाता है और जिनकी रचयिता खुद स्त्रियाँ

होती थीं, उन्हें भी आज की पीढ़ी पूरी तरह भूल चुकी है। बन्ना-बनवारों की जगह 'लेडीज़ संगीत' ने ले ली है, जिसमें लोकगीतों की जगह फ़िल्मी गीत होते हैं। 1997 में मेरी भतीजी की शादी में भाँवरों के समय गाये जाने वाले गीतों की बात चली, तो उस वक़्त वहाँ मौजूद महिलाएँ एक-दूसरे का मुँह देखने लगीं। किसी को भाँवरों के समय गाये जाने वाले गीत याद नहीं थे। तभी किसी ने सुझाव दिया कि ताई गुटारन को बुलवाया जाये। उसी समय रात के ग्यारह-साढ़े ग्यारह बजे मैं और मेरा एक रिश्तेदार ताई गुटारन के घर गये। रात के अँधेरे में ताई गुटारन, जिसे दिखाई भी नहीं देता था, उसे हम जैसे-तैसे अपने साथ लाये। तब कहीं जाकर भाँवरों की रस्म विधिवत् व पारम्परिक ढंग से सम्पन्न हुई।

इसी तरह नगीना के पच्छिम में स्थित पचपीर की मज़ार पर दीवाली के दिन अरसे तक हमारे मोहल्ले खटीकवाड़े में से कोई न कोई दीये जलाने ज़रूर जाता था। जीजी दीवाली-होली के दिन घर की सारी चौखटों के ऊपर सिरस (शिरीष) की टहनी ज़रूर टाँगती थी। इसके पीछे उसकी धारणा और मान्यता यह थी कि ज़्यादातर टोने-टोटके इन्हीं दो त्योहारों पर किये जाते हैं। दीवाली और होली की रात में तो जीजी हमें घर से बाहर ही नहीं जाने देती थी। किसी भी तरह की अलसेट यानी अनिष्टता से बचने के लिए वह चौखटों के बाहर सिरस की टहनियाँ लगवाती थी। दीवाली की अगली सुबह यानी गोवर्धन पूजा के दिन आज भी दिल्ली जैसे महानगर के चौक-चौराहों पर दीवाली की रात अर्थात् अमावस्या को किये गये टोने-टोटकों के सबूत देखने को मिल जाते हैं। इनमें गुड़िया, सिन्दूर, चूड़ी, बिन्दी, नीबू, काले तिल जैसी सामग्री चौक-चौराहों पर बिखरी हुई मिल जाएगी। होश सँभालने के बाद आठवें दशक के आख़िर तक इन्हीं टोने-टोटकों में से एक का नाम मैं अकसर सुनता था। यह था 'घात चलवाना'। उन दिनों घात का नाम सुनते ही मारे डर के सुनने वाले के रोंगटे खड़े हो जाते थे। किसी आदमी को मारने का यह ऐसा टोटका माना जाता था जिसके लिए एक सिद्ध औघड़ की ज़रूरत होती थी। यह बात दूसरी है कि हम इसके बारे में सिर्फ़ सुनते थे, किसी को इससे मरते हुए नहीं देखा। 'घात' के लिए सबसे उचित समय दीवाली की अमावस्या वाली रात ही मानी जाती थी। उसके लिए जिन चीज़ों की ज़रूरत होती थी उनमें कोरे मटके का ढीब (मटके का टूटा हुआ निचला हिस्सा), छोटी-बड़ी सूइयाँ, किसी पशु या पक्षी का ख़ून, नीबू, काले तिल, लाल कपड़ा और जिस व्यक्ति पर उसे चलवाया जाता था उसका नाम व पते वाला क़ाग़ज। औघड़ इन सारी चीज़ों को कोरे मटके के ढीब में रख कर, अपने मन्त्रों से उसे मारने वाले की दिशा में रवाना कर देता। घात

के बारे में अनेक कथाएँ-उपकथाएँ और अपनी-अपनी सुविधानुसार कई क़िस्से मशहूर थे। बचपन में, यहाँ तक कि किशोरावस्था में कइयों से मैं यह सुनता था कि उन्होंने खुद अपनी आँखों से रात के अँधेरे में आग उगलते घात वाले ढीब को आसमान में उड़कर जाते हुए देखा है।

घात के बारे में सबसे रोमांचकारी वितंडा, जिसे अकसर लोगों के मुँह से सुनता था, यह था कि जिस व्यक्ति पर उसे चलवाया जाता था, उसके घर के बाहर रात के अँधेरे में कोई जानी-पहचानी सी आवाज़ उसका नाम लेकर पुकारती है। अगर वह व्यक्ति उसका जवाब देता है, तो समझो उस पर घात चल गयी। यह भी कहा जाता था कि उस आदमी के सीने में हलका-हलका दर्द होता है, जो सूइयाँ चुभने से होता था। कहा तो यह भी जाता था कि शव-दहन के दौरान ऐसे व्यक्ति का सीना नहीं जलता है।

जीजी द्वारा चौखट के ऊपर होली-दीवाली पर सिरस की टहनियाँ टँगवाने का एक कारण यह भी होता था। आज इस 'घात' के बारे में कोई बात नहीं करता है। अन्धविश्वास का इससे रोमांचकारी उदाहरण मैंने अपने जीवन में कभी नहीं देखा। इस वितंडे को मेरा एक छोटा मामा, जिसे छोटे-मोटे टोटकों में कुछ दिलचस्पी थी, अपनी बहन यानी जीजी को इस तरह सुनाता था कि वह उसे सच समझ लेती थी।

फूफा मस्तान, जो ताई बन्नो का ननदेऊ लगता था, उस नाते पूरे मोहल्ले की नज़र में उसका वही स्थान था, जो ताई बन्नो के घर में था। फ़क़ीर होने के कारण फूफा मस्तान के बाकी के कामों में एक काम सुबह-सवेरे भिक्षाटन था। छरहरा बदन, गोरा रंग और कन्धे पर हरे रंग की झोली लटका फूफा मस्तान चून यानी भिक्षा लेकर लगभग फुरसत में सबसे आख़िर में हमारे दरवाज़े पर आता था। जीजी को फूफा मस्तान का बड़ी बेसब्री से इन्तज़ार रहता था। इस इन्तज़ार का कारण जीजी के अन्दर भिक्षुक के प्रति किसी तरह की श्रद्धा नहीं थी, बल्कि कुछ और था। इनमें एक तो यह था कि जीजी को फूफा मस्तान लगभग पूरे गाँव की सूचनाएँ देता था। दूसरी सबसे बड़ी वजह यह थी, कि जीजी ने फूफा मस्तान के जिम्मे एक काम सौंपा हुआ था, और वह यह कि फूफा मस्तान जीजी को यह भी सूचना देता था कि किसके यहाँ कैसी भैंस बिकाऊ है। उन दिनों ज़्यादातर भूमिहीनों और किसानों की एक मुख्य आय का स्रोत दुधारू गाय-भैंस हुआ करती थीं। ज़्यादातर दलित, पिछड़े और किसान परिवारों का गुज़ारा दूध बेचकर उससे होने वाली आय से होता था। इसीलिए फूफा मस्तान जीजी को

दुधारू भैंस, जो बिकने वाली होती थीं, उनकी सूचना देता था।

फूफा मस्तान की इस 'अल्लाह ही अल्लाह' का जीजी को बड़ी बेसब्री से इन्तज़ार रहता था। जैसे ही फूफा मस्तान की उसे यह आवाज़ सुनाई देती, वह उसे अन्दर बुला लेती और देर तक फूफा मस्तान गाँव भर की नयी-नयी सूचनाएँ जीजी को देता। वैसे भी मोहल्ले का दामाद होने के कारण फूफा मस्तान और जीजी के बीच का रिश्ता ननदेऊ और सलहज का था। इसलिए मैं अकसर फूफा मस्तान को जीजी से चुहल करते हुए देखा करता था। ऐसी चुहलें और हास-परिहास हमारे सामाजिक-पारिवारिक रिश्तों के ताने-बाने को मजबूती प्रदान करते हैं। इनके बीच धर्म, सम्प्रदाय, जाति-बिरादरी या छोटे-बड़े की कोई दीवार नहीं होती है। बावजूद इसके जीजी तो हमेशा इस बात का ख़याल रखती ही थी बल्कि ताई बन्नो, फूफा मस्तान समेत सब भी इसका ध्यान रखते थे कि एक हद यानी चूल्हे-चौके की एक निश्चित हद के बाद न तो जीजी उन्हें आने देती, न इन्होंने कभी ऐसा सोचा। अपनी-अपनी सीमाओं को जानते हुए न तो कभी किसी ने उसका बुरा माना, न दिल पर लिया। ऐसा जीजी और हमारे साथ भी होता था। अपने से ऊँची जाति सवर्णों या बामनों के यहाँ जाने पर हम भी इस 'हद' का पूरा ध्यान और इसका पूरा सम्मान व पालन तब भी करते थे, और हमारे समाज में आज भी होता है। चौधरी मोहल्ला, इसका उप-मोहल्ला खटीकबाड़ा और पूरे नगीना सहित अन्य ऐसे समाजों की तरह सामाजिक परम्पराओं का यह चक्र निर्बाध गति से अपनी धुरी पर निरन्तर घूम रहा है। हाँ, जाति और धर्म जैसी असलियत के बावजूद गाहे-बगाहे यह चक्र किसी अतिक्रमण या व्यवधान के चलते कभी-कभी ठिठक ज़रूर जाता है। मगर रुकता कभी नहीं है। अगर कभी जाने-अनजाने रुक भी जाता है, तो कल्पना भर से मन बेचैन हो उठता है कि जिन शहतीरों पर हमारी सामाजिकताएँ टिकी हुई हैं, वे तेज़ी से आज गल कर कहीं नष्ट होती जा रही हैं।

चाचा। पिता को हम चाचा ही कहते थे। हालाँकि मेवात में चाचा से अधिक काका शब्द ज़्यादा प्रचलित है। मेवात से बाहर काका शब्द का इस्तेमाल पहले-पहल मैंने दूरदर्शन पर अस्सी के दशक में प्रसारित होने वाले धारावाहिक 'महाभारत' में होते हुए देखा था। इस धारावाहिक में किसी भी संवाद में चाचा का इस्तेमाल नहीं किया गया। एक बार बातों-बातों में मेरे वकील और पत्रकार मित्र नुरुद्दीन 'नूर' ने काका और 'महाभारत' के प्रसंग में एक दिलचस्प क़िस्सा सुनाया। 'नूर' ने बताया कि उसके संवाद लेखक और हिन्दी साहित्य को

'आधा गाँव' जैसा कालजयी उपन्यास देने वाले डॉ. राही मासूम रज़ा मेवात आये थे। उन्होंने यहाँ देखा कि लोग चाचा के बजाय काका का इस्तेमाल करते हैं। नुरुद्दीन 'नूर' ने बताया कि 'महाभारत' धारावाहिक में डॉ. राही मासूम रज़ा ने काका शब्द का इस्तेमाल मेवात से ही ग्रहण किया था।

पता नहीं हम अपने पिता को काका की जगह चाचा क्यों और कब से कहने लगे थे? हाँ, मेरे ताऊ जी जिन्हें हम बाबा कहते थे, उनकी इकलौती बेटी फूलवती अपने पिता को काका कहकर बुलाती थी। मेरे एक मामा के बच्चे भी अपने पिता को काका ही कहते थे। शायद ब्रज और इससे सटे मेवात में काका का चलन ज़्यादा है। हो सकता है महाभारत काल से यहाँ यही शब्द इस्तेमाल होता रहा हो। इतना ही नहीं, मेरी पत्नी सुनीता जिसका असली नाम सुमरती अर्थात् स्मृति है; वह और उसका भाई भी अपने पिता को काका ही कहते थे। चाचा का व्यक्तित्व बड़ा ही आकर्षक था। कानों में झूलती सोने की मुर्कियाँ और दाँतों में जड़ी सोने की चौंप उनके इस आकर्षण को और बढ़ा देती थी। बायें हाथ पर उर्दू में गुदे 'मँगतू राम' शब्द को देखकर ही मैंने जाना कि उन्हें उर्दू का थोड़ा-सा अक्षर ज्ञान था। बड़ा ही बेपरवाह क़िस्म का व्यक्तित्व था वह। इसीलिए जीजी अकसर उनके बारे में दुःखी मन से कहती थी कि इस आदमी ने जैसा कमाया, वैसा गँवाया भी। ज़िन्दगी में कुछ नहीं जोड़ा। होश सँभालने पर मैंने भी देखा था कि जीजी सही कहती थी। हाथ में थोड़ा-सा पैसा आते ही चंचल लक्ष्मी उनसे छिटकने को आतुर हो उठती—यानी पैसा कभी उनके पास रुका ही नहीं।

चाचा के इस तरह बेपरवाह होने की मेरी नज़र में एक वजह यह है कि सालों तक वे खेल-तमाशों से जुड़े रहे थे। वे एक बेहतरीन झील-नक्काड़ावादक थे। इतना ही नहीं, वे एक साथ कई कलाओं या कहिए हुनरों के जानकार ही नहीं थे बल्कि उनमें पारंगत भी थे। उनके जैसा हरफ़नमौला उस समय क़स्बे में शायद ही कोई रहा होगा। वे एक बेहतरीन राजमिस्त्री के साथ-साथ एक कुशल पतंगबाज़ भी थे। मिट्टी के बर्तन बनाने जैसे पुश्तैनी काम के अलावा में मौक़े-बेमौक़े घर की छान भी बाँध लिया करते थे। कहने का आशय यह है कि चाचा जैसे हुनरमन्द आदमी बिरले ही होते हैं। शराब, वह भी देसी का शौक़ उनसे मरते दम तक नहीं छूटा। इस शौक़ की वजह से सालों तक मेरे उनसे काफ़ी मतभेद और मनमुटाव रहे। मगर बाद में एहसास हुआ कि जो व्यक्ति दिनभर हाड़तोड़ मेहनत करता हो और शाम तक थककर चूर हो जाता हो, उसे शराब ही सुकून प्रदान करती है।

सातवें दशक तक उन्हें मैंने दीपावली के आसपास माँग पत्ती भी खेलते देखा

है। बल्कि दीपावली की रात तो यह पूरी-पूरी रात चलती थी। मुझे उनके उस आख़िरी जुए की आज भी याद है जिसके चलते पूरे घर में कोहराम मच गया था। जीजी की तो मरने-मारने तक की नौबत आ गयी थी। यह शायद 1970 या 1971 की दीवाली रही होगी। हुआ यह कि उस समय के हिसाब से जुए में वे एक अच्छी-ख़ासी रकम हार गये थे। सुबह होने पर जब जीजी को इसका पता चला, तब तक चाचा की हालत द्यूत क्रीड़ा में हारे युधिष्ठिर जैसी हो चुकी थी। सूर्योदय यानी जुआ ख़त्म होने के बाद जीजी को पता चला कि चाचा जुए में चौबीस सौ रुपये हार चुके हैं। इसका पता जीजी को शायद ही चलता अगर चाचा जुए में हारी बाकी की रकम चुकाने के लिए घर चलाने के एकमात्र साधन भैंस को आठ सौ में नहीं बेचते। जीजी ने बहुत हाय-तौबा मचायी। मगर महाभारत के युधिष्ठिर की तरह बाकी की रकम चुकाने के लिए चाचा के पास, इस एकमात्र साधन को बेचने के अलावा और कोई रास्ता था भी नहीं। उस समय आठ सौ रुपये जितनी बड़ी रकम उधार पर मिलना असम्भव ही नहीं, मुश्किल भी था। वैसे कोई देता भी तो रेहन पर रखी किस चीज़ के बदले देता।

चाचा की माँग और पूछ दो मौक़ों पर सबसे ज़्यादा रहती थी। एक सावन-भादों में तब, जब तीज और रक्षाबन्धन पर नगीना में पतंगबाज़ी का समय आता। दूसरा तब, जब रामलीलाओं या अस्सी के दशक में चिमरवाड़े में कुछ नयी सोच के नये-नये अम्बेडकरवादियों द्वारा रविदास जयन्ती के मौक़े पर करवाये जाने वाले तमाशा के लिए नक्काड़ची की ज़रूरत होती थी। रविदास जयन्ती के कारण पूरा चिमरवाड़ा चाचा को पूरा सम्मान देता था। इस मोहल्ले से वे जब भी निकलते 'चाचा राम-राम', 'ताऊ राम-राम' और 'दादा राम-राम' की जैसे झड़ी लग जाती थी। रविदास जयन्ती पर दो तमाशों के प्रति लोगों में बड़ा आकर्षण होता था—'सुल्ताना डाकू' और 'दहीवाली'।

सुल्ताना डाकू का किरदार निभाने वाले छह फुटे, छरहरे बदन के मास्टर श्यामलाल के भीतर तो मानो सुल्ताना की रूह ही प्रवेश कर जाती थी। सुल्ताना का किरदार वे बड़ी शिद्दत के साथ निभाते थे। जबकि मेरे पड़ोसी सोहन लाल सेठ का किरदार निभाते थे। सोहन लाल का यह संवाद तो आज भी हमारे क़स्बे में एक तरह से मुहावरे के रूप में इस्तेमाल होता है—'चार आने का तेल, तेल के चार आने।' इस मुहावरे में एक तरह से पूरी महाजनी सभ्यता और उसका सिद्धान्त छिपा हुआ है। यानी यह वाक्य महाजन द्वारा इस ढंग से बोला जाता कि उधार में एक बार ख़रीदी गयी वस्तु के दोगुने दाम देने पड़ते थे।

बीच चिमरवाड़े में जहाँ आज चमारों की चौपाल है, उसके ठीक सामने

तमाशे के लिए मंच बनाया जाता था। इन तमाशों को देखने के लिए नगीना ही नहीं, आसपास के लोग भी उमड़ पड़ते थे। अस्सी के दशक के आख़िर तक यह मोहल्ला पूरी तरह भरा-पूरा था। मगर अस्सी के दशक में शुरू हुए पलायन से यह मोहल्ला भी अपने आपको नहीं बचा पाया। पता नहीं क्यों, जिस आत्मीयता का एहसास चाचा को चिमरवाड़े में लल्लू, मास्टर श्यामलाल, दौजी, श्रीकिशन और इस मोहल्ले के अन्य लोगों से मिलने पर होता था, वह उन्हें सवर्णों से कभी नहीं हुआ। दरअसल, नगीने का यह चिमरवाड़ा एक तरह से दलित-पिछड़ों की अस्मिता का एक छोटा-सा द्वीप है। धुलैंडी के दिन इस मोहल्ले में मर्द-औरतों के बीच खेली जाने वाली फाग और उसी दिन सुबह-सुबह हमारे अह्वा (आवाँ) पर राजस्थान की सीमा से लगे गाँव लपाळा के एक दलित द्वारा कच्ची शराब (जिसे *दूसरा तोड़* भी कहा जाता है) का इन्तज़ार धुलैंडी का एक विशेष आकर्षण होता था। कच्ची शराब से भरे बड़े-से ब्लैडर को चुपचाप लाकर हमारे अह्वा पर पड़े तूड़े में छिपाने के बाद, वह खटीकवाड़े में आकर खड़ा हो जाता। इसे देखते ही लोग समझ जाते थे कि माल आ चुका है। इसके बाद एक-एक कर सब अपनी-अपनी खाली बोतलें लेकर हमारे अह्वा पर पहुँच जाते थे। उस समय यानी 1974-75 में दो रुपये प्रति बोतल के हिसाब से वह शराब देता था। एक दिन मैंने शायद 1978-79 की बात होगी, उसे यह कहते हुए बहुत डरा दिया था कि अगर उसने इस मोहल्ले में शराब बेचनी बन्द नहीं की, तो मैं इसकी पुलिस में शिकायत कर दूँगा। पुलिस के डर से उसने सचमुच हमारे क़स्बे में शराब लानी बन्द कर दी।

'सुल्ताना डाकू' की लोकप्रियता का अनुमान इसी से लगाया जा सकता है कि इसका मंचन आज दिल्ली के राष्ट्रीय नाट्य विद्यालय में ही नहीं, बल्कि बिहार व झारखंड के नक्सल इलाक़ों में भी होता है। हाथरस शैली की नौटंकी अर्थात् सांगीत रचयिता पंडित नथाराम शर्मा गौड़ ने तो इसे नौटंकी शैली में 'सुल्ताना डाकू उर्फ़ ग़रीबों का प्यारा' शीर्षक से लिपिबद्ध भी कर दिया। मंगलाचरण के बाद दोहे और चौबेले में इसका परिचय पंडित नथाराम शर्मा गौड़ इस तरह देते हैं—

ज़िला एक बिजनौर है, यूपी के दरम्यान।
शहर नजीबाबाद को, लो उसमें ही जान॥

पैदा हुआ उसी के अन्दर, एक डाकू सुल्ताना।
बड़ा चुस्त चालाक बहादुर, लाजवाब मरदाना॥

था उसका ये काम अमीरों का बस लूट ख़ज़ाना।
बेकस और ग़रीबों को आराम सदा पहुँचाना॥

'सुल्ताना डाकू' के अलावा रविदास जयन्ती के अवसर पर दूसरा लोकप्रिय तमाशा था 'दहीवाली'। यह कहानी बंगाल के कलकत्ता शहर के एक जौहरी की बेटी पर आधारित है। पंडित नथाराम शर्मा गौड़ ने इस स्वाँग का परिचय देते हुए लिखा है—

हिन्दुस्तान महान का, अंग एक बंगाल।
उसमें कलकत्ता शहर, कहूँ वहाँ का हाल॥

एक जौहरी नाम हरीशंकर थे वहाँ पर भारी।
मैंबर आप बड़ी कौंसिल के, सज्जन पर उपकारी॥
राम बहादुर लक़ब आपकी पुत्री एक पियारी।
उसका नाम रतिकला, मित्रो अति सुन्दर सुकुमारी॥

पिताजी ने अभी शादी नहीं इसकी रचाई है।
बड़ा रतिकला का मित्रो मदनचन्द एक भाई है॥
हो गया ब्याह जिसका नाम शान्ती प्राण प्यारी का।
बड़ी सुन्दर सुशील थी न कुछ जाती बड़ाई है॥
यार एक था मदनचन्द का जो गुंडा आला दर्ज़े का।
कुमतिचन्द नाम एक रंडी से जिसकी आशनाई है॥

चाचा को यह तमाशा बहुत प्रिय था। इसलिए जब दहीवाली, जिसका किरदार एक पुरुष नचनिया निभाता था, सिर पर दही का मटका रख, 'दही ले लोऽऽऽ, दही ले लोऽऽऽ' की टेर लगाने के बाद गाता था, तो झील-नक्काड़े पर पड़ती चौब की नोक मानो बौरा जाती थी। ढोलक पर संगत करने वाले सम्पत्त खटीक, जो हमारा ही पड़ोसी था, उसकी हथेलियों की थाप से ढोलक के दोनों ताल पूरी तन्मयता से झील-नक्काड़े का साथ देने लगते। ढोलकिया के रूप में सम्पत्त खटीक को मैं रामलीलाओं से लेकर ऐसे नाच-तमाशों में हमेशा चाचा के साथ ही देखता था। चाचा भी कहीं जाते तो सम्पत्त को ही साथ ले जाते थे। ऐसी जोड़ी थी इन दोनों की।

अपनी जीजी के इस ललमुँहा की सांग-नौटंकियों में दिलचस्पी का एक कारण, बचपन से चाचा को एक साज़िन्दे के रूप में देखते रहना भी रहा है। क़स्बे की रामलीलाओं को तो यह अकसर बचपन में चाचा की बग़ल में बैठकर देखा करता था। जैसा कि आज भी होता है कि रामलीला-मंचन के बीच-बीच में दर्शकों को

बाँधे रखने के लिए हलके-फुलके मनोरंजन का सहारा लिया जाता है। इसी तरह एक बार ऐसे ही स्थानीय कलाकार बाबू नाई द्वारा एक फ़िल्मी गीत 'गरीबों की सुनो, वो तुम्हारी सुनेगा, तुम एक पैसा दोगे वो दस लाख देगा' पेश किया जाना था। चूँकि सामने बैठे दर्शकों को इस गीत से भावनात्मक रूप से प्रभावित करना था। इसलिए बाबू को एक उपाय सूझा और उसने नक्काड़ची के बग़ल में बैठे बच्चे को गोद में उठा लिया। बच्चे को गोद में ले बाबू उसे समझाते हुए निर्देश देने लगा कि बेटा जब तक मैं गाऊँ तू अपनी दोनों हथेलियों को माँगने की मुद्रा में फैलाए रखना। इस ललमुँहे ने ऐसा ही किया। जब तक 1966 में बनी फ़िल्म 'दस लाख' के मुहम्मद रफ़ी और आशा भोंसले द्वारा गाये जाने वाले इस गीत को बाबू गाता रहा, यह ललमुँहा उसकी गोद में दोनों हाथ फैलाकर चुपचाप बैठा रहा। गाना ख़त्म होते-होते दर्शकों की ओर से 1968 में पाँच या दस पैसे ही नहीं आये बल्कि चवन्नी, अठन्नी यहाँ तक कि एक रुपया तक दान में दिया गया। मंच पर परदा गिरने के बाद बाबू ने वापस मुझे नक्काड़ची यानी चाचा के बग़ल में बैठा दिया, और इनाम के रूप में बड़े प्यार से उसने मेरे हाथ में चवन्नी रख दी।

क़स्बे की रामलीलाओं में उन दिनों मनोहरी पंडुत दशरथ का, जोधा मास्टर निर्देशक के रूप में, शंकर हलवाई कुम्भकर्ण का, हरि हलवाई कैकेयी का, बाबू नाई सीता का, केवल नाई ताड़का का और पूरन मास्टर रावण का जैसा भाव प्रवण अभिनय करते थे, वह देखते ही बनता था। साज़िन्दों में मँगतू कुम्हार नक्काड़ची, सम्पत्त खटीक ढोलकिया, फयाज़ मीरासी हारमोनियम बजाने की भूमिका निभाते थे। यानी साज़िन्दों की भूमिका पिछड़े, दलित और मुस्लिम दलित ही निभाते थे। जबकि मास्टर रघुनन्दन बड़ी कुशलता से उद्घोषक का दायित्व निभाते थे। बाद में पूरन मास्टर ने रावण का किरदार निभाना बन्द कर दिया। क़स्बे के कुछ प्रभावशाली लोगों ने उन्हें मनाने की बहुत कोशिश की। मगर उन्होंने यह किरदार निभाने से दो टूक मना कर दिया। बाद में इस इनकार की जो वजह लोगों को मालूम हुई, वह बड़ी दिलचस्प है। दरअसल, पूरन मास्टर दम्पति के कोई सन्तान नहीं थी। उनकी पत्नी ज्ञान भैनजी नगीना के ही प्राथमिक पाठशाला में अध्यापिका थीं। जीजी का यह ललमुँहा भी उनका छात्र रह चुका है। ज्ञान भैनजी जैसी सख़्त अध्यापिका मैंने अपने छात्र-जीवन में शायद ही कोई देखी हो। बच्चों को जिस निर्ममता से वे पीटती थीं, वैसा कोई अध्यापक आज अपने छात्रों को पीट दे, तो निश्चित ही उसे नौकरी से हाथ धोना पड़ जाये।

ज्ञान भैनजी जैसा सख़्त एक और अध्यापक थे और वे थे चोखराज मास्टर। उन दिनों अध्यापकों पर हमारा समाज और अभिभावक बहुत भरोसा करता था। अपने बच्चों और उनके अध्यापकों के बीच उनका किसी तरह का हस्तक्षेप नहीं होता था। कहते हैं कि ज्ञान भैनजी और चोखराज मास्टर के हाथ के नीचे से निकले छात्र अपने जीवन में असफल नहीं हुए। मैंने इन दोनों का सख़्त और बेरहम अनुशासन देखा है। चोखराज मास्टर को तो मैंने अपने छात्रों को खड़ी तख़्ती से मार खाते हुए देखा है। इसे इनका ख़ौफ़ कहिए या अनुशासन कि बी.ए. करने तक मुझे दूर से भी अगर ज्ञान भैनजी दिखाई दे जातीं, मैं इधर-उधर छिप जाता था। दरअसल, इस छिपने-छिपाने को मैं किसी तरह का ख़ौफ़ या अनुशासन नहीं बल्कि गुरुओं के प्रति श्रद्धा और सम्मान का भाव मानता हूँ।

जैसा कि मैंने बताया कि पूरन मास्टर और ज्ञान भैनजी के कोई सन्तान नहीं थी। किसी ने इनके मन में यह वहम डाल दिया था कि इनके निःसन्तान होने का कारण पूरन मास्टर द्वारा रावण की भूमिका निभाना है। इसीलिए उन्होंने रावण की भूमिका निभाने से मना कर दिया था। अब इसे विधि का विधान कहिए या कुछ और कि पूरन मास्टर दम्पति के यहाँ पुत्री के रूप में सन्तान तब पैदा हुई, जिस उम्र में लोग सन्तान की उम्मीद छोड़ बैठते हैं।

नगीना की रामलीलाओं के बाद दशहरे और सावन की तीज पर लगने वाले मेले के अवसर पर होने वाली कुश्तियों की सफलता में चन्दू परधान, मानक सरपंच, मास्टर हयात खाँ, लाला नौबत राय, दौजी चमार, यासीन खाँ मेम्बर समेत हिन्दू-मेव समुदाय के लोगों की बराबर की भूमिका रहती थी। दशहरे पर आयोजित होने वाली विशाल कुश्ती के मौक़े पर एक बार नया आइटम पेश किया गया, और वह था वेट लिफ़्टिंग यानी भारोत्तोलन। एक बार दशहरे के अवसर पर होने वाली कुश्ती के बीच अचानक मंच से लाउडस्पीकर द्वारा यह उद्घोषणा हुई कि विनोद गुप्ता आज एक क्विंटल वज़न उठाएगा। इस उद्घोषणा को सुनते ही वहाँ मौजूद हज़ारों की तादाद में आये दर्शकों में खुसर-पुसर शुरू हो गयी कि एक बनिए का छोरा एक क्विंटल वज़न उठाएगा? यह कैसे सम्भव है? मंच के बग़ल से जैसे ही छह फ़ीट से ज़्यादा लम्बे, अमिताभ बच्चन स्टाइल के बालों से ढके कानों वाले मज़बूत कद-काठी के युवक ने वेट लिफ़्टिंग के सामान के साथ मैदान में प्रवेश किया, तब भी लोगों को यक़ीन नहीं हुआ। मगर नगीना के काल्टीन कहे जाने वाले परिवार के विनोद गुप्ता नाम के इस युवक ने, जैसे ही बीच मैदान में भारी-भारी एक क्विंटल से ज़्यादा वज़नी चक्कों को सिर से ऊपर उठाया, तो चारों तरफ़ खड़े दर्शक देखते रह गये।

कोई मुझसे मेरी कुछ पसन्दीदा फ़िल्मों के बारे में पूछे, तो सबसे पहले मेरे ज़हन में दो फ़िल्मों के नाम उभरते हैं। एक 'तीसरी कसम' और दूसरी 'हीर राँझा'। इसका एक कारण बचपन से अपनी लोक कलाओं के प्रति मेरा अनुराग रहा है। सत्तर के दशक के अपने स्कूली ज़िन्दगी में मैंने छिप-छिप कर कई नौटंकियाँ देखी हैं। बचपन में अपने क़स्बे के भोंदू के नोहरे में देखी गयी 'रूप बसन्त' की हलकी-सी स्मृति अभी भी मस्तिष्क में किसी कोने में उलझी हुई है। यह शायद छठे दशक की बात है। अपनी लोक कलाओं, विशेषकर नौटंकियों बल्कि कहना उचित होगा स्वाँगों के संगीत पक्ष को उनकी कामयाबी का मैं एक प्रबल पक्ष मानता हूँ। 'तीसरी कसम' में शैलेन्द्र ने जिस तरह नौटंकी और उसमें भी लोक-वाद्यों का इस्तेमाल किया है, उसकी सफलता का एक बड़ा कारण रहा है। झील-नक्काड़ा, पेटी बाजा (हारमोनियम) के अलावा इसमें दूसरे लोक-वाद्यों का इस्तेमाल किया गया है। बड़े अभिनेताओं राजकपूर व वहीदा रहमान की चमक के आगे उन पर किसी ने ख़ास ध्यान नहीं दिया। 'हीर राँझा' की तो सबसे बड़ी खूबी ही इसकी नौटंकी शैली में प्रस्तुति है।

उत्तर भारत के पश्चिमी उत्तर प्रदेश के ब्रज, हरियाणा के मेवात और पूर्वी राजस्थान में इन स्वाँग-नौटंकियों की शिक्षा के प्रसार में बड़ी भूमिका रही है। साठ और सत्तर के दशक के दौरान इन प्रदेशों में ज़्यादातर शैक्षणिक संस्थानों के भवनों का निर्माण ही नौटंकियों के शो आयोजित कर, उनसे इकट्ठे हुए धन से हुआ है। यह बात अलग है कि इनमें काम करने वाली जिन स्त्री-कलाकारों को कभी सम्मान की नज़र से नहीं देखा जाता था, वे ही नौटंकियों की जान होती थीं। आलम यह था कि जैसे ही लोगों को पता चलता कि कोई नौटंकी मंडली आयी है, लोग एक-दूसरे को यह कहकर सूचना देते थे कि 'रंडीन को नाच आयो है।' अपने आप में यह कितना बड़ा सामाजिक विद्रूप और विरोधाभास है कि एक तरफ़ लोग सांग-नौटंकियों को 'रंडियों का नाच' कहते, वहीं दूसरी तरफ़ इन्हीं की स्त्री-कलाकारों की कला से इकट्ठा हुए धन से समाज में शिक्षा की रोशनी फैलती रही है।

ऐसी ही नौटंकी की एक स्त्री-कलाकार श्रीमती कृष्णा कुमारी का मुझे सत्तर के दशक का वह दौर याद आता है, जब उनकी कला की लोकप्रियता का परचम लगभग पूरे उत्तर भारत में लहरा रहा था। हाथरस शैली की स्वर कोकिला कही जाने वाली इस अप्रतिम कलाकार की आवाज़ की खनक का जादू लोगों के सिर चढ़कर इस क़दर बोल रहा था कि मेरे मेवात में तो एक लोकगीत ही बन गया

था। यह गीत निकाह के समय वधू पक्ष की औरतें दूल्हे के पिता को उलाहने के तौर पर गाती थीं–

नकीलो आयो ब्याहन् लू, कहा लायो है नसीरी को नाच।
गोळा-फुलझड़ी तो खूब चली, मजा आतो होतो किरसना को नाच ॥

यह था एक कलाकार की लोकप्रियता और उसकी कला की स्वीकार्यता का जलवा। 1971 में मेरे क़स्बे नगीना में नये-नये खुले मेवात डिग्री कॉलेज, जो आज एक राजकीय महाविद्यालय के रूप में काम कर रहा है, उसके भवन के आरम्भिक दो-तीन कमरों का निर्माण श्रीमती कृष्णा कुमारी द्वारा की गयी नौटंकी 'अमर सिंह राठौर' और 'तारामती हरिश्चन्द्र' से एकत्रित हुए धन से ही हुआ है।

दरअसल, नगीना के इस कॉलेज की स्थापना और उसकी परिकल्पना के पीछे मुख्य कारण राजनीतिक प्रतिद्वन्द्विता थी। नूँह के यासीन मेव डिग्री कॉलेज के संस्थापक व प्रमुख मेव राजनेता स्वर्गीय तैयब हुसैन थे। इस कॉलेज की स्थापना उन्होंने अपने पिता चौधरी यासीन खाँ के नाम पर की थी। इस कॉलेज के टक्कर का एक और कॉलेज स्थापित किया जाए, नगीना के मेवात डिग्री कॉलेज के पीछे मुख्य वजह यही थी। इसके संस्थापकों में मेवात के दूसरे सबसे बड़े राजनेता और चौधरी तैयब हुसैन के चिरप्रतिद्वन्द्वी चौधरी ख़ुर्शीद अहमद, फ़िरोज़पुर झिरका के जाने-माने उद्योगपति, समाजसेवी व संस्कृतिकर्मी ताराचन्द प्रेमी तथा मेरे क़स्बे के बड़कली स्थित रामनगर को बसाने वाले व रामा डेयरी के संचालक दो भाई राम अवतार गुप्ता व श्रीकृष्ण गुप्ता थे।

फ़िरोज़पुर झिरका के ताराचन्द प्रेमी को मैं मेवात का कल्चरल लीजेंड मानता हूँ। मेरी जानकारी में ताराचन्द प्रेमी को मेवाती गीतों का पहला एचएमवी एलपी रिकॉर्ड बनवाने का श्रेय जाता है। बचपन में मैंने पहली बार किसी मेवाती लोकगीत का सस्वर पाठ दिल्ली से प्रसारित होने वाले आकाशवाणी के एक कार्यक्रम में इन्हीं के स्वर में सुना था। सम्भवतः यह सत्तर के दशक की बात थी।

1980 तक नगीना में उत्सवी रौनक और चहल-पहल या तो सावन-भादों में नज़र आती थी, या फिर मुहर्रम के दिनों में दिखाई देती थी। यह उत्सवी माहौल किसी धर्म विशेष या समुदाय में नहीं होता था बल्कि पूरे नगीना में रहता था। एक तरफ़ सावन-भादों के महीनों में हिन्दुओं की बहन-बेटियाँ अपने-अपने मायके में आकर जगह-जगह पड़े झूलों पर मल्हारों की फुहारें बरसातीं, तो दूसरी तरफ़ मेवों की लड़कियाँ झूलों पर पींग खाती हुई यह गीत गाती नज़र आतीं–

पाँच सुपारी मेरे हाथ बामण बूझण मैं चली
कह बमणा मेरे मन की बसी बात
कद बगदेगो मेरो सायबा।

इन्हीं दो महीनों में तीज और सिलौने (रक्षा बन्धन) पर होने वाले पेंचों की तैयारियों में बच्चे, जवान और अधेड़ों की तत्परता देखते ही बनती थी। सावन की हरियाली तीज जैसे-जैसे नज़दीक आती, ऊपरलीघाँ की थड़ी की बुर्जियों पर बिछे चिकने पत्थरों पर लालटेन और बोतलों के शीशे माँझे की सुताई के लिए पिसने शुरू हो जाते। रंग-बिरंगे झप्पुओं (बड़ी पतंग) का युद्ध स्तर पर बनना शुरू हो जाता। यह वही थड़ी है जिसकी दीवारों पर कभी चौंसठ खूँटियाँ हुआ करती थीं। यह थड़ी सोलह खम्भों पर टिकी हुई है। इसके बाहरी हिस्से में आमने-सामने दो पीवणी हैं, जिनमें बारात के लिए पानी के मटके रखे जाते थे। सन् 1834 में बनी इस थड़ी के बारे में यहाँ के किसी स्थानीय कवि ने लिखा है–

चौंसठ तो नारी बणी, सोलह इनका लोग।
आमई-सामई पीवणी, है ई चौंतीसा को जोग॥

मेवात में इन थड़ियों का उपयोग कभी ब्याह-बारात और कभी-कभी होने वाली पंचायतों के लिए होता है। मगर आज या तो इनमें से ज़्यादातर का उपयोग मदरसों के रूप में हो रहा है, या इन पर यहाँ के स्थानीय लोगों ने अनधिकृत कब्ज़ा किया हुआ है। कुछ जर्जर होकर तेज़ी से खँडहर में तब्दील होती जा रही हैं। थड़ी केवल मेवात की सामुदायिक पहचान ही नहीं है बल्कि उसकी सांस्कृतिक पहचान भी है, जो तेज़ी से नष्ट होती जा रही है। तीज और रक्षा बन्धन के दिन आसमान छूती पतंगों के बीच चलने वाले पेंचों का दृश्य देखने वाला होता था। लगता था जैसे रंग-बिरंगी विभिन्न आकार की पतंगों के बीच कोई आकाशीय युद्ध हो रहा हो। तीज के दिन दोपहर बाद तीजन के कुएँ पर मेला लगता था। जबकि वहीं पास में धोबीघट्टा के बग़ल के खेतों में दंगल और कुश्तियाँ होती थीं। इनमें पूरे क़स्बे का ही नहीं आसपास के गाँवों के लोगों का भी भरपूर सहयोग मिलता था।

उन दिनों मोहर्रम के लिए ताज़िये भी इसी थड़ी पर तैयार होते थे। मोहर्रम के दिनों में कलदा फ़क़ीर अपने दोनों बेटों–कल्लन और नूरशाह के साथ अपने निवास ग्यारमी से रोज़ाना इशा की नमाज़ से कुछ देर पहले ढोल-ताशे के साथ सदा निकलता था। नगीना के ताज़ियों की भव्यता और ऊँचाई देखते ही बनती थी। बड़े-बड़े डहलों (विशाल पाये पाले पलँग) को जोड़ कर बनाये गये ताज़िये,

'या हुसैन' के उद्‌घोष और इमाम हुसैन के वालिद हज़रत अली के पंजे से बने अलम के किनारों पर लटकाई गयी तलवारें हवा में घूमतीं, तो ये दृश्य बड़े मोहक होते। जैसे-जैसे मरसियों के साथ ताज़िये आगे बढ़ते, हिन्दू औरतें व लड़कियाँ अपने घरों के नवजात शिशुओं को गोद में लेकर उनके नीचे से निकालती थीं। कहते हैं कि ताज़िये झुकाकर या टेढ़े करके नहीं निकाले जाते हैं। ताज़िये थड़ी से उठकर लुहारों के मोहल्ले से होते हुए चौधरी मोहल्ले के बाद चिमरवाड़े में पहुँचते। रास्ते में अगर कोई बिजली का तार आ जाता, तो ताज़िये के लिए उसे थोड़ी देर के लिए हटा दिया जाता था। इनके नगीना के प्रमुख चौक गौहरवाली में पहुँचते-पहुँचते मेला-सा लग जाता था। रास्ते से लेकर गोहरवाली में नये-नये कपड़े पहने लड़कियाँ छाती पीटते हुए गोल घेरे में घूमते हुए 'हब्दा' देती थीं। वहीं दूसरी तरफ़ धर्मशाला के पास खुले चौक में पट्‌टेबाजी की प्रतियोगिता हो रही होती। जगह-जगह जलेबी, लड्डू, पेठे की मिठाई, चाट-पकौड़ी की रेहड़ियाँ और छोटी-मोटी ज़रूरतों के सामान की दुकानें सज जातीं। कुल मिलाकर पूरा माहौल उत्सवी बन जाता था।

पता नहीं नगीना के इस उत्सवी रंग को किस सोच और संकीर्ण मानसिकता ने मिटा दिया। एक ओर अस्सी के दशक के शुरू होते-होते तीज का मेला भरना बन्द हो गया, तो उसी दौरान ताज़िये निकलने भी बन्द हो गये। ये दोनों परिघटनाएँ लगभग एक साथ घटीं। इनमें तीज का मेला न भरने की बड़ी वजह अस्सी के दशक के शुरुआत में सवर्ण जातियों, मुख्यतः बनियों और बामनों का इलाक़े से पलायन करना था। जबकि ताज़िये न निकलने की वजह मेवात के मेवों को मुस्लिम धर्मगुरुओं द्वारा यह समझाना रहा है कि ताज़ियों को शियाओं में निकाला जाता है, न कि सुन्नियों में। दूसरा, इन्हें बताया गया कि मोहर्रम ग़म के रूप में मनाया जाता है। जबकि मेवात में इसे पूरे हर्षोल्लास के साथ उत्सव की तरह मनाया जाता था।

जो भी है, धार्मिक और सामुदायिक तर्क अपनी जगह हैं मगर बढ़ती धार्मिक कट्‌टरता और हमारे गाँव-देहातों से पलायन के चलते सबसे बड़ा आघात व नुक़सान हमारी सामूहिक उत्सवधर्मिता को पहुँचा है। अस्सी के दशक के शुरू होते-होते पलायन के रूप में मची भगदड़ ने नगीना जैसे छोटे क़स्बों की ही नहीं, छोटे और मझोले नगरों व शहरों के मोहल्ले व उनकी हवेलियों को सूना कर, उन्हें भुतहा बना दिया। अगर आज गिनती करने बैठूँ तो मेरे क़स्बे के ज़्यादातर सरमाएदार बनिया, बामनों और विभाजन के दौरान पाकिस्तान से आये सन्नार्थियों समेत दलित-पिछड़ों के कुछ आधे व कुछ पूरे के पूरे परिवार पलायन कर दिल्ली,

गुड़गाँव, फरीदाबाद, बल्लभगढ़, पलवल जैसे सीमावर्ती शहरों में आ बसे हैं। इस देश के गाँव-देहातों के तेज़ी से बनते नरक का ही नतीजा है कि इस पलायन ने हमारे मोहल्ले और हवेलियों को एक तरह से भूतों के डेरों में बदल दिया है। इनकी उदास दहलीज़, अधनंगी खिड़कियाँ और परिन्दों से चहचहाती कड़ियाँ कभी न लौटने वाले पदचापों का बस इन्तज़ार करती रहती हैं। सामुदायिक-उत्सवधर्मिता आज धार्मिक अनुष्ठानों में तब्दील हो चुकी है। आदमी की ज़रूरतों और बाज़ार के ख़ूनी नाखूनों ने आपसी सौहार्द को एक तरह से लहूलुहान कर दिया है। इसलिए अगर कोई आज मुझसे वापस नगीना लौट आने की मिन्नतें करे, तो मैं पूरी ईमानदारी से कहता हूँ कि मैं उस नरक में कभी नहीं लौटूँगा। मेरा क़स्बा या इलाक़ा मुझे मेरे लेखन के लिए कच्चा माल तो मुहैया करा सकता है, मगर वो बुनियादी सुविधाएँ नहीं दे सकता, जो मुझे दिल्ली जैसा महानगर और देश की राजधानी दे सकती है।

ऊपरलीघाँ के चौधरी मोहल्ले का खटीकवाड़ा एक समय अपने आप में ऐसी दुनिया थी, जिसके बारे में यह अनुमान लगाना मुश्किल था कि शाम को यहाँ क्या होगा। एकाध घरों को छोड़ दें तो ज़्यादातर घरों में जीविका चलाने के लिए ईंढ़ी, बुन्दा, चुटीला बनाने जैसे काम भी होते थे। हालाँकि इनका मुख्य काम भेड़-बकरियों की ख़रीद-फरोख़्त के साथ भेड़ों की ऊन उतारना और बकरीद के मौक़े पर बकरों को दिल्ली के रानी झाँसी मार्ग स्थित ईदगाह की बकरा मंडी में ले जाकर बेचना होता था। इनके अलावा ये इनका मांस बेचने का काम भी करते हैं। उन दिनों इस मोहल्ले में कम से कम सप्ताह में एक बार 'गोट' होती थी। गोट की सूचना पहले ही लोगों को दे दी जाती थी। गोट एक तरह से साझे में बकरा हलाल करने को कहते हैं। गोट में केवल खटीक ही शामिल नहीं होते बल्कि आसपास के कुम्हार, चमार और दूसरे मोहल्ले के भी कुछ लोग शामिल होते थे। एक दिलचस्प पहलू यह है कि बकरे को खटीक आज भी खुद हलाल न कर किसी फ़क़ीर से हलाल करवाते हैं। हलाल के बाद बाकी की प्रक्रिया जैसे खाल उतारना और कटे बकरे या भेड़ की सफ़ाई ये खुद पूरी करते हैं।

मेवात में झटके के बजाय हलाल का ही चलन है। इसीलिए जिन कुम्हारों में उनके एक कुल देवता मियाँ की मान्यता है और जिसके चलते जिस बकरे की बलि चढ़ती है, उसे भी फ़क़ीर से ही हलाल करवाया जाता है। पूजा के वक़्त उनके भगत के साथ-साथ मियाँ की जोत के सामने फ़क़ीर भी दुरूद पढ़ता है। हमारे इस कुल देवता की पहले दादा कलदा फ़क़ीर इस क्रिया को सम्पन्न करता था।

बाद में उसका लड़का कल्लन फ़क़ीर करने लगा और अब इसे थड़ी के बग़ल में रहने वाले खैराती फ़क़ीर का एक लड़का मुबीन सम्पन्न करता है। इसके अलावा मुबीन बच्चों में झाड़ा लगाने का काम भी करता है। ऐसी गंगा-जमुनी धार्मिक मिसाल सिर्फ़ और सिर्फ़ मेवात में ही देखने को मिलती है कि एक हिन्दू जाति का यह धार्मिक अनुष्ठान मुस्लिम फ़क़ीर के बिना पूरा नहीं होता है।

दलित-पिछड़ी अस्मिता यानी चमारों, खटीकों और कुछ कुम्हार परिवारों के अलावा इस टापू का एक और अभिन्न अंग है, इनके बीच बसा भंगियों का मोहल्ला। उन दिनों भादों के महीने में छठ के दिन जुहर पीर के लिए निकलने वाली यात्रा इस मोहल्ले का विशेष आकर्षण होता था। इसे छठ का मेला भी कहा जाता है। छठ के लिए इस मोहल्ले में दिल्ली तक से रंग-बिरंगे निशान (झंडे) आते थे। ताऊ मंगत के घर के सामने ऊँचे चौतरे पर बने जुहर पीर के छोटे-से आलानुमा मन्दिर पर, छठ के दिन लगभग आधा गाँव उस दृश्य को देखने के लिए टूट पड़ता था, जब धधके अंगारों के आगे जलते दीये और उनसे उठती लौ के सामने पूजा करते कुछ लोगों में पीर आ जाता था। डमरू, बेला और घंटियों के नाद के बीच गोगू, सुस्सी अपने ज़िस्म को बिलाई (लोहे की मुड़ी हुई नुकीली कीलों का गुच्छा। इसका इस्तेमाल प्रायः कुएँ में गिरी बाल्टी और उससे बँधी नेझू (रस्सी) को निकालने के लिए किया जाता था) से लहूलुहान कर लेते थे। जैसे-जैसे डमरू, बेला और घंटियों का स्वर तेज़ होने लगता, इन दोनों के हाथ और तेज़ी से चलने शुरू हो जाते थे। जुहर पीर की यह पूजा दोपहर तक चलती और इसके बाद दो बजे के आसपास सारे निशान, श्रद्धालुओं के जयकारे के साथ नगीना से ढाई-तीन किलोमीटर दूर नांगल गाँव की पहाड़ी में स्थित जुहर पीर के स्थान की ओर प्रस्थान कर जाते। वहाँ से पूजा-अर्चना कर शाम को सब वापस लौट आते। छठ का यह पर्व आज भंगियों में मनाया ज़रूर जाता है, मगर ऐसा उल्लास और दीवानगी आज देखने को नहीं मिलती जैसी उन दिनों मिलती थी। अब तो लगता है मानो परम्परा निभाने भर के लिए यह त्योहार मनाया जाता है। यही क्यों, सारे तीज-त्योहारों की लगभग एक-सी नियति है। दरअसल, जीवन से जिस तरह उल्लास ख़त्म हो रहा है, उसका एक कारण उसके स्रोतों का तेज़ी से सूखते जाना भी है।

गहण (ग्रहण) के मौक़ों पर अकसर भंगियों के मोहल्लों से औरतों को अपने बच्चों के साथ न जाने कितनी बार 'गहण' माँगते देखा है। सूर्य ग्रहण और चन्द्र ग्रहण दोनों अवसरों पर। किंवदन्ती कहिए या लोक मान्यता कि समय-समय पर पड़ने वाले सूर्य ग्रहण और चन्द्र ग्रहण की भी अपनी एक कथा है। सबाल्टर्न

स्टडीज़ के क्षेत्र में कई महत्त्वपूर्ण अध्ययनों को अंजाम देने वाले रणजीत गुहा के एक आलेख 'स्वर्ग में और धरती पर एक प्रतिईश्वर का जीवनवृत्त' में उन्होंने राहु और सूर्य-चन्द्र संघर्ष के जो छह मिथक प्रस्तुत किये हैं, उन्हीं में से एक सूर्य और चन्द्र ग्रहण के बारे में है। इस मिथक के अनुसार सूर्य और चन्द्रमा दोनों को भाई मानकर एक भूखा भक्त उनके पास भीख माँगने आया। चूँकि इन दोनों भाइयों के पास उसकी भूख मिटाने के लिए अनाज नहीं था, तब वे दोनों भाई एक भंगिन के पास गये और उससे उस भूखे को अनाज देने का अनुरोध किया तथा यह वादा करके लौट आये कि वे उसके इस कर्ज़ को ज़ल्द ही उतार देंगे। दोनों भाइयों के अनुरोध और वादे पर भरोसा कर वह भंगिन उस भूखे को सालभर अनाज देती रही। मगर वे दोनों भाई उसके इस कर्ज़ को उतार नहीं पाये। इसी शर्मिन्दगी के चलते दोनों भाई छिप गये, जिसे इस मिथक के अनुसार सूर्य ग्रहण व चन्द्र ग्रहण कहा जाता है। दरअसल, सूर्य-चन्द्रमा दोनों यहाँ उच्च जाति के प्रतीक हैं। इस मिथक का एक अर्थ यह भी है कि जहाँ समय आने पर ऊँची जातियों के पास एक भूखे की भूख मिटाने के लिए अन्न नहीं होता, वहीं शूद्रों के पास पर्याप्त मात्रा में अनाज होता है। इसीलिए ग्रहण पड़ने पर भंगियों के परिवार भीख माँगने नहीं बल्कि अपने उस उधार को माँगने के लिए जाते हैं, जो सूर्य और चन्द्रमा दोनों भाइयों ने उनसे लिया था।

ज़्यादातर मिथकों और लोक-विश्वासों को हमारी ऊँची जातियों ने अपनी मर्ज़ी और हित के अनुसार ढाल लिया है। यह मिथक इसका उदाहरण है, यानी अपने जिस ऋण को शूद्र वापस लेने जाते हैं, उस ऋण को ऊँची जातियों ने भिक्षा का रूप दे दिया। इसकी झलक हमें अकसर ग्रहण पड़ने के दौरान देखने को मिलती है।

ताऊ मंगत भंगी को मैंने कभी भी मेहतर का काम करते नहीं देखा। उसको इसकी ज़रूरत भी नहीं थी, क्योंकि वे अपने क़स्बे के राजकीय उच्चतर माध्यमिक विद्यालय में सफ़ाई कर्मचारी के साथ-साथ चौकीदार की भूमिका भी निभाते थे। यानी वे एक सरकारी मुलाज़िम थे। मगर इसके अलावा वे एक देसी वैद्य भी थे और जले हुए का ऐसा उपचार करते थे कि जिस पर शायद ही यक़ीन आये। सूअरों की वह खुड़ी (बाड़ा) जिसमें सूअरों को रखा जाता है, उसके छोटे-से निकास के बाहर बग़ल में एक बड़ा सा पत्थर बिछा हुआ था। सुबह के वक़्त कई बार हम वहाँ ताऊ मंगत को एक भूरे रंग का लेप बनाते हुए देखते थे। बहुत दिनों तक उनका सुबह-सुबह यह रहस्य मेरी समझ में नहीं आया, कि चीरा लगाने वाले हमारे पड़ोसी दादा भरपूला फ़क़ीर की तरह यह लेप किस घाव के

लिए बनाया जाता है। यह सवाल भी कभी-कभी मन में उठता था कि इस लेप को ताऊ मंगत अपने घर पर क्यों नहीं बनाते हैं। बाद में बहुत दिनों बाद इस रहस्य का पता चला कि यह मरहम यानी लेप वे क्यों नहीं अपने घर पर बनाते हैं। क्यों इसे इतनी गन्दगी वाली खुड़ी के मुहाने के बाहर बनाया जाता है और ताऊ मंगत इसे बनाते समय क्यों किसी को अपने आसपास फटकने भी नहीं देते हैं। दरअसल, पत्थर पर जिस भूरी चीज़ को पीसकर लेप बनाया जाता था, वह मुर्दे की जली हुई हड्डियों को पीस कर बनाया जाता था। इन हड्डियों को ताऊ मंगत दलितों के श्मशान में हुए शवदाह के बाद उसके ठंडा होने पर रात-बिरात चोरी-छिपे चुनकर लाते थे और अपने सूअरों की इस खुड़ी में छिपाकर रख देते थे। यह बात मुझे इनके सबसे छोटे लड़के बब्बू (जो मेरा हमउम्र था) ने एक दिन बतायी थी।

सबसे बड़ी बात तो यह है कि अगर एकाध को इसका पता भी था, तो किसी ने इस पर एतराज़ नहीं किया। मेरा मानना है कि ऐसा होने का बड़ा कारण यह है कि मेवात में हिन्दुओं की दबंग जातियाँ, जिन्हें अपने कन्धों पर हिन्दुत्व ढोने का भ्रम रहता है, उनका न होना है। मेवों और हिन्दुओं के बीच मेवात में आज भी जो सौहार्दपूर्ण माहौल क़ायम है उसकी सबसे बड़ी वजह हिन्दुओं की इन दबंग जातियों का ना होना ही है। आज सबसे ज़्यादा साम्प्रदायिक तनाव और असहिष्णुता उन्हीं हिस्सों में देखने को मिलती है, जहाँ-जहाँ इन दबंगों जैसे जाट, गूजर, अहीर व यादवों का दबदबा है। किसानी संस्कृति के कारण मेवों और जाटों के बारे में यह कहावत मेवात में प्रचलित है—जाट को तो कहा हिन्दू, मेव को कहा मुसलमान। मगर आज स्थिति एकदम विपरीत है क्योंकि जाट, जाट नहीं रहे और मेव, मेव नहीं रहे।

अस्सी के आख़िर तक नगीना सचमुच का देहाती क़स्बा था और मेवों के रस्मो-रिवाज़ काफ़ी हद तक हिन्दुओं जैसे थे। शादी-ब्याह के दौरान चाक पूजना, बन्ना-बनवारा, भात लेना जैसी रस्में मेवाती समाज में इस क़दर घुली-मिली हुई थीं कि यह अनुमान लगाना मुश्किल होता था कि शादी किसी हिन्दू के यहाँ है या किसी मेव परिवार में। जैसा कि चाक पूजने की रस्म कुम्हार के घर जाकर सम्पन्न होती थी, इसलिए बैसाख-जेठ में होने वाली शादियों में ऐसे दृश्य प्रायः नज़र आते थे। गोधूलि के बाद शाम को अगर एक तरफ़ चिमरवाड़े की तरफ़ से चाक पूजने के लिए औरतों का हुज़ूम नज़र आ रहा होता, तो दूसरी तरफ़ गाजे-बाजे के साथ चौधरी मोहल्ले की तरफ़ से गीत गाती मेवणियों का समूह आ रहा होता। चाक पूजने की रस्म और प्रक्रिया एक ही

होती है। चाक पूजने के लिए खरोले[1] या पीतल की परात में सीधा लाने वाली औरत के हाथ में, चाक पर स्वस्तिक बनाने के बाद जीजी कलावा धागा बाँधती। चाक पूजने के दौरान मेवों में तो नहीं, हिन्दुओं में कन्धे पर लटकी मशक बीन (बैग पाइप) की धुन और बाजे पर घूँघट काढ़े औरतें जिस तरह नाचतीं, वह दृश्य देखने वाला होता था। कई बार भीड़ के गोले के घेरे में लहरिया की धुन पर घूँघट काढ़े कई-कई औरतें नाचतीं। वास्तव में यह बीन बजाने वाले और इन औरतों के बीच नृत्य-युद्ध होता है, जो तभी बन्द होता था जब इन दोनों में से एक पक्ष अपनी हार मान लेता था। सबसे आख़िर में चाक पूजने के बाद वह दृश्य देखने वाला होता था, जब सात जेघड़ों (मटका व घड़िया का जोड़ा) को लेने के लिए नयी-नवेली बहुओं में होड़ लग जाती थी।

बैसाख और जेठ, ये दो महीने मेवात ही नहीं, दूसरे कृषक समाजों में भी शादी-ब्याह के लिए सबसे अनुकूल होते हैं। इसका कारण है इन महीनों में फ़सल उठने के बाद एक तो किसानों के पास पैसा आ जाता था, दूसरा ये दिन थोड़े फ़ुर्सत के होते हैं। बैसाख और जेठ की गरम हवाओं के इन फ़ुर्सत के दिनों में प्रायः शादी-ब्याह के मौक़े पर देर रात तक बन्ने सुनाई देते थे। मगर समय की ज़रूरत और मार से अधिक हमारी सांस्कृतिक-धार्मिक चेतना दिनों-दिन बढ़ती कट्टरता के चलते, बन्ना-बनवारों के बोल आज जैसे कहीं बिला गये हैं। सबसे ज़्यादा हैरानी मुझे तब हुई जब हाल में मैंने एक दिन अपने पड़ोसी और हमउम्र गफ़ूर की बेटी की शादी में, औरतों द्वारा गाये जाने वाला यह बन्ना मर्दानी आवाज़ में नयी तर्ज़ के कनफोड़ू संगीत के साथ डेक पर सुना—

बन्ना ले ले कलम-दवात, चलो जा पढ़णा कू।
इसलामी मदरसो पास, चलो जा पढ़णा कू॥

कभी-कभी लगता है मानो ये बोल कहीं बिला गये हैं लेकिन तभी एक दिन पता चलता है कि ये अपने ऊपर जमी गर्द को हटा, एक ताज़ा बयार की तरह पूरी देह को भिगोते हुए सुनाई देने लगते हैं। समय की जिस शिला से हम जिन आखरों को मिट जाने का भ्रम पाल लेते हैं, वैसा होता नहीं है। ऐसा ही मेरा भ्रम 2009 के कार्तिक महीने में टूटा। अपने दो भतीजों—पवन व चमन के विवाह के मौक़े पर जब मैं पत्नी सहित नगीना पहुँचा, तो वह शाम का समय था। पत्नी अन्दर घर में चली गयी। मैं बैठक में रिश्तेदारों के पास बैठ गया। थोड़ी देर बाद मेरे कानों में पास आते औरतों के द्वारा गाये जा रहे गीत के सामूहिक बोल सुनाई देने

1. खरोला : सरकंडे की तुलियों से बना चौकोर टोकरा।

लगे। ऐसा लगा जैसे पड़ोस में कोई और भी शादी है। मैंने इसके बारे में अपने बड़े भाई से पूछा, तो उसने बड़ी सहजता से उत्तर दिया कि पड़ोस में और किसी के यहाँ कोई शादी नहीं है, बल्कि सुल्ली (सुलेमान) के लड़कों ने पवन-चमन का बनवारा न्यौता है। यह आवाज़ बनवारा निकाल रही औरतों की है।

बड़े भाई का जवाब सुनते ही फेफड़ों में मानो ढेर सारी ताज़ा हवा भरती चली गयी। मेवात की जिन परम्पराओं और साझी विरासत को मैं धार्मिक कट्टरता की शिला के नीचे दब कर दम तोड़ने का भ्रम पाले हुए था, वे मेरे कानों में मानो मिसरी सी मिठास घोलने लगीं। इसी बीच देखा सामने से गीत गाती औरतों का हुजूम आ रहा है। हुजूम दोनों भतीजों को लेकर घर आ गया। इसके बाद सुल्ली यानी सुलेमान के लड़कों—महमूदा, दाऊद, इब्राहिम और इश्हाक की पत्नी वहीदन, आयशा, जायदा व रहमती ने धमाल मचाते हुए, एक के बाद एक जो लोकगीत गाये, उसने धार्मिक वर्जनाओं की मानो बखियाँ उधेड़ दीं। बन्ना-बनवारे आपसी भाईचारे को जिलाये रखने की ऐसी रस्में हैं जिसके आड़े धर्म, सम्प्रदाय या जाति नहीं आती है। आपसी व्यवहार और लेन-देन की इससे बेहतर मिसाल और क्या हो सकती है।

1976 में महज 16 वर्ष की आयु में मेरी शादी में मेरा बनवारा चाचा के मित्र और हमारे पड़ोसी काका बदलू खटीक ने न्यौता था। चूँकि हमारे समाज में जातिगत वर्जनाएँ आज भी मौजूद हैं जिसके चलते पिछड़े दलितों का, सवर्ण पिछड़ों का; यहाँ तक हिन्दुओं की बहुत-सी अगड़ी-पिछड़ी जातियाँ मुसलमानों के हाथ का बना नहीं खाती हैं। दलितों में भी कई दलित जातियाँ खुद दलितों का नहीं खाती हैं। जैसे चमार भंगियों का और खटीक चमारों का नहीं खाते हैं। जिस समाज में इतने जातिगत विरोधाभास व्याप्त हों, ऐसे में रोटी-बेटी के सम्बन्ध के बारे में सिर्फ़ कल्पना की जा सकती है। इसलिए इसका सबसे आसान और अच्छा तरीक़ा खोजा हुआ है और वह यह कि 'सीधा' अर्थात् सूखी खाद्य सामग्री जैसे आटा, तेल, सब्ज़ी, दाल, नमक, मिर्च, चावल, घी, बूरा दे दी जाती है। जैसा कि मैंने बताया कि हमारे यहाँ प्रायः कुम्हार खटीकों का बना हुआ नहीं खाते हैं, इसलिए बनवारे के दिन मेरे लिए काका बदलू खटीक ने हलवाई से बर्फ़ी मँगवायी थी। शाम को पूरे गाजे-बाजे के साथ पूरे चौधरी मोहल्ले की परिक्रमा लगाने के बाद, गीत गाती महिलाएँ मुझे घर छोड़ने आयी थीं। इसके बाद हमारे घर जीजी ने बन्ना गवाये थे। बन्ना गाने वाली पास-पड़ोस की औरतों को कभी खाली हाथ नहीं लौटाया जाता है। साठ के दशक तक बन्ना में शामिल औरतों को 'बाखली' (उबले हुए चने व गेहूँ) दी जाती थी। सत्तर के दशक तक आते-आते बाखली की जगह बताशे बाँटे जाने लगे, जबकि नब्बे के दशक तक दो-दो लड्डू अथवा

बूँदी के छोटे-छोटे लिफ़ाफ़े दिये जाने लगे। आजकल इनकी जगह मूँगफलियों ने ले ली है। बन्ना के लिए आने वाली औरतों और उन्हें दी जाने वाली 'बाखली' से जुड़ा मेवात में एक मुहावरा बेहद प्रचलित है, जो आज भी अकसर सुनने में आता है यानी—*जैसी तेरी बाखळी, वैसा मेरा गीत।*

ऐसी ही एक और परम्परा मेवाती समाज में बड़ी लोकप्रिय है, और वह है 'खोड़िया'। इसका आयोजन सिर्फ़ लड़के की शादी में उसकी बारात जाने के बाद घर में बच गयी स्त्रियों द्वारा किया जाता है। खोड़िया एक तरह से स्त्रियों द्वारा पितृसत्ता के ख़िलाफ रचा जाने वाला स्वांग है। क़ायदे से उत्तर भारतीय स्त्री-विमर्श की असली परतों और विग्रहों को अगर जानना-समझना है, तो बारात जाने के बाद घर में रह गयी स्त्रियों के इस निस्संग आयोजन को देखा जाना चाहिए। उस आयोजन में पुरुषों के रूप में छोटे-छोटे लड़कों तक की उपस्थिति पर पूरी तरह प्रतिबन्ध रहता है।

जैसा कि धार्मिक कट्टरता की सबसे गहरी चोट हमारी सामूहिक, ख़ासकर साझी उत्सवधर्मिता पर पड़ी है, वह भी अस्सी के दशक के बाद। बावजूद इसके इनके पुराने निशान, भले ही वे प्रतीक के रूप में क्यों न हों, अभी भी बचे हुए हैं। इन निशानों को अगर अभी तक सहेजकर रखा गया है तो इसका श्रेय हिन्दू और मेवों के दलित-पिछड़ों को जाता है। मेरे पड़ोसी गफ़ूर की लड़की की शादी में कुम्हार के यहाँ पूजे जाने वाले चाक पूजन की रस्म, जो एक तरह से प्रतीकात्मक थी, हाल में देखने को मिली। जबकि अपने आपको 'असली' मुसलमान घोषित करने की फ़िक्र में दुबले हुए जाने वाले वे मेव, जिन्हें अपनी असली पहचान सार्वजनिक करने में भी संकोच होता है, वे हिन्दुओं से मेल खाते रीति-रिवाज़ों से अब परहेज़ करने लगे हैं। इसीलिए मेवाती समाज के ज़्यादातर रिवाज़ और खोड़िया, बन्ना, बनवारा, जूड़ा घिराई, सेहरा, बाग रोटी, गोरवा, टोकरी का नेग, बारौठी, मिलनी, बढ़ार, भेली का नेग, बायना घिराई जैसी रस्में, जो अलग-अलग रूपों में हमारे समाज के ज़्यादातर समुदायों और जातियों में प्रचलित थीं, तेज़ी से ख़त्म होती जा रही हैं। कुछ रस्में आज महज रस्में बनकर रह गयी हैं, वह इसलिए कि हमारी ज़्यादातर रस्में और रीति-रिवाज़ किसानी संस्कृति से प्रभावित और जुड़ी हुई हैं।

उत्तर भारत के कुछ राज्यों में तो मूसल तक से जुड़ी एक रस्म है जिसे कहीं 'गेर गड़ी' कहा जाता है, तो मेवात में इसे 'जौ छड़ाई' कहा जाता है। मूसल का मुख्य कार्य छिलके वाले अनाजों को ओखली में डाल कर मूसल से छड़ना होता है अर्थात् उनका छिलका उतारना होता है। चूँकि जैसे-जैसे ओखली,

मूसल, चक्की जैसी आम चीज़ें प्रचलन और व्यवहार से समाप्त होती जा रही हैं, वैसे-वैसे इनसे जुड़ी रस्में भी प्रतीकात्मक रह गयी हैं। मनुष्य के विकास में उसके दैनिक जीवन में इस्तेमाल होने वाली वस्तुओं का बड़ा योगदान रहा है। हमारे लोकोक्तियों, मुहावरों और कहावतों की रचना और बुनावट में इनकी बड़ी भूमिका रही है। मगर दुर्भाग्य से इनकी उपस्थिति यहीं तक रह गयी है। दैनिक जीवन से ये चीज़ें लगभग बहिष्कृत हो चुकी हैं। अब ये सिर्फ़ हमारी स्मृतियों में ही बची रह गयी हैं।

अपने चौधरी मोहल्ला के दो लोगों का ज़िक्र मैं यहाँ ज़रूर करना चाहूँगा। इनमें एक ताऊ मेवला और दूसरे हैं ताऊ सलेमी यानी सलेम खाँ। ताऊ मेवला को मैं एक तरह से अपना आदर्श भी मानता हूँ। ताऊ मेवला जैसे सुलझे हुए लोग हमारे समाज में कम ही होते हैं। इन्हें मैं अरसे तक अनपढ़ समझता रहा। मगर एक दिन किसी काम से मैं इनके घर गया, तो देखा उनके हाथ में एक अभ्यास पुस्तिका (कॉपी) है जिसमें लिखे हुए को वे पढ़ रहे थे। मेरे लिए यह हैरानी की बात थी कि जिसे मैं अनपढ़ समझ रहा था, वह व्यक्ति तो पढ़ा-लिखा निकला। सबसे ज़्यादा हैरानी मुझे यह देखकर हुई कि जिस लिखे हुए को वे पढ़ रहे थे, वह अंग्रेज़ी में था। उनके विनम्र स्वभाव और सुलझी हुई समझ का रहस्य उस दिन पता चला। बाद में मुझे पता चला कि ताऊ मेवला कुछ दिन नेताजी सुभाष चन्द्र बोस की आज़ाद हिन्द फ़ौज के सिपाही भी रह चुके थे। लेकिन इसका मोहल्ले में बहुत कम लोगों को पता था। वे जीजी को कलावती न कहकर कला नाम से सम्बोधित करते थे।

ताऊ सलेमी के बारे में बहुत सारे क़िस्से मशहूर थे। वह छोटी-मोटी चोरी भी किया करता था। दो क़िस्से उनके बारे में बड़े मशहूर थे, जिन्हें मैं एकाध बार जीजी के मुँह से सुन चुका था। इनमें पहला यह कि चोरी के किसी मामले में एक बार पुलिस उनके पीछे लग गयी थी। शायद पुलिस ने उन्हें देख भी लिया था। पुलिस को आया देख वह बदहवास अपने आपको बचाने की ग़रज से भागने लगा। भागते-भागते वह ऊपरलीघाँ के दादा समदू की कचैड़ी पर पहुँच गया। वहाँ देखा तो दादा समदू अपनी कचैड़ी पर ऊँचे गोल मूढ़े पर बैठकर हुक़्क़ा पी रहे थे। दादा समदू अपने समय में नगीना की जानी-मानी हस्ती थी। ताऊ सलेमी ने हाँफ़ते हुए दादा समदू से अपने आपको पुलिस से बचाने की गुहार लगाई। दादा समदू ने एक पल के लिए सलेमी की ओर देखा और अगले पल उसे मूढ़े के नीचे छिपा दिया।

थोड़ी देर में पुलिस सलेमी को खोजती हुई वहाँ आयी और उसने दादा समदू

से पूछा कि उसने सलेमी को यहाँ से भागते हुए तो नहीं देखा। दादा समदू ने हुक़्क़ा गुड़गुड़ाते हुए निष्पृह भाव से साफ़ मना कर दिया। दूसरा क़िस्सा ताऊ सलेमी के बारे में यह है कि एक बार वे चोरी करने एक बनिये की हवेली में घुस गये। अभी वे हवेली के किसी कमरे में घुसे ही थे कि आहट पाकर बनिया और उसका परिवार जाग गया। बनिये को सपरिवार जागता देख ताऊ सलेमी घबरा गया। उसकी समझ में नहीं आया कि यहाँ से कैसे भागा जाए। वैसे भी जिस रास्ते से वह अन्दर घुसा था, उससे तो निकलना मुमकिन नहीं था। हार कर उसे एक उपाय सूझा। वह तेज़ी से हवेली की सबसे ऊँची मंज़िल पर चढ़ गया। उसने अपने चूतड़ों पर वहाँ पड़ा पीढ़ा (रस्सियों की बुनी हुई चौकी) बाँधा और हवेली से नीचे कूद गया। मजाल है ताऊ सलेमी के कहीं चोट तो आयी हो। ऐसे अनेक क़िस्से-कहानियों और पात्रों से चौधरी मोहल्ला ही नहीं पूरा नगीना मानो अटा हुआ है।

आयशा। चौधरी मोहल्ले में थोड़े से दिनों के लिए अवतरित हुए इस धुँधले पड़ चुके चेहरे को मैं कभी नहीं भूल सकता। दरम्याना क़द, गेहुँआ रंग और उम्र रही होगी तक़रीबन 19-20 साल। कह सकते हैं कि भादों की घाम में पकी हुई एकदम नीम की निंबोली सी। आयशा ही क्यों, अपने पड़ोसी ताऊ हरसाय खटीक की सबसे बड़ी लड़की फूल को भी कैसे भूल सकता हूँ। फूल की शादी के बाद न जाने कितनी पातियाँ उसके पति जगदीश जी, जो उन दिनों फ़ौज में थे, के नाम मैंने लिखीं, और न जाने कितनी उसके पति की आने वाली पातियों को पढ़ा। आज रंज इस बात का है कि इनमें से एक भी चिट्ठी न फूल के पास है, न उसके पति जगदीश जी के पास है।

''चाची भगवानदास है कै?'' शाम के पाँच बजे के आसपास अगर फूल को जीजी (मेरी माँ) कहीं रास्ते में मिल जाती, तो मेरे बारे में पूछती। जीजी के हाँ कहने पर वह मुझे तुरन्त लेने आ जाती। ये 1972-73 के साल थे, जब मैं छठी-सातवीं में पढ़ता था। घर ले जाकर वह मुझे अपने बँगले (बैठक) में बिठा देती। थोड़ी देर बाद लौट कर आती, तो उसके हाथ में बन्द अन्तर्देशीय पत्र, जिस पर नगीना डाकखाने की ताज़ा मुहर लगी होती, उस पत्र को मेरी ओर बढ़ाते हुए मुस्कराकर कहती, "भगवानदास, तेरे जीजा की चिट्ठी आयी है...जरा पढ़के सुनइयो!"

मैं चिट्ठी को खोलता और उसे पढ़कर सुना देता। कभी-कभी जब उसका जी चिट्ठी से एक बार में नहीं भरता, वह उस चिट्ठी को फिर से पढ़ने का

इसरार करती। धीरे-धीरे वह मुझे बार-बार परेशानी से बचाने की गरज़ से, लगे हाथ उसी समय मेरे जीजा यानी अपने पति को जवाब लिखवा देती। बाद में तो यह होने लगा कि इधर मैं फूल का पत्र लिखता और उधर से हफ़्ता-दस दिन के अन्दर उसका जवाब आ जाता। ज़ल्दी ही यह बात पूरे मोहल्ले को पता चल गयी कि मैं फूल का अधिकृत पत्र-लेखक बन चुका हूँ। शाम को दिन छिपने के आसपास मैं फूल के घर की तरफ़ जा रहा होता, या वहाँ से लौट रहा होता, तो मोहल्ले वाले तुरन्त समझ जाते कि मैं अपना फ़र्ज अदा करने या करके आ रहा हूँ। एकाध बार तो ऐसा हुआ कि मेरे मोहल्ले के उस समय के युवा, जो उम्र में मुझसे काफ़ी बड़े थे, जैसे ही मुझे देखते कि मैं फूल के घर जा रहा हूँ, वे ताऊ घसीटा के चौतरे पर आ बैठते। मैं अपना काम निपटाने के बाद जैसे ही उस चौतरे के सामने से गुज़रता, वे मुझे रोक लेते और पूछते, "ओए यहाँ आ!"

मैं जैसे ही उनके पास पहुँचता, वे पूछते, "फूल के घरवाले ने क्या लिक्खा है चिट्ठी में?"

"धत्!" इतना कहकर मैं तेज़ी से अपने घर आ जाता। मोहल्ले के इन लड़कों ने मुझसे कई बार पूछने की कोशिश की मगर उन्हें मैंने कभी नहीं बताया कि फूल ने अपने पति को भेजी गयी चिट्ठी में क्या लिखवाया है, या उसके पति की आयी चिट्ठी में क्या लिखा है। पता नहीं फूल का मेरे ऊपर यह इसी भरोसे का नतीजा था या कुछ और, कि वह बेखटके हमारे घर आती और मुझे अपने घर बुलाकर ले जाती। जब तक मैं उसकी चिट्ठियाँ लिखता और पढ़ता रहा, मुझे याद नहीं कि वह कभी अपने पति की आयी चिट्ठी को हमारे घर लायी हो। आने वाली चिट्ठी को पढ़वाना और उसके जवाब में चिट्ठी लिखवाना, ये दोनों काम फूल अपने घर के बँगले में एकान्त में करवाती थी।

गुजराती लेखक गोविन्दराम माधवराम के उपन्यास 'सरस्वती चन्द्र' पर आधारित 1968 में बनी फ़िल्म 'सरस्वती चन्द्र' का लता मंगेशकर और मुकेश का यह गीत, उन दिनों जवाँ दिलों की धड़कनों और मनोभावों को प्रकट करने का जैसे पैग़ाम बन चुका था—

फूल तुम्हें भेजा है ख़त में
फूल नहीं मेरा दिल है
प्रियतम मेरे तुम लिखना
क्या ये तुम्हारे क़ाबिल है।

इस गाने की सार्थकता और उसका महत्त्व मैंने पहली बार उन्हीं दिनों यानी अपनी ग्यारह-बारह बरस की उम्र में जाना। पहली बार गाने में इस्तेमाल हुए

'फूल' की वेदना और मर्म को एक चिट्ठी में फूल ने 'सरस्वती चन्द्र' के गीत की इन पंक्तियों के बहाने एक स्त्री के विरह के रूप में उड़ेला।

इधर फूल की यह चिट्ठी उसके फ़ौजी पति को मिली, और उधर लगभग लौटती डाक से अपनी पत्नी की इस विरह रूपी वेदना को साझा करते हुए उसका जवाब आ गया। वैसे तो इस पत्र में पहले आने वाले पत्रों की तरह वही सम्बोधन, वही शब्द और एक-दूसरे से अलग रहने की वेदना प्रकट की गयी थी। बस, इसमें पिछले पत्रों से जो बात एकदम अलग थी वह यह थी कि, फूल ने 'सरस्वती चन्द्र' की नायिका कुमुद (नूतन) की तरह परिहास करते हुए, गीत की प्रथम पंक्तियों के द्वारा नायक का दिल टटोलने की जो कोशिश की थी, पत्र में उद्धृत इसी गीत की ये पंक्तियाँ फूल को दिया गया उत्तर था–

प्यार छिपा है ख़त में इतना
जितना सागर में मोती
चूम ही लेता हाथ तुम्हारा
पास जो तुम मेरे होती।

इस गीत के बाकी अन्तरों ने फूल और उसके पति के बीच होने वाले पत्र-व्यवहार को इतना रोचक बना दिया कि जब तक इस गीत की पंक्तियाँ ख़त्म नहीं हो गयीं, तब तक यह सिलसिला चलता रहा। लगता था जैसे सिनेमा के परदे पर सचमुच 'सरस्वती चन्द्र' फ़िल्म चल रही है। यह गीत आज भी उदास और एकान्त पलों के बीच जैसे अपनी खुशबू बिखेर-बिखेर जाता है। यह होती है एक अमर रचना की प्रासंगिकता, सार्थकता और सामयिकता, जिसे समझना इतना आसान नहीं है। आज जब पीछे मुड़कर चार दशक से ज़्यादा गुज़र चुके इन लम्हों को याद करता हूँ, तो लगता है जैसे यह कल की ही बात है। अभी पिछले दिनों सेवानिवृत्ति के बाद घर-जँवाई के रूप में अपने ही ससुराल यानी नगीना के स्थायी निवासी बन चुके फूल के पति जगदीश जी से मिला, तो सारे दृश्य ताज़ा हो उठे।

पास में एक खाट पर छोटी-सी बीड़ी, गुटका और छोटी-मोटी ज़रूरत के सामान की दुकान लगाये फूल भी बैठी थी। बातों-बातों में मैंने फ़िल्म 'सरस्वती चन्द्र' के अपने देसी नायक जगदीश जी से पूछा, "जीजा, मैं जो फूल की चिट्ठियाँ लिखता था, उनमें से एकाध तो बचाकर रखी होगी?"

"कहाँ, वो तो उसी समय पढ़ी और फाड़ दी।" जगदीश जी ने उत्तर दिया।

"मैंने तो इसलिए पूछ लिया कि फ़ौजी ऐसी चीज़ों को सँभालकर रखते हैं।"

मेरे इतना कहने पर वे मुस्कराकर रह गये। अब आप सोच रहे होंगे कि लगभग चार दशक पहले लिखी गयी किसी के अन्तरंग पत्रों की मुझे क्या ज़रूरत आ पड़ी? ज़रूरत इसलिए आ पड़ी कि मैं उन पत्रों की भाषा और उनके मनोभावों से आपको परिचित कराना चाहता था। कभी-कभी मुझे लगता है कि एक आम व्यक्ति को इस लेखक नाम के घाघ प्राणी से बचकर रहना चाहिए। पता नहीं यह कब किसके अन्तरंग प्रसंगों को सार्वजनिक कर दे, क्योंकि लेखक कभी किसी का सगा नहीं होता। यहाँ तक कि ख़ुद का भी नहीं।

इतने दिनों बाद आज तक मेरी यह समझ में नहीं आया कि, आख़िर फूल ने पूरे मोहल्ले में से अपनी अन्तरंग, निजी चिट्ठियों को लिखने व बाँचने के लिए मुझे ही क्यों चुना? क्यों मेरे ऊपर उसका इतना भरोसा था? जबकि इसी मोहल्ले के कुछ उसके सजातीय लड़के, यहाँ तक कि उसका एक सगा चचेरा भाई ओमप्रकाश, जिसे पूरा मोहल्ला भागमल कहकर बुलाता था, और मेरा सहपाठी भी था, क्यों नहीं उससे यह काम करवाती थी? कहीं ऐसा तो नहीं कि भरोसे की पहली शर्त आपसी रिश्ता नहीं, वह एतमाद यानी निर्भरता है, जो पूरी-पूरी निष्कपट, निश्छल और निर्मल हो। हो सकता है फूल को मेरे अन्दर यह निर्मलता नज़र आयी हो।

इन्हीं दिनों यानी सत्तर के दशक के शुरुआत में हर सप्ताह, रविवार के दिन हमारे मोहल्ले खटीकवाड़े में आगरा का एक सेठ आता था। सेठ पूरी तरह विकलांग था। उसका एक पाँव सिकुड़कर हवा में झूलता रहता था। एक हाथ भी सिकुड़कर उसी मुद्रा में रहता था। इतना ही नहीं, उसका एक गाल भी पिचका हुआ था। वह बहुत दुबला-पतला था। उस सेठ के साथ दो-तीन मुस्टंडे क़िस्म के हट्टे-कट्टे लठैत भी होते थे। उसके लिए बाहर खुले में एक चारपाई बिछा दी जाती। कभी-कभी वह हमारी तरफ़ भी आ जाता, तो उसके लिए घर के बाहर खेड़ा देवत (चाँमड़) के बग़ल में खाट बिछा दी जाती थी। उसके आते ही पूरा मोहल्ला इकट्ठा हो जाता और वह फिर अपना काम शुरू कर देता।

दरअसल, यह सेठ आगरा से आकर हमारे मोहल्ले में ही नहीं बल्कि पूरे क़स्बे के लोगों को 'रहटी' पर पैसा देता था। 'रहटी' एक तरह से क़िस्तों पर दिया जाने वाला ऋण होता है। सत्तर के दशक के प्रारम्भ में भारतीय गाँव-देहातों की आर्थिक स्थिति का इसी से अनुमान लगाया जा सकता है, कि उन दिनों इस सेठ से लोग दस-दस रुपये भी रहटी पर लिया करते थे। कई बार तो लोगों से दस रुपये की रहटी की क़िस्त भी समय पर नहीं चुकाई जाती थी। एक बार किसी से क़िस्त पिछले काफ़ी दिनों से चुकाई नहीं जा रही थी। सेठ ने उस

कर्ज़दार के बारे में पूछा तो पता चला कि कर्ज़दार ताला लगाकर घर से ग़ायब है। सुनते ही सेठ आग-बबूला हो गया और अपने लठैतों से बोला, "ऐ लगा दो ससुरे के घर में आग!"

सुनकर पूरा मोहल्ला सहम गया। किसी तरह सेठ को समझाया-बुझाया गया। सेठ के इन लठैतों का डील-डौल बिल्कुल वैसा ही था, जैसा आजकल टीवी धारावाहिकों में ज़मींदारों और तथाकथित सामन्तों के पास खड़े लठैतों को दिखाया जाता है। यानी बलिष्ठ भुजाएँ, नुकीली-झबरीली मूँछें, घुटने तक चढ़ी हुई लाँग और चीकट बंडी में लिपटा बदन। आगरा से मेवात में आकर 'रहटी' चलाने वाले इस सेठ को मैंने थोड़े ही दिन देखा था। बाद में न जाने एकाएक उसने आना क्यों छोड़ दिया?

लो, कहाँ तो मैं ज़िक्र कर रहा था चौधरी मोहल्ले में थोड़े से दिनों के लिए अवतरित होने वाले धुँधले पड़ चुके चेहरे का, और कहाँ बीच में आ टपकी यह 'सरस्वती चन्द्र' की देसी नायिका फूल। दरम्याने क़द-काठी वाली उन्नीस-बीस साला भादों की घाम में पकी हुई निंबोली सी आयशा, जिसने पहली बार खटीकवाड़े से होते हुए चौधरी मोहल्ले में पदार्पण किया, तो इसे देख मोहल्ले के साथ-साथ पूरी ऊपरलीघाँ यानी आधे से नगीना में खलबली सी मच गयी। यह वही आयशा है जो मेरे पहले दो उपन्यास 'काला पहाड़' तथा 'बाबल तेरा देस में' मेमन व शकीला यानी पारो के रूप में शामिल है।

1973 के आषाढ़ की वह एक दोपहरी थी। जगह-जगह चौतरे-चबूतरों, पौली-बँगलों व बैठकों में अलसायी सी उनींदी देह अपने-अपने घर-गृहस्थी और नून, तेल, लकड़ी की चिन्ता में मुब्तिला थीं। इसी बीच इधर-उधर अस्थायी नालियों की जमा कीच में लिथड़े कुत्ते जैसे हड़बड़ाकर ज़ोर-ज़ोर से भौंकने लगे। उनींदी देह हरकत में आ गयीं। जब तक कुत्तों की यह हड़बड़ाहट इन उनींदी देह के समझ में आती, ऊपर तक लदे तीन रिक्शे मोहल्ले में दाख़िल हो चुके थे। इनमें से दो सामान से लदे हुए थे। तीसरे पर एक बुर्क़ा-पोश की बग़ल में हमारे घर के सामने रहने वाला जुम्मे खाँ बैठा हुआ था। वही जुम्मे खाँ जो पिछले लगभग दस दिनों से लापता था। जब तक इन रिक्शों का कुछ रहस्य किसी के पल्ले पड़ता, जुम्मे खाँ के इस अभिवादन 'काकी सलाम! भावज सलाम!' के साथ ये रिक्शे खटीकवाड़े को पार कर गये। अपनी-अपनी जगहों और खाटों को छोड़, अपना-अपना ओन्ना, लूगड़ी, दुपट्टा सँभाले काकी-ताई या भावजें ही नहीं, बच्चे भी बदहवास से इन रिक्शों के पीछे-पीछे हो लिए। घर के सामने रिक्शों के रुकते

ही जुम्मे खाँ ने एक रिक्शे से बुर्क़ा-पोश को पूरी इज़्ज़त के साथ उतरने में मदद की, और उसके आगे-आगे पौली में प्रवेश कर गया। देखते ही देखते पौली हैरत, उत्सुकता, जिज्ञासा और रोमांच के चलते भरती चली गयी। जीजी, अपनी बहन और भाभी के साथ ललमुँहा यानी मैं भी उनमें शामिल हो गया।

और जल्दी ही इस रहस्य यानी बुर्क़ा-पोश से परदा उठ गया। जल्दी ही पूरे मोहल्ले को पता चल गया कि यह बुर्क़ा-पोश कोई और नहीं अय्यूब, आमीनी और हारुन की नयी माँ, यानी उनके अधेड़ बाप जुम्मे खाँ की दूसरी बीवी पारो है। पारो को वह अपनी पहली बीवी अकबरी के अचानक इन्तक़ाल के बाद हैदराबाद से निकाह करके लाया है।

पारो! ऐसा नहीं है कि पारो के रूप में आयशा हैदराबाद से आने वाली पहली औरत थी। मगर मेरे जानते आयशा पहली ऐसी लड़की थी जो विधिवत रस्म-ओ-रिवाज़ व निकाह होकर जुम्मे खाँ के साथ आयी थी। आयशा से पहले छठे दशक के शुरू होते-होते मेवात में पारो आनी शुरू हो गयी थीं। मेवात का ऐसा कोई गाँव-क़स्बा नहीं है, जिनमें पाँच-सात ऐसी पारो न हों। पारो, यह शब्द आज मेवात के निकट देश की राजधानी दिल्ली के ग़ैर-सरकारी संगठनों के नरक मसीहाओं से लेकर उत्साही पत्रकारों और हिन्दूवादी मीडियाकर्मियों को सबसे अधिक आकर्षित करने लगा है। इसलिए जिसका जब जी करता है देश की राजधानी से महज साठ किलोमीटर दूर स्थित मेवात की इन पारों की खोज में वह निकल पड़ता है। शाम होते-होते एक सनसनीख़ेज, रोंगटे खड़ी कर देने वाली, चौंकाऊ और रोमांच से भरी एक रिपोर्ट का मसाला लेकर अपनी माँद में लौट आता है। कुछ दिनों बाद किसी ख़बर या रिपोर्ट के रूप में ये जब छपती हैं, तो पढ़ने वालों का ख़ून ख़ौल उठता है। यहाँ कुछ ऐसे उदाहरण प्रस्तुत हैं।

28 अगस्त, 2004 के 'नवभारत टाइम्स' के मुखपृष्ठ पर नयी दिल्ली की डेट लाइन से एक बेहद सनसनीख़ेज और लोमहर्षक पूरे पाँच कॉलम की एक ख़बर प्रकाशित होती है—'एक भैंस की कीमत में वहाँ बिकती हैं चार औरतें।' इतना ही नहीं, इस समाचार को लिखने वाले उसी उत्साही संवाददाता के नाम से 17 मई, 2005 को इसी अख़बार में फिर एक समाचार प्रकाशित होता है; जिसका शीर्षक होता है—'दलालों के चंगुल में फँसी एक और मासूम 'दुल्हन'।' इसके लगभग पाँच साल बाद यानी अप्रैल 2009 के 'आउटलुक' के अंक में—'सुहाए ना अपनी लाडो, खरीदते दूर की 'पारो'।' शीर्षक वाली इस रिपोर्ट का उपशीर्षक होता है—'हरियाणा के मेवात जिले में झारखंड समेत अन्य राज्यों से तस्करी जारी'। इतना ही नहीं, इसी पत्रिका की एक अति उत्साही संवाददाता, यूएन

समर्थित भारत में बदनाम फोर्ड फाउंडेशन के मार्ग दर्शन में काम करने वाली 'नेशनल फाउंडेशन फॉर इंडिया' नाम की एनजीओ के एनएफआई फ़ैलोशिप के तहत किये गये एक अध्ययन में यह रहस्य उद्घाटित करती है कि मेवात में औरतों की धड़ल्ले से ख़रीद-फ़रोख़्त जारी है। इस रिपोर्ट को इतनी सफ़ाई और चालाकी से लिखा गया है कि कहने को यह रिपोर्ट हरियाणा के लिंगानुपात पर आधारित बतायी गयी है, मगर निशाने पर फिर मेवात है।

इन समाचारों और रिपोर्ट्स की विशेषता यह है कि ये एकदम हिन्दूवादी नज़रिये से लिखी गयी हैं, और जानबूझ कर मुसलमान बाहुल्य क्षेत्र मेवात को निशाना बनाया गया है। एक और एनजीओ 'जागोरी' ने भी अपनी किसी फ़ैलोशिप के तहत 'पारो' को केन्द्र में रखवाकर एक अध्ययन करवाया था। कहने का तात्पर्य यह है कि मेवात की 'पारो' को सीधे-सीधे मानव तस्करी से जोड़ दिया जाता है, बिना मेवात के सामाजिक सन्दर्भों और संरचना को समझे।

यही बुर्क़ा-पोश आयशा यानी पारो जब तक जुम्मे खाँ के घर रही, वह पूरे चौधरी मोहल्ले, ख़ासकर औरतों के बीच एक पहेली बनी रही कि आख़िर कैसे माँ-बाप हैं, जिन्होंने अपनी बेटी हैदराबाद से सैकड़ों मील दूर इस काले पानी में एक गँवार अधेड़ के पल्ले बाँध दी। मेवात के जनकवि सादुल्लाह ने इसीलिए कहा होगा कि–

बाबल तेरा देस में, एक बेटी एक बैल।
हाथ पकड़ के दीनी जामें परदेसी के गैल॥

मोहल्ले की औरतें आये दिन किसी न किसी बहाने जुम्मे खाँ के घर जातीं, और लगभग दीदें फाड़कर हैदराबाद से आये सामान को निहारती रहतीं। आयशा से मैं पहली बार कब मिला यह तो पुख़्ता तौर पर मुझे याद नहीं, मगर हम दोनों की उम्र में लम्बे फ़ासले के बावजूद मेरी उससे अच्छी-ख़ासी निकटता हो गयी थी। आयशा के आने को लेकर मेरे हाथ जो पहला सूत्र लगा, वह था हाजी महताब। हाजी महताब ही जुम्मे खाँ के साथ हैदराबाद गये थे और उनके प्रभाव के चलते आयशा का निकाह जुम्मे खाँ के साथ किया गया था। आयशा ने ही मुझे बताया था कि वह एक अच्छे इज़्ज़तदार ख़ानदानी घर से है। उसने अपने आपको बारहवीं पास बताया था और बताया था कि उसका बड़ा भाई इक़बाल फुटबॉल का अच्छा खिलाड़ी है। वह हैदराबाद के एक फुटबॉल क्लब के लिए खेलता भी है।

हाजी महताब के बारे में बहुत सारे क़िस्से और किंवदन्तियाँ उन दिनों हमारे

क़स्बे में सुनने को मिलती थीं। जैसे, वे अपने जीते-जी कभी बाज़ार नहीं गये। एक किंवदन्ती यह भी प्रचलित थी कि उन्हें रात में शेर की सवारी करते देखा गया है। यह सवारी किसने देखी, बताता कोई नहीं था। मेवात ही नहीं, दूर-दूर तक उनकी कीर्ति फैली हुई थी कि हर समस्या का उनके पास निदान था। जिन पर प्रेतात्माओं का असर या भूत-प्रेत आते थे, उन्हें वे उतारते और उन्हें बोतल में बन्द कर पीड़ित को यह कहते हुए दे देते थे कि इसे गाँव की सीमा पर ज़मीन में गाड़ देना। इसके अलावा इनके पास अकसर ऐसे दुखियारे भी आते थे जिनकी पत्नी या तो किसी के साथ भाग जाती, या किसी को अपने वश में करना होता था। हाजी जी ने अपने आख़िरी दिनों में अन्तिम क़िस्म के दुखियारों की समस्या का निदान करना बन्द कर दिया था। इस बन्द करने के पीछे का क़िस्सा भी बड़ा मज़ेदार है।

कहते हैं कि एक बार ऐसा ही दुखियारा हाजी जी के पास आया, और उनसे अपना दुःख प्रकट करते हुए बोला कि उसकी पत्नी किसी के साथ भाग गयी है। वह उसे वापस लाना चाहता है। हाजी जी ने उस दुखियारे पर तरस खाकर उसे नक्कस-ताबीज़ के साथ सिन्दूर जैसा कुछ दिया। साथ में उसको इस्तेमाल करने का तरीका बताते हुए कहा कि इसे वह अगर अपनी भागी हुई पत्नी के किसी कपड़े पर लगा देगा, तो वह उसके पीछे-पीछे चली आयेगी। वास्तव में, उस धूर्त दुखियारे की कोई पत्नी-वत्नी नहीं भागी थी बल्कि उसने हाजी जी से झूठ बोला था। उसने वह सिन्दूर किसी दूसरी औरत के कपड़े पर लगा दिया, जिसके लगाते ही वह औरत उस धूर्त दुखियारे के पीछे-पीछे चली आयी। हाजी जी को जब इस दुखियारे की धूर्तता का पता चला, तो उन्होंने उसी दिन क़सम खा ली कि भविष्य में वे किसी को इस काम के लिए कोई नक्कस-ताबीज़ नहीं देंगे। उनकी बला से किसी की पत्नी भागे या रहे।

अल्लाह की राह पर चलने वाला जुम्मे खाँ हाजी महताब का बेहद प्रिय था। दुर्भाग्य से जुम्मे खाँ की पहली बीवी और तीन मासूमों की माँ का असामयिक निधन हो गया। बीवी के गुज़रने के बाद घर और मासूम बच्चों की परवरिश का सारा भार बेचारे जुम्मे खाँ के कन्धों पर आ गया। अल्लाह की राह पर चलने वाले अपने प्रिय जुम्मे खाँ का यह दुःख हाजी जी से देखा नहीं गया और उन्होंने उसका घर बसाने का बीड़ा उठा लिया।

चौधरी मोहल्ले की औरतों से घिरी आयशा ने आषाढ़ की उमस भरी गर्मी से बचने के लिए चेहरे से बुर्क़े का नक़ाब उठाकर देखा, तो उसे यह देखकर बड़ी हैरानी हुई कि जहाँ वह बैठी हुई है वह तो छान का कच्चा घर है। अपने

आसपास मँडराते बच्चों पर पहले तो उसका ध्यान नहीं गया, मगर पौली से चलकर वह अपने असली घर में आयी, तो उसने उन बच्चों के मुँह से जुम्मे खाँ को 'बाप-बाप' कहते सुना। उसने जुम्मे खाँ से जब पूछा कि ये बच्चे उसे 'बाप-बाप' क्यों कह रहे हैं? इस पर जुम्मे खाँ ने आयशा को जो जवाब दिया उसे सुनकर आयशा मानो ज़मीन पर तड़ाक से आकर गिरी, यह सोचकर कि जिस जुम्मे खाँ से उसका निकाह हुआ था, वह तो कुँआरा था। मगर यह तो तीन-तीन बच्चों का बाप निकला। कुछ समझ में नहीं आया आयशा के। हालात के हाथों मजबूर होकर उसने कच्चे घरों की तरह इन बच्चों को भी क़बूल कर लिया।

दरअसल, हाजी महताब जुम्मे खाँ को लेकर तो हैदराबाद गया मगर वह आयशा के परिवार से सारी असलियत छिपा गया। चूँकि हमारा समाज, वह चाहे किसी भी धर्म, जाति या समुदाय का हो, उसका सबसे ज़्यादा भरोसा अपने धार्मिक गुरुओं पर होता है। उनकी हर ग़लत-सही पर वह आँख मूँद कर यक़ीन कर लेता है। आयशा का परिवार भी हाजी महताब के प्रभाव से पूरी तरह सम्मोहित हो गया था। हालाँकि चौधरी मोहल्ले की ज़्यादातर औरतों का मानना था कि हाजी महताब ने ज़रूर आयशा के परिवार को नक्कस-ताबीज़ दिया होगा। वरना जुम्मे खाँ जैसे उजड्ड और तीन-तीन बच्चों के हकले बाप के पल्ले कोई भी आँखों का अन्धा अपनी फूल सी बेटी को, मरुस्थल के किनारे बसे इस काले पानी यानी मेवात में नहीं धकेलता।

आयशा की पढ़ाई-लिखाई उर्दू और अंग्रेज़ी में हुई थी। हिन्दी वह केवल बोल लेती थी, लिख नहीं पाती थी। दहेज में अपने साथ वह ऐसा-ऐसा सामान लायी थी जिसकी जुम्मे खाँ ने कल्पना भी नहीं की होगी। कीमती रज़ाइयाँ, बर्तन, साज-शृंगार का सामान और कुछ साड़ियाँ भी इनमें शामिल थीं। शुरू में आयशा ने अपने मायके हैदराबाद उर्दू में लिख कर भेजी गयी चिट्ठियों में दक्षिण हरियाणा के काला पानी कहे जाने वाले मेवात के नगीना, और नगीना के ऊपरलीघाँ के इस चौधरी मोहल्ले के अपने इस जन्नत का बखान किया, तो उसे पढ़कर उसके मायके वालों ने राहत की साँस ली। आते ही जुम्मे खाँ ने अपनी नयी-नवेली नीम की निंबोली सी बीवी के लिए बड़े प्यार से पैरों के लिए चाँदी की आधा किलो की कड़ियाँ बनवायीं। इन कड़ियों को सुनार से पहनने के बाद आयशा को घर लेना मुश्किल हो गया। लगा जैसे पाँवों में मोटी-मोटी बेड़ियाँ डाल दी हों। अगले दिन तक तो उसके टखनों और एड़ियों के ऊपर दोनों पाँवों में मोटे-मोटे फफोले पड़ गये। वह चलती तो मारे दर्द के बिलबिला उठती। मगर आयशा ने इस दर्द को शौहर का प्यार भरा उपहार मान कर चुपचाप क़बूल कर लिया।

एक दिन जुम्मे खाँ ने अपनी पढ़ी-लिखी, नये ज़माने की जवान बीवी को राख़ से बर्तन माँजते हुए देखा, तो वह ख़ून का घूँट पीकर रह गया। कहा कुछ नहीं। हाँ, उसे समझाया ज़रूर कि हमारे यहाँ राख़ से हिन्दुआनी बर्तन माँजती हैं, मुसलमान नहीं। आयशा को यह जानकर हैरानी हुई। भादों के उतरते-उतरते ख़रीफ़ की फ़सल यानी ज्वार और बाजरा अपना क़द आदमी के क़द जितना निकाल चुकी थी। ज्वार भी लगभग पक चुकी थी। चौमासे का पानी जगह-जगह खेतों में भर चुका था। जुम्मे खाँ आयशा को भादों की देह चाटती तल्ख़ धूप में अपने खेतों पर ले जाता, और पशुओं के लिए ज्वार-बाजरे का भारी गट्ठर उसके सिर पर रख देता। इस असहनीय बोझ तले दबी आयशा को मैं ही नहीं, मोहल्ले की सारी औरतें देखती रहतीं। कई बार मैंने उसे इस बोझ तले ज़ार-ज़ार रोते हुए देखा था। आयशा को इस हालत में कोई भी देखता, तो देखकर उसके भाग्य को कोसता कि इस निपूती को मरने के लिए यही नरक मिला था। और एक दिन तो मानो आयशा के होश उड़ गये, जब उसे पता चला कि उसकी सारी महँगी साड़ियाँ अल्लाह की राह पर चलने वाले उसके शौहर ने घर में आने वाली भंगिन को दे दी हैं।

आयशा जब भी अपने घर उर्दू में चिट्ठी लिखती, जुम्मे खाँ उसे पोस्ट करने से पहले हाजी जी से पढ़वा लेता था। एकाध चिट्ठियों में उसने अपनी ससुराल की असली हक़ीक़त लिख दी, जो जुम्मे खाँ को अच्छा नहीं लगा। एक दिन आयशा ने मुझसे कहा कि मैं हिन्दी में उसकी चिट्ठियाँ लिख दिया करूँ। मैं तैयार हो गया। मुझे आज भी याद है आयशा के घर का पता—खुर्शीद मंज़िल, गोलकुंडा, हैदराबाद। कुछ चिट्ठियों को डाकखाने के लेटर बॉक्स में मैंने भी डाला था, जो उसके घर सही सलामत पहुँच गयीं।

गोलकुंडा। हैदराबाद के ऐतिहासिक किले गोलकुंडा के आसपास बसे मुस्लिम बाहुल्य आबादी वाले इस इलाक़े का नाम याद आते ही, 1982 में बनी सागर सरहदी की फ़िल्म 'बाज़ार' का एक-एक दृश्य मेरी आँखों के आगे सजीव हो उठता है। 'बाज़ार' फ़िल्म की कहानी भी हैदराबाद के इसी इलाक़े के आसपास के पारम्परिक मुस्लिम परिवारों से कमसिन बच्चियों की उम्रदराज़, अधेड़ों से होने वाली बेमेल शादियों के नाम पर ख़रीद-फ़रोख़्त के इर्द-गिर्द घूमती है—ठीक इस आयशा या मेवात में प्रचलित 'पारो' की तरह। अरब के एक बूढ़े शेख से हैदराबाद की ऐसी ही कमसिन लड़की अमीना प्रकरण की गर्द अभी तक हमारी स्मृतियों से नहीं झड़ी है। 'बाज़ार' के एक पात्र सलीम (नसीरुद्दीन शाह) का इसकी एक स्त्री-पात्र नज़मा (स्मिता पाटिल) को बोला गया यह संवाद दर्शकों

को आज भी याद होगा, "नज़्मा, इस ज़मीन पर मर्द सबसे बड़ा दरिन्दा है। उसने अपनी ना-इंसाफ़ी, अपने जुर्म और अपने गुनाहों को छिपाने के लिए कुछ रस्में, कुछ रीति-रिवाज़ बनाये हैं। इन रस्मों को कभी वह मज़हब या धर्म का नाम देता है और कभी कानून का, और इनकी आड़ में छिपकर इज़्ज़तदार और शरीफ़ बना रहता है।" फ़िल्म की केन्द्रीय पात्र शबनम (सुप्रिया पाठक) में मुझे आयशा का ही प्रतिबिम्ब नज़र आता है।

पता नहीं आयशा को लेकर तेज़ी से जुम्मे खाँ के अन्दर पनपती ऐसी कौन-सी कुंठा थी, जो उसके भीतर के जानवर को दिन पर दिन हिंसक बनाती जा रही थी? और ऐसे ही एक दिन उसके घर से आने वाले घुटे-घुटे से आर्तनाद को सुन पूरा मोहल्ला जुम्मे खाँ के घर की ओर दौड़ पड़ा। देखते ही देखते पूरे मोहल्ले की औरतों की भीड़ अन्दर से बन्द दरवाज़े पर इकट्ठी हो गयी। रह-रहकर अन्दर से या तो आयशा की ख़ौफ़ज़दा चीख़ें सुनाई दे रही थीं, या फिर किसी सख़्त चीज़ पर पड़ती चोट की आवाज़ें आ रही थीं। भीड़ को समझते देर नहीं लगी कि दरवाज़ा बन्द कर जुम्मे खाँ आयशा पर कैसा क़हर बरपा रहा होगा। कुछ देर बाद दरवाज़ा खुला तो अन्दर का दृश्य देख मोहल्ले की महकी, रहमानी, गुलकन्दी, रामदेई, नत्थो, बादामी, बुन्दी, निहालो, कलबत्ती, ज्ञानो का कलेजा मुँह को आ गया। हिंसक जानवर एक विजयी भाव के साथ बेहयाई की चादर ओढ़े, सीना तानकर चुपचाप घर से बाहर चला गया।

"नपूता, कहीं ऐसे मारे करे हैं कै! ऐसे तो जिनावर ए भी ना मारे हैं।" भीड़ में से पता नहीं किसने पूरे गुस्से में कहा।

उस दिन जुम्मे खाँ ने आयशा को ऐसा मारा कि सचमुच ऐसा तो कोई निर्मम, किसी जानवर को भी नहीं मारता है। चौधरी मोहल्ले और खटीकवाड़े से लेकर लुहारों और चिमरवाड़े तक जिसने भी सुना, वही आयशा को लेकर यही कामना करता कि जैसे भी हो, इस नरक से इसे मुक्ति मिल जाए बस।

कुछ ही दिनों बाद। उस दिन सुबह ग्यारह-साढ़े ग्यारह का वक़्त रहा होगा। मैं अपने घर के बाहर 'खेड़ा देवत' के पीछे बिछी काली सिल्ली पर अपनी स्कूल की ड्रेस धो रहा था। यह वही सिल्ली थी जो बर्तन बनाने के मौसम में हाथ और पाँवों से माटी के लौंदे बनाने के काम आती थी। कुम्हार को माटी के इन लौंदों को पाँवों से रौंदता देखकर ही कबीर ने कहा था—

माटी कहे कुम्हार से तू क्या रौंदे मोए।
एक दिन ऐसा आएगा मैं रौंदूँगी तोए॥

छठी कक्षा में आते-आते मैं अपने कपड़े खुद धोने लग गया था। इसी बीच मैंने देखा, आयशा चहकते हुए मुझसे कह रही है, “भगवानदास, हैदराबाद से मेरा भाई इक़बाल आया है!”

आयशा ने मोहल्ले में अपने भाई के आने की खुशख़बरी सबसे पहले शायद मुझे ही दी थी। मेरा ज़िक्र वह अपनी चिट्ठियों में कई बार कर चुकी थी। मैंने अपने स्कूल की ड्रेस (आसमानी नीली बुशर्ट और सफ़ेद पायजामा) जल्दी-जल्दी पानी से निकाली और उसे सुखाने के लिए धूप में डाल, आयशा के साथ चल दिया।

“इक़बाल भाई, यह है भगवानदास।” आयशा ने मेरा छोटा-सा परिचय देते हुए अपने भाई को बताया।

इक़बाल ने कोई उत्साह नहीं दिखाया। मुझे देखकर केवल मुस्कराकर रह गया। भूरी आँखें, छरहरा बदन, गौरवर्णी शान्त चित्त वाले युवक को देखते ही मैं भी समझ गया कि यही इसका भाई इक़बाल है। आयशा का भाई इक़बाल जुम्मे खाँ के घर दो दिन ठहरा। इस बीच जुम्मे खाँ ने अपने साले साहब की मेहमाननवाज़ी में कोई क़सर नहीं छोड़ी। जितने दिन इक़बाल रहा, उसने किसी से कोई ज़्यादा बात नहीं की। यहाँ तक कि मुझसे भी। वैसे भी वह मुझसे क्या बात करता। उसका और मेरा दूर-दूर तक कोई मेल नहीं था। हाँ, जुम्मे खाँ से वह खूब घुट-घुटकर बतियाता था। आयशा के जाने से पहले जुम्मे खाँ ने उसके लिए अपनी हैसियत के मुताबिक़ गहने और कपड़े बनवाये।

जिस दिन आयशा को अपने भाई के साथ अपने मायके हैदराबाद जाना था, मैं ऐसे ही उसके पास चला गया। जाने की पूरी तैयारी हो चुकी थी। संयोग से उस समय जुम्मे खाँ घर पर नहीं था। कुछ सामान लेने वह बाज़ार गया हुआ था। मौक़ा देख मैंने आयशा से यूँ ही पूछ लिया, “अब कितने दिन के बाद आओगी?”

मेरे इस सवाल पर आयशा ने पहले मेरी तरफ़ देखा और फिर मेरी आँखों में झाँक, मुस्कराते हुए बोली, “अच्छा तू बता, मुझे वापस आना चाहिए?”

मैंने कोई जवाब नहीं दिया। बारह-तेरह साल का यह गँवई लड़का इस सवाल का क्या जवाब देता। मुझे चुप देख आयशा मेरे भीतर चल रही उथल-पुथल और मनोभावों को शायद भाँप गयी थी, इसीलिए बोली, “एक बात कहूँ, मैं अब कभी वापस नहीं आऊँगी। यह बात किसी को बताना नहीं!”

आयशा के इस जवाब को सुनकर जाने क्यों मेरी आँखें चमक उठीं। शायद इसीलिए कि मैं भी मन से नहीं चाहता था कि आयशा काले पानी के इस नरक में दोबारा लौटे।

“...अगर, जुम्मे खाँ (वह जुम्मे खाँ को नाम से ही सम्बोधित करती थी) उस

दिन जानवरों की तरह नहीं मारता, तो आने के बारे में एक बार सोचती भी। मगर अब नहीं आऊँगी। यह मैं तुझे बता रही हूँ।"

मैंने चुपचाप सुना और उसके अपने भाई इक़बाल के साथ वापस हैदराबाद लौटने के उन पलों का इन्तज़ार करने लगा, जिनका पूरे चौधरी मोहल्ले और खटीकवाड़े की औरतों को भी इन्तज़ार था। आख़िर वह पल आ गया जब आयशा अपने भाई के साथ लौटने लगी। जाते-जाते उसने आख़िरी बार मुस्करा कर पहले मेरी तरफ़ देखा और अगले ही पल थोड़ी उदास हो गयी। मुझे लगा जैसे जाते-जाते वह मुझसे कह रही थी—

देख लो आज हमको जी भरके
कोई आता नहीं फिर मरके
हो गये तुम अगर सौदाई
दूर पहुँचेगी मेरी रुसवाई।

फ़िल्म 'बाज़ार' में उसकी पात्र शबनम की गायी ये पंक्तियाँ भले ही उसने अपने मरने से पूर्व गायी थीं। मगर यह भी सच है कि कभी भी न लौटने वाला मरने के समान ही होता है। आज लगता है जैसे नगीना के चौधरी मोहल्ले से विदा होते समय सागर सरहदी की इस फ़िल्म के लिए लगभग दस साल पहले आयशा यह संवाद छोड़ गयी थी, जो आज भी मेरे कानों में रह-रह कर गूँजता है, "आपके बाज़ार में सबसे सस्ती अगर कोई चीज़ है तो वह है औरत।"

कहते हैं कि अल्लाह की राह पर चलने वाले जुम्मे खाँ द्वारा, अपनी बीवी के साथ किये गये इस अमानवीय दुर्व्यवहार के बारे में जब हाजी महताब को पता चला, तब उन्हें अपने फ़ैसले पर बहुत पछतावा हुआ। इतना ज़्यादा कि उन्होंने पश्चात्ताप करते हुए किसी से कहा भी कि उससे एक बहुत बड़ा गुनाह हो गया।

1997 में मुझे मेरे कार्यालय ने एक कार्य से हैदराबाद भेजा था। हैदराबाद का नाम सुनते ही मेरी आँखों के सामने 'बाज़ार' में फ़िल्माये गये गोलकुंडा के दृश्य ताज़ा हो उठे और याद आ गया आयशा के घर का पता—ख़ुर्शीद मंज़िल, गोलकुंडा, हैदराबाद, जिस पर मैंने उसकी कई चिट्ठियाँ लिखी थीं। हैदराबाद जाने के बाद मैंने सबसे पहले जो काम किया, वह यह है कि मैंने गोलंकुडा देखने की इच्छा जतायी। सच तो यह है कि यह एक बेमानी इच्छा थी। क़िला देखने के पीछे असली मक़सद तो वहाँ पहुँचकर ख़ुर्शीद मंज़िल को ढूँढ़ना था। क़िले की ओर जाते समय और वहाँ से लौटते वक़्त मेरी आँखें बस ख़ुर्शीद मंज़िल को ही टोहती रहीं। एकाध से इसके बारे में पूछा भी। मगर इतनी बड़ी, दूर-दूर तक फैली बस्ती में आसानी से यह मिलने वाली थोड़े ही थी। दरअसल, इसके लिए

काफ़ी वक़्त की ज़रूरत थी, जो मेरे पास नहीं था। वैसे हैदराबाद भले ही मैं गया कार्यालय के काम से था परन्तु मन में यह कल्पना रह-रह कर उठ रही थी कि मैं गोलकुंडा की एक बस्ती से गुज़रूँगा और रास्ते में किसी ख़ुर्शीद मंज़िल के बाहर मुझे आयशा खड़ी मिल जायेगी। वही आयशा जिसका साँवला चेहरा धीरे-धीरे मेरी स्मृति से धुँधला पड़ता जा रहा है, और जो मुझे देखते ही दौड़कर अपने भाई इक़बाल को बुलाकर लायेगी। मारे ख़ुशी के किलकते हुए वह उससे कहेगी कि भाई जान देखो भगवानदास आया है। मगर ऐसी सुखद कल्पनाएँ केवल फ़िल्मों या क़िस्से-कहानियों में तो मुमकिन हैं परन्तु असल जीवन में शायद ही सम्भव हों। हैदराबाद से लौटने के बाद आयशा एक बार फिर से मेरे लिए अविस्मरणीय पात्र बनकर रह गयी। आयशा की उन चीत्कारों और आर्तनाद को पहले मेरी एक कहानी 'लेकिन' तथा इसके बाद मेरे पहले उपन्यास 'काला पहाड़' की मेमन और दूसरे उपन्यास 'बाबल तेरा देस में' की शकीला के रूप में सुना जा सकता है। इन पात्रों का आर्तनाद मेरे कानों में आज भी, आयशा का आर्तनाद बन रह-रह कर गूँजता रहता है।

जुम्मे खाँ आयशा की वापसी की आस में लगभग एक महीना बड़कली पर पूरे-पूरे दिन उसका इन्तज़ार करता, और दिल्ली से आने वाली हर बस से उतरती सवारियों में आयशा को ढूँढ़ता रहता। यह सिलसिला रोज़ाना सुबह दस-साढ़े दस बजे शुरू होता और तब तक जारी रहता, जब तक बस अलवर की ओर नहीं बढ़ जाती। मगर आयशा उसे कहीं नज़र नहीं आयी। उसे लगता जैसे वह इन सवारियों में कहीं बिला गयी है। हारकर जुम्मे खाँ ने उसकी आस छोड़ बड़कली जाना छोड़ दिया। हाँ, बावजूद इसके उसके पास उम्मीद की एक किरण बची हुई थी और वह थी जीजी का यह ललमुँहा। हालाँकि जीजी भी मुझसे एकाध बार बातों-बातों में आयशा के आने के बारे में पूछ चुकी थी। उसे भी लगता था शायद आयशा अपने आने के बारे में मुझे कुछ बताकर गयी होगी। इसीलिए एक दिन जुम्मे खाँ ने देसी कीकर की छाल चबाते हुए हकलाते हुए जीजी से पूछा था, "का...काकी, भगवानदास के पै आयसा की कोई चिट्ठी तो ना आयी है?"

जीजी ने ऐसी किसी भी जानकारी से साफ़ मना कर दिया। बाद में मुझे किसी ने बताया कि आयशा के न लौटने में जुम्मे खाँ मेरा हाथ मानता था। अन्ततः जुम्मे खाँ की ज़िन्दगी से आयशा बक़ौल मेवाती के इस दोहे की तरह ग़ायब हो गयी–

कहा ओस को मेह, कहा बादल की छाया।
कहा भूत की जूण, कहा सुपना की माया ॥

इधर आयशा जुम्मे खाँ की पकी-अधपकी स्मृतियों से जैसे-जैसे ओझल होने लगी, वैसे-वैसे तीन-तीन मासूमों के पालन-पोषण और खेती-बाड़ी के भार से वह टूटने लगा। इसी से परेशान हो उसने एक बार फिर से यानी तीसरी बार घर बसाने का मन बना लिया, और तीसरी पत्नी के रूप में फ़जरी के साथ घर बसाने में कामयाब हो गया। फ़जरी हमारे और जुम्मे खाँ के पड़ोसी सरदार खाँ की साली है। एक बार फिर से जुम्मे खाँ की गृहस्थी पटरी पर लौट आयी और देखते ही देखते फ़जरी से कई लड़कियाँ पैदा हो गयीं। मगर यहाँ तो नियति को कुछ और ही मंजूर था कि एक दिन जुम्मे खाँ फ़जरी समेत तीन बेटियों को अकेला छोड़ अल्लाह को प्यारा हो गया। वह तो अल्लाह को प्यारा हो गया मगर फ़जरी एक नये भँवर में जैसे अकेली फँस गयी। यह भँवर है पुराने गुड़गाँव ज़िले के मेवों में आज भी जारी रिवाज़-ए-आम की प्रथा। इस रिवाज़-ए-आम के मुताबिक़ मेवात के हरियाणा वाले मेवों में पैतृक सम्पत्ति पर केवल पुत्रों का ही अधिकार होता है। घर के मुखिया (पुरुष) के देहान्त के बाद पत्नी और बेटियाँ उस सम्पत्ति (जिसमें खेत भी शामिल हैं) का उपयोग तो कर सकती हैं, किन्तु उसे न तो बेच सकती हैं और न ही वह बेटियों के नाम होती है। पति के देहान्त के बाद पत्नी भी केवल उसका उपयोग कर सकती है, बेच नहीं सकती। पति-पत्नी दोनों के देहान्त के बाद उस सम्पत्ति पर, रिवाज़-ए-आम के कानून के मुताबिक़ उनकी बेटियों के बजाय उनके चाचा-ताऊ के बेटों का अधिकार होता है। अगर कोई बेटी चुपचाप अपने नाम रजिस्ट्री करा भी लेती है, तो न्यायालय में इसे चुनौती दी जा सकती है। आज जुम्मे खाँ की तीसरी बेवा बीवी और उसकी बेटियाँ इस रिवाज़-ए-आम के कारण निराश्रितों जैसी ज़िन्दगी जी रही हैं। आज आज़ाद भारत में एक क़बीलाई स्त्री-विरोधी कानून का ऐसा ख़ौफ़नाक चेहरा शायद ही कहीं देखने को मिले जैसा मेरे मेवात में देखने को मिलता है।

पाँचवीं कक्षा में फेल होने के बाद पिछली कक्षा के जो छात्र पाँचवीं में मेरे साथ आ गये थे, उनकी एक मित्र मंडली बन गयी थी। इनमें बोसा यानी सुनील दत्त, पप्पू अर्थात् प्रेम कुमार राघव, मुकेश जैन, सोई उर्फ़ विनोद कुमार शर्मा आदि कई छात्र शामिल थे। पुनः पाँचवीं पास करने के बाद जब मैं बड़े स्कूल अर्थात् राजकीय उच्चतर माध्यमिक विद्यालय में छठी कक्षा में पहुँचा, तो इस मंडली में और विस्तार हो गया। उन दिनों दसवीं कक्षा तक सारे

छात्र ज़मीन पर जूट की लम्बी-लम्बी चटाई यानी फ़र्शों पर ही बैठते थे। लकड़ी का फ़र्नीचर हमें या तो ग्यारहवीं अर्थात् हायर सैकेंडरी में जाकर नसीब हुआ, या फिर कॉलेज में जाकर।

मैं उस समय छठी कक्षा में ही था। यह घटना उसी समय की है। नगीना के बड़कली जिसे राम नगर भी कहा जाता है, वहाँ राम अवतार-कृष्ण अवतार गुप्ता दोनों भाइयों की हवेली थी। जो अब बिक चुकी है। यहीं इसके पीछे चलने वाली इनकी रामा डेयरी थी। इसी परिवार के तीन नये-नये छात्र राजकुमार, प्रदीप और महेश को हमारी कक्षा में दाखिल करा दिया गया। पहली बार जब उन्हें उनकी पुरानी यूनिफार्म में कक्षा में लाया गया, तो वे तीनों हैरत भरी निगाहों से ज़मीन पर क़तार में बैठे बच्चों को ऐसे निहार रहे थे मानो ऊदबिलावों को निहार रहे हैं। उन तीनों ने हमारे साथ ज़मीन पर बिछे फ़र्शों पर बैठने से इनकार कर दिया। बड़ी मुश्किल से उन्हें बैठने के लिए राज़ी किया गया। बाद में पता चला कि ये तीनों बच्चे मसूरी के एक नामी अंग्रेज़ी माध्यम स्कूल कॉन्वेंट ऑफ़ जीसस एंड मेरी में पढ़ते थे। छठी कक्षा में जहाँ हमने अभी ए बी सी डी सीखनी शुरू की थी, वहाँ ये तीनों भाई राजकुमार, प्रदीप कुमार व महेश आपस में फर्राटेदार अंग्रेज़ी में बात करते थे। उस दिन भी जब पहले ये फ़र्श पर बैठने से मना कर रहे थे, तब भी ये अंग्रेज़ी में ही इसका प्रतिवाद कर रहे थे, जो हमारे पल्ले नहीं पड़ रहा था। हालात और कोई दूसरा विकल्प न होने के कारण अन्ततः इन तीनों को समझौता करने पर मजबूर होना पड़ा, और ज़मीन पर बिछे फ़र्शों पर ही हमारे साथ बैठना पड़ा।

धीरे-धीरे ये तीनों भाई कॉन्वेंटी कल्चर को भूल यहाँ के ऊबड़-खाबड़ देहाती माहौल में घुल-मिल गये। अगर उन दिनों के हिसाब से बनिया, बामन, जैन और सन्नार्थियों के बच्चों को छोड़ दें, तो बाकी समुदायों व जातियों के बच्चे घर से स्कूल में खाना नहीं लाते थे। यह ललमुँहा भी उनमें से एक था। यह भी बाकी के बच्चों की तरह या तो घर से दलिया-सत्तू खाकर आता, या फिर अकसर नैना-बासी अर्थात् निराहार चला आता था। जब बनिया, बामन और सन्नार्थियों के बच्चे आधी छुट्टी में अपना-अपना टिफ़िन खोलकर खाना खाते थे, तब हम उन्हें नादीदों की तरह ललचाई नज़रों से देखते थे। उनके टिफ़िन से उठती अचार-पराँठों की गन्ध हमें बेक़ाबू करने लगती। इनमें जो सबसे बढ़िया खाना होता था, वह राजकुमार यानी राजू, प्रदीप और महेश इन तीनों भाइयों का ही होता था। अपनी डेयरी होने के कारण ये लगभग रोज़ाना खीर लाया करते थे। वह भी सूखे मेवों अर्थात् काजू, बादाम, किसमिस की बनी हुई। इनके पराँठे और

सब्ज़ियाँ शुद्ध देसी घी के होते थे। यह आठवीं कक्षा की बात रही होगी। एक दिन ये तीनों भाई घर से शुद्ध देसी घी के मालपुए लाये थे। मालपुए भी ऐसे कि अगर उन्हें मुट्ठी में भींच कर निचोड़ें, तो घी की धार बँध जाए। देसी घी के मालपुओं की गन्ध से आधी छुट्टी में पूरी कक्षा महक उठी। बोसा, सोई और मुझ समेत कुछ छात्रों की इन मालपुओं को देखकर नीयत ख़राब हो गयी और योजना बनी कि कैसे भी इनके मालपुए खाये जाएँ। ऐसा ही हुआ। बाक़ायदा इनके मालपुए छीने गये और फिर आपस में बाँट कर खाये गये।

मास्टर टेकचन्द टुटेजा हमें अंग्रेज़ी पढ़ाया करते थे। जाड़े के मौसम में स्कूल का समय सुबह नौ से शाम चार बजे का होता था। दोपहर को एक बजे आधी छुट्टी होती थी तब वे रोज़ाना घर से दोपहर का ताज़ा-ताज़ा खाना मँगवाते थे। उनका यह काम अकसर हमारा सहपाठी सुनील दत्त यानी बोसा करता था। इसलिए वह जब भी जाता था किसी न किसी छात्र को साथ ले जाता था। चूँकि यह काम एक अध्यापक का था इसलिए बोसा को साइकिल स्टैंड से किसी की भी साइकिल ले जाने की पूरी छूट थी। साइकिल की इसलिए ज़रूरत पड़ती थी क्योंकि हमारा यह बड़ा स्कूल क़स्बे से लगभग एक किलोमीटर दूर है। उस दिन बोसा मुझे साथ ले गया। हम दोनों के पहुँचते ही मिसेज़ टुटेजा ने टिफ़िन तैयार किया और ज़्यादा इन्तज़ार करवाये बिना बोसा को थमा दिया। बोसा ने टिफ़िन मुझे दिया और साइकिल खुद चलाने लगा। अभी हम आधे रास्ते इस्लामी मदरसे के पास पहुँचे ही थे कि बोसा ने साइकिल रोक, वहीं एक पुलिया के साथ लगा कर खड़ी कर दी। टिफ़िन मेरे हाथ से ले पुलिया पर बैठ गया। मेरी समझ में कुछ नहीं आ रहा था कि बोसा यह सब क्या कर रहा है?

जब तक मैं कुछ समझ पाता, बोसा यह कहते हुए टिफ़िन खोलने लगा, "यार भगवानदास, देखें तो सही मास्टरनी ने खाने में क्या-क्या दिया है?"

मैंने उसे यह कहते हुए रोकने की कोशिश की कि अगर मास्टर जी को पता चल गया तो? मगर वह नहीं माना और यह कहकर टिफ़िन खोल दिया, "यार हम कौन-सा खा रहे हैं। देख ही तो रहे हैं।"

टिफ़िन के पहले डिब्बे में देसी घी से तर गरमा-गरम फुल्के मुस्करा रहे थे। बोसा ने इनमें कोई दिलचस्पी नहीं दिखायी। मगर दूसरा डिब्बा देखा तो देखते ही बोसा की मानो बाँछें खिल गयीं। डिब्बे में देसी घी में डूबी बूरा से भरी कटोरी को देख उसके मुँह में पानी भर आया। उसने मुस्कराकर मेरी ओर देखा तो मैं तुरन्त समझ गया कि इस पट्ठे की नीयत और ईमान दोनों ने धोखा दे दिया है। मैंने रोकने की बहुत कोशिश की। मास्टर टेकचन्द टुटेजा का बहुत डर दिखाया,

मगर देसी घी में तर बूरा से भरी कटोरी ने उसकी जैसे मति ख़राब कर दी। बोसा की ख़राब हुई इस नीयत, मति और ईमान के बीच एक अड़चन थी, और वह था मैं। मैं अपने गुरु के साथ होने वाले इस कपट में उसका साथ देने को तैयार नहीं हो रहा था। इसलिए जब तक बोसा के इस पाप में मैं शामिल नहीं होता, तब तक उसकी इच्छा पूरी नहीं हो सकती थी। उसने मुझे समझाना शुरू किया, "देख यार, हम कौन सा इसे पूरा खा रहे हैं। थोड़ा सा चख ही तो रहे हैं। चखने के बाद टिफ़िन को पहले जैसा कर देंगे!"

मुझे बोसा के इस तर्क में दम नज़र आया। मेरे इस दम की एक वजह शायद यह भी थी कि देसी घी की उठती महक ने मेरे भी ईमान को डगमगा दिया था। वैसे भी हम कौन सा उसे पूरा खा रहे हैं, थोड़ा सा चख ही तो रहे हैं। अपने डर पर क़ाबू पा मैंने खुद को समझाया और अन्ततः मैं भी बोसा के मिशन में शामिल हो गया। मगर एक छोटी सी गड़बड़ हो गयी। इस चखने-चखाने के चक्कर में हम आधी कटोरी खींच गये। बोसा ने जूठी अँगुलियों से घी बूरा को पहले जैसा जमाया और मुँह को पोंछ, साइकिल बड़े स्कूल की ओर बढ़ा दी।

जिस समय हम स्कूल में पहुँचे, उससे पहले आधी छुट्टी हो चुकी थी और जो अध्यापक साथ खाना खाते थे उनके टिफ़िन खुल चुके थे। बोसा से टिफ़िन ले टुटेजा साहब ने उसे खोल कर पहले फुलके वाला डिब्बा हटाया और जैसे ही घी-बूरे का डिब्बा देखा, उसे देखते ही उनका चेहरा खिंचता चला गया। हम पर तो उन्हें शक नहीं हुआ बल्कि पत्नी को कोसने लगे, "माई आवी ने आज इतना कम घी-बूरा क्यों दी है!"

इतना सुन मेरी सिट्टी-पिट्टी गुम। मैंने कनखियों से बोसा की ओर देखा, तो मेरे देखते ही वह वहाँ से खिसक लिया। मैं समझ गया कि टुटेजा साहब को हमारे ऊपर शक ही नहीं हुआ है। बोसा जैसे अपने आज्ञाकारी शिष्य की नीयत पर तो वे किसी भी हालत में शक नहीं कर सकते थे। उस जैसा आज्ञाकारी, निष्ठावान, भोला-भाला शिष्य अपने गुरु के साथ भला ऐसा कपट कर सकता है? कदापि नहीं।

इस 'बोसा' के चक्कर में मैं भी एक बार अपने एक अध्यापक दीनानाथ खन्ना से मार खा चुका हूँ। खन्ना साहब मेरे क़स्बे के पड़ोसी गाँव माँडीखेड़ा के एक बहुत बड़े ज़मींदार परिवार से थे। इनका परिवार भी विभाजन के दौरान पाकिस्तान से सन्नार्थी के रूप में मेवात में आया था। अपने गाँव के अलावा पूरे मेवात में इनका बड़ा रुतबा और दबदबा था। मगर यह परिवार भी बाद में 1992 में राम जन्मभूमि-बाबरी मसजिद के विध्वंस के बाद उपजे साम्प्रदायिक

तनाव के डर से पलायन कर, सारी ज़मीन-जायदाद बेच कर गुड़गाँव यानी शहर चला आया।

हुआ दरअसल यह था कि सर्दियों के दिनों में तीन बजे के आसपास धूप में खन्ना साहब हमारी कक्षा ले रहे थे। पढ़ाते-पढ़ाते अचानक उन्हें न जाने क्या सूझा कि पूरी कक्षा को सुनाते हुए बोसा से बोले, "बोसा, बेटा तेरा यह नाम किसने रक्खा है?"

बोसा चुप।

"इस 'बोसा' का मतलब भी पता है तुझे?" इस पर खन्ना साहब जवाब देते हुए खुद ही बोले, "बोसा का मतलब होता है चुम्मा।" इतना कह वे फिर से पढ़ाने लगे।

इसी बीच सुनील दत्त यानी बोसा का एक दूसरे अध्यापक की तरफ़ से बुलावा आ गया। बोसा अपनी सामाजिक भूमिका के चलते स्कूल के अन्य अध्यापकों का भी बड़ा चहेता था। चूँकि खन्ना साहब से ताज़ा-ताज़ा हमें बोसा का असली अर्थ पता चला था, इसलिए इसका तुरन्त व्यावहारिक इस्तेमाल करते हुए मैं ज़ोर से बोला, "जा भई चुम्मा राम!"

बस फिर क्या था, खन्ना साहब ने मुझे अपने पास बुलाया और कान के नीचे लप्पड़ रसीद करते हुए कहा, "उल्लू के पट्ठे अब तू बताएगा मुझे बोसा का अर्थ।" कनपटी सहलाते हुए मैं चुपचाप अपनी जगह पर आ बैठा।

ऐसी ही इन दिनों की एक घटना है। हर साल की तरह विद्यालय के खुले मैदान में दिसम्बर की छमाही परीक्षाएँ चल रही थीं। एक दिन सामाजिक विज्ञान के अध्यापक महेन्द्र सिंह ने करहेड़ा गाँव के एक छात्र को परीक्षा के दौरान नकल करते हुए पकड़ लिया। महेन्द्र सिंह जी ने नकल करने वाले छात्र को खड़ा किया और दूसरी कक्षाओं के छात्रों के सामने उसे तीन-चार तमाचे रसीद कर दिये। अपने भाई का इस तरह अपमान दूसरी कक्षा के छात्र उसके छोटे भाई से नहीं देखा गया, और परीक्षा बीच में छोड़ तेजी से महेन्द्र सिंह जी की ओर दौड़कर आया और उनसे गुँथ गया। इस दृश्य को देख पूरे विद्यालय में हड़कम्प मच गया। मुश्किल से दूसरे अध्यापकों ने उस छात्र को अलग किया। उस दिन खन्ना साहब छुट्टी पर थे। अगले दिन वे विद्यालय आये। सवेरे-सवेरे प्रार्थना के समय प्रिंसिपल साहब इस घटना के बारे में छात्रों से बात कर रहे थे। जैसे ही खन्ना साहब को प्रार्थना के दौरान इस घटना का पता चला, वे ज़ोर से दहाड़े, "कहाँ है मादर चो' दोनों!"

खन्ना साहब की दहाड़ सुन दोनों भाई अपनी-अपनी जगह खड़े हो गये।

उन दोनों को देखते ही खन्ना साहब का मानो ख़ून खौल उठा। वे तेज़ी से कुछ ही क़दम दूर लम्बे-लम्बे बाँसों से बने गोल पोस्ट की ओर दौड़े तथा उनमें से एक बाँस उखाड़ लिया। बाँस लेकर वे वापस आये और उन दोनों भाइयों पर गाली देते हुए पिल पड़े। बमुश्किल दूसरे अध्यापकों ने खन्ना साहब को उनसे अलग किया। सुना है खन्ना साहब को मेवात से पलायन कर गुड़गाँव में जाकर बसने का रह-रह कर मलाल होता है। इसका एक कारण है कि जो सम्मान व रुतबा इनका मेवात में था, वह गुड़गाँव में नहीं है। यानी शहर में हर कोई एक से बढ़कर एक है।

सुनील दत्त पाहवा उर्फ़ बोसा सालों तक स्कूल की हमारी क्रिकेट टीम का स्थायी खिलाड़ी होता था। मुझे जहाँ अपने स्कूल की टीम में दसवीं में जाकर जगह मिली, वहाँ बोसा सातवीं से ही टीम का सदस्य बन चुका था। हालाँकि उसके द्वारा की जाने वाली फील्डिंग की हालत यह थी कि बल्लेबाज द्वारा मारे गये शॉट के चलते बॉल जब भी उसके पास आती, और जब तक वह उसे पकड़ने के लिए झुकता, बॉल उसकी टाँगों के बीच से होती हुई बाउंड्री पार कर चुकी होती। स्कूल में होने वाले मैचों के दौरान कई बार तो ऐसा होता कि इधर गेंद बोसा की तरफ़ जाती, उधर बाउंड्री के बाहर मैच देख रहे कृषि विज्ञान के अध्यापक ओमप्रकाश वशिष्ठ पहले ही चिल्लाना शुरू कर देते, "अबे बोसा, मादर चो' बॉल पकड़!"

बावजूद इसके बोसा टीम में बना रहता। उसका टीम में बने रहने की वजह विद्यालय में उसकी सामाजिक भूमिका थी। इस मामले में बोसा से मुझे हमेशा ईर्ष्या रहती थी। इस ईर्ष्या का एक कारण यह भी था कि जब भी हमारे विद्यालय की टीम बाहर गुड़गाँव, फ़रीदाबाद या पलवल मैच खेलने जाती थी, उसमें वह ज़रूर होता था। वहाँ जाने के बाद देखी गयी फ़िल्म की कहानी वह हमें आकर सुनाता था।

यह 1973 का नवम्बर का महीना था। हमारे विद्यालय की क्रिकेट टीम फ़रीदाबाद मैच खेलने गयी थी। पहला ही मैच हार कर तीसरे दिन हमारी टीम वापस लौटी, तो हमें किसी भी खिलाड़ी के चेहरे पर हारने का कोई मलाल नज़र नहीं आया। उलटा आँखों में किसी ऐतिहासिक घटना के गवाह बनने की चमक साफ़ दिखाई दे रही थी। स्कूल में आते ही बोसा ने फ़रीदाबाद के नीलम सिनेमा हॉल पर ताज़ा-ताज़ा रिलीज़ हुई एक फ़िल्म की कहानी सुनानी शुरू की, तो मारे रोमांच के हमारे किशोर ज़िस्म में झुरझुरी होने लगी। जब वह बिकनी पहने हीरोइन के स्वीमिंग पूल से निकले भीगे बदन का चित्रण कर रहा था, तब मन

ही मन बोसा के प्रति यह ईर्ष्या और बढ़ गयी। बोसा जिस फ़िल्म की कहानी सुना रहा था वह थी राज कपूर की 'बॉबी'। हिन्दी सिनेमा जगत की सबसे हिट फ़िल्म 'बॉबी' दिल्ली से पहले 1973 में फ़रीदाबाद और गुड़गाँव (जो आज राष्ट्रीय राजधानी क्षेत्र (एनसीआर) का हिस्सा है) में रिलीज़ हुई थी।

धीरे-धीरे राजू, प्रदीप और महेश से मेरी भी मित्रता हो गयी थी। मैं पहली बार जब बड़कली पर इनके घर गया, तब महेश ने मेरा परिचय अपनी दादी, माँ और ताई से अपने सहपाठी व मित्र दोनों के रूप में कराया था। महेश की दादी जिसे घर में सब अम्माँ कहते थे और बाद में मैं भी उन्हें अम्माँ कहने लगा था, उसने मेरे बारे में और जानकारी ली, तो मैंने बता दिया कि हमारा पुश्तैनी काम मिट्टी के बर्तन बनाना है। इस पर अम्माँ की मुझमें और दिलचस्पी बढ़ गयी। इसके बाद महेश की ताई, माँ और अम्माँ ने मुझसे बर्तन का आग्रह किया। मैंने उनके इस आग्रह को एक बार नहीं, कई बार पूरा किया। इसके बाद मैं अकसर इनके घर जाता था। धीरे-धीरे मैं इस परिवार में मानो घुल गया। चूँकि राजू, प्रदीप और महेश मेरी ही उम्र के थे इसलिए अम्माँ मुझे इनके पुराने कपड़े यानी उतरन भी दे देती थी। एक बार तो सर्दियों के दिनों में मुझे जामा मसजिद के बाहर लगने वाले बाज़ार से कोट भी लाकर दिया था।

समय बड़ा बलवान होता है। इसका पता मुझे तब चला जब मैं इनके घर बराबर आने-जाने लगा था। कहते हैं राजू, प्रदीप और महेश के दादा प्यारेलाल जी ने बड़े बुरे दिन देखे थे। इतने बुरे कि नगीना के दूसरे बनिए इन्हें सम्मान की नज़र से नहीं देखते थे। इनके दादा कभी नमक बेचकर गुज़ारा करते थे। एक बार उन्हें कुछ पैसों की ज़रूरत पड़ गयी थी। वे पैसे उधार लेने के लिए इसी क़स्बे के एक बनिए लाला चन्दू प्रधान के पास गये। लाला चन्दू प्रधान ने पैसे उधार दे तो दिये मगर प्यारेलाल जी का लोटा गिरवी रख लिया। आज भी क़स्बे के मुख्य चौक गोहरवाली में चन्दू प्रधान की हवेली मौजूद है। ऐसी कहानियाँ हम अकसर क़िस्से-कहानियों में सुनते और पढ़ते रहे हैं, जैसी महेश के दादा जी के साथ जुड़ी हुई थीं। यानी समय ने ऐसा पलटा खाया कि उनकी आर्थिक स्थिति मज़बूत होती चली गयी। ऐसी परिस्थितियों में हम भारतीयों ने मन को तसल्ली देने के लिए अनेक कथाएँ और मिसालें गढ़ी हुई हैं। जैसे कुछ लोग कहते कि प्यारेलाल जी के हाथ कोई गड़ा हुआ धन लग गया। कुछ ने यह वितंडा शुरू कर दिया कि जिस सेठ के पास वे काम करते थे, यह दौलत उसी से मारी हुई है। जितनी मुँह उतनी बातें। असलियत किसी को नहीं मालूम।

प्यारेलाल जी की गिनती जैसे ही क़स्बे के धनाढ्य लोगों में होने लगी, वैसे ही इनका लोटा गिरवी रखने वाले लाला चन्दू प्रधान की नज़र इनके छोटे सुपुत्र कृष्ण अवतार पर पड़ी। चन्दू प्रधान ने अपनी सौभाग्यवती का हाथ कृष्ण अवतार को देने का प्रस्ताव रखा, तो प्यारेलाल जी ने उसे तुरन्त स्वीकार कर लिया। यानी जिस व्यक्ति ने महेश के दादा का लोटा गिरवी रखा था, वही उसके द्वार अपनी कन्या का दान करने का प्रस्ताव लेकर जा रहा है। इसे हम समय का बलवान होना नहीं कहेंगे, तो और क्या कहेंगे। इसीलिए कहा गया है–

पुरुष बली नहीं होत है, समय होत बलवान।
भीलन लूटी गोपिका, वहि अर्जुन वहि बान ॥

मुझे थोड़ा-थोड़ा याद है। 1966 में महेश की सबसे छोटी बुआ की शादी का वह दृश्य जब आने वाली बारात नगीना के बाज़ार से निकाली गयी थी। इस बारात में जो बैंड आया था, वह दिल्ली का मशहूर बैंड मोहन बैंड था। इस बारात को देखने के लिए नगीना ही नहीं, आसपास के गाँवों के अनगिनत लोग आये थे। मैंने भी इस बारात को चाचा के कन्धों पर बैठकर देखा था। इसी बारात में बैंडबाजे में आये उस वाद्ययन्त्र एकोडियन को साक्षात् बजते हुए देखा था, जिसे हम राज कपूर की फ़िल्मों, विशेषकर 'संगम' फ़िल्म में देखते हैं। राम अवतार-कृष्ण अवतार दोनों भाइयों द्वारा बड़कली के बजाय क़स्बे में शादी करना, और बीच बाज़ार से बारात निकलवाने के पीछे यहाँ के सजातीय लोगों में सम्मान पाने की मंशा रही होगी। इतना ही नहीं नगीना की उस समय की एकमात्र धर्मशाला, जिसमें बारात का स्वागत किया गया था, और जिसमें बारात ठहरी थी, उसकी पहले मरम्मत करवायी गयी। आज भी इस श्री आदर्श धर्मार्थ धर्मशाला के संगमरमर के रंगीन दानों से बने मुख्य द्वार पर महेश के दादा जी का नाम नज़र आ जायेगा। 'श्री प्यारेलालपाल पुरया लोहिया द्वार' लिखा मुख्य द्वार के मस्तक पर देखा जा सकता है। इस दरवाज़े पर निर्माण की तिथि 11 नवम्बर, 1965 भी दर्ज़ है। इस धर्मशाला में सत्तर के शुरुआती वर्षों में प्राथमिक कक्षाएँ भी लगती थीं। मैंने पाँचवीं कक्षा इसी धर्मशाला के कमरों में बैठ कर पास की है।

मार्च महीने में होली से लेकर जुलाई के पहले सप्ताह तक मिट्टी के बर्तन बनाने का काम पूरे ज़ोर-शोर से चलता है। मिट्टी के बर्तन पकाने के लिए आवाँ में इस्तेमाल होने वाले ईंधन में तूड़ा, ऊपले, भेड़-बकरियों की मींगणी के अलावा गधों की लीद भी शामिल होती है। भेड़-बकरियों की मींगणी

रूपी ईंधन अकसर पास के गाँव गुमट बिहारी से लाया जाता था। जबकि गधों की लीद कुम्हारों के दूसरे मोहल्ले के एक परिचित कुम्हार से लाते थे।

यह उन दिनों यानी 1973 के जून महीने की बात है। मैं चाचा के साथ कुम्हारों के दूसरे मोहल्ले में ईंधन लेने गया था। जहाँ से हमें ईंधन लेना था वह जगह क़स्बे के प्राथमिक विद्यालय के पास है। दो गधों पर चाचा तो ईंधन लाद कर घर चले आये, मगर मैं वहीं विद्यालय के मैदान पर बीचों-बीच गड़ी विकेटों के पास खड़े लड़कों को, जो खेलने के लिए आये थे, यूँ ही उन्हें देखने के लिए रुक गया। जिस समय ये लड़के आपस में खिलाड़ी बाँट रहे थे, उसी समय मेरा एक सहपाठी अतुल मुझे देखकर बोला, "भगवानदास, दो-चार बॉल फेंकना!" मैं जैसे इसी मौक़े की तलाश में था, उसके पास आया और अतुल को गेंद फेंकने लगा।

मैंने तीसरी या चौथी गेंद में अतुल के डंडे उखाड़ दिये। इसी दौरान एक तरफ़ खेलने के लिए तैयार हो रहे खिलाड़ियों में से किसी की मेरे ऊपर नज़र पड़ी। उन्हें शायद एकाध लड़के की ज़रूरत थी। इसलिए उन्होंने मुझे भी शामिल कर लिया। इसके बाद तो यह होने लगा कि मैं घर से कोई न कोई बहाना बना, तीन-साढ़े तीन बजे मैदान में पहुँच जाता। दरअसल, क़स्बे के कुछ युवाओं ने उन दिनों ताज़ा-ताज़ा एक क्रिकेट क्लब की स्थापना की थी—एमसीसी अर्थात् मेवात क्रिकेट क्लब के नाम से। इसमें अतर मोहम्मद जिसे पोथी कहते थे, घनश्याम जैन यानी घंसी, अतुल का बड़ा भाई अंजुल, मेरा ही एक और सहपाठी मोहम्मद इक़बाल आदि शामिल थे।

एमसीसी। इस नाम के पीछे हमारे सालों तक कप्तान रहे अतर मोहम्मद की सोच थी। एमसीसी यानी मेवात क्रिकेट क्लब की जगह इसका नाम कुछ और भी हो सकता था। मगर अतर मोहम्मद ने यह नाम बहुत सोच-समझ कर रखा था। दरअसल, वह टेस्ट क्रिकेट का स्वर्णिम दौर था और क्रिकेट के मक्का कहे जाने वाले लॉर्ड्स की इसमें बड़ी भूमिका थी। जी हाँ, वही लॉर्ड्स जिसके मैदान पर भारत की क्रिकेट टीम ने कपिल देव के नेतृत्व में अपना पहला विश्व कप जीता था। लन्दन के एक क्रिकेट क्लब का नाम भी एमसीसी अर्थात् मर्लेबोन क्रिकेट क्लब था, और किसी भी क्रिकेट प्रेमी के लिए यह बहुत सम्मानजनक नाम था। लन्दन के इस एमसीसी की स्थापना 1787 में हुई थी और इसी की देखरेख में इंग्लैंड का लॉर्ड्स मैदान बनाया गया था। मेवात क्रिकेट क्लब यानी एमसीसी नाम रखने के पीछे भी हमारे कप्तान अतर मोहम्मद की असली मंशा एमसीसी की ही प्रेरणा थी। इसलिए हम हमेशा अपने क्लब का नाम पूरा न

बोलकर एमसीसी ही कहते थे। जो असली एमसीसी से परिचित थे, वे हमारे एमसीसी का नाम सुनकर हँसते थे।

शुरू में मेरा सपना गेंदबाज़ बनने का था परन्तु एक दिन हमारे कप्तान ने मुझे सलाह दी कि मैं क्यों न विकेट कीपिंग करूँ। मैंने उसकी इस सलाह पर अमल किया और विकेट कीपिंग करने लगा। उन दिनों भारतीय क्रिकेट टीम में फ़ारूक इंजीनियर विकेट कीपर हुआ करते थे। विकेट कीपिंग के साथ-साथ वे सलामी बल्लेबाज की भूमिका भी निभाया करते थे। एक तरह से वे मेरे आदर्श थे। इसीलिए मैंने तय किया कि मैं भी फ़ारूक इंजीनियर की तरह, विकेट कीपिंग के साथ-साथ सलामी बल्लेबाज के रूप में बल्लेबाजी करूँगा। फिर यही हुआ, क्रिकेट का जैसा भी शौक़ था और अच्छा-बुरा जैसा भी खेलता था, स्कूली दिनों से लेकर कॉलेज छोड़ने तक इन्हीं दोनों भूमिकाओं में रहा।

जैसा कि मैंने बताया ऊपरलीघाँ के चौधरी मोहल्ले में कुछ परिवार सन्नार्थियों के भी थे। इनमें मिलाप चन्द जिसे संक्षेप में मेलू के नाम से पुकारा जाता था, उसके छोटे भाई परमा यानी परमानन्द सहित दो घर और थे। परमानन्द कई कीला जंगल की ज़मीन का मालिक था, जिसे उसके लड़कों ने बाद में औने-पौने दामों में बेच दिया। मिलाप चन्द एक छोटी सी घरेलू ज़रूरतों का सामान बेचने वाली दुकान चलाता था, जिसे बाद में उसका इकलौता बेटा ओमप्रकाश मेहता यानी ओमी मास्टर अध्यापन के बाद वाले समय में चलाता था। ओमप्रकाश मेहता नगीना के उसी पड़ोसी गाँव गुमट बिहारी में सालों तक प्राथमिक पाठशाला में अकेला अध्यापक रहा, जिस गुमट बिहारी से मैं जीजी के साथ जाकर कई बार ईंधन के रूप में भेड़-बकरियों की मींगणी ला चुका था। मज़ेदार यह था कि इस गाँव की यह पाठशाला किसी सरकारी भवन में नहीं चलती थी, बल्कि एक सरकारी पाठशाला सालों तक यहाँ बने एक मुग़लकालीन मक़बरे में चलती थी। इस मक़बरे के नीचे के ख़ाली हिस्से में यहाँ के स्थानीय लोग सर्दियों में अपने चौपाये बाँधा करते हैं। पड़ोसी होने के नाते मेरा बहुत सा फ़ालतू समय इसी ओमी मास्टर की दुकान पर बीतता था।

एक बार हमारे मोहल्ले की तथाकथित क्रिकेट टीम को ओमी मास्टर ने अपनी पाठशाला की तथाकथित टीम से मैच खेलने का निमन्त्रण दिया। जिसे हमने सहर्ष स्वीकार कर लिया। बल्लों के नाम पर हमने खाती से फ़ट्टे के टुकड़े कटवा कर बल्ले बनवाये, और गेंद के नाम पर हमने कपड़े की गेंद पर साइकिल की ट्यूब से छोटे-छोटे छल्ले चढ़ा कर गेंद बनायी। इस तरह सर्दियों में एक दिन हमारे मोहल्ले की टीम पूरे लाव-लश्कर और उत्साह के साथ ओमी मास्टर के

यहाँ तीन बजे के आसपास पहुँच गयी। मैदान के नाम पर रास्ते की लीक के किनारे तीन कीकर के डंडों की विकटें गाड़ दी गयीं। अब बात आयी अम्पायर की, सो एक अध्यापक होने के नाते ओमी मास्टर से विश्वसनीय अम्पायर और कौन हो सकता था। इसलिए बिना किसी प्रस्ताव के अम्पायर की भूमिका उन्होंने खुद ही ले ली। मैच शुरू हुआ और हमारी उम्मीदों के बिल्कुल उलट, अम्पायर के पक्षपातपूर्ण निर्णयों के चलते हमें चारों खाने चित् कर दिया गया। क्लीन बोल्ड, रन आउट या कैच से तो हमारा हारना मुश्किल था, बस ले-देकर हमारे खिलाड़ियों को आउट करने का एक ही रास्ता बचा था, और वह था पगबाधा यानी एलबीडब्ल्यू। भद्रजनों के इस खेल क्रिकेट में पगबाधा के नब्बे फ़ीसदी अधिकार अम्पायर के पास ही सुरक्षित होते हैं।

चूँकि एक अध्यापक और अम्पायर के रूप में एलबीडब्ल्यू का अधिकार ओमी मास्टर के पास सुरक्षित था, इसलिए भद्रजनों का यह खेल कलंकित होना लाज़िमी था। यानी इधर गेंद हमारे खिलाड़ी के पाँव पर पड़ी नहीं, उधर ओमी मास्टर रूपी अम्पायर की अँगुली आसमान की ओर उठी नहीं। वे तो यह भी नहीं देख रहे थे कि गेंद पाँव पर लगी है या उसके पंजे पर। पुट्ठे पर लगी है या पिछवाड़े पर। ऊपर लगी है या नीचे। कहने का तात्पर्य यह है कि गेंद किसी तरह शरीर के किसी हिस्से पर लगनी चाहिए थी। वैसे इसमें कसूर ओमी मास्टर का था भी नहीं। सच तो यह है कि आम जन में पगबाधा अर्थात् एलबीडब्ल्यू का अर्थ बस गेंद का पाँव पर पड़ने से होता था उन दिनों। इसलिए हमने अपनी पराजय को ससम्मान स्वीकार किया और बड़े बे-आबरू होकर चुपचाप गुमट बिहारी से चले आये।

इन्हीं दिनों अब क़स्बा बन चुके मेरे गाँव नगीना में एक अभूतपूर्व घटना घटी थी। यह घटना थी गाँव के लाला नौबत राय और इनके बेटों द्वारा एक विशाल भगवती जागरण का आयोजन। यह घटना अभूतपूर्व इसलिए थी कि इससे पहले हमने विशाल भगवती जागरण का बस नाम भर सुना था। दूसरा, इसलिए भी अभूतपूर्व थी कि मेरे जानते मेरे गाँव के क़स्बे बनने तक यह पहला और आख़िरी विशाल भगवती जागरण था। पहली बार किसी विशाल जागरण को देखने का हमें सौभाग्य प्राप्त हो रहा था। इस विशाल भगवती जागरण की उन दिनों मेरे गाँव में ही नहीं बल्कि आसपास के गाँवों में भी बड़ी चर्चा थी। इसकी चर्चा की एक बड़ी वजह थी पूरे गाँव में इस ख़बर का फैलना कि जागरण में आने वाले श्रद्धालुओं को रात में दूध दिया जायेगा।

मुफ़्त में मिलने वाले दूध की ख़बर सुनते ही बारह-तेरह साल के हम जैसे

नये-नये किशोरों की बाँछें खिल उठीं। शाम को इशा की अज़ान के आसपास रोटी-पानी खा, माता के मन्दिर और मशहूर रामलाल हलवाई के सामने, छोटे से चौक में जागरण के पंडाल में मैं पहुँच गया। जागरण शुरू होते-होते पूरा पंडाल भर गया। पंडाल के भरने के यहाँ दो कारण थे। एक विशाल भगवती जागरण को देखने की ललक, और दूसरा, जागरण के दौरान मिलने वाले दूध का लालच। सामने माँ शेरावाली के भव्य दरबार को देखकर श्रद्धालुओं की आँखें फटी की फटी रह गयीं। इस तरह दस बजे के क़रीब जागरण शुरू हुआ। इस बीच हमारी आँखें नींद के चलते मुँदने लगीं। मगर दूध मिलने की चाह नींद पर भारी पड़ने लगी। आधी रात तक जब दूध नहीं बाँटा गया तो बहुत से श्रद्धालु नींद आने के चलते अपने-अपने घर चले गये। इसी बीच रह-रह कर आती नींद की झपकियों के बीच एक नया नज़ारा देखने को मिला। माँ शेरावाली के सामने धधकती लौ और भेंटें गाते गायकों व साज़िन्दों के सामने सबने देखा कि नौती पनवाड़ी का बिचला लड़का पूरन ज़ोर-ज़ोर से 'जय माता दी...जय माता दी' कहते हुए झूमने लगा। पूरा पंडाल माता के जयकारों से गूँज उठा। पहली बार मैंने माँ शेरावाली को अपने किसी भक्त में आते हुए देखा था। फिर तो जैसे माँ शेरावाली के ऐसे भक्तों की तादाद बढ़ती चली गयी, जिनमें माँ शेरावाली आने लगी थी। इस बीच पता ही नहीं चला कि रात कितनी हो गयी है। मगर दूध का फिर भी कहीं अता-पता नहीं था। श्रद्धालुओं की संख्या भी अब काफ़ी कम रह गयी थी।

शायद दूध रात के दो बजे के आसपास बाँटा गया था वह भी एक कुल्हड़। दूध पीने के बाद इतनी रात गये घर आने का कोई मतलब नहीं था। इसलिए मजबूरन बाकी की रात भी माँ शेरावाली के दरबार में ही बितानी पड़ी। सुबह पाँच बजे जब लगा कि अब लोग जागने लगे हैं, तब कहीं जाकर चुपचाप घर आया।

ऐसी ही एक और घटना मुझे याद है, जो इन्हीं दिनों अपने पड़ोसी सूरज खटीक के घर चल रहे जागरण में देखने को मिली थी। हुआ यूँ कि सुबह पाँच बजे के आसपास मैं जागरण देखने की मंशा से यहाँ चला आया। मेरे पहुँचने के थोड़ी देर बाद सूरज की पत्नी संजा दरबार में जलती लौ के सामने आयी और कुछ देर बाद झूमने लगी। झूमते-झूमते उसके सिर से ओन्ना हट गया। अब आप सोच सकते हैं कि जिस व्यक्ति में माता आ गयी हो उसे कुछ भी सुधबुध नहीं रहती है। अभी माता अपनी भक्त सूरज खटीक की पत्नी संजा को खिला ही रही थी, कि तभी सबने देखा संजा ने ज़मीन पर पड़े अपने ओन्ना को उठाया और तेज़ी से घर में घुस गयी। उसके इस तरह भागने का रहस्य वहाँ मौजूद

लोगों को तब समझ में आया, जब सबने उसके कुनबे के रिश्ते में लगने वाले जेठ घसीटा, जो अचानक वहाँ चला आया था, को ग़ुस्से में यह कहते हुए सुना कि देखो कैसा माता आने का ढोंग कर रही है। मुझे आया देख इसकी माता को यह पता लग गया कि मैं इसका जेठ हूँ? संजा चुपचाप अपने जेठ की बातें सुनती रही। इस घटना को देखकर मेरी यह धारणा आज भी बनी हुई है कि जो लोग अपने ऊपर किसी देवी-देवता के आने की बात करते या कहते हैं, वह निरा पाखंड होता है।

ओमी मास्टर की माँ निहालो को मैं प्रायः एक छोटी सी हुक़्क़ी को गुड़गुड़ाते हुए देखता था। इस हुक़्क़ी को उसने ख़ुद ही बनाया था। अकसर हुक़्क़ी गुड़गुड़ाने के साथ-साथ उसका मुँह भी चलता रहता था। दरअसल, वह हर कश के साथ आँच में सेंकी गयी मुल्तानी मिट्टी का टुकड़ा चबाती रहती थी। ताई निहालो का यह हुक़्क़ा एकदम देसी जुगाड़ था। इसकी नै यानी निगाली पतले बाँस की बनी होती थी, जिसे नैचा से कस कर बाँधा जाता था। जबकि हुक़्क़ी का सबसे नीचे का हिस्सा जिसमें पानी भरा होता था, और चिलम का धुआँ जिससे फ़िल्टर होकर आता था, वह नारियल का बना होता था। कभी-कभार मैं जब मिलाप चन्द यानी ताऊ मेलू की दुकान पर जाता था, तो बातों-बातों में वे मुसलमानों को बहुत भला-बुरा कहते थे। बहुत दिनों तक मुसलमानों से उनकी इस नफ़रत का रहस्य मेरी समझ में नहीं आया। क्योंकि मैंने कभी भी किसी मेव को उनसे या उनके किसी परिवार के सदस्य के साथ बे-अदबी से पेश आते हुए नहीं देखा। बल्कि पूरे मेवात की तरह विभाजन के दौरान पाकिस्तान से आये इन सन्नार्थियों का पूरा चौधरी मोहल्ला बहुत सम्मान करता था। फिर मिलाप चन्द क्यों इन मुसलमानों से इतनी नफ़रत करते थे? बाद में धीरे-धीरे यह राज़ मेरी समझ में आने लगा, जब प्रायः बातों-बातों में उनकी आँखों में विभाजन के दौरान हुए हादसों के क़तरे नज़र आते थे। मिलाप चन्द विभाजन के दौरान पाकिस्तान से आने वाले उन असंख्य सन्नार्थियों में से एक था जिन्होंने विभाजन का दंश झेला था।

नौवीं तक आते-आते मुझे थोड़ा-थोड़ा पढ़ने का शौक़ लग गया। पढ़ने के इस शौक़ का श्रेय भी ओमी मास्टर के इसी गुमट बिहारी वाले विद्यालय को जाता है। जो बाद में धीरे-धीरे राजन-इक़बाल सीरीज़ से होता हुआ मनोहर कहानियाँ और लोकप्रिय साहित्य तक जा पहुँचा। उन दिनों और आज भी भले ही हम इस लोकप्रिय साहित्य की कितनी ही आलोचना करें, मगर इस सच्चाई से भी इनकार नहीं कर सकते हैं कि पढ़ने-पढ़ाने का संस्कार बनाने में लोकप्रिय

साहित्य की बड़ी भूमिका रही है। जिसे आगे चलकर इन पर बनने वाली हिन्दी फ़िल्मों ने और परवान चढ़ाया।

गर्मियों की छुट्टियाँ शुरू होने से पहले एक दिन मैं ओमी मास्टर के साथ इनके विद्यालय में चला गया। उन्होंने पहले मुझे पूरा मक़बरा दिखाया और सबसे आख़िर में इस तथाकथित विद्यालय के नीचे के हिस्से में ले गये। हालाँकि यह जगह मेरे लिए अपरिचित नहीं थी क्योंकि यहाँ मैं जीजी के साथ इससे पहले एकाध बार भेड़-बकरियाँ पालने वाले अली मोहम्मद के यहाँ से आवाँ के लिए भेड़-बकरियों की गीली-सूखी मींगणियाँ ले जा चुका था। हाँ, मक़बरे के एकदम नीचे ख़ाली जगह में पहली बार गया था। इसलिए उसमें भीतर घुसते ही सबसे पहले मेरा स्वागत चौपायों के मल-मूत्र की दुर्गन्ध ने किया। ओमी मास्टर ने अपने इस विद्यालय की कुछ चीज़ें दिखाते हुए, वहाँ रखे लोहे के बड़े-बड़े सन्दूकों में से एक को खोल दिया। सन्दूक खुली तो देखा उसमें किताबें भरी हुई हैं। दूसरे शब्दों में कहूँ तो यह सन्दूक पाठशाला का पुस्तकालय था। सन्दूक खोलने के बाद ओमी मास्टर ने मुझसे कहा कि मैं चाहूँ तो इनमें से एकाध किताब पढ़ने के लिए ले लूँ। मैंने उनमें से एक पुस्तक उठा ली। साक्षरता मिशन या दूसरी सरकारी योजनाओं के तहत मोटे-मोटे अक्षरों में छपने वाली पुस्तकों की तरह छपी हुई यह पुस्तक थी 'मैकबेथ'। घर आकर मैंने इसे पढ़ना शुरू किया, तो पढ़ता ही चला गया। यह पुस्तक विलियम शेक्सपियर के नाटक 'मैकबेथ' की बालोपयोगी संक्षिप्त कहानी थी। इसमें आसमान में उड़ते प्रेतों के बड़े ही रोचक रेखाचित्र बने हुए थे। इसके बाद मुझे जैसे पढ़ने का चस्का लग गया। इसे पढ़ने के बाद में ऐसी ही दूसरी पुस्तक लाया 'हेमलेट' और उसके बाद 'ऑथेलो'। मगर जो रोमांच 'मैकबेथ' में पाया वह 'हेमलेट' और 'ऑथेलो' में नहीं था।

इसके बाद मैंने अपने क़स्बे के बड़े स्कूल यानी राजकीय उच्चतर माध्यमिक विद्यालय के पुस्तकालय से लेकर कुछ और पुस्तकें पढ़ीं। इनमें एक थी डेनियल डेफ़ो की 'रॉबिन्सन क्रूसो' और एक थी 'पाँड ऑफ़ फ्लेश' का संक्षिप्त क़िस्सा 'वेनिस का सौदागर'। ये सारी पुस्तकें हिन्दी अनुवाद थीं। मुझे याद है, सातवीं कक्षा में एक लेखक जिसे हम हिन्दी साहित्य का कथा-सम्राट कहते हैं, उसकी पाठ्यक्रम में लगी एक कहानी पढ़ी थी—'बड़े घर की बेटी'। सुदर्शन की 'हार की जीत' भी शायद छठी कक्षा में पढ़ी थी। दूसरे हिन्दी लेखकों में जैनेन्द्र की एक कहानी 'पाजेब' ग्यारहवीं में पढ़ी थी। कुल जमा मेरा शुरुआती साहित्यिक संस्करण केवल इतना ही है। इससे ज़्यादा नहीं।

यह घटना भी नौवीं कक्षा की ही है। ऊपरलीघाँ की थड़ी के नज़दीक वाली मसजिद में उन दिनों एक मौलवी साहब बच्चों को दीनी तालीम और उर्दू सिखाने के लिए आये हुए थे। मँझोला, दुबला क़द। उम्र रही होगी तकरीबन तीस। गोरा रंग। अच्छी-खासी दाढ़ी और सिर पर अबुल कलाम आज़ाद वाली फ़र की चिर-परिचित काली टोपी। आँखों पर काला चश्मा। इस मौलवी साहब की ऊपरलीघाँ में बड़ी चर्चा थी। मेरे कुछ सहपाठी जो इस मसजिद के नज़दीक रहते थे जैसे सफ़ी मोहम्मद, इस्माइल, उमर मोहम्मद यानी उमरू भी इस मौलवी के पास पढ़ने जाते थे। मौलवी साहब के पास हमेशा एक पतली सी बेंत होती थी, जो बच्चों को सुधारने में इस्तेमाल होती थी। उन्हीं दिनों हमारे विद्यालय में विज्ञान के नये-नये अध्यापक आये थे नफ़ीस अहमद। मूलतः वे उत्तर प्रदेश के थे। नफ़ीस अहमद साहब का पढ़ाने का तरीक़ा बड़ा रोचक था। वे शरीर के विभिन्न अंगों के मॉडल्स को दिखाते हुए छात्रों को समझाने की कोशिश करते थे। यह बात अलग है कि वे जो हमें पढ़ाते या समझाते थे, वह सब हमारे सिर के ऊपर से गुज़र जाता था।

एक दिन नफ़ीस अहमद साहब छात्रों की हाज़िरी लेते हुए अनुपस्थित छात्रों के बारे में पूछने लगे। जब उन्होंने इस्माइल के बारे में पूछा, तो न जाने हमारे एक सहपाठी पवन जैन को क्या सूझी कि उसने हँसते हुए कहा, ''मास्टर जी, वह तो मौलवी साब की लकड़ी पकड़ रहा होगा।''

पवन के इतना कहते ही पूरी कक्षा हँस पड़ी। उसके इस द्विअर्थी वाक्य का मतलब नौवीं कक्षा के हम छात्रों ने जो समझा, उसी के कारण पूरी कक्षा हँस पड़ी थी। नफ़ीस अहमद साहब भौचक। एक पल के लिए उनकी समझ में नहीं आया कि यह लड़का क्या कह गया। कह दिया कोई बात नहीं मगर पवन के कहने का जो लहज़ा और अन्दाज़ था, उसे देख नफ़ीस अहमद साहब का चेहरा तमतमा उठा। उसके बाद वे धीरे से पवन के पास आये और अपने मज़बूत पंजों में जकड़ते हुए उसे उसकी जगह से उठाया। फिर तो कक्षा में जो दृश्य पैदा हुआ उसे देख पूरी कक्षा की मानो रूह काँप गयी। नफ़ीस अहमद साहब पवन को उठाते और पूरी निर्ममता से उसे फ़र्श पर पटकते। उन्होंने उसे ऐसा मारा कि पवन की आँखें बाहर निकल आयीं। लगभग उसे जैसे अधमरा कर दिया। यह दृश्य आज भी आँखों के सामने उभरता है, तो भयातुर आँखें बन्द होती चली जाती हैं। बावजूद इसके नफ़ीस अहमद साहब की निर्ममता कहिए या निष्ठुरता, मुझे इसमें कुछ भी बुरा नहीं लगता है। कम से कम एक छात्र होने के नाते गुरु और शिष्य की सीमाओं और मान-सम्मान का हमें फ़र्क़ तो पता होना चाहिए।

नफ़ीस अहमद साहब के मन में एक गुरु होने के नाते पवन के प्रति कोई द्वेष नहीं रहा होगा। उन्होंने तो गुरु होने के नाते अपने कर्तव्य का निर्वाह किया, ठीक उस गुरु की तरह जो अपने घड़े रूपी शिष्य के खोटों को ऊपर से घड़ता है, तो अन्दर से उसे सहारा भी देता है। इस घटना से मैंने तो यही सबक सीखा है।

दसवीं अर्थात् मैट्रिकुलेशन तक हिन्दी, अंग्रेज़ी, गणित, सामाजिक अध्ययन, सामान्य विज्ञान के अलावा संस्कृत भी एक विषय था। संस्कृत हमें मास्टर तोता राम और नागर साहब पढ़ाते थे। मास्टर तोता राम वॉलीबाल के बहुत अच्छे खिलाड़ी थे। सर्दियों के दिनों में आधी छुट्टी के दौरान लगभग रोज़ाना अध्यापकों और छात्रों की मिली-जुली टीम के बीच मैच होता था। इस टीम में अध्यापकों की ओर से कृषि विज्ञान के ओमप्रकाश वशिष्ठ, खन्ना साहब, सामाजिक विज्ञान के महेन्द्र सिंह, भूगोल पढ़ाने वाले शिवमंगल सिंह और तोता राम होते थे। मास्टर ओमप्रकाश वशिष्ठ गोदना को लेकर एक गीत सस्वर बहुत अच्छा गाते थे। इस गीत का मुख्य भाव यही था कि गोदना गोदने वाले से एक स्त्री यह विनती करती है कि उसके शरीर के किस हिस्से पर क्या गोदना है। साँवले रंग के वशिष्ठ जी अकसर पीयर्स साबुन से ही नहाते थे। उन दिनों बहुत से अध्यापक विद्यालय में ही रहते थे।

तोता राम जी स्मेश लगाने में बड़े माहिर थे। वॉलीबाल के नेट के समान्तर हवा में पंजों के बल उछलते हुए, जिस टाइमिंग के साथ वे स्मेश लगाते, वह दृश्य देखने वाला होता था। ऐसे ही एक दिन मैच खेलते हुए गोता लगाकर उन्होंने बॉल दूसरे खिलाड़ी को दी, और उस खिलाड़ी ने बॉल नेट के समान्तर जैसे ही हवा में खड़ी की, तोता राम जी ने सन्तुलन बनाते हुए जो स्मेश लगायी, दर्शकों में बैठे मेरे मुँह से ज़ोर से निकला "वा बेटेऽऽऽ!"

पल भर के लिए मुझे ही पता नहीं चला कि आवेश और रोमांच के चलते मैं अपने गुरु को क्या कह गया। वहाँ मैच देख रहे छात्रों के अलावा दूसरे अध्यापकों का ध्यान जैसे ही मेरे 'वा बेटेऽऽऽ!' पर गया, ओमप्रकाश वशिष्ठ जी तुरन्त भाँप गये। इससे पहले कि मास्टर तोता राम की तरफ़ से कोई प्रतिक्रिया आती, उन्होंने बात सँभालते हुए कहा, "शाबाश बेटे, जोश में ऐसा हो जाता है।"

एक और प्रसंग मास्टर तोता राम से जुड़ा याद आता है। एक दिन वे सवेरे के पीरियड में संस्कृत पढ़ा रहे थे। इसी बीच उन्होंनं एक छात्र अज़ीज़ को एक अध्याय के श्लोक पढ़ने का आदेश दिया। अभी अज़ीज़ ने पहला श्लोक 'त्वमेव माता च पिता त्वमेव, त्वमेव बन्धुश्च सखा...' पढ़ना शुरू किया ही था,

कि सबसे आगे ठीक तोता राम जी के सामने गरदन झुकाकर बैठे मेरी हँसी छूट गयी। इससे पहले कि अज़ीज़ श्लोक पूरा करता, उससे पहले मास्टर तोता राम की जूती तड़ातड़ मेरे सिर पर पड़ने लगी। मेरी आँखों के आगे अँधेरा छा गया। पीरियड ख़त्म होने के बाद मेरे सहपाठियों ने मुझसे हँसने का कारण पूछा, तो मैं उनको कोई सन्तोषजनक उत्तर नहीं दे पाया। देता तो तब, जब मुझे ही पता होता कि मैं हँसा क्यों?

उन दिनों विद्यालयों में प्रतिवर्ष ब्लॉक स्तर पर अन्तरविद्यालय खेल-कूद प्रतियोगिताएँ और सांस्कृतिक कार्यक्रमों के आयोजन होते थे। उस बार मेरे क़स्बे के राजकीय उच्चतर माध्यमिक विद्यालय में आयोजित सांस्कृतिक कार्यक्रमों में हमारे विद्यालय को एक नाटक में प्रथम स्थान प्राप्त हुआ था। इस नाटक में मेरी भी एक छोटी सी भूमिका थी। हमारे प्रिंसिपल साहब ने खुश होकर हमारी टीम को कुछ नकद इनाम दिया था। मुझे याद है, उस राशि में से भाग लेने वाले प्रत्येक छात्र को उपहार स्वरूप एक-एक बनियान भेंट की गयी थी। ब्लॉक स्तर के बाद इनका आयोजन ज़िला स्तर पर होता था। उस साल यह आयोजन गुड़गाँव के राजकीय उच्चतर माध्यमिक विद्यालय में होना था। हमारे विद्यालय के पास भी इस आयोजन में भाग लेने के लिए निमन्त्रण आया। इसलिए हमारे विद्यालय ने दो प्रतियोगिताओं के लिए अपनी टीमें भेजने का फ़ैसला किया। एक, नाटक में हिस्सा लेने के लिए और दूसरा संस्कृत श्लोक प्रतियोगिता के लिए। नाटक वही चयन किया गया था जिसके कलाकारों को इनाम में एक-एक बनियान भेंट की गयी थी। जैसे ही इस नाटक के पात्रों यानी हमें इसकी सूचना दी गयी, हम सब बल्लियों उछलने लगे। हमारा खुशी का ठिकाना न रहा। हमारी यह खुशी इसलिए नहीं थी कि गुड़गाँव में जाकर हमें अपनी प्रतिभा का जौहर दिखाना था, बल्कि हमारी बल्लियों की वजह थी गुड़गाँव जाना और वहाँ जाकर सिनेमा हॉल में सिनेमा देखना।

विद्यालय ने दोनों टीमों को हमारे संस्कृत के अध्यापक नागर साहब के नेतृत्व में भेजने का निर्णय लिया। नागर साहब बेहद साधारण जीवन जीने में यक़ीन करते थे। जिसका कारण शायद उनका गुरुकुल में शिक्षा ग्रहण करना रहा होगा। वे सफ़ेद कुर्ता-पायजामे पर चमचमाती कुरम की काली जूतियाँ पहनते थे। चूँकि हम इस नाटक का मंचन अपने स्कूल में सफलतापूर्वक कर चुके थे, इसलिए उसके रिहर्सल आदि की कोई ज़रूरत नहीं थी। बस, नागर साहब ने अपना पूरा ध्यान एकल संस्कृत श्लोक प्रतियोगिता के एकमात्र प्रतियोगी प्रेम कुमार राघव यानी पप्पू पर केन्द्रित कर दिया। हालाँकि नागर साहब ने इस प्रतियोगिता में

हिस्सा लेने के लिए दूसरे छात्रों से भी पूछा था, मगर उनकी नज़र में हर दृष्टि से इस प्रतियोगिता के लिए प्रेम कुमार राघव से उचित और कोई छात्र था ही नहीं। वैसे भी इन प्रतियोगिताओं में आठ-दस दिन का समय था इसलिए नागर साहब अपने इस प्रतियोगी पप्पू और अपने मिशन को कामयाब करने में जुट गये। वैसे भी देववाणी यानी संस्कृत अर्थात् हिन्दू संस्कृति की लाज का सवाल जो था।

इसके बाद अपना पप्पू उर्फ़ प्रेम कुमार राघव युद्ध स्तर पर श्लोक रटने में जुट गया। कक्षा में जब भी नागर साहब अपना पीरियड लेने आते, सबसे पहले अपने अर्जुन से श्लोक रटने की रिपोर्ट यह कहते हुए लेना नहीं भूलते, "हाँ बेटे प्रेम, कैसी तैयारी चल रही है?"

इधर नागर साहब का वाक्य ख़त्म होता, उधर उनका अर्जुन यानी हमारा पप्पू अपनी जगह से खड़ा होता, और एक ही साँस में रटे गये श्लोकों में से कुछ को सुना देता।

"शाबाश बेटा!" नागर साहब अपने अर्जुन का लगे हाथ हौसला बढ़ाते हुए शाबाशी दे देते।

ये सम्भवतः अक्टूबर महीने के शुरुआती दिन थे। गुड़गाँव जाने की तैयारी में हम जी-जान से जुट गये। मेरे एक और सहपाठी कैलाश ने (प्रेम कुमार राघव का बड़ा भाई) हमारे इस नाटक में स्त्री की भूमिका निभायी थी। कैलाश कभी-कभी कक्षा में एक बहुत ही भावुक लोकगीत गाता था। इसकी शुरुआती पंक्तियाँ मुझे अभी भी याद हैं, जो इस प्रकार थीं—

ओ छोरा, तू अचके बड़ो मलूक रे।
भाई के भरोसे कुँआरी मैं रही॥

बाद में क़स्बे की रामलीलाओं में यह सीता का पार्ट भी अदा करने लगा था। एक रविवार मैं और कैलाश गुड़गाँव जाने से पहले इनके यानी चमारों के कुएँ पर कपड़े धोने चले गये। यह कुआँ नगीना के दक्षिण में बँगला डोक जोहड़ के एकदम किनारे होने और चौमासों के चलते ऊपर तक भरा हुआ था। यही नहीं बल्कि अन्य दूसरे कुएँ जैसे बोहराकी का कुआँ, बल्लाकी का कुआँ, बढ़वाले का कुआँ, खारी कुआँ, तीजन का कुआँ, भंगियों का कुआँ, खटीकों का कुआँ, खानवाला (दादाखानू के पास वाला), बिच्छू का कुआँ, धोबी घट्टा, पन्नूकी, बिलहोरी की कुईं चौमासों के कारण आधे से ज़्यादा भरे हुए थे। जोहड़-तालाब तो लबालब भरे ही थे। मगर 1981 के बाद जब से मानसून गड़बड़ाया है, सबसे ज़्यादा दुर्दशा हमारे इन जलदाता कुओं और जोहड़-तालाबों की ही हुई है। ज़्यादातर कुएँ अन्धे कुओं में तब्दील होकर असमय काल-कवलित हो गये हैं।

वहीं बोहराकी का कुआँ जिसके दो-तीन मटका-घड़ा पानी हर परिवार में होता था और जिसकी मुँडेर पर कभी जगह नहीं मिलती थी, आज पनिहारिनों की जैसे बाट जोहता रहता है। इस कुएँ के पानी की सबसे बड़ी तासीर यह है कि इसमें उड़द, चना और मांस जैसे खाद्य पदार्थ जितनी अच्छी तरह बनते थे, उतना दूसरे कुओं के पानी में नहीं बनते थे।

हम दोनों ने अपने-अपने कपड़े धोकर उन्हें सूखने के लिए धूप में फैला दिया। कपड़ों से निवृत्त हो हम नहाने की तैयारी में जुट गये। कैलाश एक अच्छा तैराक था। लगभग किनारे तक भरे कुएँ में वह ज़ोर से छलाँग लगाता, और पानी में डुबकी लगा, काफ़ी देर बाद सतह पर आता। बार-बार उसे इस तरह डुबकी लगाता देख मेरे मन में भी उसकी तरह छलाँग लगाकर नहाने की इच्छा बलवती हो गयी। हालाँकि कैलाश की तरह मैं कुशल तैराक तो नहीं था, थोड़ा-बहुत हाथ-पैर ज़रूर चला लेता था। वैसे भी कुआँ कोई जोहड़ या तालाब थोड़े ही है जिसमें दूर तक जाना होता है। बस, छलाँग लगाकर सतह पर आना है और कैलाश की तरह लपककर कुएँ का किनारा पकड़ लेना है। इधर कैलाश थोड़ा साँस लेने की ग़रज से कुएँ के बाहर आ गया, और उधर मैंने दृढ़ निश्चय कर कुएँ में छलाँग लगा दी।

मैंने छलाँग लगा तो दी मगर नीचे पानी में जाते ही मैं भूल गया कि अब मुझे करना क्या है। चूँकि मैंने साँस रोका हुआ था और धीरे-धीरे नीचे जाते हुए सोच रहा था कि पानी की सतह पर कैसे आऊँ। हालाँकि मैं घबरा गया था मगर बावजूद इसके मन और दिमाग़ दोनों पूरी तरह शान्त थे। तभी मुझे याद आया कि अगर मैं चप्पू की तरह पानी को नीचे धकेलूँ, तो ऊपर आ सकता हूँ। मैंने तुरन्त फ़ैसला लिया और ऐसा ही करने लगा। जब तक फेफड़ों में भरी साँस ख़त्म होती, मेरा सिर पानी से बाहर था। मेरे पानी से बाहर आते ही कैलाश समझ गया कि मुझसे ग़लती हो गयी है। उसने बिना एक पल गँवाये चिल्लाते हुए कहा, "भगवानदास घबरा मत...फटाफट मेरा पाँव पकड़ ले!"

घबराने के बावजूद कुएँ में लटके कैलाश के एक पाँव को मैंने पकड़ लिया। मेरे पाँव पकड़ते ही वह धीरज बँधाते हुए बोला, "जल्दी मत कर...पहले आराम से साँस ले ले!"

मैंने उसकी सलाह मानते हुए पहले साँस ली और फिर कैलाश ने मुझे बड़ी सावधानी बरतते हुए कुएँ से बाहर खींच लिया। इस दृश्य को आज भी याद करता हूँ तो रोंगटे खड़े हो जाते हैं। मौत के एकदम क़रीब जाने के बाद वापस लौटना सचमुच किसी चमत्कार से कम नहीं था। इस घटना के याद आते ही

मुझे बचपन का वह औघड़वाला प्रसंग याद आ जाता है, जिसे जीजी अपने मरने तक हुमक-हुमक कर न जाने कितनी बार सुना चुकी थी।

अपने क़स्बे नगीना से लगभग पैंसठ किलोमीटर की दूरी रोडवेज़ बस से तय कर, सुबह ग्यारह बजे के क़रीब नागर साहब अपनी दोनों टीमों को लेकर गुड़गाँव पहुँच गये। जिस समय हमने राजकीय उच्चतर माध्यमिक विद्यालय के हॉल में प्रवेश किया, हमारे संस्कृत श्लोक के प्रतियोगी प्रेम कुमार राघव की प्रतियोगिता शुरू हो चुकी थी। पूरा हॉल खचाखच भरा हुआ था। सबसे पहले नागर साहब ने अपने अर्जुन की एंट्री करायी। उसके बाद मुश्किल से सबसे आख़िर में हमें खड़े होने की जगह मिली। हमारे नाटक के सारे पात्र बेफ़िक्र हो सामने मंच पर चल रही प्रतियोगिताओं का आनन्द लेने लगे। क्योंकि सांस्कृतिक कार्यक्रम शाम को होने थे।

अचानक हॉल में छात्र-छात्राओं के शोर-शराबे और चिल्ल-पौं के बीच मंच से अपने विद्यालय और उसके प्रतियोगी का नाम सुन, वहाँ मौजूद छोटे से राजकीय उच्चतर माध्यमिक विद्यालय की साँसें थम सी गयीं। नागर साहब ने प्रेम कुमार राघव नाम के अपने अर्जुन अर्थात् हमारे पप्पू को विजयी भव जैसा भावभीना आशीर्वाद दिया, और उसे श्लोक वाचन के लिए मंच की ओर प्रस्थान कर दिया। पूरे आत्मविश्वास से लबरेज़ हमारा अर्जुन तेज़-तेज़ कदमों से मंच पर गया और माइक के सामने जाकर खड़ा हो गया। माइक और पप्पू के बीच कुछ क्षण ख़ामोशी पसरी रही। सबसे आगे मंच के ठीक सामने बैठे निर्णायक मंडल के सदस्यों ने सोचा कि शायद प्रतियोगी, मन ही मन माँ सरस्वती का सुमिरन कर रहा है। मगर ख़ामोशी थी कि टूटने का नाम न ले। निर्णायकों में से एक ने कई बार संकेत भी किया मगर हमारा अर्जुन सामने बैठी भीड़ को पथराई आँखों से देखता रहा। उधर नागर साहब की भी बेचैनी बढ़ गयी। उन्होंने थोड़ा सा आगे आकर अपने शिष्य को शुरू करने का इशारा किया। अपने गुरु को देख पप्पू नाम के शिष्य में थोड़ी सी हिम्मत पैदा हुई, और फिर माइक के नज़दीक आते हुए श्लोक बोलने लगा—त्वमेव माता च पिता...त्वमेव माता च पिता...। हमारे अर्जुन की सूई यहीं आकर ठिठक गयी। लगा जैसे किसी साइकिल के कुत्ते फैल गये हों। इसके आगे के शब्द मानो कंचे बन उसके गले में अटक गये। फिर क्या था, सामने बैठे छात्रों ने सीटी बजाते हुए शोर मचाना शुरू कर दिया। नागर साहब ने मारे हताशा के सिर पकड़ लिया। मंच का संचालन कर रहे उद्घोषक को मजबूरन हमारे पप्पू को मंच से जाने के लिए कहना पड़ा। इकलौता राजकीय

उच्चतर माध्यमिक विद्यालय, नगीना निराश, उदास और उद्विग्न सा मंच से उतर आया। नागर साहब के सपने एक झटके में मानो चूर-चूर हो गये।

प्रेम कुमार जैसे ही नागर साहब के पास पहुँचा, वे उस पर बरस पड़े, “मेरे ससुरे, तेरी देह पे नगीना चल के मसाला लगाऊँगा। मैं जब पूछता था तो झट से खड़े होके कह देता था मास्टर जी सब याद है और यहाँ आके तुझे कौन-सा साँप सूँघ गया!”

पप्पू ने कोई जवाब नहीं दिया। पूरा नगीना विद्यालय निराश हो हॉल से बाहर निकल आया। नागर साहब अपने अर्जुन की इस परफॉरमेंस से इतने टूट गये, कि एक बार तो उन्होंने उसी समय नगीना लौटने का मन बना लिया। मगर पता नहीं क्या सोच कर अपना निर्णय स्थगित कर दिया। इसके बाद हमने अपना सारा सामान उसी विद्यालय के एक कमरे में रख दिया, जो हमें दिया गया था।

निराशा और उदासी में लिपटे नागर साहब ने कमरे में चादर बिछायी और मुँह ढाँप कर सो गये। इधर नाटक के सारे किरदार बेचैनी से इधर-उधर टहलने लगे। हमारी यह बेचैनी यहाँ के किसी हॉल पर लगी फ़िल्म को देखने को लेकर थी। नागर साहब ने हमारी इस बेचैनी को भाँप लिया था। इसलिए यह कहते हुए हमें मुक्त कर दिया था कि शाम को सात बजे तक नाट्य प्रतियोगिता शुरू होने से पहले हम ज़रूर लौट आयें। हम सब तुरन्त बाहर आये और तीन बजे का शो देखने के लिए सिनेमा हॉल की ओर बढ़ गये।

उन दिनों गुड़गाँव में तीन सिनेमा हॉल बहुत लोकप्रिय थे। ये तीनों यहाँ के बस अड्डे के एकदम निकट हैं, यानी राज, देव और अजीत सिनेमा हॉल। इन तीनों में देव सबसे आधुनिक माना जाता था और ताज़ा-ताज़ा रिलीज़ हुई फ़िल्में यहाँ दिखायी जाती थीं। इसलिए इसी हॉल पर फ़िल्म देखने की सबने इच्छा ज़ाहिर की। हालाँकि इससे पहले मैं कुछ फ़िल्में अलवर के अशोका और न्यूतेज सिनेमा हॉल पर देख चुका था। मेरी बड़े परदे पर देखी गयी पहली फ़िल्म थी ‘ललकार’। 1972 में रामानन्द सागर के निर्देशन में देशभक्ति और राष्ट्रवादी जांबाज़ सैनिकों के जीवन पर बनी यह फ़िल्म मैंने 1973 में देखी थी। जबकि दूसरी फ़िल्म थी ‘मोम की गुड़िया’। मोहन कुमार के निर्देशन में बनी यह फ़िल्म भी 1972 में ही बनी थी। यह फ़िल्म भी मैंने अलवर में ही देखी थी। हालाँकि इससे पहले सत्तर के दशक के शुरुआत में जब मैं पाँचवीं-छठी कक्षा में पढ़ता था, परिवार नियोजन को बढ़ावा देने और छोटे परिवार के प्रति लोगों में जागृति पैदा करने के लिए स्वास्थ्य विभाग द्वारा दिखाई जाने वाली फ़िल्में देख चुका था। नगीना के प्राथमिक स्वास्थ्य केन्द्र की सफ़ेद दीवार पर खुले मैदान में दिखाई जाने वाली

फ़िल्म से पहले, और इंटरवल में जनसंख्या नियन्त्रण को केन्द्र में रखकर बना वृत्तचित्र सन्देश के रूप में ज़रूर दिखाया जाता था। उन दिनों स्वास्थ्य विभाग दो फ़िल्में बहुत दिखाता था। एक थी 1967 में मनोज कुमार के निर्देशन में बनी फ़िल्म 'उपकार', और दूसरी थी 1968 में बनी 'परिवार'। 'उपकार' में तो प्राण का मलंग चाचा के रूप में किया गया अभिनय मन-मस्तिष्क पर आज भी वैसा ही छपा हुआ है, जैसा आज से 46 साल पहले था।

दूसरी फ़िल्म 'परिवार' मुझे इतनी पसन्द नहीं थी, जितनी 'उपकार' थी। हाँ, इस फ़िल्म में राष्ट्रपिता महात्मा गाँधी और लाल बहादुर शास्त्री के जन्म दिन पर फ़िल्माया और गाया गया यह गीत, इस फ़िल्म को देखने के बाद महीनों तक मन-मस्तिष्क में गूँजता रहा—

आज है दो अक्तूबर का दिन, आज का दिन है बड़ा महान।
आज के दिन दो फूल खिले हैं, जिनसे महका हिन्दुस्तान॥
जय जवान, जय किसान।

चूँकि सिनेमा हॉल राजकीय उच्चतर माध्यमिक विद्यालय से ज़्यादा दूर नहीं है, इसलिए सिनेमा देखकर हम नागर साहब के निर्देशानुसार साढ़े छह बजे कमरे पर पहुँच गये। सात बजते ही विद्यालय के भवन के पीछे खेल के मैदान के किनारे बने मंच पर नाटकों का प्रदर्शन शुरू हो गया। एक के बाद एक प्रतियोगी विद्यालय अपनी-अपनी प्रस्तुति देते गये। मगर इस प्रतियोगिता की एक प्रतियोगी टीम अर्थात् राजकीय उच्चतर माध्यमिक विद्यालय, नगीना अपनी बारी का इन्तज़ार करते-करते जैसे थक गया। रात के लगभग दस बजे जैसे ही अन्तिम प्रस्तुति के बाद कार्यक्रम के समापन की घोषणा हुई, हम सब हक्के-बक्के रह गये कि हमारी टीम की प्रस्तुति के बिना कैसे समापन की घोषणा हो गयी। नागर साहब उसी समय मंच के सामने बैठे निर्णायकों के पास गये, तब कहीं जाकर हमारी टीम को बुलवाया गया। इस बीच दर्शक अपनी-अपनी जगह पर खड़े हो चुके थे। उनसे उद्घोषक ने शान्ति बनाये रखने की अपील के साथ-साथ इस अन्तिम प्रस्तुति को देखने का अनुरोध किया। बहरहाल, बिना किसी कथा-वस्तु, बिना किसी रिहर्सल, चलताऊ कॉस्ट्यूम और बिना किसी निर्देशन के हमारे नाटक की जो दुर्गति और दुर्दशा होनी थी, उसके बारे में ना पूछा जाये तो ही ठीक है। इस नाटक में एक पात्र द्वारा हवा में काग़ज़ के नोट लहराने का दृश्य था। चूँकि हम असली नोटों की गड्डी के बजाय नकली नोटों की गड्डी लेकर गये थे, जो उस समय बच्चों के चूर्ण के साथ मिलते थे। हमारे उस पात्र ने जैसे ही नोटों की गड्डी हवा में लहरायी, सामने बैठे दर्शकों

ने यह कहते हुए हूटिंग शुरू कर दी "नकली नोट! नकली नोट!" मुश्किल से हमने नाटक पूरा किया।

सुबह श्लोक प्रतियोगिता में हुई दुर्गति की तरह इस बार भी हम मंच से जैसे-तैसे उतर आये। अब आप सोच रहे होंगे कि आख़िर हमारे विद्यालय की टीम को बुलाये बिना कार्यक्रम समाप्त करने की उद्घोषणा कैसे कर दी गयी? दरअसल, हमारी टीम को उसकी प्रस्तुति के लिए आमन्त्रित तभी तो किया जाता, जब उद्घोषक की सूची में इसका नाम होता। हुआ यूँ कि अपनी पहली उम्मीद यानी पप्पू उर्फ़ प्रेम कुमार राघव की सुबह वाली परफॉरमेन्स से नागर साहब इस क़दर डिप्रेशन में चले गये कि वे अपने विद्यालय की एंट्री कराना ही भूल गये। रात को सोने से पहले अँधेरे में एक तरफ़ हम सब आपस में हँसी-ठट्ठा कर रहे थे, तो हमारे हँसी-ठट्ठों से तंग आकर, नागर साहब बार-बार चेतावनी भरे शब्दों में यही कहते रहे, "अरे छोरो, तुम्हारी देह तो मसाला नहीं माँग रही है!" नागर साहब का यह वाक्य एक तरह से तकिया कलाम था।

अगली सुबह हम वापस नगीना लौटने लगे तो सिवाय हमारे संस्कृत के अध्यापक नागर साहब के, किसी के चेहरे पर किसी तरह की न तो कोई मायूसी थी, न निराशा। न कुछ हासिल करने का ग़म था, न किसी तरह का पछतावा। बल्कि हमारे चेहरों से एक ख़ास क़िस्म का उपलब्धि भरा सन्तोष झलक रहा था, और वह सन्तोष था फ़िल्म देखने का। एक ऐसी उपलब्धि जिसकी कहानी हम परदे पर चलने वाले दृश्यों की तरह वापस लौट कर अपने सहपाठियों को हुमक-हुमक कर सुनाएँगे। हरियाणा रोडवेज़ की बस में बैठने से लेकर, लगभग डेढ़-पौने दो घंटे के पूरे सफ़र के दौरान बस की खिड़कियों से अन्दर आती हवा के झोंकों के साथ, हमारे कानों में देखी गयी उस फ़िल्म के गीत आँखों के आगे तैरते दृश्यों के साथ गूँजते रहे।

जिन दिनों मैं अपनी किशोरावस्था में कुलाँचें भर रहा था, उन्हीं दिनों दो महत्त्वपूर्ण घटनाएँ घटीं। इनमें से एक थी राष्ट्रीय स्तर की और दूसरी थी क़स्बाई स्तर की। राष्ट्रीय स्तर पर घटने वाली घटना थी देश में आपात्काल की घोषणा, जबकि क़स्बाई स्तर पर घटने वाली घटना थी हमारे क्रिकेट क्लब से एक नये सितारे का जुड़ना। आपात्काल की घोषणा का बड़े शहरों और महानगरों का तो मुझे पता नहीं, मगर नगीना जैसे क़स्बों और गाँव-देहातों में इसका कोई ख़ास असर देखने को नहीं मिलता। बल्कि सरकारी महकमों में व्याप्त अराजकता से त्रस्त एक आम आदमी की दिनचर्या में गुणात्मक परिवर्तन देखने

को ज़रूर मिला। इस आपातकाल को लेकर वंचित, उपेक्षितों व साधनहीनों में वैसे ही प्रतिक्रिया देखने को मिलती थी, जैसी हमें कभी-कभी अंग्रेज़ी हुकूमत के बारे में सुनने को मिलती है। हाँ, इस दौरान आपातकाल से ज़्यादा आलोचना व कुचर्चा 1976 में शुरू किये गये नसबन्दी अभियान की होने लगी। जिस तरह बिना किसी पूर्व तैयारी के एक अच्छे-ख़ासे अभियान को ज़बरन अभियान में तब्दील कर दिया गया था, उससे वह एक तरह से आपातकाल का पर्याय बन गया था। मेरा मानना है कि अगर आपातकाल के दौरान संजय गाँधी के इस अति महत्त्वाकांक्षी नसबन्दी अभियान को नहीं चलाया जाता, तो आज बहुतों को आपातकाल के बारे में ठीक से पता भी नहीं चलता। यह नारा उन दिनों आम जनता में आपातकाल की वजह से नहीं, अपितु नसबन्दी अभियान की क्रूरता और निर्ममता की वजह से लोकप्रिय हुआ था—'कांग्रेस के तीन दलाल/इन्दिरा, संजय, बंसीलाल। कांग्रेस व इन्दिरा गाँधी के प्रति आम जन में जो घृणा घर कर गयी थी, उसका श्रेय आपातकाल से ज़्यादा नसबन्दी अभियान को जाता है।

मगर उस समय के एक किशोर की नज़र में 25 जून, 1975 में लागू किया गया, और इक्कीस माह तक लगने वाले इस आपातकाल (जिसे उस दौर के कुछ जीवित शूरवीरों ने इसकी चालीसवीं बरसी पर 'स्वतन्त्र भारत की वह काली रात, नाज़ी शासन, देश का काला अध्याय, गूँगी बस्ती बहरे लोग, लोकतन्त्र का हत्यारा, भारतीय इतिहास का दुःखद काल, आपातकाल एक दुस्साहसिक कदम, आपातकाल सबसे अन्धकारमय समय और देश का सबसे बुरा दौर' जैसे विशेषणों से सुशोभित किया गया था) से ज़्यादा महत्त्वपूर्ण और बड़ी घटना, हमारे मेवात क्रिकेट क्लब यानी एमसीसी में नये सितारे यानी संदीप ज़ैदी का शामिल होना था। जो देखते ही देखते मेरी तरह उस समय के न जाने कितने किशोरों और युवाओं का रोल मॉडल बन गया था।

संदीप ज़ैदी मेरे क़स्बे नगीना और इलाक़े के उस समय के मेवात डिग्री कॉलेज के लाइब्रेरियन सैयद हसनेन ज़ैदी का छोटा भाई था। इसका असली नाम तो सैयद आज़ाद ज़ैदी था। मगर अपनी उम्र की कॉलेज जाने वाली और कुछ शादी के इन्तज़ार में घर बैठी लड़कियों के क़स्बाई सपनों को भाँप, उन्हें अपनी तरफ़ आकर्षित करने के लिए अपना नाम रख लिया संदीप ज़ैदी। इस आधे हिन्दू और आधे मुस्लिम नाम में गंगा-जमुनी तहज़ीब की ऐसी देसी गन्ध छिपी हुई थी, जिसमें कुछ ना-समझ और मासूम तितलियों को अपनी ओर आसानी से आकर्षित कर लेने की क्षमता थी। संदीप ज़ैदी अपने कॉलेज में तेज़ी से लोकप्रियता के पायदान चढ़ता जा रहा था। उसकी इस लोकप्रियता में उन दिनों

भारतीय सिनेमा से प्रेरित और आयातित छब्बीस इंची मोहरी वाली बेलबॉटम, और बाद में उसके बाहर की ओर लगने वाली लम्बी तिकोनी रंगीन पट्टी की बहुत बड़ी भूमिका थी। कानों को ढकने वाले घने बालों ने बाकी बची लोकप्रियता में चार-चाँद लगा दिये। रुपहले परदे और फ़िल्मी पत्रिकाओं में छपी हिन्दी सिनेमा के नायकों द्वारा पहनी जाने वाली यह बेलबॉटम उस समय हम जैसे किशोरों का मानो सपना बन गयी थी। मैंने तो मन ही मन यह तय कर लिया था कि कॉलेज में प्रवेश पाते ही सबसे पहले इस संदीप ज़ैदी की तरह एक सफ़ेद झक छब्बीस इंची बेलबॉटम सिलवानी है। बल्कि उस पर पहनी जाने वाली सफ़ेद रेक्सीन की बद्धी वाली चप्पलें भी लेनी हैं।

संदीप ज़ैदी की लोकप्रियता की पताका मेरे क़स्बे में ही नहीं बल्कि आसपास के क़स्बों जैसे फ़िरोज़पुर झिरका, पुन्हाना, पिनगवाँ से आने वाली छात्राओं में भी फहराने लगी थी। ख़ासकर उन ख़ानदानी लड़कियों के बीच, जिन्हें उनके शरीफ़ माँ-बाप ने शिक्षा ग्रहण करने के लिए कॉलेज में भेजना शुरू किया था।

किशोरावस्था की दहलीज़ पार कर नयी-नयी जवान हुई शरीफ़ ख़ानदानों की लड़कियों की नज़र, जब-जब लम्बे-लम्बे बालों से ढके आधे कानों, और छब्बीस इंची मोहरी वाली बेलबॉटम में कसे छरहरे, बलखाते बदन वाले इस देसी नायक पर पड़ती, तब-तब उनके भीतर बैठी सकुचाई-सी, सहमी-दबी नायिका के दिल में मानो अनगिनत घंटियाँ बजने लगतीं। शायद सपनों के इस सौदागर ने काला पानी के क़स्बे की इन अल्हड़ नायिकाओं के दिल में बजने वाली घंटियों की आहट और उसकी तरंगों को महसूस कर लिया था। संदीप ज़ैदी हमारी फ़िल्मों के नायकों की तरह कॉलेज की सभी गतिविधियों, विशेषकर सांस्कृतिक गतिविधियों का आकर्षण का केन्द्र था। जब-जब वह कॉलेज में होने वाले सांस्कृतिक कार्यक्रम, ख़ासकर क़व्वाली जैसे कार्यक्रम में क़व्वाल के रूप में अपनी टीम का नेतृत्व करता था, तब-तब मन में यह इच्छा हिलोरें लेती थीं कि काश इस संदीप ज़ैदी नाम के क़व्वाल के बग़ल में ताली पीट रहे इसके इन चिरकुट क़व्वालों में मैं भी होता। मेवात डिग्री कॉलेज की सीमा ख़त्म होते ही उससे हमारा बड़ा स्कूल यानी राजकीय उच्चतर माध्यमिक विद्यालय एकदम सटा हुआ था। इसलिए हम प्रायः आधी छुट्टी में यहाँ होने वाले कार्यक्रमों को देखने चले जाते थे।

एक बार संदीप ज़ैदी अपनी प्रतिभा का जौहर और जलवा क़स्बे के गोहरवाली चौक में हर साल होने वाली रामलीलाओं के मंच पर भी बिखेर चुका था। ऐसा जलवा कि क़स्बे की ज़्यादातर विवाह योग्य दर्शक लड़कियाँ, मन ही मन उसे अपना जीवन-साथी मान बैठी थीं। हुआ दरअसल यह कि मंच पर एक दिन सजे

रावण के दरबार में रावण ने गरज़ते हुए फ़रमाइश की, "मन्त्री जी!"

"जी सरकार?" मुच्छड़ मन्त्री ने अदब से कोर्निश बजाते हुए पूछा।

"एक गाने वाली पेश की जाए!"

"जी सरकार।" इतना कह मुच्छड़ मन्त्री ने नेपथ्य की ओर पलटकर ताली बजाते हुए गाने वाली को पेश होने का संकेत कर दिया।

इससे पहले कि रावण के हुक्म की तामील होती, रामलीलाओं में उद्घोषक की भूमिका निभाने वाले मास्टर रघुनन्दन ने उद्घोषणा की, ''अब आपके सामने नगीना कॉलेज के एक होनहार छात्र संदीप ज़ैदी अपना एक आइटम पेश करेंगे।''

मास्टर रघुनन्दन की उद्घोषणा समाप्त होते ही रावण के दरबार में गाने वाली की जगह, मेवात डिग्री कॉलेज का होनहार छात्र यानी घने बालों से ढके कानों और सफ़ेद रेक्सीन की बद्धी वाली चप्पलें पहने, छब्बीस इंची मोहरी वाली बेलबॉटम ने जैसे ही पदार्पण किया, जनाने हिस्से में मानो बेचैनी-सी छा गयी। इस होनहार छात्र संदीप ज़ैदी ने जो आइटम पेश किया, वह उसका एक स्व-रचित गीत था। उसने बाक़ायदा हलके से अभिनय के साथ सस्वर उसे प्रस्तुत किया। जो इस प्रकार था—

सागर का किनारा हो और साथ तुम्हारा हो
लहराता आँचल तुम्हारा और हाथ हमारा हो

ये टिमटिमाते तारे कहते हैं कुछ कहानी
है दो घड़ी की महमाँ ये रात की जवानी

फिर क्यों न प्यार कर लें गर तुझको गवारा हो
लहराता आँचल तुम्हारा और हाथ हमारा हो

चलती हुई हवाएँ लहराता तेरा आँचल
एक शोख-सी घटा हो आँखों का तेरी काजल

तेरी आँखों में ख़ुद को बसा लूँ गर तुझको गवारा हो
लहराता आँचल तुम्हारा और हाथ हमारा हो।

मगर संदीप ज़ैदी के इस स्व-रचित गीत से ज़्यादा लोकप्रिय दूसरा गीत था, जो उन दिनों नगीना के किशोरों से लेकर युवाओं की ज़ुबान पर चढ़ा हुआ था।

इस गीत की पृष्ठभूमि यह है कि एक मछेरा दरिया के किनारे मछली पकड़ने के लिए जाल फैला कर बैठा हुआ है। काफ़ी देर तक जब उसके जाल में कोई मछली नहीं फँसती है, तब वह उसे सम्बोधित करते हुए कहता है—

मैं हूँ तेरा दीवाऽऽऽना
बल खाती आ जाना
लहराती आ जानाऽऽऽ मैं हूँ तेरा दीवाऽऽऽना...

तू मेरा है माल
फेंके बैठा हूँ जाल
ओ जीऽऽऽ ओ जी
देख मेरे दिल का हाल
तू मत कर बेहाल ओ जीऽऽऽ ओ जी

मैं हूँ तेरा दीवाऽऽऽना
बल खाती आ जाना
लहराती आ जानाऽऽऽ मैं हूँ दीवाऽऽऽना।

लंकेश्वरी रावण के दरबार में इस आइटम के दौरान, बीच-बीच में दिये जाने वाले दानियों की तादाद में अचानक उछाल-सा आ गया। इस आइटम की क़स्बे सहित कॉलेज में महीनों तक चर्चा रही थी। उसके बाद तो संदीप ज़ैदी हम जैसे किशोरों, युवाओं और क़स्बों की शरीफ़ ख़ानदानी अल्हड़ युवतियों का मानो हृदय सम्राट बन गया था।

इधर विद्यालयों के दस्तावेज़ों में अनुमान के आधार पर दर्ज़ तिथि के मुताबिक़, मेरे किशोरावस्था के आख़िरी ढलान पर क़दम पड़े, उधर जीजी-चाचा को मेरे सिर पर सेहरा बाँधने का चाव चर्राने लगा। एक तरफ़ जहाँ आपातृकाल और नसबन्दी अभियान की चपेट से बचने के लिए युवा और अधेड़ अपने आपको बचाते हुए भागे-भागे फिर रहे थे, दूसरी तरफ़ जीजी-चाचा ने आने वाली 'देवऊठनी' (देवोत्थान) के दिन, बिना पत्रा दिखाये शादी तय कर दी। वैसे जीजी-चाचा के लिए आपातृकाल ना भी लगा हुआ होता, तब भी कोई फ़र्क़ नहीं पड़ने वाला था।

अब आप सोच रहे होंगे कि बिना सगाई के यह कैसी शादी थी। जब

तक सगाई न हो, तब तक शादी का क्या मतलब। दरअसल, सगाई एक ऐसी रस्म है जो कब हो जाए, बहुतों को पता भी नहीं चलता। मगर इस ललमुँहे की बाक़ायदा सगाई हुई थी। वह भी सालभर पहले। सगाई वाले दिन न केवल शामियाना ताना गया था, बल्कि एक कोठे (कमरे) की छत पर लाउडस्पीकर भी टाँगा गया था। लाउडस्पीकर पर उस समय के नये से नये गीत बजाये गये थे। लाउडस्पीकर हमारे समाज में जहाँ उल्लास और ख़ुशी ज़ाहिर करने का सूचक व प्रतीक समझा जाता है, वहीं इसका इस्तेमाल आपसे ईर्ष्या करने वालों के जले पर नमक छिड़कने के लिए भी किया जाता है। कोठे की मुँडेर पर लाउडस्पीकर लगवाकर, उस पर फ़िल्मी गीत चलवाने के पीछे मेरे हिसाब से चाचा की यही मंशा रही होगी।

मगर सगाई वाले दिन शाम के समय जैसे ही चाचा ने देखा कि मेरी सम्भावित ससुराल से मात्र दो ही व्यक्ति यानी एक मेरे ससुर फूल सिंह, और दूसरा पत्नी के रिश्ते में लगने वाले दादा चिरंजी सगाई लेकर आये हैं, उनका मूड ख़राब हो गया। बाकी किये-धरे पर तब पानी फिर गया जब सगाई में जीजी के इस ललमुँहे के ससुर ने, अपने होने वाले दामाद की झोली में शगुन के रूप में केवल इक्यावन रुपये डाले। सगाई की रस्म पूरी होते-होते पूरे घर में मातम-सा छा गया। चाचा को इससे बहुत ज़्यादा की उम्मीद थी। चाचा के साथ तो एक तरह से यह बात हो गयी कि 'चार आने की कुतिया, छह आने की खिंचाई'। इतना शगुन में नहीं मिला, जितना खर्च हो गया।

बाद में शादी के कई साल बाद मुझे शगुन के रूप में मिले मात्र इक्यावन रुपये के इस रहस्य का पता चला, जिसे मुझे पत्नी ने ही बताया था। दरअसल, पत्नी के मायके में इस रिश्ते को लेकर बेहद नाराज़गी थी। कोई इस रिश्ते से ख़ुश नहीं था। यहाँ तक कि मेरी पत्नी भी। उसके पूरे मायके वालों का यह मानना था कि जब उस घर में उनकी बड़ी बेटी ही सुखी नहीं है, तब छोटी वाली को क्या ख़ाक ख़ुशी नसीब होगी। इस धारणा के कई कारण थे। पहला, हमारा मेवाती होना और दूसरा, आर्थिक रूप से कमज़ोर होना। इसीलिए तब से लेकर आज तक पत्नी के दिलो-दिमाग़ में यही घुसा हुआ है कि जब से वह मेरे पल्ले बँधी है, उसे सुख ही नसीब नहीं हुआ है। यह बात अलग है कि आज तक मेरी समझ में यह नहीं आया कि आख़िर इस 'सुख' की परिभाषा है क्या?

अब आप यह भी सोच रहे होंगे कि इस सगाई प्रकरण के बीच मेरे ससुराल वालों की यह बड़ी लड़की कहाँ से आ गयी? उनकी लड़की दरअसल मेरी पत्नी की बड़ी बहन और मेरी भाभी भगवती है। इसे मरते दम तक चाचा 'बावली'

कहकर बुलाया करते थे। बक़ौल मेरी पत्नी और उसका परिवार इस रिश्ते से इसलिए खुश नहीं था, क्योंकि हरियाणा के 'काला पानी' कहे जाने वाले मेवात में, यहाँ से बाहर के लोग आसानी से अपनी बेटी ब्याहना नहीं चाहते हैं। मेवात के बारे में आज भी बाहरी लोगों की यही धारणा है मानो यह इस मुल्क़ का नहीं, अफगानिस्तान या पाकिस्तान का कोई क़बीलाई इलाक़ा है। अब सवाल यह है कि जब मेवात में कोई अपनी बेटी ब्याहना ही नहीं चाहता है, तब क्यों पूरे परिवार की नाराज़गी के बावजूद मेरे ससुर इस रिश्ते के लिए तैयार हो गये। वास्तव में इसकी जड़ में बड़े भाई की शादी के समय का कोई अलिखित, मौखिक क़रार था। इसी क़रार के चलते पूरे परिवार की नाराज़गी के बावजूद केवल एक व्यक्ति यानी मेरे ससुर ने यह रिश्ता किया। पत्नी बताती है कि उसकी ताई ने कभी मुझे एक रुपया देते हुए पुचकार दिया था। बस, यही 'पुचकारना' मेरे ससुर और बाद में पत्नी के गले की फाँस बन गया। पुचकारने का एक अर्थ हमारे यहाँ एक तरह से लड़की या लड़के को स्वीकारना या कहिए 'रोकना' भी माना जाता है। यह दूसरी बात है कि मेरी उस ताई सास का उस समय इस पुचकारने के पीछे क्या मंशा रही होगी। मगर जीजी-चाचा ने इसे 'रोकना' समझ नहीं लिया बल्कि उनसे ज़बरदस्ती मनवा लिया। उन्हें लगा कि इससे बेहतर रिश्ता उनके लिए कोई दूसरा नहीं हो सकता। जब मेरे ससुराल वालों की ओर से एक बार ना-नुकर की ख़बर आयी, तब चाचा ने अपने समधी फूल सिंह को यहाँ तक धमकी दे डाली कि बेटा तो मेरा बादशाहपुर (मेरी ससुराल) ही ब्याहएगा। अगर उसने अपनी बेटी का रिश्ता कहीं और तय कर दिया, तो ब्याह वाले दिन उसकी दहली पर एक नहीं, दो-दो बारात आएँगी। चाचा ने इसे अपनी ज़िद और नाक का सवाल बना लिया था।

चाचा की इस ज़िद का भी मैं थोड़ा-सा खुलासा करना चाहूँगा और वह यह कि उन्हें मेरी ससुराल एक मोटी असामी, अच्छी पार्टी; यानी एक समधियाने का जो सबसे बड़ा गुण अर्थात् उसका मालदार होना चाहिए, यह गुण उन्हें मेरी ससुराल में नज़र आया था। पत्नी ने इस बारे में एक मज़ेदार क़िस्सा यह भी सुनाया कि उसके पिता यूँ ही इस रिश्ते के लिए तैयार नहीं हो गये थे बल्कि तैयार किया गया था। कहा जाता है कि चाचा नें अपने समधी फूल सिंह को सगाई से पहले नगीना की मशहूर बर्फ़ी और गाजर का हलुआ उपहारस्वरूप भेजा था। पत्नी पूरी प्रामाणिकता और यक़ीन के साथ बताती थी कि उस बर्फ़ी और गाजर के हलुए को उसके ससुर यानी चाचा ने उसी हाजी महताब से पढ़वाकर भेजा था, जो हाजी महताब मेरे अधेड़ पड़ोसी जुम्मे खाँ के साथ हैदराबाद गया

था। यह हाजी महताब के कच्चे कलमों की पढ़ी गयी बर्फ़ी और गाजर के हलुए का ही असर था, कि उसके पिता पूरे परिवार की ना-खुशी के बावजूद इस रिश्ते के लिए तैयार हो गये थे। वरना ऐसा कौन सा निर्दयी बाप होगा कि जिसकी एक बेटी को उस घर में सुख नहीं मिल रहा है, वह दूसरी को भी इस काले पानी में धक्का मार देगा। पत्नी ने तो एक दिन यह भी रहस्योद्‍घाटन किया था कि उसका पिता तो सगाई में मात्र इक्कीस रुपये ही देने वाला था। यह तो किसी ने उसे जब यह बताया कि उसका समधी सगाई की बड़ी जोर-शोर से तैयारी कर रहा है, तब किसी तरह की सम्भावित किरकिरी से बचने के लिए इक्यावन रुपये किये। सगाई होने के बाद पत्नी के सगे-सम्बन्धियों ने अपनी बेटी को इस काले पानी के एक ग़रीब घर में धकेलने का मतलब यह भी निकाला, कि फूल सिंह ने ऐसा दहेज से बचने के लिए किया है। पुराना क़रार यानी पुचकारना तो एक बहाना है।

इतनी दमदार सगाई के बावजूद चाचा की उम्मीदों और सम्भावनाओं के सोते अभी पूरी तरह सूखे नहीं थे। वैसे भी अभी सगाई ही हुई है। असली नज़ारा तो अभी बाकी है। इन्हीं उम्मीदों के सहारे जीजी-चाचा ब्याह की रस्मो-रिवाज़ों को विस्तार देने में जुट गये। इधर जैसे ही मुझे यह पुख़्ता जानकारी मिली कि आने वाले दो नवम्बर (1976) अर्थात् देवऊठनी का ब्याह पक्का हो गया है, मेरे हाथ-पाँव फूल गये। इसका बड़ा कारण यह था कि वह साल मेरे लिए बहुत मायने रखता था। यह मेरा दसवीं का साल था, और अगले साल मार्च 1977 में बोर्ड की परीक्षाएँ होनी थीं। ऐसे में अगर एकाध महीना इस शादी-ब्याह के चक्कर में निपट गया तो परीक्षाओं का क्या होगा? एक तो मैं औसत दर्ज़े का छात्र, ऊपर से यह नया जंजाल। चूँकि इस ललमुँहे नामक बालक में वीर बालकवाद के अंकुर धरती की नर्म मृदा को चीर खुली हवा में साँस लेने लगे थे, इसलिए इसने अपने घर में विद्रोह का बिगुल बजा दिया। खुले आम इसने घोषणा कर दी कि जब तक यह वीर बालक कम से कम बी.ए. नहीं कर लेगा, गृहस्थाश्रम की इस जर्जर झोंपड़ी में कदापि प्रवेश नहीं करेगा।

जीजी-चाचा समेत मेरे पास-पड़ोस के कई समझदारों ने मुझे समझाने की कोशिश की, कि आख़िर शादी-ब्याह का पढ़ाई-लिखाई से क्या वास्ता। पढ़ाई तो शादी के बाद भी हो सकती है। यहाँ तक कि जीजी ने तो लगे हाथ ऐसी ही एक मिसाल पेश कर दी। यह मिसाल किसी और की नहीं बल्कि हमारे मेवात क्रिकेट क्लब के एक खिलाड़ी, जो अब तक हमारे क्लब का कप्तान बन चुका था, उसकी थी। मगर यह ललमुँहा नहीं माना तो नहीं माना। चाचा को पता नहीं

कहाँ से यह पता चल गया कि मैं अपने कप्तान यानी अतर मोहम्मद उर्फ़ पोथी को बहुत मानता हूँ। उसका मैं बड़ा सम्मान करता हूँ। हालाँकि इस बीच इस झंझट से पीछा छुड़ाने के लिए बौराने का भी स्वांग रच डाला। घर में जानबूझ कर उलटी-सीधी हरकतें करने लगा था। मगर मेरे इस कोरे प्रपंच को सब जानते थे।

फिर एक दिन हम क्रिकेट खेल कर शाम के झुटपुटे में प्राथमिक विद्यालय के मैदान पर थोड़ा सा आराम कर अपने-अपने घर लौटने लगे। इसी बीच मुझे मेरे कप्तान ने वहीं रोक लिया। जब बाकी के खिलाड़ी थोड़ा आगे बढ़ गये, कप्तान बोला, "सुनी है तेरो ब्याह होरो है?"

इस पर मैंने अपने कप्तान को अपनी भावनाओं से अवगत करा दिया। साथ में यह भी कह दिया कि आज ये शादी की बात कहेंगे, कल गौने की भी करेंगे। मेरी इस भावना से हमारे कप्तान ने चाचा को अवगत करा दिया। इससे चाचा को मुझे घेरने में आसानी हो गयी। यह आश्वासन देकर मुझे शादी के लिए तैयार कर, अपनी योजना में सफल हो गये कि फ़िलहाल मैं शादी करा लूँ। गौना तब होगा जब मैं चाहूँगा। यानी बी.ए. करने के बाद। इस तरह मैं उनके झाँसे में आ गया और फिर ज़ोर-शोर से शादी की तैयारियाँ होने लगीं।

इधर शादी की तैयारियाँ शुरू हो गयीं, उधर नसबन्दी अभियान अपने चरम पर पहुँच गया। अक्तूबर 1976 तक आते-आते हालात यह हो गये कि बसों से तीस-पैंतीस साल से लेकर, अधेड़ों को ज़बरन उतार उन्हें नसबन्दी के लिए अस्पताल भेजा जाने लगा। लोगों की समझ में नहीं आ रहा था कि भला यह कैसी इमरजेन्सी है जिसमें लोगों की ज़बरन नसबन्दी करायी जा रही है। गाँव-क़स्बों के नाकों पर ख़ाकी वर्दियाँ तैनात कर दी गयीं। अल्लसुबह जैसे ही कोई दिशा-फ़राग़त के लिए जाता, वह वापस नहीं लौटता। सच तो यह है कि इस अच्छे-ख़ासे नसबन्दी अभियान को ज़बरन अभियान बनाने के पीछे एक लालच भी काम कर रहा था। इस लालच के तहत डॉक्टर, नर्स, अध्यापक और पुलिसकर्मियों सहित दूसरे सरकारी अधिकारियों को एक लक्ष्य दे दिया गया था, कि वे जितने नसबन्दी के केस लाएँगे, उन्हें इसका अलग से लाभ दिया जायेगा। इस तरह देखते ही देखते यह लक्ष्य एक क्रूर अभियान और फ़रमान में तब्दील होता चला गया। इस अन्धे लालच को सिर्फ़ और सिर्फ़ संख्या से मतलब था, उम्र से इसका कोई लेना-देना नहीं रह गया था।

इसका नतीजा यह हुआ कि नसबन्दी अभियान और आपातूकाल दोनों एक तरह से ज़बरन उगाही के ज़रिये बन गये। आयकर विभाग के लोग जब जी चाहता व्यापारियों और दुकानदारों के पास पहुँच जाते, तथा जेल में डालने की

धमकी देकर उनसे वसूली करने लगे। जबकि डॉक्टरों ने कमाई का नया रास्ता निकाल लिया था। वे अपने यहाँ नसबन्दी के लिए लाये जाने वाले लोगों से दो सौ रुपये लेकर नसबन्दी के फ़र्जी प्रमाण-पत्र देने लगे। फ़र्जी प्रमाण-पत्र देने के बाद तथाकथित नसबन्दी करवाने वाले व्यक्ति से वे यह कहना नहीं भूलते थे कि अस्पताल से बाहर निकलने के बाद वह कुछ दूर तक कराहते हुए लँगड़ाकर चले ताकि लोगों को लगे कि इसकी नसबन्दी हुई है।

यह 4 अक्तूबर, 1976 का दिन था। हमारे विद्यालय का नगीना से लगभग बीस किलोमीटर दूर पुन्हाना क़स्बे के राजकीय उच्चतर माध्यमिक विद्यालय के मैदान पर, राजकीय उच्चतर माध्यमिक विद्यालय, फ़िरोज़पुर झिरका से जोनल क्रिकेट टूर्नामेंट के अन्तर्गत मैच हो रहा था। दोपहर बाद हमें बताया गया कि नगीना के प्राथमिक स्वास्थ्य केन्द्र के परिसर में ज़बरन नसबन्दी का विरोध करने वाले लोगों पर पुलिस ने गोलीबारी की है। गोलीबारी में एकाध व्यक्ति के मरने की भी ख़बर है। शाम को जब हम मैच खेल कर वापस लौटे, तो क़स्बे में घुसते ही प्राथमिक स्वास्थ्य केन्द्र और वहाँ तैनात पुलिस बल को देखकर लग गया कि यहाँ गोलीबारी हुई है। बाद में इस गोलीबारी में दो लोगों की मौत की पुष्टि भी हुई। ऐसे तनाव भरे माहौल में शादी को लेकर चल रही तैयारियों का क्या होगा? ख़ासकर टप्पलिया चमार द्वारा तैयार करके रख दी गयी आतिशबाज़ियों का? चाचा इसी फ़िक्र में सूखे जा रहे थे। जैसा कि हमारे क़स्बे के कॉलेज का नायक, शरीफ़ खानदानी अल्हड़ युवतियों के सपनों का लुटेरा और हम जैसे नादान-नासमझ किशोरों का हृदय-सम्राट संदीप ज़ैदी की छब्बीस इंची बेलबॉटम और उनके साथ पहने जाने वाली सफ़ेद रेक्सीन की बद्धी वाली चप्पलें, हम जैसे किशोरों का एकमात्र सपना बन चुका था। इस सपने को पूरा करने का सबसे पहला गौरव मुझे मेरे ग़ैर-क़ानूनी रूप से किये गये लगभग बाल-विवाह के कारण प्राप्त हुआ था। चाचा ने इस डर से कि कहीं जीजी का यह ललमुँहा ऐन मौक़े पर बग़ावत न कर बैठे, उसकी इच्छानुसार दो जोड़े पैंट-बुशर्ट की हामी भर दी। उन दिनों नगीना और आसपास के लोगों द्वारा यहाँ के गौतम टेलर से कपड़े सिलवाना बड़ी शान की बात समझी जाती थी। मेरे चाहने के बावजूद गौतम टेलर से कपड़े सिलवाने की मेरी यह इच्छा तो पूरी नहीं हुई। हाँ, गौतम टेलर के साथ-साथ उन दिनों रहमु टेलर की नगीना में बड़ी ख्याति थी। रहमु टेलर से सिले कपड़े पहनने का मतलब था कि आपकी गिनती लम्बे घने बालों से ढके कानों वाले आधुनिक युवाओं में होने लगी है। श्रीकिशन नम्बरदार की पुराने बाज़ार में नयी-नयी बनी मार्केट (जो अब लगभग खँडहर में तब्दील हो

चुकी है) में रहमु टेलर के पास मैं इन दोनों जोड़ों को सिलवाने के लिए नाप दे आया। जिन्हें रहमु ने घुड़चढ़ी से पहले दे दिया था। इस तरह इस ललमुँहे के दो सपने यानी एक बेलबॉटम का और दूसरा उन्हें रहमु टेलर से सिलवाना, इस ग़ैर-क़ानूनी बाल-विवाह के चलते ही पूरे हुए। मेरे इन सपनों के गवाह बने लोकतन्त्र का हत्यारा आपातकाल और नसबन्दी अभियान के नाम पर चलाया गया एक क्रूर अभियान।

कहते हैं कि अनेक विघ्न-बाधाओं और दुश्वारियों के बावजूद जीवन का चक्र कभी रुकता नहीं है। आपातकाल और नसबन्दी अभियान के इस दोहरे मुश्किल भरे समय में असली संकट खड़ा हो गया बारात के लिए। अगर बारात बस में गयी और दुर्भाग्यवश वह नसबन्दी अभियान के क्रूर संचालकों के हत्थे चढ़ गयी, तो बारातियों का क्या होगा? इसी चिन्ता की काट का एक तरीक़ा यह निकाला गया कि बारात एकसाथ न जाकर छोटे-छोटे जत्थों में जायेगी। उन दिनों 1976 में बारात को दो रोटियों (दो वक़्त का खाना) का चलन था। मगर नसबन्दी अभियान के चरम पर होने और धारा 144 लगी होने के कारण मेरे ससुर को यह सलाह दी गयी कि वह बारात को एक रोटी ही देकर विदा कर दे। मिलनी के लिए बस पाँच-सात लोग रोक ले। ऐसा ही हुआ, जैसे ही सारे बाराती आये उन्हें नाश्ता-खाना खिलाया और रात के ग्यारह बजे तक बारात विदा कर दी गयी।

मगर ऐन मौक़े पर बारात की विदाई से पहले यानी ठीक मिलनी से पूर्व चाचा का मूड एक बार फिर हत्थे से उखड़ गया। ऐसा उखड़ा कि बिना मिलनी या कहिये बिना समधी की विदाई के, चाचा चुपचाप बिना कुछ बताये नगीना लौट गये। इस बार चाचा के इस मूड को उखाड़ने में जिस शख़्स ने अपनी ऐतिहासिक भूमिका निभायी, वह मेरे ससुर का सजातीय पड़ोसी था। उस पड़ोसी ने चाचा को एक ग़लत सूचना चुपचाप सरका दी थी कि दहेज में देने के लिए उसका समधी फूल सिंह जिस पंखे को लाया है, उसे वह दे नहीं रहा है। इस तरह पत्नी के एक सजातीय चाचा लगने वाले पड़ोसी ने बड़ी सफ़ाई से, अपने दूसरे पड़ोसी से अपनी खुन्नस के लिए चाचा का इस्तेमाल कर लिया।

इस वीर बालक में धीरे-धीरे विद्रोह की चिनगारियों ने इस तरह लपटों का रूप ले लिया, कि उनका असर अगले दिन होने वाली कुछ अहम रस्मों पर देखने को मिला। अगले दिन सवेरे बाहर खेतों में पूजे जाने वाले 'सत्ती खोटा' के लिए नव-विवाहित जोड़ा चला तो गया, मगर इस रस्म के पूरा होते ही दूल्हा अगली रस्म शुरू होने से पहले तुनकते हुए घर आ गया। 'सत्ती खोटा' के लिए खेत में मिट्टी

के तीन-चार बड़े-बड़े ढेलों से छोटा-सा घर बनाया जाता है। इसके बाद इसमें पाँच पुए, पाँच बताशे और एक टका अर्थात् कोई सिक्का रखा जाता है। नव-विवाहित जोड़ा इसकी सात परिक्रमा लगाता है। इस रस्म के बाद 'संटी खेलने' की रस्म शुरू होनी थी, जिसे पूरा किये बिना यह वीर बालक भाग कर घर आ गया।

'संटी खेलने' की रस्म भी 'सत्ती खोटा' पूजने वाली जगह के आसपास ही खुले में सम्पन्न होती है। इस रस्म के दौरान वर पक्ष की ओर से सात विवाहित जोड़ों को शामिल करना होता है। अगर ये जोड़े न हों तो भाभी-देवर आपस में इस रस्म को पूरा करते हैं। इस रस्म के दौरान पति-पत्नी और भाभी-देवर एक-दूसरे के पीछे गोल चक्कर काटते हुए, आपस में संटी मारते हैं। यह संटी एक ख़ास पेड़ की ही होनी चाहिए, और यह पेड़ है पीलू। इस खेल में देवर-भाभी और ननदेऊ-सलहज के बीच खेला जाने वाला खेल सबसे रोमांचक होता है। इसके लिए पीलू की लम्बी-लम्बी मज़बूत संटियों का इन्तज़ाम किया जाता है। हमारे ऊपरलीघाँ के चिमरवाड़े, कुम्हरवाड़े, खटीकवाड़े और भंगियों में होने वाली शादियों के दौरान, इस रस्म के लिए संटियों की पूर्ति आज भी दादाखानू की मज़ार से थोड़ी दूर, डूँगर पर खड़ा और बूढ़ा हो चुका पीलू का पेड़ करता है।

मेरी दृष्टि में इस खेल की रचना स्त्री-शक्ति और स्त्री-पुरुष असमानता को ध्यान में रखकर की गयी होगी। इसीलिए इसके लिए ऐसी भाभियों को तैयार किया जाता है, जो देवरों के बहाने पितृसत्ता के पोषक पुरुषों द्वारा अपने ऊपर आदिमकाल से होने वाले शोषण और अत्याचारों का प्रतिकार कर सके। इसके लिए एक समय भाभियों को ऐसे भारी-भरकम कपड़े पहनाये जाते थे, जो देवरों की संटियों के प्रहारों को आसानी से झेल लें। जबकि भाभियों की संटियों के प्रहार इतने सटीक और आक्रामक होते थे कि देवरों की देह पर बाघ-सी नीली धारियाँ पड़ जाती थीं। बाद में जब-जब इन देवरों से इन भाभियों की नज़रें मिलतीं, तब एक विजयी भाव के चलते इनकी चाल में एक अलग तरह की ठसक और आत्म सन्तोष नज़र आता था। आज यह 'संटी का खेल' महज रस्म अदायगी और प्रतीक के रूप में खेला जाता है।

हमारे समाज में ऐसी अनेक मान्यताएँ, परम्पराएँ और रीति-रिवाज़ प्रचलित हैं, जो हमारे लोकानुभवों से सृजित हुए हैं। ऐसी ही एक और रस्म है 'छन पकैया'। छन, दरअसल छन्द का अपभ्रंश है। यह रस्म शादी के समय वधू के घर उसके कुल देवी-देवताओं के समक्ष निभायी जाती है। इसमें दूल्हे से दुल्हन की सखियाँ व अन्य स्त्रियाँ छन सुनाने का आग्रह करती हैं। यह परम्परा भी आज लगभग

विलुप्त हो चुकी है। यह वही रस्म है जिसे अस्सी के दशक के मध्य (1984-85) में दूरदर्शन पर प्रसारित होने वाले पहले भारतीय सोप ऑपेरा 'हम लोग' में इसके सूत्रधार दादा मुनि अर्थात् अशोक कुमार ने जीवन्त बना दिया था। 'हम लोग' के दर्शक दादा मुनि द्वारा सुनाये जाने वाले इन छनों को कैसे भूल सकते हैं—

छन पकैया छन पकैया, छन के ऊपर घोड़ी।
जीवन की सच्चाई सामने, आ गयी थोड़ी-थोड़ी॥

छन पकैया छन पकैया, छन से नाची राधा।
खुश रहना सीखो तुम दोनों, सुख-दुःख आधा-आधा॥

छन पकैया छन पकैया, छन के ऊपर मैना।
अब क्या बाकी रह गया है, और भी कहना-सुनना॥

छन पकैया छन पकैया, छन के ऊपर सिगड़ी।
है तुम में अब भी ताकत तो, बना दें बातें बिगड़ी॥

मगर तीसरी और सबसे महत्त्वपूर्ण रस्म 'कंगन खिलाई' का मैंने कोई विरोध नहीं किया। यह रस्म भी एक तरह से नव-विवाहित जोड़े के धैर्य, संयम, मानसिक सन्तुलन, चपलता और एक हद तक स्त्री-पुरुष के मानसिक व दैहिक ताक़त की परीक्षा का प्रतीक है। इसके लिए एक कड़ाही में हल्दी-दूध से मिला पानी भर दिया जाता है। साथ में काफ़ी सारी दूब डाल दी जाती है। ऐसा इसलिए किया जाता है ताकि उस कड़ाही की तलहटी में पड़ी चीज़ें किसी को दिखाई न दें। कंगन खिलाई के दौरान पहले वर-वधू एक-दूसरे के हाथों में बँधे कंगनों को खोलते हैं। कंगन खोलना भी एक तरह से मानसिक सन्तुलन व ताक़त का परिचायक होता है। वर-वधू की पहली परीक्षा यहीं से शुरू होती है। इसीलिए दोनों पक्षों की बहनें, सखियाँ व भाभियाँ इनकी कलाइयों में कुछ ऐसे पदार्थों के मिश्रण के साथ गाँठें लगाती हैं, जिन्हें खोलने में अच्छे-अच्छे के पसीने छूट जाते हैं। कंगन खोलने के बाद उनमें बँधे लोहे के छल्ले, ढबली सिक्का (इसमें बीच में छेद होता था), कौड़ी और सुपारी के साथ वर या वधू की अँगूठी कड़ाही में भरे पानी में छोड़ दिए जाते हैं। जैसे ही इन्हें पानी में छोड़ा जाता है, इनमें से अँगूठी को ढूँढ़ा जाता है। इस तरह वर-वधू में से जो सबसे ज़्यादा बार अँगूठी को पानी में से खोजकर लाता है, उसे विजयी घोषित किया जाता है। यह खेल बहुत देर

तक चलता रहता है। दूब से पटे पीले-दूधिया पानी के अन्दर जब-जब वर-वधू की अँगुलियाँ जाने-अनजाने आपस में स्पर्श करती हैं, तो कई बार दोनों जानबूझ कर अँगूठी ढूँढ़ने के बहाने अपनी अँगुलियों को एक-दूसरे की अँगुलियों में फँसा देते हैं।

तब क्या संटी खेलना, कंगन खोलना, कंगन खिलाई जैसी रस्में नये-नये परिणय-सूत्र में बँधे पति-पत्नी के लिए जीवन की आरम्भिक गिरहों को समझने-परखने की गाँठें हैं, अथवा एक-दूसरे पर वर्चस्व बनाये जाने वाला कोई मनोवैज्ञानिक खेल है? शायद ऐसा ही है। इसलिए 'खोड़िया' सहित इन रस्मों के सृजन के पीछे जिसकी भी कल्पना और सोच रही होगी, निश्चित ही वह स्त्री ही रही होगी। हो भी क्यों नहीं, आख़िर पितृसत्ता और दूसरे वर्चस्ववादी अभेद्य क़िलों की रेह लगी, मगर मज़बूत दीवारों को पहले मनोवैज्ञानिक तरतीबों से ही तो ढहाया जाता है। प्रतिकार आख़िर प्रतिकार होता है, फिर वह सांकेतिक या प्रतीकात्मक ही क्यों न हो। जैसा कि सबको उम्मीद थी स्त्री बहुसंख्यक इस 'कंगन खिलाई' यानी मनोवैज्ञानिक क्रीड़ा में बाज़ी पत्नी ने मारी थी। उसे ही विजयी घोषित किया गया था।

यह ललमुँहा जब इस शादी-वादी से निवृत्त हो गया, तब एक दिन उसे लगा कि रहमु टेलर द्वारा सिली गयी एक बेलबॉटम की फ़िटिंग ठीक नहीं है। एक दिन मैं इसे लेकर उसकी दुकान पर गया। मगर वहाँ जाकर पता चला कि मास्टर जी दुकान पर नहीं हैं। पूछने पर बताया कि वह किसी ज़रूरी काम यानी कहीं ताश पीटने गया है। रहमु उन दिनों एक नामी टेलर होने के अलावा पपलू और रम्मी का माना हुआ खिलाड़ी भी था। अगले दिन गया तो वह दुकान पर मिल गया। उसे पहले बेलबॉटम पहनाकर दिखायी, जब उसे लगा कि सचमुच इसमें कुछ झोल है, तब यह कहते हुए उसने उसे रख लिया कि इसे एकाध दिन में ले जाना। मगर यह मेरा दुर्भाग्य था कि वह सुधरने के बजाय और बिगड़ गयी। उसने उसे कई बार ठीक करने की कोशिश की परन्तु वह नहीं ठीक हुई, तो नहीं हुई। वैसे भी वह सुधरती तो तब जब उसे ख़ुद रहमु ने बनाया होता। उसे तो उसने अपने किसी नये-नये सीखतड़ चेले से बनवाया था। वह सिलाई तो तब करता जब उसे ताश पीटने से फ़ुरसत मिलती। वैसे यह भी हो सकता है कि उस दिन पपलू या रम्मी में सलीक़े से वह हार गया हो और उसने सारी खार मेरी बेलबॉटम पर उतार दी हो।

जैसे-तैसे इस ललमुँहे ने भारतीय इतिहास के उस दुःखदकाल यानी आपातृकाल के बीच आये झंझावातों को पार कर लिया अर्थात् मैट्रिकुलेशन

की परीक्षा पास कर ली। भले ही उसने तृतीय श्रेणी अर्थात् थर्ड डिवीज़न में पास किया, पर कर तो लिया। कम से कम फेल होने या कम्पार्टमेंट का कलंक तो नहीं लगा। अगर ऐसा हो जाता तो पत्नी सहित उसका जो पूरा मायका काला पानी में अपनी बेटी को ब्याहने के ख़िलाफ़ था, उस पर क्या बीतती, इसकी आसानी से कल्पना की जा सकती है।

1977 में मैट्रिकुलेशन के बाद मेरे ज़्यादातर सहपाठियों ने स्थानीय कॉलेज में दाख़िला ले लिया। जबकि मेरे अलावा इक़बाल, सफ़ी, प्रेम कुमार राघव यानी पप्पू सहित कुछ सहपाठियों ने राजकीय उच्चतर माध्यमिक विद्यालय की ग्यारहवीं कक्षा में दाख़िला ले लिया। उन दिनों 10+2 की शिक्षा पद्धति हमारे राज्य में लागू नहीं हुई थी। इसलिए मैट्रिकुलेशन के बाद छात्रों के पास दो-दो विकल्प होते थे। या तो छात्र कॉलेज में प्रेप (Prep) में दाख़िला ले सकता था, या फिर उसी के समकक्ष स्कूल में ग्यारहवीं यानी हायर सेकेंडरी में ले सकता था।

इक़बाल, सफ़ी मोहम्मद और मैं चूँकि अपने क्लब के होनहार खिलाड़ी थे, इसलिए एक बार फिर हमारे विद्यालय की क्रिकेट टीम ने ज़ोनल क्रिकेट टूर्नामेंट जीत लिया। ज़ोनल टूर्नामेंट जीतने के बाद हमारी टीम ज़िला स्तर पर खेलने के लिए फ़रीदाबाद के एनआईटी स्थित हायर सेकेंडरी स्कूल गयी। हमारा पहला मैच अपने ही ज़िले की एक टीम सिधरावली से हुआ। पहले खेलते हुए हमारी टीम ने अच्छा-ख़ासा स्कोर किया। जिसमें प्रारम्भिक बल्लेबाज के रूप में मेरा प्रदर्शन बहुत अच्छा रहा और उसमें मैंने 72 रन बनाये थे। लेकिन जब हमारी बारी क्षेत्ररक्षण (फ़ील्डिंग) की आयी, तो बीच मैच के दौरान कीपिंग करते हुए मेरे साथ एक दुर्घटना घट गयी। हुआ यह कि बॉलिंग कर रहे इक़बाल की एक गेंद विकेट के ऊपर रखी गिल्लियों को उड़ा, उछलकर सीधे मेरे थोबड़े पर आकर लगी। हालाँकि ऐसा होता नहीं है। वैसे इसमें गेंद का भी दोष नहीं था। दरअसल, बल्लेबाज के आउट होने के जोश और ख़ुशी में इधर मैंने ज़ोर से अपील की, और उधर गेंद सीधे मेरे मुँह पर आकर लगी। इस जोश में मैं यह भी भूल गया कि गेंद जा कहाँ रही है। गेंद के मुँह पर लगते ही मुँह लहूलुहान हो गया। मुँह से ख़ून की धार बहने लगी। इससे पीछा ऊपरी होंठ के बायें हिस्से के ऊपर, अन्दर की तरफ़ तीन टाँके लगवाकर छूटा। चूँकि टाँके होंठ के अन्दर लगे थे, इसलिए चोट आसानी से नज़र नहीं आयी। ऐसा लगता था जैसे कोई मामूली-सी फुंसी हो, या किसी कीड़े ने काट लिया हो। हाँ, थोड़ी-सी सूजन ज़रूर आ गयी थी।

अगला मैच हारने के बाद हम वापस नगीना लौट आये। दूसरे दिन जीजी की नज़र ऐसे ही मेरे सूजे हुए होंठ पर पड़ी, तो उसने जिज्ञासावश यूँ ही पूछ

लिया, "ऐं रे ललमुँहा, तेरे या मोंहड़े पे ई कहा है?" इसके बाद तुरन्त ख़ुद ही अन्दाज़ा लगाते हुए बोली, "काई मकड़ी ने मूत दियो दीखे है!" मैंने भी जीजी की हाँ में हाँ मिला दी। इस तरह बात आयी-गयी हो गयी।

मगर दो-तीन दिन के बाद जीजी को न जाने क्या सूझा कि कहीं से आते ही मेरे पास आकर बड़े प्यार से बोली, "ऐं रे, तेरे मोंहड़े पे ई काई मकड़ी ने मूतो है?"

मुझे हैरानी हुई कि जीजी आज क्यों अपने पुराने सवाल को दोहरा रही है? मैंने इस पर ज़्यादा ध्यान नहीं दिया और फिर से हाँ कह दिया। मेरा इतना कहना था कि पहले से अपने पीछे छिपाकर लायी गयी, माटी कूटने वाली मोगरी मेरे ऊपर तड़ातड़ पड़ने लगी। जब तक मुझे कुछ होश आता आधा दर्जन भर मोगरी के वार मेरे चूतड़ और पीठ पर पड़ चुके थे।

"मेरे बाप के चोदे, मोंहड़े ए फुड़वा के आयो है फरीदाबाद में...और यहाँ आ के कहरो है मकड़ी ने मूत दियो है!"

जीजी ने जैसे ही यह रहस्योद्घाटन किया मैंने अपने आपको तेज़ी से बचाकर उससे अलग किया, और पूछा कि यह बात उसे किसने बतायी है? तब जीजी ने इक़बाल का नाम बताया। मैं उसी समय इक़बाल के घर गया और उससे नाराज़ होते हुए बोला कि उसने क्यों असली बात जीजी को बतायी। इस पर इक़बाल ने कहा कि उसे क्या पता था कि मेरे घरवालों को असली बात का पता नहीं है। वह तो चाची हमारे घर आयी थी तब मैंने तेरे बारे में पूछ लिया था। चाची ने पूछा तो मैंने सारी बात सही-सही बता दी। इसके बाद मेरे पास इक़बाल से कहने को कुछ नहीं बचा था। चुपचाप वहाँ से चला आया।

नगीना के राजकीय उच्चतर माध्यमिक विद्यालय में यह स्कूली जीवन का आख़िरी साल था, अर्थात् मार्च 1978 में मेरी स्कूली शिक्षा पूरी हो गयी थी। यह ग्यारहवीं कक्षा का ही साल था। एक दिन हमारे हिन्दी के अध्यापक ने अपने पीरियड के दौरान छात्रों से यूँ ही पूछ लिया कि किसी को कविता आदि लिखने का शौक़ है। मुझे याद नहीं कि उस समय हमारी कक्षा के कितने छात्रों ने इसका हाँ में उत्तर दिया था। मगर मन में आया कि क्यों न कोई कविता जैसी चीज़ लिखी जाए। पता नहीं अवचेतन में किस कवि की पंक्तियाँ छपी हुई होंगी, या कहिए किसका प्रभाव रहा होगा कि ग्यारहवीं में एक कविता लिख मारी। हालाँकि मैंने उस अध्यापक के सामने इसका कभी खुलासा नहीं किया।

यह कविता सम्भवतः जनवरी 1978 में लिखी गयी थी, जो राष्ट्रीय एकता और देशभक्ति से ओतप्रोत कविता के नाम पर विशुद्ध रूप से तुकबन्दी थी। इसका शीर्षक था—'मेरा स्वप्न', जो इस प्रकार है—

जब कभी मैं देखता हूँ, खिलती कलियाँ ये बहारें।
याद आते हैं स्वप्न में, स्वर्ग के सारे नज़ारे॥

पर मेरा है देश विशाल, इसमें हैं सारे सितारे।
हैं कहीं विशाल पर्वत, तो कहीं नदियाँ ये नाले॥

इसमें हैं ऐसे जवान, गाती दुनिया जिनके गुणगान।
है नहीं हिम्मत किसी की, जो करे इसका अपमान॥

वीर भगत सिंह लाल बहादुर, थे ये ऐसे कर्णधार।
आज हमें उनके सपनों को, जल्दी करना है साकार॥

इसमें भाषा अलग-अलग हैं, है पहनावा अलग-अलग।
अपने देश के प्रति उनमें, उठती रहती प्रेम उमंग॥

कितना विशाल है मेरा देश, देखकर बढ़ता मेरा ध्येय।
मेरी सदा यही कामना, होती रहे सदा विजय॥

हो सकता है इस तथाकथित कविता की कुछ पंक्तियों को इधर-उधर से चुराया गया हो, या इस पर किसी गीत अथवा रचना का प्रभाव रहा हो। मुझे लगता है इस रचना के अवचेतन में कहीं न कहीं मनोज कुमार की फ़िल्म 'उपकार' के एक गीत 'मेरे देश की धरती सोना उगले/उगले हीरा मोती' की मूल आत्मा समाहित है। कभी-कभी मुझे लगता ही नहीं है कि इसे किसी 17-18 वर्षीय गँवई-गँवार पृष्ठभूमि वाले उस किशोर ने लिखा होगा, जिसका पारिवारिक ही नहीं, सामाजिक परिवेश भी साहित्यिक दृष्टि से एकदम सूखा और बंजर रहा है। ऐसी रचना, वह भी इस कविता को तो अभी तक हिन्दी के किसी पाठ्यक्रम में लग जाना चाहिए था। आप ही बताइए कि शिल्प, शैली, भाव-भंगिमा की इस कविता में क्या कमी है। काव्य-शास्त्र के किस मानक पर यह खरी नहीं उतरती है? क्या इसमें राष्ट्रीय भावना का छौंक नहीं है? देशभक्ति का तड़का नहीं है? राष्ट्रीय

नायकों के प्रति मान-सम्मान नहीं है? एक राष्ट्रीय कवि-सी इसमें दृष्टि सम्पन्नता नहीं है? क्या नहीं है इसमें? एक उदीयमान ताज़ा-ताज़ा गेहूँ की बाली-से कवि से आपकी और क्या अपेक्षा हो सकती है?

अब इसे हिन्दी साहित्य का दुर्भाग्य कहिए या एक राष्ट्रीय क्षति कि 'मेरा स्वप्न' जैसी कविता लिखकर जिस तरह एक काव्य-प्रतिभा का प्रस्फुटन हुआ था, उसका जोश एकाएक ठंडा पड़ गया। जिसने कुछ महीने पहले विस्फोटक बल्लेबाजी करते हुए 72 रन बनाये हों, अब वह कविता से विमुख हो, एक क्रिकेटर का सपना देखने लगा। वह अब कवर ड्राइव, स्क्वायर कट, लेट कट, स्टेट ड्राइव, लेग ग्लांस और स्वीप लगाने के अभ्यास में जुट गया। अपने आदर्श और इंग्लैंड के चपल विकेट कीपर एलन नॉट की तरह सारा ध्यान विकेट के पीछे तेज़ गेंदों पर स्टम्पिंग और डाइव लगाकर विकेट के पीछे कैच पकड़ने में लगा दिया।

बल्लेबाजी का अभ्यास मैं अपने घर के बग़ल की तंग गली में अपने पड़ोसी और हमउम्र लीलू यानी रमेश के संग करने लगा। हमारी गेंद, कपड़े की गेंद पर साइकिल के ट्यूब से काटकर चढ़ाये गये छल्लों की होती थी। जबकि बल्ले का काम हम मिट्‌टी कूटने वाली मोगरी से लेते थे। वही मोगरी जिससे जीजी ने मेरे झूठ पर मेरी धुनाई करी थी।

इधर एक बार फिर यह ललमुँहा ग्यारहवीं की परीक्षा में कम्पार्टमेंट या फेल होने के कलंक से साफ़ बच गया। यह बात दूसरी है कि मैट्रिकुलेशन की तरह हायर सेकेंडरी भी इसने थर्ड डिवीज़न से पास की। इससे पहले कि अपने क़स्बे के मेवात कॉलेज में इक़बाल, सफ़ी व एक विकेट कीपर के रूप में हमारा स्वागत होता, कॉलेज की यह इच्छा अधूरी रह गयी। इससे पहले कि मैं अपने क़स्बे के कॉलेज में बी.ए. फ़र्स्ट ईयर में दाख़िला लेने के बारे में सोचता, एक दिन राजू, प्रदीप और महेश ने सुझाव दिया कि क्यों न मैं उनके साथ नगीना के बजाय नूँह के यासीन मेव डिग्री कॉलेज में एडमिशन ले लूँ। इस बारे में इतनी दूर, वह भी तब जब अपने ही क़स्बे में कॉलेज हो, एडमिशन का फ़ैसला लेना बेहद मुश्किल था। मज़ेदार तो यह था कि ये तीनों भाई पहले प्रेप में नगीना कॉलेज में पढ़ चुके थे। ऐसे में इनका नूँह के कॉलेज में एडमिशन लेने का तर्क मेरी समझ में नहीं आया। इसकी वजह पूछने पर इन्होंने बताया कि नगीना में कॉमर्स नहीं है। शायद ये तीनों मेरी दुविधा भाँप गये थे। इसीलिए मुझे तसल्ली देते हुए बोले कि मैं एडमिशन की चिन्ता ना करूँ, यह हम दिला देंगे। आने-जाने की भी चिन्ता मत कर, बस का मासिक पास (जो उन दिनों छात्रों के लिए मात्र दस या बारह रुपये था) भी हम बनवा दिया करेंगे। बस, तू हाँ कह दे। मैं उनके इस आश्वासन

पर तैयार हो गया और हम चारों ने यानी उन तीनों भाइयों ने कॉमर्स में, और मैंने आर्ट्स में दाख़िला ले लिया। इस तरह रोज़ाना हम चारों बड़कली से बस से आने-जाने लगे। चूँकि मुझे दहेज में एचएमटी घड़ी, मर्फ़ी रेडियो और एटलस साइकिल मिल चुकी थी, इसलिए नगीना से बड़कली आने-जाने में कोई परेशानी नहीं होती थी। साइकिल को मैं उनकी डेयरी में खड़ा कर दिया करता था।

नूँह में दाख़िला लेने के कुछ दिनों बाद मैंने महसूस किया कि चाचा मुझसे कुछ उखड़े-उखड़े से रहने लगे हैं। वे बातों-बातों में कई बार मुझसे पूछ चुके थे कि जब अपने नगीना में कॉलेज है, तब मैंने क्यों इतनी दूर दाख़िला लिया है? उनका ऐसा पूछना स्वाभाविक था। मैंने उन्हें समझाने की कोशिश की कि वहाँ पूरी फ़ीस माफ़ है। इस पर उन्होंने कहा कि वह तो यहाँ भी हो जाती। मुझे हैरानी हुई कि एक अशिक्षित पिता को इतनी जानकारी कैसे है। मगर इस रहस्य का जल्दी ही खुलासा हो गया, जब किसी कारणवश एक दिन मैं नूँह जाने के बाद तुरन्त वापस लौट आया। हुआ यह कि उस दिन मैंने चाचा के पास नगीना कॉलेज के प्राध्यापकों को बैठा पाया। मेरे पहुँचने पर उन्होंने मेरे ही सामने फिर से चाचा से सारी बातें कहीं। वे दरअसल मेरा एडमिशन अपने कॉलेज में कराना चाहते थे, ताकि मेरे जाने के कारण उनके कॉलेज की जो क्रिकेट टीम कुछ अधूरी-सी थी, वह पूरी और मज़बूत बन जाये। परन्तु मैंने वापस नगीना कॉलेज में एडमिशन लेने से मना कर दिया।

चूँकि हमारा क्लब नूँह जाकर यासीन मेव डिग्री कॉलेज से इससे पहले एकाध मैच खेल चुका था। इसलिए इस कॉलेज के ज़्यादातर खिलाड़ी यानी जतिन्दर पाल सिंह उर्फ़ जत्ती, जत्ती का छोटा भाई यतीन्दर पाल सिंह उर्फ़ यत्ती, जमशेद अहमद, पाली, तेज़ गेंदबाज़ मदन लाल यानी मद्‌दी एक विकेट कीपर के रूप में मुझे पहले से जानते थे। उन्हें जैसे ही पता चला कि मैंने उनके कॉलेज में एडमिशन ले लिया है, ये बड़े खुश हुए। अपने बी.ए. प्रथम वर्ष में मुझे ऐसा लगा ही नहीं कि यह कॉलेज मेरे लिए और मैं इसके लिए नया हूँ। इसके अलावा मेरे पास यहाँ भूगोल विषय (ज्योग्राफ़ी) था, जो मेरा स्कूल से लेकर कॉलेज तक सबसे पसन्दीदा विषय रहा है।

इधर इन तीनों भाइयों ने प्रथम वर्ष पास किया, उधर ये वापस नगीना कॉलेज लौट आये। मैं बी.ए. फ़र्स्ट ईयर में लगभग पास तो हो गया मगर अर्थशास्त्र में कम्पार्टमेंट के साथ। इन तीनों भाइयों का वापस आने का कारण था नगीना कॉलेज में अगले साल यानी 1979 से कॉमर्स विषय का आ जाना। हालाँकि इन्होंने मुझसे

भी लौटने का एक बेमानी-सा इसरार किया था, जिसे मैंने ठुकरा दिया। चाचा को मेरी पढ़ाई-लिखाई से न तो कोई वास्ता था, न उनकी मुझमें कोई रुचि थी। इसलिए मैं अपना छोटा-मोटा जेब ख़र्च और पढ़ाई की ज़रूरतें जीजी से पूरी करता था। मिट्‌टी के बर्तनों की बिक्री से वह चाचा से छिप-छिपा कर जो थोड़ी-बहुत बचत करती थी, उसमें से मेरा बस पास आदि का खर्चा दे देती थी। फ़ीस और बस पास के अलावा मेरा कोई जेब ख़र्च था भी नहीं।

इस दौरान कई ऐसे मौक़े आये जब हमारी टीम बाहर खेलने जाती थी, तब मेरी जेब में कुछ नहीं होता था। 1978 में दिल्ली में पहली बार आयोजित अन्तर्राष्ट्रीय व्यापार मेले को मैंने कॉलेज के टूअर के कारण ही देखा था। इसी तरह 1978 में ही कॉलेज के बी.ए. प्रथम व द्वितीय वर्ष के छात्र-छात्राओं के एक ग्रुप को फ़रीदाबाद के बड़कल झील पर पिकनिक मनाने जाना था। इस ग्रुप में ज़्यादातर क्रिकेट खेलने वाले छात्र थे। मुझसे पिकनिक के लिए पूछा गया तो मैंने जाने से मना कर दिया। वे मेरे मना करने की वजह जानते थे इसलिए हमारी क्रिकेट टीम के कप्तान जमशेद अहमद की पहल पर, यह कहते हुए मुझे साथ चलने के लिए कहा गया कि पिकनिक पर जो भी खर्च होगा, उसे वे वहन करेंगे। इस आश्वासन के बाद मैं पिकनिक ग्रुप के साथ जा पाया। बड़कल झील पर मनाई गयी इस पिकनिक की स्मृतियों के चित्र मेरे मानस-पटल पर आज भी ताज़ा हैं। पानी से लबालब भरी बड़कल झील में तैरती नाव, उस पर बैठा छात्र-छात्राओं का समूह, टेपरिकॉर्डर पर बजता एक फ़िल्मी गीत और इसी बीच आसमान में उमड़ते आवारा बादलों का थोड़ा-सा बरस कर हमें भिगो देना, एक-एक दृश्य को याद कर लगता मानो कल की ही बात है।

हमारे कॉलेज की क्रिकेट टीम के कप्तान जमशेद अहमद (जो मुझसे सीनियर था) के पास भी मेरी तरह एक विषय भूगोल था। वह कॉलेज के पीछे बने हॉस्टल में ही रहता था। बड़कल झील पर पिकनिक के लिए सुबह जाने से पहले मैं उसके कमरे पर यूँ ही चला गया। उन दिनों मेरी एक बहुत प्रिय पैंट थी, जो न तो पूरी बेलबॉटम थी, न ही पैंट। यह पैंट मैंने अपने बड़े भाई की एकमात्र पुरानी पैंट से कटवाकर बनवायी थी। उस पर मैं अकसर कत्थई रंग की रेक्सीन की बद्‌धी वाली चप्पलें पहनता था। इन चप्पलों की अँगूठे वाली उखड़ चुकी बद्धियों में मैं मोची से कई बार कीलें ठुकवाकर ठीक करवा चुका था। मैं जब जमशेद के कमरे पर पहुँचा, तब वह पूरी तरह तैयार हो चुका था। मुझे आया देख पहले उसने मुझे ऊपर से नीचे तक देखा और फिर पैरों की ओर देखते हुए बोला, "जब कहीं बाहर जाते हैं न, तो चप्पलें पहनकर नहीं जाते हैं।"

मैं चुप रहा। फिर उसने लगभग अपनत्व भरे अन्दाज़ में आदेश देते हुए कहा, "ऐसा कर, ये चप्पलें यहीं निकाल और मेरे ये जूते पहन ले!"

जमशेद अहमद के इस स्नेहिल आदेश पर मैंने उसके जूते पहन लिए। नूँह पिकनिक से हम शाम तक लौट आये। मैंने उसके जूते उतार अपनी चप्पलें पहनीं और उन्हें पहनकर हॉस्टल से थोड़ी दूर ही पहुँचा था कि वही हो गया जिसका डर था। मैंने टूटी बद्धी वाली चप्पल उठायी और एक मोची से उसमें फिर से कीलें ठुकवाकर बस में बैठ नगीना आ गया। रास्ते भर सोचता रहा कि अच्छा हुआ जो जमशेद अहमद की सलाह पर मैं इन्हें पिकनिक पर पहनकर नहीं गया।

मद्दी यानी मदन लाल, यह नाम उन दिनों यासीन मेव डिग्री कॉलेज ही नहीं बल्कि हरियाणा के दोनों विश्वविद्यालयों—कुरुक्षेत्र विश्वविद्यालय और उसी में से नये-नये बने महर्षि दयानन्द विश्वविद्यालय से सम्बद्ध कॉलेजों की क्रिकेट टीमों के लिए एक ख़ौफ़ का नाम था। मद्दी को मैं तभी से जानता था, जब हमारा क्रिकेट क्लब यासीन मेव डिग्री कॉलेज, नूँह की टीम से मैच खेलने आता था। मदन लाल उन दिनों दक्षिण हरियाणा का ऐसा प्रतिभाशाली पेसर था, जिसके सामने मैंने अच्छे-अच्छे बल्लेबाजों को विचलित होते हुए देखा था। मगर ग़रीबी ने इस प्रतिभा को कहीं का नहीं छोड़ा। आर्थिक विपन्नता के कारण इस खिलाड़ी के सपने असमय दफ़न हो गये, वरना उन दिनों यह हरियाणा की तरफ़ से कम से कम रणजी खेल रहा होता। भारतीय क्रिकेट के भूतपूर्व कप्तान कपिल देव के साथ मदन लाल उन दिनों कई अन्तरविश्वविद्यालय स्तर के मैच खेल चुका था। यह मेरा सौभाग्य है कि मेवात के इस अनाम हीरो के साथ मुझे अपने कॉलेज की टीम की ओर से पूरे तीन साल खेलने का मौक़ा मिला। कीपिंग करते हुए मैंने मद्दी की आउट स्विंग और इन स्विंग तूफ़ानी गेंदों को अपने दस्तानों में झुलाया है। आज मदन लाल मेवात के ही किसी प्राथमिक विद्यालय में जेबीटी अध्यापक है।

हिन्दी के कथा सम्राट से मेरा पहला परिचय सातवीं कक्षा के हिन्दी विषय में लगी उसकी एक कहानी 'बड़े घर की बेटी' के रूप में हुआ था। मैंने उन दिनों कभी सपने में भी नहीं सोचा था कि भविष्य में यह मेरा आदर्श और एक हद तक मेरे लिए प्रेरणा का स्रोत भी होगा। मगर मेरे असली मुंशी प्रेमचन्द से मेरी पहली मुलाक़ात उसी ओमी मास्टर की दुकान पर हुई, जिसने हमारे मोहल्ले की क्रिकेट टीम को अपने गुमट बिहारी के प्राथमिक विद्यालय में आमन्त्रित कर, अपनी टीम से नहीं बल्कि खुद ने हराया था। उसी ओमी मास्टर की दुकान पर जिसके मुग़लकालीन मक़बरे में चलने वाले बड़े से लोहे के सन्दूक वाले

पुस्तकालय में रखी मैकबेथ व हेमलेट जैसी कालजयी कृतियों से मेरा प्रारम्भिक परिचय हुआ था।

मेरे ये मुंशी प्रेमचन्द ओमी मास्टर के सहपाठी थे और अपने कथा सम्राट की तरह ये भी नगीना से पाँच किलोमीटर दूर पच्छिम में काले पहाड़ की खोह में बसे, उसी मूलथान गाँव में लगभग दस साल तक प्राइमरी टीचर रहे, जहाँ के निवासी मेवात के एक लोक कवि और हरसुखदास के शिष्य एवज थे। उस वक़्त मुंशीजी की उम्र चौंतीस-पैंतीस साल थी और अविवाहित थे। अपने बड़े भाई की तरह पक्के आर्य समाजी। मुंशीजी के बड़े भाई का पूरा नाम पदम चन्द आर्य और खुद का असली नाम प्रेमचन्द आर्य। अगर अंग्रेज़ी में इन दोनों नामों को संक्षेप में लिखें, तो यह होगा—पी.सी. आर्य।

अपने प्रेमचन्द आर्य अर्थात् पी.सी. आर्य का मुंशी प्रेमचन्द बनने की अन्तःकथा यह है कि आमजन में पटवारी और शिक्षक को 'मुंशी' कहकर सम्बोधित किया जाता रहा है। चूँकि प्रेमचन्द आर्य भी पेशे से शिक्षक थे, इसलिए छात्रों के माता-पिता उन्हें मुंशीजी कहा करते थे। इधर हिन्दी साहित्य में मुंशी प्रेमचन्द नाम की एक विभूति पैदा हो चुकी थी इसलिए उससे प्रेरित होकर प्रेमचन्द आर्य ने अपना नाम रख लिया मुंशी प्रेमचन्द। कथा सम्राट मुंशी प्रेमचन्द के नाम से पहले 'मुंशी' रखने का कारण भी शायद यही रहा होगा। क्योंकि वे भी शिक्षक थे। प्रेमचन्द आर्य तो शुरुआती दिनों में मुंशी प्रेमचन्द के नाम से समाचार-पत्रों में रिपोर्टिंग भी किया करते थे।

अपने अध्यापन काल में मुंशी प्रेमचन्द 1971 से लेकर 1985 तक हरियाणा प्राथमिक शिक्षक संघ, गुड़गाँव ज़िला के महासचिव भी रहे थे। उन दिनों आज के फ़रीदाबाद, रेवाड़ी और मेवात ज़िले गुड़गाँव का ही हिस्सा हुआ करते थे। हरियाणा में चौधरी बंसीलाल के मुख्यमन्त्री काल (1973) में शिक्षकों द्वारा की गयी राज्यव्यापी हड़ताल हममें से बहुतों को आज भी याद होगी। इस हड़ताल के दौरान हरियाणा के शिक्षकों ने दिल्ली विश्वविद्यालय (उत्तरी परिसर) के विजय नगर मार्ग स्थित पटेल चेस्ट चौक पर एक विशाल धरना दिया था। धरने के दौरान जब हरियाणा राज्य शिक्षक संघ के महासचिव को यह पता चला कि गुड़गाँव ज़िले के सोहना राजकीय उच्चतर माध्यमिक विद्यालय के कुछ शिक्षक हड़ताल में शामिल नहीं हैं, तब उन्हें लाने की ज़िम्मेदारी गुड़गाँव ज़िले के प्राथमिक शिक्षक संघ के महासचिव मुंशी प्रेमचन्द को सौंपी गयी। मुंशी प्रेमचन्द इसके लिए तैयार तो हो गये परन्तु पटेल चेस्ट पर सीआईडी की सख़्त निगरानी के चलते, सोहना तक उनका पहुँचना मुश्किल था।

मुंशीजी ने सीआईडी से आँख बचाते हुए अपना भेस बदला और चल पड़े सोहना के लिए। इधर दिल्ली से रवाना होते ही सीआईडी को भी इसका पता चल गया था। अभी ये सोहना बस अड्डा पहुँचे ही थे कि वहाँ पहले से खड़े सीआईडी के दो अधिकारी खिड़की से अन्दर झाँकते हुए एक-दूसरे से पंजाबी में कह रहे थे कि इनमें मुंशी प्रेमचन्द कौन-सा है? चूँकि मुंशीजी पंजाबी समझते थे और उन्होंने उनकी बातें सुन ली थीं, इसलिए सावधानी बरतते हुए उनसे नज़र बचाकर ये विद्यालय पहुँच गये। इधर जैसे ही खुफ़िया विभाग को इसकी भनक लगी कि मुंशी प्रेमचन्द तो विद्यालय पहुँच चुका है, वे दौड़े-दौड़े विद्यालय पहुँचे और मुंशीजी की तलाश शुरू कर दी। मगर विद्यालय के शिक्षकों ने उनके आने से पहले उन्हें प्रयोगशाला में बन्द कर दिया। सीआईडी के इन अधिकारियों ने विद्यालय के बाकी के कमरों को तो छान मारा, पर उनसे न जाने कैसे वही प्रयोगशाला रह गयी जिसमें उन्हें छिपाया गया था। सीआईडी के अधिकारियों के जाने के बाद मुंशी प्रेमचन्द ने इस विद्यालय के शिक्षकों को अपने साथ लिया और फिर से उनके साथ धरने में शामिल हो गये।

इसी दौरान उन्हें इस बार फ़िरोज़पुर झिरका (मेवात), जो नगीना की तहसील भी है, भेजने की योजना बनायी गयी। परन्तु इस बार सीआईडी की उन पर पूरी नज़र थी। बावजूद इसके मुंशी प्रेमचन्द इनसे नज़रें बचाकर चल पड़े। अभी ये धरना स्थल से कुछ दूर ही पहुँचे थे कि इनके पीछे सीआईडी लग गयी। मुंशीजी इनके हाव-भाव से भाँप गये कि ये दोनों कौन हैं। इन्होंने अपनी गति बढ़ा दी और पास आते ऑटो रिक्शा को रोकते हुए उससे धौला कुआँ चलने को कहा। मुंशीजी की बदहवासी देख ऑटो रिक्शा चालक को कुछ सन्देह हुआ और पूछा कि ऐसी क्या जल्दी है? मुंशीजी ने बताया कि मेरे पीछे दो आदमी लगे हुए हैं। इस पर ऑटो रिक्शा चालक बोला कि फिर तो आप चोर हैं, जो आपके पीछे लोग पड़े हुए हैं। इन्होंने चालक को बहुत समझाने की कोशिश की मगर उसे यक़ीन नहीं हुआ। इसी बीच सीआईडी के दोनों अधिकारी मुंशीजी के पास पहुँच गये और उन्हें पकड़ लिया।

इन अधिकारियों में से एक को मुंशीजी ने पहचान लिया, और पहचानते ही बोले, "यार धर्मपाल, मैं नगीना का हूँ। हमारी दुकान आर्य पुस्तक भण्डार पर तू स्टेशनरी लेने आता था न। हमने तो तुझसे कभी एक पैसा भी नहीं लिया।"

"तो क्या, तू पदम चन्द आर्य का भाई है?" धर्मपाल नाम के सीआईडी अधिकारी ने मुंशीजी से पूछा।

मुंशीजी ने हाँ में जवाब दिया।

"ठीक है, मैं तुझे गिरफ़्तार नहीं करूँगा...पर एक शर्त है कि अगर तुझे आगे से उस तरफ़ जाते देखा, तो इस बार नहीं छोड़ूँगा।" इतना कह धर्मपाल और दूसरे अधिकारी ने मुंशीजी को छोड़ दिया।

धीरे-धीरे हड़ताल ने उग्र रूप धारण कर लिया और हड़ताली शिक्षकों की धर-पकड़ तेज़ हो गयी। इसलिए धरना देने वाले शिक्षकों ने गिरफ़्तारी से बचने के लिए पहले ही मजिस्ट्रेट के सामने आत्मसमर्पण कर दिया। आत्मसमर्पण करने वाले इन शिक्षकों की संख्या पूरी एक हज़ार थी। आत्मसमर्पण के बाद मजिस्ट्रेट ने इन शिक्षकों को पंजाब के फ़िरोज़पुर जेल में दस दिन के लिए भेज दिया। परन्तु जेल प्रशासन के ख़राब व्यवहार और सही खाना न देने के ख़िलाफ़ मुंशीजी ने शिक्षकों का नेतृत्व करते हुए जेल में भी हड़ताल करवा दी। जेल में हरियाणा के शिक्षकों की इस हड़ताल के समर्थन में पंजाब के शिक्षक भी आ गये। हारकर जेल प्रशासन ने यह तय किया कि जेल का खाना खिलाने के बजाय, हड़ताली शिक्षकों को खाने के दस रुपये प्रति शिक्षक दे दिये जाएँ। इस तरह बाकी दिनों के लिए दस-दस के सौ समूह बनाये गये, जिनका खाना जेल के बाहर से आने लगा।

अपने मुंशी प्रेमचन्द के बड़े भाई पदम चन्द आर्य की नगीना के बाज़ार में 'आर्य पुस्तक भण्डार' नाम की दुकान थी। इस पुस्तक भण्डार पर पुस्तकों के अलावा दूसरी चीज़ें भी मिलती थीं। एक तरह से यह बिसाती की दुकान थी। आर्य पुस्तक भण्डार के पास दिल्ली से प्रकाशित होने वाले समाचार-पत्रों की एजेंसी थी। इसलिए यहाँ विभिन्न समाचार-पत्र समूहों द्वारा प्रकाशित पत्रिकाएँ भी आती थीं। 'धर्मयुग', 'साप्ताहिक हिन्दुस्तान', 'नन्दन', 'कादम्बिनी' यहाँ तक कि सत्तर के दशक में 'सारिका' जैसी पत्रिका को मैंने इसी पुस्तक भण्डार पर देखा था। 1990 तक मेरे क़स्बे में उस 'जनसत्ता' के भी पाठक हुआ करते थे, जो 'जनसत्ता' आज आसानी से दिल्ली जैसे महानगर में भी देखने को नहीं मिलता है। अस्सी के दशक के आख़िर तक मेरे क़स्बे में एक दैनिक समाचार-पत्र खूब देखने को मिलता था, जिसका नाम था 'दैनिक वीर अर्जुन'। इसकी उपस्थिति का मुख्य कारण था इसकी कट्टर हिन्दूवादी व तथाकथित राष्ट्रीय सोच का होना। साथ ही यह आर्य समाजी विचारधारा का भी पोषक था। चूँकि आर्य पुस्तक भण्डार के मालिक और अपने मुंशीजी के बड़े भाई पदम चन्द आर्य पक्के आर्य समाजी हैं, इसलिए उनकी सोच और वैचारिकता के मद्देनज़र 'दैनिक वीर अर्जुन' इनका सबसे प्रिय समाचार-पत्र था।

यह सही है कि आर्य समाज एक हिन्दू सुधार आन्दोलन था, जिसकी स्थापना

स्वामी दयानन्द सरस्वती ने 1875 में बम्बई में मथुरा के स्वामी विरजानन्द की प्रेरणा से की थी। इस आन्दोलन का प्रारम्भ पाश्चात्य प्रभावों की प्रतिक्रिया स्वरूप हिन्दू धर्म में सुधार के लिए हुआ था। इसलिए आर्य समाज का मूल सिद्धान्त भी मूर्ति पूजा, अवतारवाद, झूठे कर्मकाण्डों और अन्धविश्वासों को अस्वीकार करना है। इतना ही नहीं, छुआछूत और जातिगत भेदभाव को ख़त्म करना भी इसमें शामिल रहा है। आर्य समाज का आदर्श वाक्य है—'कृण्वन्तो विश्वमार्यम' यानी पूरे विश्व को आर्य बनाते चलो। गायत्री मन्त्र आर्य समाज का मूल मन्त्र है, जो आगे जाकर धीरे-धीरे हिन्दुओं के धार्मिक अनुष्ठानों, हवन व सत्यनारायण की कथा से लेकर शादी-ब्याह के समय वर-वधू द्वारा अग्नि के फेरों तक का अनिवार्य श्लोक अर्थात् मन्त्र बन गया। ठीक हिन्दी के प्रथम उपन्यास 'भाग्यवती' के लेखक पंडित श्रद्धाराम शर्मा यानी श्रद्धाराम फिल्लौरी द्वारा 1870 में रचित उनकी उस रचना 'ओम जय जगदीश हरे' की तरह, जिसने हमारे आराध्यों की स्तुति में गायी जाने वाली आरती का रूप ले लिया है। बल्कि श्रद्धाराम फिल्लौरी की यह रचना तो आज हिन्दू धार्मिक अस्मिता का प्रतीक बन चुकी है। मगर आर्य समाज को इसी के आदर्श वाक्य के मूल में छिपे भाव ने, आज इसे राष्ट्रीय स्वयंसेवक संघ की एक आनुषंगिक हिन्दूवादी इकाई बनाकर रख दिया है।

सत्तर के दशक के मध्य में जब हरियाणा और मेवात में साम्प्रदायिक उभार अपने शैशव काल में था, उन दिनों 'दैनिक वीर अर्जुन' के सम्पादक के. नरेन्द्र के अनेक सम्पादकीय शिवसेना के मुखपत्र 'सामना' से भी ज़्यादा घातक होते थे। मेवात को कभी मिनी पाकिस्तान, तो कभी दूसरा पाकिस्तान बताने वाले इसके कई सम्पादकीयों को मैंने देखा है। 1971 के आम चुनावों में के. नरेन्द्र ने फ़रीदाबाद लोकसभा क्षेत्र से चुनाव भी लड़ा था। के. नरेन्द्र के अलावा स्थानीय मेव नेता चौधरी तैयब हुसैन, एस्कॉर्ट ट्रैक्टर के मालिक हर प्रसाद नन्दा, बम्बई के धर्मसेन और पूर्व क्रिकेटर व टाइगर के नाम से मशहूर नवाब पटौदी यानी मंसूर अली खाँ पटौदी इस मुक़ाबले के प्रमुख उम्मीदवार थे। इस बहुकोणीय मुक़ाबले में विजयी स्थानीय मेव नेता चौधरी तैयब हुसैन हुए थे। इसी दशक के दौरान मैंने अपने क़स्बे नगीना के इसी आर्य समाज मन्दिर में राष्ट्रीय स्वयंसेवक संघ की शाखाएँ भी लगती हुई देखी हैं। इस शाखा में आने वाले स्वयंसेवक सवर्ण जातियों जैसे बनिया, ब्राह्मण और विभाजन के समय पाकिस्तान से आये सन्नार्थियों के बच्चे ही होते थे। मैं भी एक बार इस शाखा में गया था। इस शाखा का संचालक उस समय का रामौतार और आज बीजेपी का कार्यकर्ता व अब नेता बन चुका राम अवतार सिंगला हुआ करता था। नगीना में उन दिनों एकाध ही मिट्टी के तेल

और राशन का डिपो हुआ करता था। उनमें एक डिपो इसी राम अवतार सिंगला का भी हुआ करता था, जो इसके पास लगभग 2010 तक रहा होगा। मेवात के हिन्दूवादी राजनीतिक चरित्र को समझने के लिए रामौतार से अच्छा उदाहरण दूसरा नहीं हो सकता। मेरी समझ और अनुभव के अनुसार सरकारी योजनाओं में मिट्टी के तेल के डिपो और राशन का डिपो भ्रष्टाचार और बेईमानी की सबसे प्राचीन प्रयोगशालाएँ हैं। कैसे ग़रीबों को मिलने वाला गेहूँ, चावल, चीनी की खुलेआम घट तोली तो होती ही है, बल्कि कैसे इनकी बोरियाँ की बोरियाँ व मिट्टी के तेल के ड्रम के ड्रम बँटने से पहले, अधर के अधर पार हो जाते हैं, ऐसे दृश्य मैंने कई बार दिल्ली जैसे महानगर तक में देखे हैं।

शुरू में मुंशी प्रेमचन्द अपने बड़े भाई यानी पदम चन्द आर्य अर्थात् पी.सी. आर्य के नाम से 'दैनिक वीर अर्जुन' के साथ-साथ कुछ अन्य स्थानीय समाचार-पत्रों के लिए स्वैच्छिक, अवैतनिक संवाददाता के रूप में समाचार भेजा करते थे। मुंशीजी की इस रुचि के बारे में मुझे अपने पड़ोसी ओमी मास्टर की दुकान पर ही पता चला था। यहाँ मुंशीजी दोपहर बाद अकसर आया करते थे। कभी-कभी इनके हाथों में एक अख़बार नज़र आता था। नाम था 'दैनिक मेवात'। 1953 में स्थापित और गुड़गाँव से प्रकाशित 'दैनिक मेवात' कहने को दैनिक था, परन्तु क़ायदे से वह प्रकाशित साप्ताहिक ही होता था। चूँकि इस अख़बार में स्थानीय समाचार बहुत होते थे इसलिए उन दिनों इसका बड़ी बेसब्री से इन्तज़ार रहता था। इसके स्थानीय संवाददाता अपने मुंशी प्रेमचन्द यानी पी.सी. आर्य ही हुआ करते थे। पी.सी. आर्य की बाई लाइन वाली ख़बरों के अलावा 'दैनिक मेबात' में प्रकाशित होने वाले एक और नाम को मैं प्रायः देखता था, और वह था मक्खन लाल 'अग्रवाल', एम.ए., फ़िरोज़पुर झिरका। मक्खन लाल 'अग्रवाल' अपने मुंशीजी की तरह ही अध्यापक तो नहीं, फ़िरोज़पुर झिरका नगरपालिका में सेवारत था। अपनी स्मृति के आधार पर पूरी ईमानदारी के साथ कहूँ, तो मेरे भीतर लेखक बनने का जो अंकुर ग्यारहवीं कक्षा में 'मेरा स्वप्न' नाम की कविता के रूप में फूटा था, वह इस मक्खन लाल 'अग्रवाल', एम.ए. को देख-देख कर पूरी तरह अँकुराने लगा था।

ओमी मास्टर की दुकान पर मुंशीजी से हुई मुलाक़ात पहले परिचय और फिर धीरे-धीरे आत्मीयता में बदलती चली गयी। इस आत्मीयता को गाढ़ा किया हर सप्ताह आने वाले 'दैनिक मेवात' ने। एक दिन मैंने मुंशीजी से मक्खन लाल 'अग्रवाल' बनने की इच्छा ज़ाहिर की, जिसे उन्होंने तुरन्त स्वीकार कर लिया।

उनकी अनुमति मिलते ही मैंने उन्हें एक कविता जैसी चीज़ दी, जिसे उन्होंने पी.सी. आर्य के नाम से भेजी जाने वाली ख़बरों के साथ 'दैनिक मेवात' के लिए डिस्पैच कर दिया। अब यह उस रचना का भाग्य था या कुछ और कि वह 'दैनिक मेवात' के 4 जून, 1980 के आगामी अंक में प्रकाशित हो गयी। जैसे ही डाक से 'दैनिक मेवात' की प्रतियाँ आयीं, उसकी एक प्रति लेकर वे ओमी मास्टर की दुकान पर आ गये। मुझे घर से बुलवाया गया और शुभ सूचना देते हुए मुंशीजी ने 'दैनिक मेवात' मेरी ओर बढ़ा दिया। मैंने उसे खोल कर देखा तो पाया वही रचना जो एक कविता थी, 'शायद सभी जानते हैं' शीर्षक के नीचे, मक्खन लाल 'अग्रवाल' की तरह भगवानदास 'मोरवाल', नगीना छपा हुआ देख मेरी खुशी का ठिकाना नहीं रहा। 'शायद सभी जानते हैं' शीर्षक से प्रकाशित मेरी यह प्रथम रचना इस प्रकार थी–

प्यारे साथियो!
काफी अर्से से
इस धरा पर एक अदृश्य व्यक्ति
जो ऊपर से नीचे तक
गहरे बेईमानी रंग का चोला,
सिर पर अहंकार की टोपी पहने,
माथे पर धर्म के नाम का–
चन्दन का झूठा तिलक लगाये
गले में ईश्वर के नाम की
झूठी माला पहने
लोगों को अपने जाल में
फँसाये हुए
चारों तरफ बड़ी ही सादगी से
घूर रहा है।
उसका नाम, शायद सभी जानते हैं–
नीचता।

इतना ही नहीं, इसके अगले ही सप्ताह इसी 'दैनिक मेवात' के 11 जून, 1980 के अंक में 'आग की प्यास' शीर्षक से एक और कविता मुंशीजी के कारण छप गयी। इसके बाद तो कविता के नाम पर एक के बाद एक, सभी रसों में डूबी कविताएँ प्रकाशित होने लगीं। 'पार्थिव संकल्प', 'पूछा तरु से मैंने', 'कौन कहता है ये', 'कहता है मेरा दिल तू इसकी पहचान कर', 'कौमी एकता',

'कड़वाहट', 'प्रीत के घाव' जैसी लगभग डेढ़ दर्जन कविताएँ प्रकाशित हो गयीं। 'दैनिक मेवात' का मैं एकाएक मानो स्थायी लेखक हो गया। इतना ही नहीं बल्कि 'नशा', 'अगरबत्ती', 'जानवर', 'रात तक मैं बाट जोहती रही', 'सम्मेलन में आन्दोलन' जैसी हास्य-व्यंग्य के नाम पर कुछ और कविताएँ भी प्रकाशित हुईं। देशभक्ति, देश प्रेम व राष्ट्रीय एकता से ओत-प्रोत पहली रचना 'मेरा स्वप्न', जिसका जन्म 1977 यानी ग्यारहवीं कक्षा में हुआ था, वह भी गुड़गाँव से ही चन्द्र प्रकाश गुप्ता, एम.ए. के सम्पादन में प्रकाशित होने वाले साप्ताहिक पत्र 'सुपर एक्सप्रेस' के 25 नवम्बर, 1980 के अंक में प्रकाशित हुई थी।

जैसा हर 'लेखक' के साथ होता है कि जब उसके भीतर का लेखक ज़रूरत से ज़्यादा उत्साहित होता है, तब पता नहीं वह काग़ज़ पर क्या-क्या उतारने लगता है। इतना ही नहीं, जिस विधा का उसे ककहरा भी पता नहीं होता, उसमें भी वह तलवार भाँजना शुरू कर देता है, बिना यह जाने कि उसे भाँजते वक़्त एकाध खरोंच उसे भी आ सकती है। ऐसी ही एक विधा है ग़ज़ल। ठेठ देहाती बीस साला इस लेखक ने भी ग़ज़लों के नाम पर ऐसी कई ग़ज़लें लिखीं। लिखी ही नहीं बल्कि वे बाक़ायदा 'सुपर एक्सप्रेस' व 'दैनिक मेवात' में छपीं भी, जिन्हें पढ़कर क्या पता आपका भी मुझे दाद देने का मन कर जाए, ख़ासकर इसे पढ़कर जिसका न कोई काफ़िया था, न रदीफ़। न मतला था, न कोई मक़ता। इतना ही नहीं, इसमें इस्तेमाल किये गये कई शब्दों का तो मुझे न तब कोई अर्थ मालूम था, न आज है। 'लबों पर आ गयी' शीर्षक से लिखी गयी यह ग़ज़ल जैसी चीज़ 'दैनिक मेवात' के 23 सितम्बर, 1981 के अंक में प्रकाशित हुई थी। तो आप भी इसका लुत्फ़ उठाइए और इस नाचीज़ को दाद दीजिए–

बरहमी चेहरे पे उनके रौनक क्या ग़ज़ब की थी
ये पयाम था केवल मुसर्रत हमको करने की

आशती नगरी में जैसे वली का मज़मा हो कोई
जहाँ में न कमी कोई उनके चहेतों की

फुरक़त में सनम को हम भुला बैठे थे ऐसे
पशेमां हो रहा हमको कनारे इस ज़माने की

कोशिशें कीं हमने हिज्र के शोलों को दबाने की
लबों पर आ गयी फिर भी कहानी उनके वादों की।

1980-81 मेरा बी.ए. अन्तिम वर्ष का साल था। कह सकते हैं कि एक बीस-इक्कीस साला देहाती, ताज़ा-ताज़ा युवा मन की महज़ अनगढ़ अभिव्यक्तियाँ थीं ये। वह भी रोमांटिसिज़्म से लबरेज़। इस दौरान इस मूड की तथाकथित ग़ज़लेंनुमा कई रचनाएँ लिखी गयीं और वे छपीं भी। इसी मूड की 'फखत इतनी तमन्ना है' शीर्षक से 'दैनिक मेवात' में 10 जून, 1981 को भगवानदास 'मोरवाल', नगीना (गुड़गाँव) के नाम से छपी। अब ज़रा आगे दी हुई रचना को देखें जिसकी प्रेरणा सम्भवतः 1964 में बनी फ़िल्म 'शहनाई' में मोहम्मद रफ़ी द्वारा गाये इस गीत से ली गयी होगी–

ना झटको ज़ुल्फ़ से पानी, ये मोती फूट जाएँगे
तुम्हारा कुछ न बिगड़ेगा, मगर दिल टूट जाएँगे।

रचना इस प्रकार है–

फखत इतनी तमन्ना है कि–
तुम नज़दीक आ जाओ
ना देखो इस कदर मुझको–
कि मैं बेताब हो जाऊँ
न सोचा था कभी मैंने कि–
ये जन्नत यहाँ आये
गुजारिश है मेरी तुमसे कि–
तुम बेसुध चली आओ
न भूलो इस जहाँ को तुम
यही कातिल जमाना है
मेरी आँखों में तुम देखो
तुम्हारी पालकी बैठी
आवाजें दे देकर तुझको
खुदा के पास मैं पहुँचा
तो मैंने ये कहा खुद से–
वो तो भूल गयी तुमको
क्यों लेते हो पराया गम
न देखा ये गया मुझसे
तो मैं खीज कर बोला–

वो तो हो गयी मेरी
चाहे मैं हो न हूँ उसका।

'दैनिक मेवात' चूँकि नगीना के अलावा नूँह में भी आता था, इसलिए हमारे कॉलेज के संस्कृत के प्राध्यापक रौनक अली जी मेरी लिखने-लिखाने की रुचि से भली-भाँति परिचित थे। इस समाचार-पत्र में एक छोटा-सा सूचनात्मक लेख अपने कॉलेज के बारे में 'मेवात का एक प्रसिद्ध शिक्षा केन्द्र : यासीन मेव कालिज' शीर्षक से 1 जनवरी, 1981 के अंक में प्रकाशित हुआ था। जिन दिनों एक के बाद एक मेरी रचनाएँ 'दैनिक मेवात' और 'सुपर एक्सप्रेस' में धड़ल्ले से छप रही थीं, तभी शायद संस्कृत के प्राध्यापक रौनक अली साहब ने इतनी तेज़ गति से लिखने पर मुझे टोका था। मेरे लिखने-लिखाने के बारे में हमारे दूसरे प्राध्यापकों को भी पता लग चुका था। ऐसे ही एक दिन हमारे अर्थशास्त्र के प्राध्यापक उस्मानी साहब को, उनके पीरियड के दौरान एक छात्रा ने बताया कि मैं कुछ लिखता-विखता हूँ। मैंने अन्यमनस्कता के साथ हाँ कहते हुए अगले पल यह बता दिया कि मैं जो लिखता हूँ, शायद वह बहुत से लोगों को पसन्द नहीं है। मुझे याद है, उस्मानी साहब ने मेरा हौसला बढ़ाते हुए कहा था कि तुम इसकी फ़िक्र मत करो। बस, अपना काम करते रहो।

इस तरह मैं मक्खन लाल 'अग्रवाल' की तर्ज़ पर लगभग डेढ़ साल तक लेखक के रूप में अपना नाम भगवानदास 'मोरवाल' लिखता रहा। बाद में जब किसी ने मुझे बताया कि उद्धरण चिह्न ('...') का इस्तेमाल तख़ल्लुस या किसी उद्धरण के लिए होता है, तब जाकर मैंने इसे हटाया।

महीनों तक मुंशीजी अपनी ख़बरों के साथ मेरी रचनाएँ भेजते रहे। मैं उनको अपनी रचनाएँ उनके डिस्पैच के साथ भेजने के लिए इसलिए नहीं देता था कि मेरा डाक खर्च बचेगा। बल्कि इसलिए देता था कि अगर मैं खुद 'दैनिक मेवात' में रचनाएँ भेजने लगूँ, तो कहीं मुंशीजी नाराज़ न हो जाएँ। कई महीनों के बाद एक दिन उन्होंने मुझसे खुद ही कह दिया कि मैं अपनी रचनाएँ सम्पादक को सीधे भेज दिया करूँ। मुंशीजी को मैंने ख़बरें बड़ी मेहनत और लगन से तैयार करते हुए देखा है। वे हमेशा ख़बर की दो प्रतियाँ तैयार करते थे। एक मूल प्रति और दूसरी कॉर्बन प्रति। मूल प्रति वे डिस्पैच कर दिया करते थे और कॉर्बन प्रति अपने पास रख लेते थे।

मुंशीजी की एक आदत और थी। उनके द्वारा भेजी गयी ख़बर जैसे ही कहीं प्रकाशित होती, उसे अख़बार से काटकर वे अपनी फ़ाइल में चिपका देते थे।

उनकी इस आदत का अनुसरण कर, उस समय मेरी भी कोई रचना छपती थी, तो मैं भी उसे फ़ाइल में चिपका देता। यह क्रम सालों तक चला इसलिए उस दौर की ज़्यादातर प्रकाशित सामग्री की फ़ाइलें मेरे पास सुरक्षित हैं।

मुंशी प्रेमचन्द ने 1971 में एक बजाज स्कूटर बुक कराया था, जिसका नम्बर लगभग बारह साल बाद यानी 1983 में आया। मगर जब वे बजाज की अधिकृत एजेंसी, जो दिल्ली के डिलाइट सिनेमा के निकट थी, अपना स्कूटर लेने गये तब एजेंसी के मैनेजर ने स्कूटर यह कहकर देने से मना कर दिया, कि 1971 में बुकिंग के समय सम्बन्धित दस्तावेज़ों पर जो हस्ताक्षर उन्होंने किये थे, वे उनके आज के हस्ताक्षर से मेल नहीं खा रहे हैं। इसलिए वे ताज़ा हस्ताक्षरों को किसी राजपत्रित अधिकारी से तसदीक करा कर ले आयें। मुंशीजी ने ऐसा ही किया परन्तु बावजूद इसके स्कूटर फिर भी नहीं दिया। उलटा मैनेजर यह कहकर धमकाने लगा कि चार सौ बीसी में वह उन्हें जेल भेज सकता है। मुंशीजी उसी समय आसफ़ अली रोड से सीधे लगभग एक किलोमीटर दूर बहादुरशाह ज़फ़र मार्ग स्थित 'वीर अर्जुन' के कार्यालय में गये और उसके सम्पादक के. नरेन्द्र को पूरा क़िस्सा सुनाया। के. नरेन्द्र ने तुरन्त एजेंसी के मैनेजर का फ़ोन मिलाकर उसे बहुत धमकाया। इसके बाद मुंशीजी वापस एजेंसी आये और स्कूटर की कीमत, जो उस समय पाँच हज़ार रुपये थी, जमा करायी, तब कहीं जाकर उन्हें बजाज स्कूटर प्राप्त हुआ। नगीना आने के बाद मुंशीजी ने उस स्कूटर को इतनी ही कीमत में किसी और को बेच दिया।

बहुत समय तक बजाज स्कूटर की प्री-बुकिंग हुआ करती थी, जिसका नम्बर सालों बाद आया करता था। मगर हाँ, इसे जल्दी प्राप्त करने का एक विकल्प भी था। यह विकल्प था कि अगर प्री-बुकिंग विदेशी मुद्रा यानी डॉलर में करवायी जाये, तो स्कूटर की डिलीवरी महज छह महीने में हो सकती है। चूँकि मुंशी प्रेमचन्द धुन के पक्के थे इसलिए उन्होंने विदेशी विनिमय के माध्यम से स्कूटर बुक कराने का मन बनाया। इसके लिए उन्होंने अपने सगे चाचा लाला अमर चन्द का सबसे बड़ा बेटा जो अमेरिका में रहता है, उससे जुगत भिड़ायी। मुंशीजी के इस चचेरे भाई राजेन्द्र ने तुरन्त स्कूटर की प्री-बुकिंग के लिए विदेशी मुद्रा यानी डॉलर भिजवा दिये। इस तरह डॉलर जमा होने पर मुंशीजी को बजाज स्कूटर मिलने की सूचना मिल गयी। यह बात 1988 की है।

चूँकि मुंशीजी के लिए दिल्ली से नगीना लगभग 90 किलोमीटर स्कूटर चलाना मुश्किल था, इसलिए वे अपने साथ गाँव से लाला नौबत राय के बड़े बेटे पुरुषोत्तम उर्फ़ पुरुषु को ड्राइवर के तौर पर साथ लाये। पुरुषु ने नयी दिल्ली के

नारायणा औद्योगिक क्षेत्र के लोहा मंडी स्थित बजाज ऑटो के अधिकृत विक्रेता से स्कूटर लिया, और अपने पीछे मुंशीजी को बैठाकर नगीना के लिए रवाना हो गया। मगर मुंशीजी का यह निर्णय उन पर उस समय भारी पड़ गया, जब नगीना जाकर उन्हें पता चला कि स्कूटर का पिस्टन बैठ गया है। दरअसल, हुआ यह कि कम्पनी के दिशा-निर्देशों के अनुसार नये स्कूटर को तीस-पैंतीस किलोमीटर प्रति घंटा से अधिक नहीं चलाया जाना था। परन्तु पुरुषु उसे ले गया हवा से बातें करते हुए अर्थात् 65 किलोमीटर प्रति घण्टे के हिसाब से और मात्र ढाई घंटे में मुंशीजी को नगीना लगा दिया। ऐसे में आप ही बताइए कि स्कूटर का पिस्टन नहीं बैठेगा, तो क्या मुंशीजी का बैठता।

मुंशी प्रेमचन्द की संगत का यह असर हुआ कि उनके साथ-साथ क़स्बे में मेरी भी साख बनती चली गयी, ख़ासकर सरकारी अधिकारियों के बीच। इनमें ऐसे ही एक अधिकारी थे शर्माजी। शर्माजी गुड़गाँव ग्रामीण बैंक, नगीना शाखा के मैनेजर थे। उन दिनों गुड़गाँव ग्रामीण बैंक किसानों के अलावा ज़रूरतमन्द भूमिहरों को भी ऋण दिया करता था। यह ऋण जहाँ खेती के लिए दिया जाता था, वहीं भैंस के लिए भी दिया जाता था। मगर भैंस के लिए ऋण की शर्त यह थी कि पहले भैंस ख़रीदी जानी चाहिए। उसके बाद बैंक अधिकारी उसकी कीमत का आकलन कर ऋण की राशि तय करते थे। इस ऋण की अधिकतम सीमा पाँच हज़ार रुपये थी, परन्तु पाँच हज़ार मैंने उस समय किसी भी ऋण लेने वाले को मिलते हुए नहीं देखे।

एक दिन शर्माजी ने मुझसे कहा कि जब इतने लोग बैंक से भैंस के लिए ऋण ले रहे हैं, तब क्यों न तुम भी ले लो। यह 1980 की बात थी। मैंने घर आकर चाचा से इस बारे में बात की, तो उन्होंने यह तर्क देते हुए ऋण लेने से साफ़ मना कर दिया कि अगर हमारे पास भैंस ख़रीदने के लिए पैसा होगा, तो हमें ऋण की क्या ज़रूरत होगी? मैंने चाचा के इस तर्क से शर्माजी को अवगत करा दिया। इस पर शर्माजी बोले कि यार तुमसे कौन पहले भैंस ख़रीदने के लिए कह रहा है। तुम तो बस ऋण वितरण वाले दिन काग़ज़ी कार्यवाही पूरी करने के लिए आ जाना। बाकी का काम मेरा है। दरअसल, शर्माजी मुंशी प्रेमचन्द के साथ रहने के कारण मुझे उपकृत करना चाहते थे। क्योंकि मुंशीजी समय-समय पर 'दैनिक मेवात' में ग्रामीण बैंक से सम्बन्धित उनकी ख़बर छपवा देते थे। मैंने जैसे-तैसे चाचा को भैंस के लिए ऋण लेने के लिए राज़ी कर लिया।

इस तरह तय दिन के मुताबिक़ ऋण वितरण वाले दिन मैं चाचा को लेकर

क़स्बे के पशु चिकित्सालय पहुँच गया। हमारे पहुँचने से पहले वहाँ बहुत सारे किसान ऋण लेने के लिए पहुँचे हुए थे। हमारे पहुँचते ही शर्माजी ने हमें अपने पास बुलाया और बिना किसी भूमिका के वे चाचा से बोले, “बाबा, वे जो भैंसें चर रही हैं न, उनमें से किसी एक भैंस को हाँक कर यहाँ ले आ!”

चाचा हैरान-परेशान कि वह कैसे किसी की भैंस को ऐसे हाँक कर ले आये? शर्माजी चाचा की दुविधा भाँप गये और उन्हें हिम्मत बँधाते हुए बोले, “मैं कह रहा हूँ न। कुछ नहीं होगा।”

चाचा ने इसके बाद कुछ नहीं कहा और सामने चर रही भैंसों में से, जो सबसे पहली भैंस खेत में चर रही थी, उसे ही हाँक लाये। भैंस देखने में बड़ी कमज़ोर-सी थी। भैंस के आते ही शर्माजी ने आगे की कार्यवाही के लिए अपने कर्मचारी को निर्देश दे दिया। उनके निर्देश के बाद जब सारी काग़ज़ी प्रक्रिया पूरी हो गयी, तब आख़िरी प्रक्रिया होनी थी। यह थी भैंस की बीमा सम्बन्धी प्रक्रिया। पशु बीमा के लिए उन दिनों उसके कान में पीतल का एक टैग पंच किया जाता था। जिसका मतलब यह होता था कि उक्त पशु का बीमा हुआ है। किसी दुर्घटनावश उक्त पशु की ऋण की क़िस्तें चुकाने से पहले मृत्यु हो जाती है, तो कर्ज़दार का बाकी का ऋण माफ़ हो जाता है।

जिस समय ऋण वाली हमारी भैंस के कान में टैग पंच करने की प्रक्रिया चल रही थी, वहाँ उपस्थित दूसरे लोग इस दृश्य को बड़े ग़ौर से देख रहे थे। टैग पंच करने वाले कर्मचारी ने जैसे ही भैंस के क़ान में टैग पंच किया, टैग कान में पंच होने के बजाय ज़मीन पर गिर गया। यानी उसने इतने लोगों की आँखों में धूल झोंकते हुए पंच करने का जानबूझ कर ऐसा नाटक किया कि टैग ज़मीन पर गिरा दिया। शर्माजी टैग करने वाले कर्मचारी की ओर देखते हुए, वहाँ उपस्थित लोगों को सुनाते हुए बोले, “अरे यार, यह तो नीचे गिर गया।”

चूँकि यह टैग दोबारा पंच नहीं हो सकता था इसलिए बैंक मैनेजर शर्मा ने उसे ज़मीन से उठाया और धीरे-से मुझे देते हुए बोला, “भगवानदास, इस टैग को सँभालकर रखना। आज से यही तुम्हारी भैंस है।” इसके बाद वह चाचा की ओर मुड़े, “बाबा, इस भैंस को जहाँ से लाये हो, वहीं छोड़ आओ!”

जब तक चाचा भैंस को उसकी जगह छोड़कर आते, तब तक बाकी की प्रक्रिया भी पूरी हो गयी। इस तरह गुड़गाँव बैंक के अधिकारी और कर्मचारियों ने हमारी बीमा वाली भैंस (पीतल के टैग) का आकलन तीन हज़ार रुपये का किया। ये रुपये चाचा को उसी समय ऋण के रूप में प्रदान कर दिये गये। एक सरकारी ऋण वितरण और उसमें व्याप्त भ्रष्टाचार का यह मेरा पहला साक्षात्

अनुभव था। यह बात दूसरी हैं कि इस ऋण की किस्तें भरते-भरते चाचा के पसीने छूट गये थे। 1981 में दिल्ली आने के बाद एक बार उन्होंने झुँझलाते हुए कह भी दिया था, "मेरे यार, तैने अच्छो करज दिवायो। मेरी तो याकी किस्त भरते-भरते जान निकलगी!"

चाचा गुड़गाँव ग्रामीण बैंक से लिए गये इस ऋण की किस्तें, इसके मैनेजर शर्माजी के तबादले के बाद भी महीनों तक भरते रहे थे।

भारतीय इतिहास के उस काले अध्याय के दरमियान पड़ने वाले 2 नवम्बर, 1976 को गुज़रे हुए अभी दो ही साल हुए थे, और जिस रिश्ते को लेकर एक पूरा परिवार ना-खुश था, उसी की तरफ़ से गौने का तक़ाज़ा शुरू हो गया। इस वीर बालक ने अपनी शादी के समय जो विद्रोह-सा किया था और जिसकी राख़ में दबी चिनगारियाँ अभी ठंडी भी नहीं हुई थीं कि इस तक़ाज़े से वे फिर भड़क उठीं। जीजी-चाचा ने अपने बुढ़ापे का बहुत वास्ता दिया। मगर बात बनी नहीं। हार कर उन्होंने एक बार फिर से दबाव बनाना शुरू कर दिया जो अन्ततः उनके काम आया भी। इस तरह 1979 में महज उन्नीस-बीस की उम्र में जीजी ने अपने ललमुँहे का गौना कर दिया। लेकिन जीजी-चाचा को अपनी इस गौनावाली बहू का सुख ज़्यादा दिन नसीब नहीं हुआ, और मात्र एक दिन रुककर उनकी बहू इस क़रार के साथ मायके लौट गयी, कि वह अब उनके ललमुँहे के बी.ए. होने के बाद ही ससुराल आयेगी अर्थात् लगभग दो साल बाद।

मगर नियति को कुछ और ही मंज़ूर था। 1979 का यह दिसम्बर का महीना था। मैं एक दिन शाम को लगभग पाँच बजे कॉलेज से घर पहुँचा कि देखा घर के बाहर मोहल्ले के दस-बारह लोग बैठे हुए हैं। अन्दर गया तो वहाँ भी इतनी ही औरतों को देखा। बाहर-भीतर बैठे पड़ोसियों को देखकर मैं घबरा गया। चौक में एक तरफ़ साइकिल लगाते-लगाते मुझे एक कोठे से जीजी के ज़ोर-ज़ोर से कराहने का कातर स्वर सुनाई देने लगा। शायद जीजी को किसी ने मेरे आने की सूचना दे दी थी। अन्दर कोठे में गया तो वहाँ चारपाई पर दर्द से बिलबिला रही जीजी को देखकर मेरा कलेजा मुँह को आ गया। पास जाकर देखा तो पाया कि उसके पूरे बायें हाथ पर तेल और गेरू के लेप के नीचे, बाँस की पतली-पतली खपच्चियाँ बँधी हुई हैं। बाद में पता चला कि जीजी के हाथ में मल्टी फ्रेक्चर है।

उस दिन हुआ यह कि जीजी मोहल्ले की कुछ औरतों के संग अन्य दिनों की तरह काले पहाड़ से ईंधन के लिए धोक की लकड़ियाँ लेने गयी हुई थी। धोक की लम्बी-लम्बी लकड़ियों के भारी-भारी गट्ठर सिर पर रख दोपहर बाद दो-ढाई बजे

ये सब घर के लिए चल दीं। अभी ये आधे रास्ते में ही पहुँची थीं कि अचानक जीजी को ऐसी ठोकर लगी कि वह अपने आपको सँभाल नहीं पायी। वह ज़मीन पर इस तरह गिरी कि बायाँ हाथ शरीर के नीचे आ गया। उसके ऊपर पूरा शरीर और लगभग पौने क्विंटल का गट्ठर सबसे ऊपर। इसी के चलते बायें बाज़ू की हड्डियाँ टूट गयीं। जैसे-तैसे गट्ठर को वहीं छोड़ जीजी को घर लाया गया।

इस दुर्घटना ने घर की सारी व्यवस्था गड़बड़ा दी। जहाँ जीजी की सेवा-टहल के लिए हर समय एक व्यक्ति की ज़रूरत थी, वहाँ रोटी-पानी की भी दिक़्क़त शुरू हो गयी। इस तरह अभी पाँच-छह दिन ही बीते होंगे कि घर में इन समस्याओं के निदान खोजे जाने लगे। इन उपायों में एकमात्र उपाय जो इन समस्याओं से मुक्ति दिला सकता था, वह था कि घर में बहू को लाया जाए। मुझसे जब इस बारे में कहा गया तब सुनते ही मैं एक बार फिर बेमानी-से विद्रोह पर उतर आया। इधर मेरा विद्रोह पर उतरना हुआ, उधर मेरे ऊपर ढेर सारी लानत-मलामतें दी जाने लगीं कि यह कैसा बेटा है जिसे अपनी माँ की भी चिन्ता नहीं है। ऐसे समय में ही तो बहू की सेवा-टहल की सबसे ज़्यादा ज़रूरत होती है। हार कर मैंने भी यह सोचकर कि जब 'ओखली में सिर दे ही दिया है, तब मूसलों से क्या डरना' कहावत का सुमिरन किया, और चारपाई पर पड़ी दुर्घटनाग्रस्त सास की सेवा-शुश्रूषा के लिए उसकी बहू को ले आया।

उन दिनों 'दैनिक मेवात' क़स्बे का एक लोकप्रिय समाचार-पत्र बन चुका था। इसलिए इसके साप्ताहिक संस्करण, जिसका बंडल डाक से आता था, बड़ी बेसब्री से इन्तज़ार रहता था। अपनी प्रकाशित रचना को उसमें देखने और उसकी प्रति लेने के लिए मैं हर बृहस्पतिवार को डाकखाना पहुँच जाता। डाकखाने में ही इसके आधिकारिक संवाददाता पी.सी. आर्य यानी मुंशी प्रेमचन्द भी मुझे मिल जाते थे। शुरू में तो मुंशीजी कुछ दिन मुझे 'दैनिक मेवात' की एक प्रति देते रहे, परन्तु बाद में उन्होंने मुझे इसका सदस्य बनने को कहा। सदस्य भी अर्ध-वार्षिक या वार्षिक नहीं बल्कि आजीवन। क़स्बे में इस अख़बार के पहले से कई आजीवन सदस्य थे।

उस समय 'दैनिक मेवात' का आजीवन सदस्यता शुल्क डेढ़ सौ रुपये था। अब आप सोच सकते हैं कि जिसे घर से कॉलेज की फ़ीस और बस पास के मात्र दस रुपये के लिए मिन्नतें करनी पड़ती हों, उसके लिए सौ-डेढ़ सौ रुपये की राशि कम नहीं थी। मैंने अपनी दिक़्क़त मुंशीजी को बतायी, तो उन्होंने इसके बारे में चाचा से बात की और पता नहीं उन्हें क्या-क्या ख़्वाब दिखाये कि चाचा इसके लिए तैयार हो गया। इस तरह 'दैनिक मेवात' के आजीवन सदस्य के लिए घर में

डेढ़ सौ रुपये के इन्तज़ाम की जद्दोज़हद शुरू हो गयी। इसमें अपने छात्र-पति का साथ उसकी सहधर्मिणी ने भी दिया। पत्नी ने जो थोड़ा-बहुत भादों-आश्विन के महीनों में देह चाटती धूप में खटते हुए ज्वार-बाजरे की लावणी करके पैसा जमा किया था, मेरे हवाले कर दिया। यह राशि पाँच रुपये प्रतिदिन के हिसाब से लावणियाँ करके जमा की गयी थी। ईमानदारी से कहूँ अगर पत्नी मेरी पढ़ाई के दौरान बीच-बीच में आर्थिक मदद नहीं करती, तो शायद अपनी जीजी का यह ललमुँहा यह स्मृति-कथा लिखने के क़ाबिल नहीं होता। बी.ए. अन्तिम वर्ष की परीक्षा देते ही 1981 में गुरुकुल काँगड़ी, हरिद्वार में एक सार्वदेशिक आर्य वीरदल प्रशिक्षण शिविर लगा था। यह शिविर दो सप्ताह का था। इस शिविर के लिए भी जेब खर्च के रूप में पत्नी ने अपनी जमा-पूँजी में से मुझे पच्चीस रुपये दिये थे। कहना होगा कि मेरी हरेक सफलता से लेकर मेरे यहाँ तक पहुँचने में मेरी जीवन-संगिनी की उतनी ही बड़ी भूमिका है, जितनी मेरे जीवन संघर्ष और कुछ दूसरे सदस्यों की है।

स्कूल से लेकर कॉलेज में आने तथा कॉलेज छोड़ने के बाद आज तक हमारे लिए वह सोई ही रहा। हालाँकि स्कूल में हाज़िरी रजिस्टर में उसका नाम दर्ज़ था विनोद कुमार, जो मैट्रिक में आते ही विनोद कुमार शर्मा हो गया। विनोद कुमार से एक मित्र के रूप में मेरा पहला परिचय तब हुआ, जब मैं पाँचवीं में फेल होकर छठी में जाने के बजाय पाँचवीं में ही रह गया, और वह चौथी से पास होकर मेरी कक्षा में आ गया। पूरी कक्षा से लेकर हमारी भैनजी यानी क्लास टीचर भी उसे सोई ही सम्बोधित करती। कारण इसका यह था कि हमारी यह भैनजी सोई के ही मोहल्ले की थी। इसीलिए हमें सोई ने ही बताया था कि हम अपनी जिस भैनजी को लल्ली कहकर पुकारते हैं, उसका असली नाम मनोरमा है।

न तो सोई का अर्थ मुझे आज तक पता चला और न ही मैंने कभी जानने का प्रयास किया, ठीक दूसरे उपनामों की तरह। बग्गू, खिच्चू, टूँगा, बुच्ची, बोंगा, पकौड़ी, बोसा, बण्डू—ऐसे अनेक उपनाम हैं जिनके चलते बहुतों का असली नाम ही विलुप्त हो गया। कई बार तो ऐसा हुआ कि जब कोई इन्हें असली नामों से सम्बोधित करता, तब देर तक समझ में नहीं आता कि सम्बोधित करने वाला किसके बारे में बात कर रहा है यानि सोई की तरह ये उपनाम भी इनकी असली पहचान बन गयी।

विनोद कुमार उर्फ़ सोई मेरे उन कथित मित्रों में से एक था, जिसके मित्र होने पर किसी को भी गर्व हो सकता है। व्यक्तित्व ऐसा कि देखने वाला देखता

रह जाये अर्थात् एकदम सींकिया। हालाँकि कुछ वर्ष पहले मेरी जब उससे अन्तिम मुलाक़ात हुई थी, तब मैं उसे देखकर भौचक रह गया। सोई पहले जैसा सोई नहीं था बल्कि सचमुच का विनोद यानी विनोद कुमार शर्मा बन गया था। जिस्म एकदम भरा हुआ तथा रंग भी पहले से साफ़ था। यहाँ तक कि उसकी शादी भी हो चुकी थी और कई बच्चों का बाप बन चुका था—ऐसा मुझे किसी ने बताया था।

मैं कह रहा था कि सोई मेरे उन कथित प्रिय मित्रों में से एक था, जिसका मित्र होने पर किसी को भी फ़ख्र हो सकता है, मुझे भी था। मेरे इस मित्र ने कई बार बुरे वक़्त में मेरी मदद की थी इसलिए यह इसी मदद का नतीजा है कि मैं अपने इस परम प्रिय मित्र के बारे में कुछ लिखने लायक हुआ हूँ। एक मदद तो यह थी कि मैट्रिक की परीक्षाओं के दौरान सोई ने 'सामान्य विज्ञान' की परीक्षा में कमरे की खिड़की से नकल करने के लिए एक पर्ची की गोली बनाकर बड़ी सफ़ाई से मुझ तक पहुँचायी थी। इसीलिए मैं इसका अहसानमन्द होने के साथ-साथ अपने आपको गौरवान्वित महसूस करता हूँ। यह बात दूसरी है कि मेरा मित्र होने के कारण मुझसे कहीं ज़्यादा उसकी छवि मेरी पत्नी की नज़र में स्वच्छ है। मैं अपने इस मित्र को जितना शरीफ़, भद्र, भला आदि-आदि समझता था, पत्नी ठीक इसके विपरीत समझती थी। तात्पर्य यह है कि मेरा मित्र सोई उन तमाम गुणों से सर्वसम्पन्न है जिनके बिना किसी का गौरवान्वित होना मुश्क़िल है। इसके इन गुणों से प्रेरित होकर मैंने उसके पद-चिह्नों पर चलने का बहुत प्रयास किया, किन्तु इस प्रयास में मैं उससे बिछुड़ने तक पूरी तरह असफल ही रहा।

बीड़ी-सिगरेट या कभी-कभार एकाध पेग खींच लेने जैसे व्यसनों का अभ्यास छिप-छिपकर उसने स्कूल के समय से ही शुरू कर दिया था। सीप, रम्मी, फ्लैश जैसे ताश की बाज़ियों में कॉलेज तक आते-आते वह इस क़दर पारंगत और निष्णात हो चुका था, कि उसके समकालीन और उससे दुगनी उम्र के खिलाड़ी तक उसे अपना उस्ताद बनाने के लिए लालायित रहते थे। इन व्यसनों से एक निश्चित दूरी बनाये रखने के बावजूद, मैं अपने इस मित्र के इन कारनामों से बेहद प्रभावित था। रामलीलाओं के मंचों पर एक प्रतिभावान अभिनेता के रूप में अपने अभिनय के 'जौहर' भी वह कई बार दिखा चुका था। ठीक युवा हृदय सम्राट और हमारे आदर्श संदीप ज़ैदी की तरह। हालाँकि बाद में मुझे इस रहस्य का पता चला कि क्यों अन्य क्षेत्रों के बजाय मेरे इस मित्र की अभिरुचि संदीप ज़ैदी की तरह अभिनय के क्षेत्र में ही थी। उस अभिनय के क्षेत्र में जिससे अभिभूत होकर मैं उसके प्रति नतमस्तक होता रहा था। वास्तव में, अभिनय के प्रति उसमें ऐसा कोई श्रद्धा या आस्था का भाव नहीं था। सच तो यह है कि

रामलीला के मंचों का इस्तेमाल वह संदीप ज़ैदी की तरह क़स्बे की लड़कियों में लोकप्रियता हासिल करने के लिए करता था।

इस लोकप्रियता का अन्दाज़ा इसी से लगाया जा सकता है कि सोई ने अपनी सजातीय एक सुन्दर लड़की से अपने प्रेम का जो इज़हार किया, उसकी परिणति दोनों परिवारों में ऐसे झगड़े से हुई कि दोनों परिवारों के सिर फूटते-फूटते रह गये। वैसे दोष इसमें मेरे मित्र का भी नहीं था, सारा दोष मैं उस सजातीय लड़की का मानता हूँ, जिसकी खूबसूरती का डंका आधे से ज़्यादा क़स्बे में पिटा हुआ था। वह लड़की प्रतिदिन अपनी बहनों के साथ दोपहर बाद अपने घर के बाहर लगे सार्वजनिक नल पर पानी भरने के बहाने अपनी खूबसूरती की झलक देने के लिए जान-बूझकर नल पर आती थी! क़स्बे के अनेक मनचले, दिलफेंक लड़कों और प्रौढ़ों को यह रास्ता विशेष रूप से आकर्षित करता था। जो दिलजले, आशिक़ मिजाज़ लड़के पूरे दिन दूसरे रास्तों का उपयोग करते थे, दिन ढलने के बाद उनके लिए यह आम रास्ता हो जाता था। यद्यपि बाद में अपनी बहनों में सबसे खूबसूरत उस लड़की ने न चाहते हुए जिस वर के गले में वरमाला डाली थी, उसके विपरीत वह इतना 'सुन्दर' था कि उस लड़की ने कई बार आत्महत्या करने की सोची। आज अपनी बहनों में सबसे खूबसूरत वह लड़की कई-कई पोते-पोतियों की दादी बन, इस लोकोक्ति को गुनगुनाते हुए अपनी गृहस्थी को धकिया रही है कि 'रूप की रोवे, करम की खावे'।

सोई से मेरी मित्रता का एक बड़ा कारण यह भी था कि उनके घर में उन दिनों नया-नया टेलीविज़न आया था। उसका मित्र होने के कारण बुधवार व शुक्रवार को आने वाले चित्रहार तथा रविवार को आने वाली फ़िल्म देखने की मुझे विशेष छूट मिलती थी। हमारे लिए सबसे उबाऊ वह चित्रहार या फ़िल्म होती थी जिसमें विशुद्ध विरह में लिपटे हेमन्त, कुन्दनलाल सहगल या उनके समकालीन किसी अन्य नायक-नायिकाओं पर फ़िल्माई गयी फ़िल्म या चित्रहार होता था। लेकिन बावजूद इसके हम फ़िल्म या चित्रहार पूरा देखते। दरअसल, हमारा मनोरंजन चित्रहार या फ़िल्म से नहीं, सोई के पड़ोस में रहने वाले उस सन्तोष मास्टर को देख-देख कर होता था, जो इन पुरानी फ़िल्मों और चित्रहारों के गानों को सुनकर खुश होता रहता तथा अगले दिन तक इनकी खुमारी में खोया रहता था। यदि कोई चित्रहार या फ़िल्म उस समय के हिट गानों को लिए होती, तो जो हालत हमारी पुराने गीतों या फ़िल्म को देखते हुए होती थी, वह सन्तोष मास्टर की होती।

यह बात 1979 के अन्तिम दिनों की है।

मेरे इसी कथित प्रिय मित्र सोई के नये मकान में किरायेदार के रूप में एक छाबड़ा परिवार रहने आया। इस छाबड़ा परिवार में कुल जमा पाँच प्राणी थे। पति-पत्नी के अलावा एक बेटा और बेहद मासूम, भोली तथा कमसिन एकदम नीम की निंबोली जैसी दो बेटियाँ थीं। मेरा इस छाबड़ा परिवार से परिचय कुछ विषम परिस्थितियों के चलते बेहद नाटकीय और बेहूदे ढंग से हुआ था। हुआ यह कि ओमी मास्टर के चाचा परमा सन्नार्थी के बड़े बेटे भगवानदास मेहता उर्फ़ बग्गू मास्टर ने, गुड़गाँव ग्रामीण बैंक से ऋण लेकर अपने सबसे छोटे भाई मदन उर्फ़ पकौड़ी के साथ मिलकर एक डेयरी चलाने का महत्त्वाकांक्षी निर्णय लिया। बग्गू यानी भगवानदास मेहता और छाबड़ा जी दोनों सजातीय थे और पेशे से अध्यापक भी। इसीलिए उन दोनों की यारी थी। इसी स्वाभाविक यारी के चलते छाबड़ा जी समय बिताने के लिए गोधूलि के आसपास रोज़ाना डेयरी आ जाते। वैसे समय बिताना तो महज़ एक बहाना था, असली प्रयोजन तो ताश के बहाने जुआ खेलना और देर रात तक वहाँ बैठकर देसी दारू के साथ सत्संग करना होता था। छाबड़ा जी चेहरे-मोहरे से जितना उज़बक और बूबक दिखाई देते थे, व्यावहारिकता में उतने ही घुटे हुए थे। चूँकि बग्गू मास्टर ने ग्रामीण बैंक से डेयरी के लिए ताज़ा-ताज़ा ऋण लिया था, इसलिए सम्भव है कि ऋण के रूप में मिला सारा रुपया तो डेयरी में लगने से रहा। छाबड़ा जी को इस बात का अन्दाज़ा था इसलिए यही अन्दाज़ा उन्हें दिन ढलते ही डेयरी पर खींच लाता और पचास-सौ रुपये की दिहाड़ी रोज़ पीट ले जाते।

एक तो पड़ोसी, दूसरा भविष्य की चिन्ता—ये दोनों कारण मुझे भी उस डेयरी पर जाने के लिए प्रेरित व प्रोत्साहित करते। क्या पता बी.ए. के बाद मुझे भी इसी तरह एक दिन डेयरी खोलनी पड़ जाये। डेयरी से ही छाबड़ा जी से मेरा परिचय इतना प्रगाढ़ होता चला गया, कि जल्दी ही मैं उनके परिवार का सदस्य-सा हो गया। मेरी यह सामाजिकता मोहल्ले के कुछ लोगों को फूटी आँख नहीं भा रही थी। इसीलिए मेरे घर तक यह शुभ-सूचना पहुँचा दी गयी कि छाबड़ा जी से मेरी प्रगाढ़ता का कोई दूसरा कारण नहीं बल्कि उनकी मासूम, नासमझ और कमसिन लड़कियाँ हैं। जबकि सच्चाई यह है कि मैं छाबड़ा जी में सिर्फ़ और सिर्फ़ एक श्रद्धेय 'गुरु' की छवि देखता था क्योंकि बचपन से ही मैं अपने 'गुरुओं' का कुछ ज़रूरत से ज़्यादा सम्मान करता रहा हूँ।

और उन्हीं दिनों छाबड़ा परिवार के साथ एक दुर्घटना घट गयी।

हुआ यह कि उन दिनों हरियाणा के तमाम स्कूली 'गुरुओं' अर्थात् अध्यापकों ने अपने मौलिक अधिकारों की रक्षा के लिए, 'सरफ़रोशी की तमन्ना अब हमारे

दिल में है' तथा 'इन्क़लाब...ज़िन्दाबाद' के नारे लगाते और गाते हुए हड़ताल कर दी। जैसा कि मैं बता चुका हूँ कि ऐसी ही हड़ताल बल्कि इसे आन्दोलन कहना उचित होगा, 1973 में मेरे इन श्रद्धेय गुरुओं ने किया था, लेकिन उस समय के मुख्यमन्त्री ने बेहद शालीनता के साथ इस 'जेल भरो आन्दोलन' के कारण राज्य की जेलों के दरवाज़ों पर, जिनमें मेरे अनेक गुरु बन्द थे, ताला ठोंक दिया था। तब से अपने गुरुओं के प्रति मेरा सम्मान तथा श्रद्धा और गहरी हो गयी, जो आज तक बनी हुई है।

बहरहाल, अपने मौलिक अधिकारों की रक्षा और अपने अधिकारों को हासिल करने के साथ-साथ 'शहीद' होने की उम्मीद में, अनेक अध्यापक जेलों में बन्द हो गये। इन शहीद होने वाले अध्यापकों में छाबड़ा जी भी शामिल थे। हालाँकि यह हड़ताल इससे पहले हरियाणा में हुई 1973 की हड़ताल की तरह न तो लम्बी चली, न उसकी तरह सफल रही। छाबड़ा जी के जेल जाने के बाद छाबड़ा परिवार एकदम अनाथ और बेसहारा-सा हो गया। बाज़ार से सामान लाने वाले तक का टोटा पड़ गया। बेटा चूँकि छोटी उम्र का था इसलिए वह बाज़ार जा नहीं सकता और बेटियाँ मासूम, भोली, निष्कपट तथा कुछ हद तक मूर्ख-सी भी थीं, इसलिए उन्हें बाज़ार भेजना ख़तरे से खाली नहीं था। पता नहीं, आदमी के भेस में छिपा कौन-सा भेड़िया इन बेसहारों को धर-दबोचे! सोई से इस परिवार को इसलिए उम्मीद नहीं थी कि भला, मकान मालिक का शहज़ादा कैसे अपने किरायेदार की चाकरी करे!

छाबड़ा जी के जेल जाने के बाद निश्चित ही मेरा भी कोई दायित्व और कर्तव्य बनता था। मेरा अन्तर्मन चीख़-चीख़ कर मुझे कोंच रहा था कि संकट की इस घड़ी में मुझे छाबड़ा परिवार के काम आना चाहिए। अपने इसी दायित्वबोध से प्रेरित होकर अपने कर्तव्य का पालन करते हुए मैंने अपने आपको छाबड़ा परिवार की सेवा में समर्पित कर दिया। मेरे समर्पण का हाथों-हाथ पहला परिणाम यह निकला कि श्रीमती छाबड़ा ने तुरन्त गेहूँ से भरा कनस्तर मेरे सिर पर रख दिया। मैं मना नहीं कर पाया और लगे हाथ आटे की चक्की से गेहूँ पिसवा लाया। इसके बाद तो मेरे इस दायित्वबोध ने मुझे इतना प्रोत्साहित किया कि अपने घर का काम मुझे बेगार, और छाबड़ा परिवार का काम मुझे सेवा लगने लगा। मेरे इस समर्पण और दायित्व-निर्वाह का छाबड़ा जी की दोनों बेटियों पर इतना प्रभाव पड़ा कि तुरन्त मैं उनके लिए 'भइया' हो गया।

श्रीमती छाबड़ा मेरी सेवा से बेहद अभिभूत और प्रसन्न थीं। छाबड़ा जी की कमी अब उन्हें खलनी बन्द हो गयी। मेरे बचपन का कथित प्रिय मित्र सोई भी

मेरी उपस्थिति का लाभ उठाकर छाबड़ा जी के घर आने लगा और मौक़ा पाते ही उनकी दोनों मासूम, भोली, नादान बेटियों से गुटरगूँ करता।

मैं अपने इस परमप्रिय मित्र के दूसरे गुणों से भी भली-भाँति वाक़िफ़ था। इसलिए मुझे कुछ खटका-सा होने लगा कि कहीं इनमें से कोई भली लड़की सोई द्वारा फैलाये जा रहे गरम शीरे में न गिर जाये। लेकिन शीघ्र ही मेरा यह खटका सच साबित हो गया, जब एक दिन चहकते हुए मेरे इस सर्वगुणसम्पन्न प्रिय बहेलिए मित्र ने यह रहस्योद्घाटन किया कि उसके जाल में एक चिड़िया फँस चुकी है।

सोई ने अपने जाल में फँसने वाली जिस चिड़िया का नाम बताया था, वह किसी और जंगल की नहीं, अपितु उसी के अपने पिछवाड़े उगी कँटीली झाड़ियों में चहचहाने वाली बेहद मासूम, नादान तथा भोली छाबड़ा जी की छोटी लड़की थी। सोई द्वारा किये गये इस रहस्योद्घाटन के बाद मुझे अपनी सामाजिकता और सेवाभाव से नफ़रत-सी होने लगी। भला, गेहूँ का कनस्तर पिसवाकर लाऊँ मैं, छाबड़ा परिवार के बुरे वक़्त में काम आऊँ मैं, और चिड़िया फँसे इस पट्ठे जल्लाद सोई के जाल में। यह कैसा न्याय हुआ? मैंने भी उसी समय कसम खा ली कि चाहे कुछ भी हो जाये, छाबड़ा जी की इस मासूम, भोली, नादान चिड़िया को मैं अपने इस ज़हरीले और जल्लाद मित्र के जबड़ों से बचाकर रहूँगा। मैं जानता था, इस रावण के हत्थे चढ़ने से इस नादान मृग का हश्र क्या होगा।

छाबड़ा जी की बड़ी बेटी देखने में छोटी से कम सुन्दर लेकिन उससे कहीं ज़्यादा भली, नेक और शरीफ़-सी थी। उन दिनों वह रोज़ाना रोडवेज़ की बसों में धक्का खाती हुई मेवात के प्रवेश-द्वार तथा गन्धकयुक्त गरम चश्मे के लिए विख्यात सोहना स्थित औद्योगिक प्रशिक्षण केन्द्र (आई.टी.आई.) से स्टैनोग्राफी का कोर्स कर रही थी। मेरा वह बी.ए. का अन्तिम वर्ष था इसलिए उसी रास्ते पर सोहना से पहले पड़ने वाले क़स्बे नूँह स्थित कॉलेज जाना होता था। अकसर शनिवार को कॉलेज से जल्दी घर लौटते हुए बस में उससे भेंट हो जाती थी। मेरा मन इस अनैतिक कृत्य से इतना उद्विग्न हो गया कि मुझसे छाबड़ा जी की छोटी बेटी के इस 'जौहर' के बारे में, उसकी बड़ी बेटी को बताये बिना नहीं रहा गया। मैंने बड़ी को समझाते हुए कहा कि छोटी इतनी कम उम्र में जितना बड़ा काम करने जा रही है, उसकी परिणति कितनी भयानक हो सकती है, शायद तुम्हें इसका अन्दाज़ा नहीं है। इतना ही नहीं, सोई के प्रति उसके मन में जितना ज़हर मुझसे भरा गया, मैंने उसमें ख़ूब ठोक-ठोक कर भर दिया।

उस वक़्त बड़ी ने यह कहकर मुझे आश्वस्त कर दिया कि मैं उसे समझा दूँगी। कुछ दिन बाद सोई ने खुशख़बरी दी कि उनका क़स्बाई प्रेम पूरी गति से सरपट दौड़ा जा रहा है। मुझे सबसे ज़्यादा हैरानी तो एक दिन यह देखकर हुई कि मेरे बचपन के ज़हरीले क़िस्म के जल्लाद दोस्त को छाबड़ा जी की मासूम, नादान, भोली छोटी लड़की इसे 'भइया' कहकर बुला रही थी। यहाँ तक कि रक्षा बन्धन पर मैंने स्वयं उस मासूम को अपने जल्लाद दोस्त की कलाई पर राखी बाँधते हुए देखा था।

मगर मेरे बचपन के इस कथित प्रिय मित्र सोई, जिसका मित्र होने पर किसी को भी फ़ख़्र हो सकता है, ने जल्दी ही एक और रहस्योद्घाटन किया। इस रहस्योद्घाटन के बाद तो मुझे अपना छात्र-जीवन अकारथ और व्यर्थ लगने लगा। वह छात्र-जीवन जिसके दौरान प्रायः छात्र अपने नाम एक ऐसा इतिहास रच डालते हैं, जिसकी पुनरावृत्ति उसके बाद की पीढ़ी करने का प्रयास करती है। मेरा प्रिय मित्र सोई ऐसे ही एक इतिहास को रचने में पूरे मनोयोग से लीन था। उसने मुझे बताया कि छाबड़ा की वही बड़ी बेटी, जो मेरी नज़र में छोटी से कम सुन्दर लेकिन उससे कहीं ज़्यादा भली, नेक और शरीफ़-सी थी, वह भी उसके जाल में फँस चुकी है। मैंने बड़ी को चेताते हुए छोटी के बारे में जो-जो कहा था, बड़ी ने सारी बातें पूरी ईमानदारी के साथ अक्षरशः सोई को बता दी थीं। सोई मेरी इस धृष्टता पर मुझसे बहुत नाराज़ हुआ। इतना नाराज़ कि मेरी कॉलर पकड़ ली थी।

मुझे दूसरी बार अपने सुधारवादी स्वभाव से और भी नफ़रत होने लगी। मैं तो दो मासूम चिड़ियों को एक आदमखोर बहेलिए के हत्थे चढ़ने से रोकने का प्रयास कर रहा था, लेकिन मुझे क्या मालूम था कि ये मासूम चिड़ियाँ फुदकती और चहकती हुई खुद ही इसके जबड़ों के बीच बैठकर चहचहाने पर आमादा हैं। जिन मक्खियों को मैं गरम शीरे पर बैठने से रोकने की कोशिश कर रहा था, वे जानबूझ कर उसमें डूबने को मरी जा रही हैं। अरे, यह तो वह बात हो गयी कि—

ज़िक्र उस परीवश का, और फिर बयाँ अपना।
बन गया रक़ीब आखिर, जो था अपना॥

सितम्बर 1981 में रोज़गार की तलाश में मैं दिल्ली आ गया। बीच-बीच में क़स्बा जाता तो सोई अपनी प्रगति-रिपोर्ट से मुझे अवगत कराता रहता था। अचानक एक दिन दिल्ली के पते पर मेरे नाम एक पत्र आया। पत्र खोल कर देखा तो पाया, वह मेरे परमप्रिय कथित मित्र सोई का ही पत्र था। पत्र में लिखा था—

प्रिय मित्र,

तुम्हारी तरह मैं भी अब उन ज़ालिमों से नफ़रत करने लगा हूँ। उस बेवफ़ा...(छाबड़ा जी की छोटी बेटी का नाम) ने कहा है कि आज के ज़माने में कोई सच्चा प्यार नहीं है। जो पिछले छः महीने से मैं करती रही, वह मेरी भूल थी।

दोस्त, यह थी मेरी देवदास की कहानी। जैसे फ़िल्म 'देवदास' में जब शादी पर हीरोइन दर्पण देखती है, तो चेहरे पर उसे वे ज़ख़्म दिखाई पड़ते हैं, जो हीरो के उसकी बेवफ़ाई पर उसके मुँह पर संटी मारने से हुए थे। उसी तरह मैंने भी उस बेवफ़ा...के चेहरे पर ऐसे झापड़ पेले कि उँगलियाँ छप गयीं। ज़िन्दगी भर याद रखेगी। और क्या लिखूँ, अब ज़िन्दगी ऐसे प्रतीत होने लगी है जैसे बिना नाविक के नाव। तन्हाई में इस क़दर बहक गये हैं कि शायरी करने लगे हैं। कुछ पंक्तियाँ याद भी आ गयीं–

ज़िन्दगी आँसुओं का एक जाम है।
कुछ छलक जाते हैं, कुछ पी लेते हैं॥

वक़्त का मारा,
तुम्हारा दोस्त,
विनोद

यह था मेरे बचपन के बीस-इक्कीस वर्षीय मित्र सोई अर्थात् विनोद कुमार की तथाकथित लुच्ची प्रेम-कहानी का दुःखद अन्त। बाद में मैंने अपने इस प्रिय मित्र की इस दुःखभरी प्रेम-कहानी को विषयवस्तु बनाते हुए एक कहानी लिखी थी। 'मॉडर्न इश्क़' शीर्षक से यह कहानी जनवरी 1982 को 'दैनिक मेवात' में प्रकाशित हुई थी।

वैसे मैं भी अपने इस प्रिय मित्र के हत्थे एक बार चढ़ चुका हूँ। तब जब मैं बी.ए. अन्तिम वर्ष का छात्र था। वार्षिक परीक्षाएँ चल रही थीं। एक दिन परीक्षा देने के बाद हम सोई के साथ एक दूसरे मित्र के पिता डॉ. गोयल के क्लीनिक पर बैठे हुए थे। यह क्लीनिक बबली नाम के हमारे एक अन्य मित्र के पिता का था, जो सोई के पिता की तरह आर.एम.पी. डॉक्टर था। इस क्लीनिक पर हमारा वही स्कूल का पुराना सहपाठी बोसा उर्फ़ सुनील दत्त मैट्रिक में फेल होने के बाद कम्पाउंडरी करता था। दोपहर बाद क्लीनिक पर न तो मरीज़ थे और न ही डॉक्टर। इसीलिए हम चारों ही बैठे हुए थे। बातों-बातों में बोसा ने बताया कि उनके क्लीनिक में सेक्स बढ़ाने की दवाई है। इस दवाई की हालाँकि मुझे कोई ज़रूरत नहीं थी लेकिन मैं उनके बीच एकमात्र शादीशुदा था और

पत्नी अपने ससुराल यानी मेरे पास ही थी। मैंने जिस तरह इस दवाई को लेने से मना किया था, वे तीनों मेरी नीयत भाँप गये। इसलिए उनकी हिम्मत बढ़ गयी। बोसा तुरन्त उठा और प्लास्टिक के एक डिब्बे में से मटमैली रंग की दो गोलियाँ ले आया। सोई भी बिना एक पल गँवाये घड़े से एक गिलास पानी ले आया। मेरे बेमन से ना-ना करने के बावजूद वे तीनों मुझे 'सेक्स बढ़ाने' की गोली खिलाने में सफल हो गये। गोली खिलाते ही वे एकाएक गम्भीर हो गये। शायद उन्हें इसकी उम्मीद नहीं थी कि मैं इतनी आसानी से इन 'सेक्स' की गोलियों को निगल जाऊँगा।

सेक्स की गोलियाँ लेने के बाद मैं क्लीनिक से घर चला आया। लेकिन घर पहुँचते-पहुँचते लगने लगा जैसे पेट में पानी की तेज़ लहरों पर कोई चप्पू गुडुप-गुडुप कर रहा है। मैं समझ गया कि सेक्स की गोलियों ने अपना असर दिखाना शुरू कर दिया है। मैं तेज़ी से खेतों की ओर दौड़ा। साथ में पानी का लोटा या बोतल तक ले जाना भूल गया। इससे पहले कि मैं एक खेत में घुसकर ठीक ढंग से पोजीशन ले पाता, गीले घुटन्ने ने सूचना दे दी कि पट्ठे काम हो चुका है। शाम तक हालत यह हो गयी कि मारे दस्त के होंठों पर पपड़ियाँ जम गयीं। घुटने जैसे जवाब दे गये। यह तो ग़नीमत था कि अगली परीक्षा में दो दिन का अन्तराल था वरना परीक्षा हॉल में जो हालत होनी थी, उसकी आसानी से कल्पना की जा सकती थी।

मेरे इन कपटी मित्रों ने जिस डॉक्टर की दुकान पर मेरे साथ यह निश्छल कपट किया था, उसका डॉक्टर, जो डॉक्टर गोयल के नाम से मशहूर था, उसे डॉक्टरी पेशे से ज़्यादा ताश का बड़ा चस्का था। इसलिए उसकी दुकान पर मरीज़ों से ज़्यादा ताश खेलने वालों का जमघट लगा रहता था। क्लीनिक को उनका कम्पाउंडर बोसा सँभालता था। जी हाँ, वही बोसा जिसका असली अर्थ हमें खन्ना साहब ने बताया था। गोयल डॉक्टर में एक आदत बहुत अच्छी थी और वह यह कि वे जब मूड में होते थे, तब अपने मरीज़ों को तबियत से विशुद्ध भारतीय गालियों से मालामाल कर देते थे। दुर्भाग्य से कोई मरीज़ भले ही इमरजेंसी के चलते उनके क्लीनिक पर ताश खेलने के दौरान आ जाता, और उस समय वे हार रहे होते, तो मरीज़ के साथ-साथ उनके ये हर के भजन बोसा को भी सुनने पड़ते थे। मगर जैसा कि हम डॉक्टर को भगवान का अवतार मानते हैं, इसलिए मरीज़ और उसके साथ आने वाले तीमारदार उनकी गालियों को चुपचाप चरणामृत मान हलक़ से नीचे उतारते रहते।

डॉक्टरी व ताश के अलावा गोयल डॉक्टर बेहद आस्तिक क़िस्म के भी

इनसान थे। इस क़दर आस्तिक कि गुड़गाँव ग्रामीण बैंक की नगीना शाखा के बग़ल में मनोहरी पंडुत के घर के सामने स्थित, माता के मन्दिर में पार्ट टाइम पुजारी की भूमिका भी अदा करते थे। बल्कि इशा की नमाज़ के बाद तो प्रतिदिन माता की स्तुति में ढोलक, हारमोनियम, चिमटा, खड़ताल के साथ अपनी भजन मण्डली का पूरी श्रद्धा के साथ नेतृत्व करते थे।

सीज़न यानी मार्च से लेकर आधे जुलाई के दौरान जब घर में मिट्टी के बर्तन अर्थात् बासन बनाने का काम ज़ोरों पर होता, तब आवाँ के लिए ईंधन की माँग बढ़ जाती थी। इस ईंधन की पूर्ति काफ़ी हद तक नगीना के उसी पड़ोसी गाँव गुमट बिहारी से होती थी, जिसके एक मुग़लकालीन मक़बरे में वहाँ की प्राथमिक पाठशाला चलती थी। गुमट बिहारी के अली मोहम्मद नाम के मेव के पास भेड़-बकरियों का बहुत बड़ा रेवड़ था। हालाँकि गोबर की तरह इन भेड़-बकरियों की मींगणी खेतों के लिए एक बहुत अच्छे खाद का काम भी करती है लेकिन ज़रूरत पड़ने पर ये ईंधन का काम भी देती हैं। इस ईंधन के बदले अली मोहम्मद हमसे मिट्टी के बर्तनों की ज़रूरत पूरा करता, और हम उससे आवाँ के लिए ईंधन की ज़रूरत पूरी करते थे। इसी ज़रूरत की पूर्ति के लिए मैं जीजी व अपने दो लाडले गधों के साथ जाता और वहाँ से गधों की पीठ पर लदे खासों (बारीक रस्सियों से बुने बड़े-बड़े बोरे) में इसे भर कर लाता। कहते हैं कि मेहनत से किये गये काम में, भले ही वह कैसा भी क्यों न हो, काहे की शर्म। मुझे अपने पुश्तैनी काम में कभी भी हीनता का बोध नहीं हुआ। बल्कि मेरी सबसे बड़ी ताक़तों में एक ताक़त मेरी यह आत्मस्वीकृति भी है।

हमारे समाज में कुम्हार, लुहार, नाई, मोची, मनिहार, कुंजड़ा बल्कि किसान जैसी जातियों और समुदायों के बीच आपसी लेन-देन की परम्परा आदिकाल से चली आ रही है। इस लेन-देन में धर्म कभी आड़े नहीं आया। जब तक हमारे घर में मिट्टी के बासन बनाने का पुश्तैनी काम होता रहा, इन हिन्दू और मुस्लिम हुनरमन्द जातियों से आपसी लेन-देन का सम्बन्ध बना रहा। इतना ही नहीं, इस दौरान बासन बनाने के लिए जिस खेत से खदाना खोदकर चिकनी मिट्टी लायी जाती थी, वह खेत उसी रहमु टेलर के पिता का था, जिसने मेरी एक बेलबॉटम की बलि ले ली थी। इनके यहाँ भी पैसे के बजाय साल भर हमारे घर से बासन जाते थे।

रविवार या दूसरी छुट्टी वाले दिन मैं जब भी जीजी और अपने दोनों लाडले गधों के साथ गुमट बिहारी जाता या वहाँ से लौटता था, तब रास्ते में मिलने वाली

मेवणियाँ मुझे देख आपस में कहतीं, "अइए बहाण देख, कलबत्ती को ई छोरा जो गधानू के संग जारो है न, कोलज में पढ़े है।" मेरे कानों में ये शब्द पड़ते तो चुपचाप सुन लेता था।

अपने गधों से मैंने सिर्फ़ गुमट बिहारी से ईंधन ही नहीं ढोया है बल्कि चौमासा शुरू होने से पहले खदाने से चिकनी माटी भी ढोकर लाता था। और तो और खेत में जो खदाना चिकनी मिट्टी की परत निकलने तक खोदा जाता था, और जो लगभग सात से दस फ़ीट होता था, एकाध बार उसे भी खोदा है, वह भी अकेले। इसीलिए मुझे मेवात के एक कवि का यह दोहा बार-बार याद आता है, जिसके सौन्दर्यबोध की परिभाषा ही एकदम अलग है—

माई ऐसो पुतर जन, जैसे काली कीच।
भूरा भगें बाहर लू, काळा धँसे दलन के बीच॥

शायद यह उसी काली चिकनी मिट्टी का आशीष है, जो बार-बार मुझे अपने भीतर धँसने का आह्वान करती है। फावड़े और कुदाली के बेंटे से पड़े हथेलियों पर डील और पाँवों की एड़ियों में पड़े बिवाइयों के निशान, मुझे रह-रह कर आगे बढ़ने का हौसला देते हैं।

कई बार मैंने नगीना के उत्तर-पूर्व में दस-बारह किलोमीटर दूर बारा की घाटी से, साइकिल पर तीन-तीन कट्टे अर्थात् डेढ़ क्विंटल के बानी (बासन पोतने वाली लाल मिट्टी) से भरे कट्टे पैदल चलकर ढोये हैं। बारा की घाटी में दरअसल मकान बनाने के पत्थरों की खानें होती थीं। पूरे इलाक़े में बानी इसी घाटी में मिलती थी। इन खदानों में काम करने वाले ज़्यादातर मज़दूर मेव ही होते थे। मैं और मेरा बड़ा भाई जब भी बानी लेने के लिए जाते, इन मज़दूरों के लिए मिट्टी की चिलम ज़रूर लेकर जाते। चिलम के लालच में ये बानी निकालने में ही हमारी मदद नहीं करते थे बल्कि हम दोनों भाइयों की साइकिलों पर बानी से भरे कट्टों को लदवाने में भी मदद करते थे।

1985 के आसपास तक हमारे घर में मिट्टी के बासन बनाने का पुश्तैनी काम होता था। महीने में दो बार अह्वा (आवाँ) चढ़ाया जाता था। कोशिश यह होती थी कि अह्वा सोमवार या बुधवार को चढ़ाया जाए। इसकी एक वजह यह थी कि हमारे घर के बाहर 'खेड़ा देवत' प्रस्थापित है, जिसकी कड़ाही इन दो ही दिनों में उतारी जाती है। इन दोनों दिनों में से किसी एक दिन जब भी अह्वा चढ़ता था, उस दिन शाम को 'खेड़ा देवत की कड़ाही' ज़रूर उतारी जाती थी।

वह इस आस्था के चलते कि घर की देवी खुश हो जाएगी और तीसरे दिन जब अहूवा उतरेगा, तो उसमें पकने के लिए रखे गये कच्चे बासन सही-सलामत पक कर उतरेंगे।

जिस दिन कड़ाही उतरती उस दिन घर में उत्सव का सा माहौल होता था। अहूवा के चार-साढ़े चार बजे तक चढ़ते ही जीजी ओसारे को गुबरैटे से लीप देती। इसके बाद बोहराकी के कुएँ से ताज़ा-ताज़ा एक टोकनी पानी लाकर ओसारे में रख दिया जाता। इस पानी में इसके बाद गुड़ भिगोकर रख दिया जाता। शाम को छह बजते-बजते कड़ाही चढ़ा दी जाती। इधर जीजी पहले से पुओं के लिए गुड़ के पानी में आटे का घोल और पूरियों के लिए आटा लगा देती, उधर कड़ाही में खौलते सरसों के तेल में चाचा पुए और पूरियाँ उतारना शुरू कर देते। कड़ाही से उठती तेल की झल और लालटेन या दीये की रोशनी में पकते पुओं की गन्ध से पूरा ओसारा भर जाता।

खेड़ा देवत को पूजने से पहले बोहराकी के कुएँ से लाये गये ताज़ा पानी से उसे नहलाया जाता। खेड़ा देवत पूजने की इस प्रक्रिया में सबसे पहले दीया जलाकर उसके सामने दहकते अंगारे को फोड़कर चाचा दीये में भरे तेल में तर्जनी डुबोकर अंगारे पर छिड़कता। कभी-कभी अंगारे पर पड़ती बूँदों से उठते धुएँ और दीए की लौ का तुरन्त सम्पर्क हो जाता, तो अंगारे से लौ भभक उठती, जिसके चलते खेड़ा देवत दीये और अंगारे की मिश्रित लौ से नहा उठती। कभी-कभी देर तक अंगारे पर तेल के छींटे छिड़कने के बावजूद अंगारा एकदम शान्त रहता। इसका अर्थ तब यही लगाया जाता कि खेड़ा देवत नाराज़ है। खेड़ा देवत की पूजा केवल हम ही नहीं करते बल्कि पूरा चिमरवाड़ा और कुछ भंगियों के परिवार भी करते हैं। कई बार तो सोमवार की शाम को खेड़ा देवत पर उसे पूजने वालों की छोटी-सी क़तार लग जाती है। कहने को खेड़ा देवत कुम्हारों के घर के बाहर प्रस्थापित है, मगर यह पिछड़ों और दलितों की स्थानीय देवी ज़्यादा है। होली के बाद आने वाले बासोड़ा के दिन खेड़ा देवत के बाहर मीठे चावल (जिसे हम गंजी कहते हैं), पूरी व पुओं का ढेर लग जाता है। इस दिन यह ढेर हमें अकसर उत्तर भारत के सभी गाँव-क़स्बों और शहरों तक में दिखाई देता है। पता नहीं क्यों ये खेड़ा देवत, चाँमड़, खोटा जैसे छोटे-छोटे स्थानीय पूजा-स्थल दलितों, आदिवासियों और पिछड़ों में ही होते हैं? सवर्णों में क्यों नहीं इनके प्रति इतनी आस्था होती है—इसका एक समाजशास्त्रीय अध्ययन होना चाहिए।

बी.ए. तृतीय वर्ष के शुरुआती दिनों में अपने यासीन मेव डिग्री कॉलेज, नूँह की लाइब्रेरी में एक दिन छोटी-सी पुस्तक मेरे हाथ लगी 'मेवाती का उद्भव एवं

विकास'। मूलतः यह पुस्तक मेवाती बोली पर किया गया एक शोध था। इस पुस्तक के लेखक थे मेवाती लोक संस्कृति के अध्येता और कोटपूतली, राजस्थान के निवासी डॉ. महावीर प्रसाद शर्मा। मेरी जानकारी के अनुसार मेवाती बोली को केन्द्र में रखकर किया गया यह पहला प्रामाणिक शोध है। अपने मेवात को पहली बार समझने में जिस पुस्तक ने भूमिका निभायी, वह यही पुस्तक है। अपने छात्र जीवन में गुड़गाँव से प्रकाशित होने वाले 'दैनिक मेवात' के 22 अक्तूबर, 1980 के अंक में मेरा एक लेख छपा था 'मेवात का इतिहास'। दरअसल, यह लेख पूरी तरह 'मेवाती का उद्भव एवं विकास' पुस्तक की भूमिका से लिया गया था। आज हिन्दी कथा साहित्य में मेवाती संस्कृति, सामाजिक ताने-बाने, परम्परा, लोक साहित्य को केन्द्र में रखकर लिखे गये और लगभग कालजयी उपन्यास का दर्ज़ा पा चुके 'काला पहाड़' (1999) के लेखन के पीछे जिस पुस्तक की सबसे बड़ी प्रेरणा और भूमिका रही है, वह यही पुस्तक है।

कई बार सोचता हूँ कि अगर मैं अपने स्कूली सहपाठी राजू, प्रदीप व महेश के कहने पर नूँह के यासीन मेव डिग्री कॉलेज में दाख़िला नहीं लेता, तो शायद एक लेखक के रूप में यह मुक़ाम मैं कभी हासिल नहीं कर पाता। जाने-अनजाने इस कॉलेज की मेरे जीवन की सबसे बड़ी उपलब्धि यह रही है कि मेवात के असली परिदृश्य को समझने में इसकी बड़ी भूमिका रही है। एक तरह से मैं इस कॉलेज को मेवाती राजनीति को समझने की पहली प्रयोगशाला मानता हूँ। यह वही कॉलेज है जिसमें सत्तर के दशक में माइसो (MYSO) यानी मेवात यूथ स्टूडेंट्स ऑर्गेनाइज़ेशन जैसे छात्र संगठन और एक आन्दोलन का जन्म हुआ था। यह इस मेवात का दुर्भाग्य था कि स्थानीय राजनीतिक स्वार्थ और महत्त्वाकांक्षा ने इस संगठन को इसके शैशव काल में ही कुचल दिया।

बी.ए. प्रथम वर्ष यानी 1978 तक दक्षिण हरियाणा के महाविद्यालय कुरुक्षेत्र विश्वविद्यालय के अधीन होते थे। इसी साल के उत्तरार्ध में एक और विश्वविद्यालय की स्थापना हुई, और यह था महर्षि दयानन्द विश्वविद्यालय, रोहतक। दक्षिण हरियाणा के महाविद्यालयों को इसी विश्वविद्यालय के अधीन कर दिया, जिसका यहाँ हलका-फुलका विरोध भी हुआ था। इसी साल कॉलेज में छात्र संगठन के चुनाव हुए। मैंने यहाँ पहली बार छात्रों का जैसा साम्प्रदायिक ध्रुवीकरण देखा था, उसे याद कर आज के राजनीतिक ध्रुवीकरण की याद आ जाती है। छात्रों के इस ध्रुवीकरण के चलते मुझे मेवात के युवा का एक अलग ही रूप देखने को मिला। मेरे जानते यह यहाँ के आख़िरी छात्र संगठन चुनाव थे।

मेवात के इस अति महत्त्वपूर्ण शैक्षणिक संस्थान में नूँह के अलावा आसपास

के गाँव-क़स्बों जैसे मालब, उजीना, संगेल, घासेड़ा, कुर्थला के ही नहीं, 1979 तक नगीना, फ़िरोज़पुर झिरका, पुन्हाना, पिनगवाँ जैसे बड़े क़स्बों के कुछ छात्र भी यहाँ पढ़ने आते थे। भीतर ही भीतर इस कॉलेज में उस समय भी एक हलकी-सी साम्प्रदायिक लहर काम करती थी। इसका कारण कॉलेज के दो धड़ों में वर्चस्व वाली मानसिकता थी। इन धड़ों में से एक की बागडोर कुछ मेव छात्रों के हाथ में थी, जबकि दूसरे की उजीना, संगेल, कुर्थला के राजपूत छात्रों के हाथ में थी। मेवात के ये गाँव एक तरह से स्थानीय हिन्दू अस्मिता के रूप में विख्यात हैं। बावजूद इस सबके कॉलेज में कभी साम्प्रदायिक हुड़दंग देखने को नहीं मिला।

कॉलेज के प्रिंसिपल मोहम्मद आबिद मलिक साहब का व्यक्तित्व बेहद आकर्षक था। वे पूरे साल सूट पहनते थे। हमेशा पान खाने वाले और गोरे रंग वाले मलिक साहब को कभी भी मैंने छात्रों के साथ उत्तेजित होते हुए नहीं देखा। वे छात्रों से नज़र मिलाकर बात नहीं करते थे। विषम से विषम परिस्थिति को वे बड़ी कुशलता से सँभाल लेते थे। इन्हीं दिनों एक बार कॉलेज का छात्र संगठन अपनी माँगों को लेकर कॉलेज प्रशासन से नाराज़ हो गया था। इसलिए उसने प्रदर्शन शुरू कर दिया। इनमें से कुछ माँगें ऐसी थीं जिन्हें पूरा करना कॉलेज प्रशासन के लिए कतई सम्भव नहीं था। मगर छात्र इन्हें मनवाने पर अड़े रहे। कोई रास्ता निकलता न देख मलिक साहब ने सारे छात्रों को कॉलेज के हॉल में बुलवाया। उन्होंने इन असम्भव माँगों को पूरा करने में सीधे-सीधे असमर्थता प्रकट न करते हुए, इसे एक कहानी से समझाने की कोशिश की। कहानी कुछ यूँ थी कि, एक राजा का राजकुमार इसलिए मचलने लगा कि उसे एक हाथी चाहिए था। हाथी का इन्तज़ाम करना राजा के लिए कोई बड़ी बात नहीं थी, इसलिए तुरन्त एक हाथी उसके सामने ला कर खड़ा कर दिया गया। राजकुमार फिर से मचलने लगा। इस पर राजा ने राजकुमार से पूछा कि वह अब क्यों मचल रहा है? तब राजकुमार बोला कि उसे एक कटोरी भी चाहिए। राजकुमार के कहते ही उसी समय एक कटोरी उसे लाकर दे दी गयी। मगर राजकुमार फिर भी मचलने लगा और मचलते हुए ज़िद करने लगा कि अब हाथी को इस कटोरी में खड़ा किया जाए। इसके बाद मलिक साहब ने वहाँ जमा छात्रों से ही पूछा कि क्या उस कटोरी में हाथी को बैठाना मुमकिन है? इस पर छात्रों ने समवेत स्वर में कहा, नहीं। इस पर तुरन्त मलिक साहब ने समझाया कि आपकी इन माँगों में से बहुत-सी माँगें ऐसी ही हैं।

यासीन मेव डिग्री कॉलेज में उन दिनों एक और प्राध्यापक की बहुत तूती बोलती थी। वह थीं कॉलेज की एकमात्र महिला, हिन्दी की प्राध्यापिका व कॉलेज

की उप प्रधानाचार्या डॉ. ऊषा बलबीर सिंह। लगभग पाँच फ़ीट दो इंच क़द वाली (हो सकता है इससे भी कम हो) डॉ. ऊषा बलबीर सिंह का ख़ौफ़ इस क़दर था कि छात्र-छात्राएँ उनके सामने तक पड़ने से कतराते थे। डॉ. ऊषा का असली नाम डॉ. ऊषा ऋषि था। मगर 1978 में ही उन्होंने बलबीर सिंह जी से, उन दिनों के हिसाब से कोर्ट मैरिज की थी। इसके बाद वे अपना नाम डॉ. ऊषा बलबीर सिंह लिखने लगीं। इनके अलावा अरोड़ा साहब (अंग्रेज़ी), एस.एम. जावेद साहब (भूगोल), उस्मानी साहब (अर्थशास्त्र), सज्जाद साहब और वसीम साहब (अंग्रेज़ी) ने मुझे पढ़ाया। इस कॉलेज में ज़्यादातर प्राध्यापक अलीगढ़ मुस्लिम विश्वविद्यालय के पढ़े हुए होते हैं। डॉ. रौनक अली साहब का मैं यहाँ जिक्र ज़रूर करना चाहूँगा। रौनक अली साहब संस्कृत के प्राध्यापक थे। इनकी पत्नी भी संस्कृत की प्राध्यापिका और विदुषी थी। मैं कभी रौनक अली साहब का विद्यार्थी नहीं रहा, क्योंकि मेरे पास संस्कृत विषय नहीं था। मेरे लिखने-पढ़ने के कारण मेरे प्रति इनका विशेष स्नेह था। इसका एक कारण यह भी था कि वे स्वयं भी कभी-कभार लिखते थे।

कॉलेज छोड़ने के बाद काफ़ी साल बाद मैं एक बार अपने कॉलेज गया। अपने इन गुरुओं से मिलते हुए मैंने रौनक अली साहब व अपने अर्थशास्त्र के प्राध्यापक उस्मानी साहब के पैर छुए। मेरे पैर छूने पर उस्मानी साहब जैसे भीतर तक मेरे इस शिष्टाचार से भीगते चले गये। वे अपनी भावनाओं को रोक नहीं पाये और उन दिनों के प्रिंसिपल के कमरे में मेरे ही सामने कहने लगे, "जनाब, ऐसा होता है स्टूडेंट। इतनी उम्र में भी यह हमारे पाँव छू रहा है। इधर तो हम नूँह के बाज़ार से गुज़रते हैं, तो हमारे पढ़ाये हुए स्टूडेंट्स हमें देखकर नज़रें फेर लेते हैं।"

मैं अकसर 'क्त' को 'त्त' लिखता था। एक बार डॉ. ऊषा बलबीर सिंह ने पूरी कक्षा से कहा था कि देखो असली शब्द ऐसे लिखा जाता है, जैसे यह लड़का लिखता है। उन्होंने बाक़ायदा ब्लैक बोर्ड पर मेरी तरह रक्त को 'रत्त', 'व्यक्ति को 'व्यत्ति' लिखकर बताया। बी.ए. अन्तिम वर्ष में हिन्दी का पीरियड सबसे आख़िर में होता था। वह भी दो बजे के बाद। इसके कारण इस पीरियड से लड़के प्रायः ग़ायब रहते थे। जबकि स्थानीय होने के कारण छात्राएँ घर से दोपहर का खाना खाकर वापस आ जाती थीं। मेरी विवशता यह थी कि मैं बाईस किलोमीटर की दूरी तय कर यहाँ आता था, इसलिए मैं एक भी पीरियड नहीं छोड़ता था। उन दिनों बी.ए. तृतीय वर्ष के हिन्दी पाठ्यक्रम में एकमात्र पुस्तक

लगी हुई थी, वह भी मेरे पास नहीं थी। हालाँकि यह पुस्तक ज़्यादा महँगी नहीं थी। जबकि भूगोल, अर्थशास्त्र जैसी पाठ्यक्रम में लगी पुस्तकें कॉलेज की लाइब्रेरी से महँगी के कारण जारी करवा लिया करता था।

मुझे याद है, अन्य दिनों की तरह उस दिन भी डॉ. ऊषा बलबीर सिंह अपना पीरियड ले रही थीं। उनके बायें ओर छात्राएँ बैठी हुई थीं, जबकि उनके दायें ओर छात्रों में से मैं ही अकेला बैठा हुआ था। छात्राएँ सब अपनी-अपनी पुस्तकों में डूबी हुई थीं मगर मैं निर्निमेष पढ़ा रही अपनी प्राध्यापिका डॉ. ऊषा बलबीर सिंह को बस सुन रहा था, क्योंकि मेरे पास पुस्तक नहीं थी। अचानक वे पढ़ाते-पढ़ाते रुक गयीं। छात्राओं ने एकाएक इस तरह उन्हें चुप देख, सिर उठाकर उनकी तरफ़ देखा कि डॉ. ऊषा जैसे फट पड़ीं और छात्राओं को डाँटते हुए बोलीं, "आपको शर्म नहीं आती। पूरी क्लास में एक लड़का बगैर किताब के बैठा है। कोई उसे अपनी किताब नहीं दे सकती!"

डॉ. ऊषा बलबीर सिंह के इतना कहते ही एकसाथ कई किताबें मेरी तरफ़ बढ़ गयीं। उनमें से मैंने एक किताब ली और फिर से उन्होंने पढ़ाना शुरू कर दिया। एक बार 1996 में मैं नूँह गया, तो लगभग पन्द्रह साल बाद उनसे मिलने की बड़ी इच्छा हुई। यह बात मैंने कॉलेज में अपने से जूनियर और आज के वकील पत्रकार व सामाजिक कार्यकर्ता नूरुद्दीन 'नूर' व संजय गुप्ता से कही। तब तक वे सेवानिवृत्त नहीं हुई थीं। वे दोनों मुझे ऊषा जी के कमरे पर ले गये। कमरे पर पहुँचने से पहले रास्ते भर मैं यही सोचता रहा, बल्कि कल्पना करता रहा कि मुझे देखते ही वे पहचान लेंगी और मेरे लेखक बनने पर बड़ी ख़ुश होंगी। मगर ऐसा कुछ नहीं हुआ। मेरे बार-बार याद दिलाने पर भी उन्हें कुछ याद नहीं आया कि भगवानदास मोरवाल नाम का कोई छात्र उनसे कभी पढ़ा भी था। मुझमें उन्होंने कोई विशेष रुचि नहीं दिखायी। उलटा उन्होंने जैसे मेरी परीक्षा लेने की ग़रज से एक लेखक से यह ज़रूर पूछा कि तुम्हारी नज़र में मेवात के पिछड़ेपन की सबसे बड़ी वजह क्या है? मैंने सहजता से बताया कि यहाँ के लोगों का अशिक्षित होना इसकी सबसे बड़ी वजह है। इसके बाद वे कुछ नहीं बोलीं और मैं निराश हो उनके पास से लौट आया।

लौटते हुए मैं अपने आपसे बस यही कहता रहा कि एक गुरु अपने दो ही तरह के शिष्यों को याद रखता है। एक वे, जो मेधावी और प्रतिभाशाली होते हैं और दूसरे वे, जो नकारा व उद्दंडी क़िस्म के होते हैं। मेरे अन्दर इन दोनों में से कोई गुण नहीं था। वैसे भी औसत दर्ज़े के लोगों को समाज में कोई नहीं याद रखता है, उन्हें पूछना तो दूर की बात रही। मैं भी इन्हीं औसत दर्ज़ों में से

एक था जिसके लिए डॉ. ऊषा बलबीर सिंह की स्मृति में कोई जगह नहीं थी।

बी.ए. अन्तिम वर्ष में हमारी कक्षा में एक और नया छात्र शामिल हो गया। यह छात्र था यासीन मेव डिग्री कॉलेज के मुख्य प्रबन्धक और मेवात के एक बड़े राजनेता चौधरी तैयब हुसैन का सबसे बड़ा बेटा, तथा यासीन खाँ जिसके नाम पर यह कॉलेज है, उसका पोता ज़ाकिर हुसैन। हमारे कॉलेज में आने से पहले वह अलीगढ़ मुस्लिम विश्वविद्यालय का छात्र था। ज़ाकिर हुसैन के पास मेरी तरह एक विषय भूगोल भी था। यह कभी-कभार ही रस्मी तौर पर कक्षा में नज़र आता था। हमारी कक्षा में एक छात्रा थी अनीता अरोड़ा। अनीता बहुत ही मेधावी और प्रतिभाशाली छात्रा थी। जैसा कि प्रायः देखा जाता है कि ऐसे छात्रों की आँखों पर समय से पहले नज़र का चश्मा चढ़ जाता है, अनीता के भी उन्हीं दिनों के हिसाब से नज़र का चश्मा चढ़ गया था। इसे कोई भी दूर से देखकर बता सकता था कि यह किस क़दर किताबी कीड़ा और कितनी मेधावी होगी। हर बरस आने वाले नतीज़ों में वह हमारी कक्षा में सबसे अव्वल तो रहती ही, बल्कि पूरे राज्य के सबसे अव्वल आने वाले छात्रों में उसका पाँचवाँ-छठा स्थान रहता था। अनीता हमें अंग्रेज़ी पढ़ाने वाले प्राध्यापक अरोड़ा साहब की तीसरी सन्तान और दूसरी बेटी थी। अनीता से बड़ी बहन सुनीता और बड़ा भाई विनोद, दोनों हमसे सीनियर हुआ करते थे।

अनीता अरोड़ा का यही मेधावी होना उसका जी का जंजाल बन गया। हुआ यह कि उस पर यह दबाव बनाया जाने लगा कि जो नोट्स ख़ासकर अंग्रेज़ी और भूगोल के वह अपने लिए बनाती है, उनकी प्रति वह इस नये छात्र ज़ाकिर हुसैन को भी दे दे। मगर अनीता इसके लिए कभी तैयार नहीं हुई। अनीता की वजह से अरोड़ा साहब को भी परेशान किया गया था। बाद में जब वार्षिक परीक्षाएँ हुईं तो पता चला कि ज़ाकिर हुसैन से अकेले किसी कमरे में परीक्षाएँ दिलवाई गयी थीं। जहाँ उन्हें सुनियोजित तरीक़े से नकल कराने की व्यवस्था की गयी थी। बाद में यही ज़ाकिर हुसैन विरासत में मिले अपनी राजनीतिक पृष्ठभूमि के चलते न केवल विधायक बना बल्कि हरियाणा सरकार में मन्त्री भी रहा। हालाँकि राजनीतिक रूप से चौधरी यासीन खाँ का परिवार शुरू से पक्का कांग्रेसी रहा है परन्तु ज़ाकिर हुसैन एक के बाद एक कई राजनीतिक दल बदलता रहा।

अनीता अरोड़ा मुझसे कुछ खिंची-खिंची-सी रहती थी। इसका कारण यह था कि कभी मेरे मुँह से अपने पिता अरोड़ा साहब के बारे में कुछ अमर्यादित शब्द निकल गये होंगे, जिसे अनीता ने सुन लिया था। इसलिए मैं इसकी नज़र

में एक 'अच्छा' छात्र कभी नहीं रहा। हमारी कक्षा में कृष्णा गुप्ता नाम की एक छात्रा थी। जहाँ तक मुझे याद है, यह हमारे सहपाठी के रूप में बी.ए. द्वितीय वर्ष में शामिल हुई थी। कृष्णा गुप्ता के पिता फ़िरोज़पुर झिरका में तहसीलदार थे, इसलिए यह रोज़ाना कॉलेज लगभग चालीस किलोमीटर यानी मुझसे भी दूर से आती-जाती थी। यदा कदा आते-जाते समय हम एक ही बस में होते। कृष्णा के पास भी भूगोल विषय था। कृष्णा गुप्ता अनीता अरोड़ा की सहेली थी।

एक दिन भूगोल के पीरियड के दौरान भूगोल की प्रयोगशाला में हमारे एक सहपाठी ख़ुर्शीद ने, वहीं मेज़ पर पड़े कृष्णा गुप्ता के रुमाल को उठाया और धीरे-से उसे अपने रुमाल से बाँध लिया। कृष्णा गुप्ता ख़ुर्शीद की इस हरक़त को देखकर भी मुस्कराते हुए नज़रअन्दाज़ कर गयी। मगर जैसे ही इस पर अनीता की नज़र पड़ी, वह हत्थे से उखड़ गयी और कृष्णा गुप्ता समेत हम सबको सुनाते हुए बोली कि हम सब समझते हैं अपने रुमाल से दूसरे के रुमाल को बाँधने का मतलब। यह तो ग़नीमत था कि कक्षा में उस समय हमारे भूगोल के प्राध्यापक एस.एम. जावेद साहब नहीं थे और बात आगे नहीं बढ़ी। वरना अनीता अरोड़ा ने अपनी सहेली कृष्णा गुप्ता को भड़काने में कोई कसर नहीं छोड़ी थी। बी.ए. के बाद कृष्णा गुप्ता का तो पता नहीं कि वह कहाँ है लेकिन उन्हीं दिनों पता चला कि फ़िरोज़पुर झिरका में तैनात उसके तहसीलदार पिता का दिल का दौरा पड़ने से असामयिक देहान्त हो गया था। जबकि कृष्णा गुप्ता की सहेली और यासीन मेव डिग्री कॉलेज की मेधावी छात्रा अनीता अरोड़ा अम्बाला से अंग्रेज़ी में एम.ए. करने के तुरन्त बाद झज्जर (हरियाणा) के महाराजा अग्रसेन कॉलेज फ़ॉर वीमेन में अंग्रेज़ी की प्राध्यापिका नियुक्त हो गयी। वहीं कॉलेज की प्रबन्ध समिति से जुड़े एक सदस्य के साथ घर बसा कर वहीं की स्थायी निवासी बन गयी।

इस स्मृति-कथा को लिखने के चक्कर में अनीता अरोड़ा से जुड़े एक प्रसंग को प्रमाणित करना था। मैंने गूगल पर झज्जर स्थित महाराजा अग्रसेन कॉलेज को खोजा। खोजने के दौरान कॉलेज के स्टाफ प्रोफ़ाइल में मुझे अनीता अरोड़ा नाम तो नहीं मिला। हाँ, अंग्रेज़ी के एसोसिएट प्रोफ़ेसर के रूप में मुझे अनीता गोयल का नाम ज़रूर नज़र आया। चूँकि प्राध्यापकों की पूरी सूची में केवल एक ही अनीता थी, इसलिए जँच गया कि यह अनीता गोयल ही अनीता अरोड़ा होगी। मैंने तुरन्त कॉलेज की साइट पर दिये गये नम्बर पर फ़ोन मिलाया। फ़ोन उठाने वाले से मैंने जब यह पूछा कि क्या यह अनीता गोयल वही हैं, जिनका सम्बन्ध पीछे से नूँह, मेवात से है। इस पर दूसरी तरफ़ से जवाब मिला कि जी हाँ, ये मैडम वही हैं। पूरी तसल्ली होने के बाद मैंने जब अनीता गोयल से बात कराने

का आग्रह किया, तब दूसरी तरफ़ से बताया गया कि इस समय सम्भव नहीं है क्योंकि वे इस समय क्लास में हैं। मैंने फिर अनीता का मोबाइल नम्बर माँगा तो उसे भी उसने देने से साफ़ मना कर दिया। हार कर मैंने जब बताया कि मैं कॉलेज के दिनों का उसका सहपाठी हूँ और उससे बात करना ज़रूरी है, तब कहीं जाकर मुझे उसका मोबाइल नम्बर मिला। इसके बाद मैंने उसके मोबाइल पर फ़ोन किया, तो दूसरी तरफ़ से कोई जवाब नहीं मिला।

बाद में उसी दिन मैंने अनीता को पुनः फ़ोन किया, तो दूसरी तरफ़ से लगभग साढ़े तीन दशक पुरानी चिर-परिचित आवाज़ को सुन मैं पहचान गया कि यह अनीता अरोड़ा ही है। मैंने जब पहले ही वाक्य में पूछा कि क्या आप अनीता अरोड़ा बोल रही हैं? इस पर वह बोली कि नहीं मैं अनीता गोयल बोल रही हूँ। मगर अगले ही पल सकपकाते हुए उत्तर दिया कि हाँ-हाँ मैं अनीता अरोड़ा ही बोल रही हूँ। फिर पूछा, आप कौन बोल रहे हैं। मैं अपने बारे में न बताकर कृष्णा गुप्ता वाले प्रसंग को सुनाने लगा। मैंने जैसे ही यह सुनाया कि हमारी कक्षा में एक कृष्णा गुप्ता नाम की छात्रा थी। इस पर वह तुरन्त बोली हाँ-हाँ वह तो मेरी सहेली थी...पर आप बोल कौन रहे हैं? मैंने फिर भी अपना परिचय नहीं दिया और पूरा प्रसंग सुना दिया। पूरा प्रसंग सुनते हुए अनीता बीच-बीच में मेरा परिचय जानने का आग्रह करती रही।

पूरा प्रसंग सुनाने के बाद मैंने उससे पूछा, "अच्छा यह बताइए, आप अपने कॉलेज के दिनों के कितने छात्रों को जानती हैं?"

मेरे इस सवाल पर वह छात्राओं के नाम गिनाने लगी। मैंने उसे बीच में टोकते हुए कहा कि मैं छात्राओं की नहीं, छात्रों की बात कर रहा हूँ। इस पर कुछ पल उसने पहले सोचा और फिर जैसे कुछ याद करते हुए बोली, "बाकी तो मुझे याद नहीं कि कौन-कौन थे...पर हाँ, एक लड़का था भगवानदास। वह कुछ लिखता भी था। उसकी एक किताब डैडी के पास भी थी।"

इतना सुन पुरानी यादों के चलते मेरा स्वर थोड़ा भीग-सा गया, और बमुश्किल उससे कह पाया कि मैं वही भगवानदास बोल रहा हूँ। इसके बाद देर तक कुछ पुरानी बातें होती रहीं। मैंने जब बताया कि मैं पुरानी स्मृतियों को लेकर एक स्मृति-कथा लिख रहा हूँ। इस पर अनीता बोली कि किताब छप जाए, तो प्लीज़ मुझे पढ़ने के लिए ज़रूर देना। मैंने यह कहकर फ़ोन काट दिया कि ज़रूर।

आज जब भी नूँह से गुज़रता हूँ तो रह-रह कर यासीन मेव डिग्री कॉलेज यानी पुराने ब्रेन मेव हाई स्कूल की लाल दीवारों को स्पर्श करने की चाह,

रह-रह कर पुरानी यादों में खींच कर ले जाती है। उन दीवारों को स्पर्श करने की चाह जिनकी देह पर मेरी तरह न जाने कितने अनाम छात्रों की हथेलियों, और उनके सामने उगी नर्म दूब पर मिट चुके उनके पाँवों के तलवों के निशान आज भी ज़िन्दा हैं। आदमी भले ही अपनी यादों से किसी को भुला दे, मगर ये मौन दीवारें नहीं भुला पाती हैं। 1981 के पूर्वार्द्ध तक जिस कॉलेज के क्रिकेट मैदान पर तीन साल तक विकेट के पीछे मेरे दस्तानों ने स्विंग करती गेंदों को झुलाया, और भूगोल की प्रयोगशाला में भविष्य के मानचित्र की अक्षांश व देशान्तर रेखाएँ बनानी सीखीं, उनसे आख़िरकार संग छूट ही गया। पुरानी यादों, गिला-शिक़वों और खट्टे-मीठे पलों की पोटली काँख में दबा, चुपचाप ऐसे चला आया कि आज अपनी ही आहट सुनाई नहीं देती है। धीरे-धीरे धुँधले पड़ चुके चेहरे और यादें पास से कब गुज़र जाते हैं, पता ही नहीं चलता।

आज मैं अपनी यादों के लिबास में लिपटे इन इबादतगाहों के सामने खड़ा होकर, जब कभी इनसे नज़रें मिलाता हूँ, उन इबादतगाहों से, जिन्होंने मुझे लड़खड़ा कर गिरने के बाद हौसला बँधाया, तो कानों में ये हौले-से जैसे फुसफुसाते हुए कहते हैं—

आँखों में कुछ नमी-सी है माज़ी की यादगार।
गुज़रा था इस मक़ाम से इक कारवाँ कभी॥

पता नहीं इस कारवाँ से बिछुड़ने के बाद कितनों की यादों में, मैं बचा रहा होऊँगा? क्योंकि मैं जानता हूँ कि किसी की यादों में बचे रहने के लिए एक प्रभा-मंडल की ज़रूरत होती है। एक ऐसे प्रभा-मंडल की जिसकी आभा में सिर्फ़ और सिर्फ़ सफलता की पताकाएँ लहराती नज़र आनी चाहिए। मगर अफ़सोस कि मेरे खाते में ऐसी कोई पताका नहीं है, जो दूर से मेरा होने का संकेत दे।

वे ताप के ताये हुए दिन*

* कवि त्रिलोचन शास्त्री के कविता संग्रह 'ताप के ताये हुए दिन' (1980) से उधार लेते हुए।

दूर तक न किनारा, न सहारा, न सदा।
हर तरफ़ देखता हूँ डूबने वाले की तरह॥

बी.ए. की परीक्षा के बाद लगने लगा जैसे सामने दूर तक रेत का समन्दर पसरा हुआ है। एक ऐसा समन्दर जिसका न कोई ओर है न छोर। यह 1981 का मई का महीना था। एक दिन मैंने अपने उन्हीं पुराने सहपाठियों—राजू, प्रदीप व महेश से अनुरोध किया कि वे अपनी रामा डेयरी में मुझे कोई काम दिलवा दें। मेरे अनुरोध को स्वीकारते हुए उन्होंने अपनी डेयरी में मुझे रखवा दिया। उन दिनों रामा डेयरी, बड़कली से रोज़ाना दूध का टैंकर उत्तर प्रदेश के एटा स्थित हिन्दुस्तान लीवर जाता था। मेरा काम यह था कि मैं सुबह दस-साढ़े दस बजे दूध के टैंकर के साथ जाता। यह टैंकर लगभग पूरे दिन और पूरी रात चलकर, सुबह एटा पहुँचता था और कुछ ही घंटों में खाली होकर, उसी समय वापस हो लेता था। अगले दिन यह सुबह बड़कली पहुँचता और फिर भर कर एटा के लिए रवाना हो लेता। यह क्रम निरन्तर चलता था। इस तरह मेरे दिन और रात दोनों, दूध के टैंकर के सफ़र में बीतने लगे। जब तक टैंकर फिर से भरता, मैं घर जाता और खड़े-खड़े मिलकर वापस हो लेता। मगर यह सिलसिला लम्बा नहीं चला और पन्द्रह दिन में ही मैंने इस काम से तौबा कर ली। ट्रक ड्राइवरों की ज़िन्दगी कितनी दुष्कर होती है, इसका और इनके ट्रकों के पीछे लिखे गये शेरो-शायरी का मतलब आज पता चलता है।

जून में लगभग पन्द्रह दिन गुरुकुल काँगड़ी विश्वविद्यालय, हरिद्वार में आयोजित हुए एक सार्वदेशिक आर्य वीरदल प्रशिक्षण शिविर में कट गये। इस शिविर में भी हिस्सा लेने की एक छोटी-सी कहानी है। दरअसल, अपने मुंशी प्रेमचन्द के बड़े भाई पदम चन्द आर्य जिनके कन्धों पर तब भी और आज भी मेवात के हिन्दुओं की सुरक्षा और सम्मान को बचाए रखने का भार है, इसमें भेजने वाले यही थे। चूँकि परीक्षा हो चुकी थी, जून में आग बरसाते लू के थपेड़ों के चलते

घर में माटी के बासन बनाने का काम पूरे ज़ोरों पर था। मेरे सामने इसका प्रस्ताव जैसे ही आया, मैं यह सोचकर तैयार हो गया कि चलो कम से कम कुछ दिन तो इस नरक से मुक्ति मिलेगी। मगर इसमें एक व्यवधान था और वह यह कि जब घर में पुश्तैनी काम ज़ोरों पर हो, ऐसे में जीजी-चाचा मुझे हरिद्वार भेजने के लिए तैयार हो जाएँगे, मुझे नहीं लगता था। अपनी यह आशंका मैंने पदम चन्द आर्य के सामने प्रकट कर दी। पदम चन्द आर्य ने यह बात अपने छोटे भाई मुंशी प्रेमचन्द को बता दी। वैसे पदम चन्द आर्य ने मेरा नाम मुंशीजी का चेला होने के कारण शामिल किया था। मुंशीजी ने जब चाचा से मुझे इस शिविर में भेजने के लिए कहा, तो चाचा ने आर्थिक तंगी का हवाला देते हुए साफ़ मना कर दिया। अपने मुंशीजी तुरन्त इसकी काट निकालते हुए चाचा को यह समझाने में सफल हो गये कि आने-जाने से लेकर वहाँ खाने-पीने की सारी व्यवस्था हमारा आर्य समाज करेगा।

पत्नी उन दिनों अपने ससुराल यानी नगीना में ही थी। मैंने मज़ाक़ में पत्नी को कहा कि मैं हरिद्वार साधु बनने जा रहा हूँ। इस पर उसने भी उसी अन्दाज़ में कहा कि अच्छा है। यहाँ क्या करोगे पड़े-पड़े। उन दिनों पत्नी का आठवाँ महीना चल रहा था। मेरे निठल्लेपन व बेरोज़गार होने के कारण उसे बात-बात पर ताने सुनने को मिलते थे। इसलिए उसने भी चुपचाप स्वीकृति दे दी।

शिविर से लौटने के बाद यह तो मुझे नहीं पता कि इन पन्द्रह दिनों के प्रशिक्षण से मैं कितना आर्य और कितना हिन्दू बन पाया? मगर इतना ज़रूर है कि मैं जैसा हरिद्वार जाने से पहले था, वैसा ही लौटने के बाद रहा। यानी वही सरभंग का सरभंग। जीजी कभी-कभी ग़ुस्से में मुझे सरभंग भी कहती थी। सरभंग अर्थात् हिन्दू धर्म में जन्म लेने के बावजूद ऐसा कुजात जिसे ऊँच-नीच, जात-पाँत में बिल्कुल भी यक़ीन न हो। उसे मेरे सरभंग होने की पुख़्ता पुष्टि उस दीवाली के दिन हो गयी, जब मेरा सहपाठी प्रेम कुमार राघव यानी पप्पू दिल्ली से नगीना आया हुआ था। हायर सेकेंडरी करते ही वह दिल्ली में नौकरी कर रहे अपने पिता के पास चला गया था। दीवाली के दिन लक्ष्मी पूजन हमारे यहाँ उन दिनों भी रस्मी तौर पर होता था, और आज भी। इसलिए यही कोशिश होती है कि जितनी जल्दी हो इसे पूज-पाज कर एक तरफ़ हुआ जाए। सात-साढ़े सात बजे तक हमारे यहाँ यह काम सम्पन्न हो जाता है। इतना ही नहीं, लक्ष्मी पूजन के विधि-विधान की सही जानकारी न होने के कारण यह और जल्दी निपट जाता है। वैसे भी दलित-पिछड़ों की इन विधि-विधानों में ज़्यादा रुचि नहीं होती है।

पूजा आदि से निवृत्त होते-होते इसी बीच पप्पू आ गया। मैंने उसे अन्दर

बुला लिया और जीजी से मिष्ठान आदि देने के लिए कह दिया। हम दोनों वहीं कमरे में बिछी मेज़ के दोनों तरफ़ रखी कुर्सियों पर बैठ गये। जीजी ने एक थाली में पप्पू के लिए मिठाई और पुलाव (नमकीन चावल) मेज़ पर रख दिये। अभी वह दूसरी थाली में मेरे लिए कुछ रखकर लाती, उससे पहले मैं पप्पू के साथ ही खाने लग गया। एक तो जीजी-चाचा को पप्पू का एकदम कमरे में अन्दर चला आना अच्छा नहीं लगा। ऊपर से मुझे उसके साथ एक ही थाली में खाते देख, मानो उनके यह सोचकर, कलेजे पर साँप लोटने लगा कि एक चमार के लड़के के साथ कुम्हार का लड़का कैसे खा सकता है। जीजी-चाचा ही नहीं, बड़े भाई साहब भी आँखों ही आँखों में दाँत पीसते हुए इशारों से मेरे इस कृत्य पर डाँटने लगे। मगर मैंने उन पर कोई ध्यान नहीं दिया। हाँ, उन्होंने मेरी इतनी लाज ज़रूर रख ली कि वे खुल कर पप्पू के सामने अपनी नाराज़गी प्रकट नहीं कर पाये।

पप्पू के जाते ही मेरे ऊपर जैसे सब टूट पड़े। जीजी गुस्से में बोली, ''नपूता सरभंग कहीं को, काई के संग भी खाने कू बैठ जावे है!''

''जीजी छोड़, ई तो कोरो सरभंग है। मरने दे, करन दे याहे जो कुछ करे। ई तो सदा सू ही ऐसो है।'' बड़े भाई साहब ने जीजी को चुप कराते हुए कहा।

मगर जीजी के इस ललमुँहे पर किसी के कहने का कोई असर नहीं हुआ। वह जैसा आज से दशकों पहले था, वैसा ही आज भी है।

हरिद्वार से हिन्दू बनने की ट्रेनिंग...माफ़ करना आर्य समाजी बनने का प्रशिक्षण लेकर वापस लौटा, तो एक बार वही रेतीला समन्दर ठहाठा मारता दिखाई दिया। मगर इसी बीच अपने बाल सखा विनोद कुमार शर्मा उर्फ़ सोई से मुझे एक प्रेरणा मिली। वही सोई जिसके घर अकसर बुधवार और शुक्रवार के दिन दूरदर्शन पर मैं आने वाले चित्रहार को देखने जाता था। दरअसल, सोई की जैसी आदतें, उसका चाल-चलन और हाव-भाव थे, उनसे पीछा छुड़ाने के लिए उसके घरवालों ने उस पर नकेल कसने का एक नायाब तरीक़ा ढूँढ़ा। यह तरीक़ा था कि गोहरवाली में एक नयी-नयी बनी दुकान में उसकी जूती-चप्पलों की दुकान खुलवाना। जी हाँ, वही दुकान जिसे इज़्ज़तदार फुटवीयर कहते हैं। जब-जब मैं उसकी दुकान के सामने से गुज़रते हुए उसे अलग-अलग आकार के मुलायम हसीन पाँवों में पूरी तल्लीनता से जूती-चप्पलें पहनाता हुआ देखता था, तब-तब मुझे भी लगता था कि मैं भी कुछ ऐसा ही काम करूँ, ताकि मेरा भविष्य बन जाए। चूँकि सोई का परिवार आर्थिक रूप से काफ़ी सुदृढ़ था, इसलिए उसने उसके लिए यह दुकान खुलवा दी। मगर मेरे परिवार की ऐसी हैसियत बिल्कुल नहीं थी।

उन दिनों शिक्षित बेरोज़गार युवाओं के लिए हरियाणा सरकार की एक स्वरोज़गार योजना चल रही थी। इस योजना के तहत सरकार किसी रोज़गार के लिए बेरोज़गारों को ऋण देती थी। यह योजना ज़िला मुख्यालय गुड़गाँव से संचालित होती थी। इसलिए एक दिन मैंने जीजी से पचास रुपये ऐसी ही दुकान के लिए एक बेमानी-सा आश्वासन देकर लिए और पहुँच गया गुड़गाँव। बेहद सौहार्दपूर्ण वातावरण में सारी काग़ज़ी कार्यवाही सम्पन्न हो गयी। इसके बाद बड़े अपनत्व भरे भाव के साथ उस बाबू ने पहले खींसें निपोरीं और हलके-से शर्माते हुए अपना मेहनताना माँगने लगा। मेहनताना भी ज़्यादा नहीं आज के हिसाब से मात्र दस रुपये। मुझे यह ज्ञान पहले ही दे दिया गया था कि हमारे सरकारी विभागों की यह एक सनातन परम्परा है, जो इस मुल्क के आज़ाद होने से पहले ही चली आ रही है, इसलिए उसे निभाने में तीन दो पाँच नहीं करना। मैं इस सनातन परम्परा को पूरी ईमानदारी से निभाने के लिए, अपनी सामने वाली जेब में अँगुली डाल दस का नोट निकालने ही वाला था कि तभी यह दुर्घटना हो गयी। हुआ दरअसल यह कि मेरी अँगुलियाँ पता नहीं कैसे धोखा खा गयीं और दस के नोट के बजाय बीस का नोट जेब से बाहर निकल आया। बस, फिर क्या था, बीस के नोट की शक्ल देखते ही बाबू की नीयत बदल गयी, और वह उसे ही लेने के लिए मचल उठा। मैं बहुत रिरियाया, बड़े वास्ते दिये कि मेरे पास इस दस रुपये के अलावा दूसरा बीस का यही इकलौता नोट है। मुझे वापस घर भी जाना है। मगर वह बाबू मुझसे भी ज़्यादा रिरियाने लगा और अपने कई बच्चों का वास्ता देने लगा। इससे पहले कि इस बीस रुपये के नोट को मेरी अँगुलियाँ वापस जेब में धकेलतीं, बाबू की अँगुलियाँ उस तक पहुँच गयीं। अपनी लाख कोशिशों और प्रतिवाद के बावजूद मैं उस बीस रुपये के नोट को बचाने में अन्ततः विफल हो गया। विफल क्या हो गया बल्कि इस डर से विफल होना पड़ा कि कहीं इस बीस रुपये के चक्कर में मेरा भविष्य चौपट न हो जाए। अपने सहपाठी सोई की तरह जूती-चप्पलों जैसी कोई दुकान खोलने का सपना, कहीं सपना न रह जाए।

अपना मेहनताना लेने के बाद बाबू ने मुझे इस आश्वासन के साथ ससम्मान विदा कर दिया कि जल्दी ही काग़ज़ात वेरिफ़िकेशन के लिए तहसील कार्यालय में भेज दिये जाएँगे। मगर एक-डेढ़ महीने के बाद भी वे काग़ज़ात नहीं आये। इस तरह सोई की तरह मुलायम पाँवों में जूती-चप्पलें पहनाने का मेरा सपना धरा का धरा रह गया। कुछ दिन बाद पता चला कि मेरे बाल सखा सोई ने भी दुकान बन्द कर दी है। क्योंकि उसका तम्बू नगीना से उखड़कर मथुरा के कोसी कलाँ

में आकर गड़ गया था। वह इन दिनों भी इसी कोसी कलाँ में है।

17 अगस्त, 1981 यानी इस साल की जन्माष्टमी (19 अगस्त) से ठीक दो दिन पहले बी.ए. करते ही मात्र इक्कीस बरस की उम्र में जीजी के इस ललमुँहे के कमज़ोर कन्धों पर एक नयी ज़िम्मेदारी आ गयी। अर्थात् वह एक बेटे का पिता बन गया। 7 सितम्बर को बड़ी धूमधाम से कुआँ पूजन सम्पन्न हुआ और बच्चे के सवा महीना पूरे होते ही, पत्नी उसे लेकर अपने मायके आ गयी।

पत्नी के मायके आते ही एक दिन चाचा ने झल्लाते हुए मुझसे कह दिया कि ऐसे काम नहीं चलेगा। एकाध बार चाचा मुंशी प्रेमचन्द से भी कह चुके थे कि वह अपने चेले का कहीं जुगाड़ क्यों नहीं बैठाता है। चाचा के इस अनुरोध पर मुंशीजी हमारे ही क़स्बे के लाला अमरनाथ से, जिसकी कोई फ़ैक्ट्री दिल्ली में थी, बात कर चुके थे। लाला अमरनाथ की दिल्ली के नारायणा में यह फ़ैक्ट्री थी। लाला की स्वीकृति के बाद मुंशीजी ने मेरी इच्छा जाननी चाही, तो मैं दिल्ली जाने के लिए सहर्ष तैयार हो गया।

इस तरह सितम्बर 1981 में एक दिन मुंशीजी से मैंने लाला अमरनाथ के नारायणा विहार स्थित निवास का पता ले लिया, और एक अटैची में कुछ ज़रूरी सामान व लत्ते-कपड़े रख रवाना हो गया दिल्ली की ओर। लगभग तीन घंटे का सफ़र तय कर धौला कुआँ से मुद्रिका बस ली और अपनी मंज़िल की ओर बढ़ गया। रिंग रोड पर दनदनाती हुई मुद्रिका बस एक के बाद एक बस स्टॉप पीछे छोड़ती हुई, एक चौराहे से पहले बस स्टॉप पर रुकी, तो मैंने बग़ल में बैठे यात्री से यूँ ही पूछ लिया, "यह नरायणा बिहार कितनी दूर होगा?" उन दिनों ही नहीं, आज भी बाहर से आने वाले गाँव-देहातों के लोग विहार को बिहार ही कहते हैं। ठीक वैसे ही जैसे सफ़दरजंग हॉस्पिटल को सबदरजन हस्पताल कहकर बुलाते हैं। मुझे भी सबदरजन का असली नाम दिल्ली में ही आकर पता चला था।

"नारायणा जाना है! वह तो पीछे छूट गया। यह तो राजा गार्डन है। ऐसा कर यहीं उतर जा और सड़क पार करने के बाद जो भी बस मिले, उसमें चढ़ जाना। ज़्यादा दूर नहीं है।" यात्री ने बताया।

मैं तेज़ी से फटाफट बस से उतरा और सड़क पार कर दूसरी तरफ़ चला गया। चूँकि दिन ढलने को था और घर से कुछ खा कर नहीं चला था इसलिए भूख लगने लगी थी। इसी बीच राजा गार्डन के मार्बल मार्केट के बाहर मार्बल के पत्थरों की तहों के बीच एक छोटा-सा ढाबा नज़र आया। मैं उसमें घुस गया। ढाबा खाली था। मेरे बैठते ही ढाबे वाला आया और जिन दो-तीन सब्ज़ियों के

उसने नाम बताये, उनमें एक नया नाम था—सीता फल। मैंने बिना एक पल गँवाये चार रोटी और एक फुल प्लेट इस नयी सब्ज़ी का ऑर्डर कर दिया। मेरे इस ऑर्डर पर पहले ढाबे वाले ने मेरी ओर हैरानी से देखा और फिर मुस्कराते हुए खाना लेने चला गया। पहली नज़र में ढाबे वाला मुझे बेहद उदार प्रवृत्ति का नज़र आया। जिसे उसने थोड़ी देर बाद साबित करके दिखा भी दिया। यानी मैंने उसे ऑर्डर किया था फुल प्लेट का और वह ले आया उससे भी ज़्यादा।

ढाबे वाले ने रोटियों के साथ जैसे ही बड़ी-सी सब्ज़ी वाली प्लेट मेज़ पर रखी, मैंने उससे कहा, "मैंने तो सीता फल मँगाया था, यह क्या ले आये?"

"साब, यही तो मँगाया था।"

"कहाँ मँगाया था...यह तो कोहड़ा है।"

"साब, हम तो इसे ही सीता फल कहते हैं।"

"क्या! इसे कहते हैं सीता फल!" पहली बार ढाबे वाले की उदारता का अर्थ मेरी समझ में अब आया। वैसे इसमें ढाबे वाले का भी कोई कसूर नहीं था। सच तो यह है कि मुझे इससे पहले कौन-सा पता था कि जिसे हम कोहड़ा कहते हैं, उसी को सीता फल भी कहा जाता है। मैंने ढाबे वाले से आग्रह कर दूसरी सब्ज़ी मँगायी, तब कहीं जाकर रोटी खायी।

खाना खाने के बाद मैंने फिर से दूसरी बस ली और नारायणा आ गया। नारायणा विहार में मुझे लाला अमरनाथ के घर के पते को ढूँढ़ने में कोई परेशानी नहीं हुई। यहाँ से मुझे फ़ैक्ट्री की दिशा बता दी गयी, जो रिंग रोड पार कर नारायणा के छावनी इलाक़े में थी। फ़ैक्ट्री का नाम था अजय इंटरप्राइजेज़। यह फ़ैक्ट्री या कहिए फ़र्म लाला अमरनाथ के बड़े बेटे अजय के नाम पर थी। अजय हमारे मेवात क्रिकेट टीम क्लब के कप्तान अतर मोहम्मद का सहपाठी था। दिल्ली पलायन करने से पहले उसने कई बार मुझे प्राथमिक विद्यालय के मैदान पर क्लब में खेलते हुए देखा था, इसलिए वह मुझे जानता था। मैं भी उसे जानता था। फ़ैक्ट्री यानी अजय इंटरप्राइजेज़ में किसी वस्तु का उत्पादन नहीं होता था। बल्कि उसमें बनी भट्ठियों में अलग-अलग गेज़ की लोहे की चादरें बहुत ऊँचे तापमान पर तपाई जाती थीं। ताकि तपने के बाद उनमें लचक पैदा हो जाए।

अजय इंटरप्राइजेज़ में यहाँ मेरे क़स्बे और पास के गाँव नाँगल के पाँच-छह लड़के पहले से काम करते थें। इनमें से दो तो मेरे स्कूल के सहपाठी थे। जबकि नाँगल के दो सगे भाई यहाँ आने से पहले अपने पिता के साथ सालों तक लकड़हारे का काम करते थे। ये तीनों बाप-बेटे नाँगल की पहाड़ी से धोक की लकड़ियों के गट्ठर सिर पर ढोकर, वहाँ से तीन किलोमीटर दूर मेरे क़स्बे नगीना

के बाज़ार में गोधूलि के पास आते, और उन्हें बेचकर शाम को इसी बाज़ार से घर की ज़रूरत का सामान ले जाते। अजय एंटरप्राइजेज़ में काम करने वाले हम कुल सात-आठ लोगों में मेव, कुम्हार, ब्राह्मण, चमार, कोली जातियों के थे। हमारे अलावा यहाँ मैकेनिक के तौर पर एक सरदार भी काम करता था।

मेरा काम एक तरह से मुनीम या कहिए सुपरवाइज़र जैसा था। मुझे यहाँ पाँच सौ रुपये प्रतिमाह तनख़्वाह पर रखा गया था। वैसे मेरा मुख्य काम नारायणा लोहा मंडी के धर्मकाँटों पर चादरों से लदे वाहनों को तुलवाना होता था। महीने में कम से कम एक बार मुझे आज़ाद मार्केट पुराने इस्तेमाल किये गये तिरपाल जैसे मोटे कपड़े से बने दस्ताने लेने के लिए भी जाना होता था। इन दस्तानों का इस्तेमाल इन्हें पहनकर चादरों को भट्ठी में लगाने से लेकर निकालने के लिए होता था। रही बात मेरे रहने की, सो क़स्बे के बाकी के मज़दूरों के साथ मेरी भी व्यवस्था फ़ैक्ट्री में ही हो गयी।

डीज़ल के बड़े से बर्नर से चलने वाली भट्ठी में लोहे की इन देगचून वाली चादरों की लगभग चार फ़ीट ऊँची तह जमायी जाती थी। जिनका इस्तेमाल स्टील फ़र्नीचर बनाने में होता था। ऐसे ही एक दिन मुझे फ़ैक्ट्री से लगभग फर्लांग भर दूर नारायणा विहार स्थित आवास पर यह कहकर भेज दिया कि मुझे वहाँ से कुछ लाना है। मैं उसी समय पैदल ही नारायणा विहार की ओर चल दिया। घर पर उस समय अजय की माँ, उसकी पत्नी और छोटी बहन थी। जबकि लाला अमरनाथ समेत अजय और उसका छोटा भाई संजय फ़ैक्ट्री में थे। मुझे आया देख अजय-संजय की छोटी बहन अन्दर गयी और तुरन्त अन्दर से एक लिफ़ाफ़ा लाकर मुझे देती हुई बोली कि इसमें दस हज़ार रुपये हैं, जाकर पापा को दे देना। मैं रुपये लेकर चलने लगा, तो पीछे से उसने टोकते हुए कहा कि इन्हें गिन तो ले। मैंने लिफ़ाफ़े से रुपये निकाले और उन्हें गिनने लगा। रुपयों को गिनता देखकर वह अन्दर चली गयी। उसके अन्दर जाते ही मैंने उन्हें गिनना बन्द किया और वापस लिफ़ाफ़े में रख दिये, यह सोचकर कि मुझे गिनने की क्या ज़रूरत है। जाकर सीधा इन्हें देना ही तो है। थोड़ी ही देर बाद वह वापस आयी और पूछने लगी कि रुपये गिन लिए, पूरे हैं न? मैंने हाँ में सिर हिलाया और फ़ैक्ट्री चला आया।

लगभग डेढ़ घंटे बाद वहीं फ़ैक्ट्री के एक कमरे वाले ऑफ़िस में मुझे तलब किया गया। ऑफ़िस में आया तो लाला अमरनाथ ने बेहद शान्त भाव से पूछा कि भगवानदास घर से तू कितने पैसे लाया था? मुझे जितने बताये गये थे मैंने उतने बता दिये। मगर ये तो दस हज़ार नहीं हैं। लाला अमरनाथ ने मेरी आँखों

में झाँकते हुए कहा। इतना सुनते ही मेरा ऊपर का दम ऊपर और नीचे का नीचे रह गया। मुझसे कुछ कहते नहीं बना। मैं कहता तो तब जब मैंने उन्हें गिना होता। मुझे अपने भरोसे से ज़्यादा अपनी ना-समझी पर गुस्सा आने लगा। जब वहाँ मौजूद अजय, संजय और मैकेनिक सरदार के सामने एक बार फिर यह पूछा गया कि जब मैं इन्हें गिनकर लाया था, तब घर से यहाँ आने तक ये कैसे कम हो गये? हार कर मैंने रुपये गिनने की सारी असलियत बता दी। इसके बाद इनमें से किसी ने कुछ नहीं कहा और मैं ऑफ़िस से बाहर आ गया।

ऑफ़िस यानी कमरे से मेरे बाहर आते ही, मेरे पीछे-पीछे सरदार भी आ गया। यह सरदार अजय इंटरप्राइजेज़ के मालिकों का कुछ ज़्यादा ही मुँह लगा हुआ था। वह मुझे एक तरफ़ ले गया और मुझसे रुपये कम होने के बारे में कुरेद-कुरेद कर पूछने लगा। मगर मेरा वही जवाब था जिसे मैं अन्दर सबके सामने दे चुका था। आख़िरकार उसने उसी अस्त्र का इस्तेमाल किया, जो ऐसे लोगों के विरुद्ध अकसर किया जाता है कि देख, कभी-कभी ऐसा होता है। तूने इससे पहले इतनी बड़ी रकम नहीं देखी होगी, इसलिए क्या पता तेरी नीयत ख़राब हो गयी हो। सरदार ने मेरी आँखों में उभरे डोरों में से बेईमानी की गाँठों को तलाशते हुए कहा। मैंने उसकी इस बात का प्रतिवाद करना तो दूर रहा, उस पर कुछ नहीं कहा। मुझे मेरी स्थिति का पता था। वैसे भी मुझे दिल्ली आये ज़्यादा दिन नहीं हुए थे। मैं एक कलंक के साथ वापस नहीं लौटना चाहता था।

इसके बाद मैं कई दिनों तक बेचैन और परेशान रहा। फ़ैक्ट्री के मालिकों से ज़्यादा उनके इस सरदार के सामने पड़ने की मेरी हिम्मत नहीं होती थी। कई बार मन में आया कि वापस गाँव चला जाऊँ। यह महानगर मेरे रहने लायक नहीं है। मगर फ़ैसला नहीं ले पाया। इसी खिन्नता और उद्विग्नता से परेशान मैंने एक 'अपंगता' शीर्षक से कविता लिख मारी। बाद में यह कविता नारायणा से ही प्रकाशित होने वाली एक मासिक पत्रिका 'मंजुली-दर्पण' के सितम्बर-नवम्बर 1983 के अंक के अन्तिम पृष्ठ पर प्रकाशित हुई थी। हालाँकि कुछ दिनों के बाद इस पत्रिका से मैं भी जुड़ गया था, मगर इससे जुड़ने की कथा, अन्तःकथा और उपकथा पर थोड़ा आगे जाकर रोशनी डाली जाएगी। फ़िलहाल, आप इस कविता को पढ़ें—

गाँव से सोचकर चला था
वहाँ नौकरी मिलेगी
भूख मिटेगी, प्यास बुझेगी
लोगों का प्यार मिलेगा

लेकिन यहाँ न नौकरी मिली
न भूख मिटी
न प्यास बुझी।
मिला तो सिर्फ़ ऐसा दानव
जिसे देख कर दिल सहम गया
पूँजीपतियों की प्रताड़ना
बे-वक़्त का शोषण
बेरोज़गारी की बैसाखियाँ
जिसे पाकर रह गयी सिर्फ़
अपंगता
शरीर की नहीं मन की
अपंगता
इससे तो बेहतर था
अपना घर
जहाँ यह प्रताड़ना
यह शोषण तो न था
सिर्फ़ थीं बैसाखियाँ
जिनके सहारे जब यहीं चलना है
तब वहाँ भी तो चल सकते हैं
कम से कम
अपंगता में कुछ कमी तो आयेगी।

चूँकि फ़ैक्ट्री ही मेरा घर था और उसका एक कमरे वाला ऑफ़िस मेरा कमरा। शाम को जब अजय इंटरप्राइजेज़ के मालिक अपने घर चले जाते थे, तब रात को वहीं कमरे की टाँड़ पर रखा मेरा बोरिया-बिस्तर नीचे आ जाता। उस दिन मिले इस अपमान के चलते इस वीर बालक के लिए मन में पूँजीवाद, सामन्तवाद शोषण जैसी वर्गीय व सामाजिक व्याधियों के प्रति इतना आक्रोश भर गया कि सुबह मैंने अपना बोरिया-बिस्तर सलीक़े से बाँध लिया। उसे टाँड़ पर रोज़ाना की तरह रख, मन में एक प्रण कर दिशा-फ़रागत के लिए चल पड़ा। दस-साढ़े दस बजे जब फ़ैक्ट्री के मालिक आयेंगे, तब उनसे अपना हिसाब-किताब चुकता कर 'शहर तुम्हारा, गाँव हमारा' की तर्ज़ पर भारत माता की जय के साथ अपने घर चला जाऊँगा।

रोज़ाना की तरह एक-एक कर ग्यारह बजे तक पूरा अजय इंटरप्राइजेज़ आ

गया। किसी न किसी बहाने मैं ऑफ़िस में उनके आगे चक्कर लगाने लगा। जैसे ही मेरी बेचैनी को भाँप फ़ैक्ट्री के मालिक मुझसे इसका कारण पूछेंगे, मैं अपना फ़ैसला सुना दूँगा। मगर देर तक उनमें से न कोई मेरी बेचैनी भाँप पाया, और न ही मैं अपना फ़ैसला सुना पाया। इससे पहले कि मैं अपना फ़ैसला सुनाने की कोई और पृष्ठभूमि तैयार करता, तभी बाहर एक चिर-परिचित गणेशजी के आने की आवाज़ सुनाई दी। गणेशजी दरअसल एक ऐसा तिपहिया वाहन था, जिसका अगला हिस्सा गणेश के मुख जैसा होता था। इसका यह पूरा हिस्सा स्टेयरिंग से जुड़ा रहता था। जब ड्राइवर इसे दायें-बायें मोड़ता था तब इसका स्टेयरिंग से जुड़ा अगला पहिया, पूरे इंजन समेत मुड़ता था।

गणेशजी से उतरकर आने वाले व्यक्ति को मैंने तुरन्त पहचान लिया। वह एकाध बार ही महीने में यहाँ आता था। छोटा व्यवसायी था इसलिए अजय इंटरप्राइजेज़ में वह दस-बारह क्विंटल ही चादरें तपवाने के लिए लाता था। मैंने अपना फ़ैसला थोड़ी देर के लिए यह सोच कर स्थगित कर दिया कि जैसे गणेशजी यहाँ से चला जायेगा, उन्हें अपना फ़ैसला सुना दूँगा। तभी मुझे ऑफ़िस में बुलवाया गया और लाला अमरनाथ के छोटे लड़के संजय ने कहा, "भगवानदास, सिंह साब के साथ गाड़ी का काँटा कराने चला जा!"

इतना सुन मैं सिंह साहब के साथ ड्राइवर के बग़ल में बैठ गया। गणेशजी रिंग रोड से दायें तरफ़ मुड़कर नारायणा के पायल सिनेमा की ओर दौड़ने लगा। मुझे अपने बग़ल में ख़ामोश बैठा देख सिंह साहब से रुका नहीं गया, और पूछ ही लिया, "ऐ भगवानदास, कैसे चुप बैठे हो...क्या हुआ?" सिंह साहब ने अपने बिहारी अन्दाज़ में पूछा।

मैंने कोई जवाब नहीं दिया। उन्होंने जब दोबारा पूछा तब मैंने बताया, "सिंह साहब, मैं आज गाँव जा रहा हूँ।"

"क्यों, क्या हुआ?" सिंह साहब ने हैरानी के साथ पूछा।

"सिंह साहब, लालाजी रुपये देता है पाँच सौ और दुनियाभर की डाँट-फटकार और तोहमत सुनने को मिलती है। मैंने सोच लिया है कि इससे अच्छा है मैं अपने गाँव ही चला जाऊँ।"

सिंह साहब ने तुरन्त कुछ नहीं कहा। थोड़ी देर चुप रहने के बाद धीरे-से बोले, "एक बात कहूँ भगवानदास, अगर ज़िन्दगी में कुछ करना है तो ऐसी छोटी-मोटी डाँट-डपट तो सुननी ही पड़ेंगी। अगर टाइम पास करना है तो अलग बात है। बाकी तुम्हारी मर्ज़ी।"

सिंह साहब की सलाह पर मैंने कोई प्रतिक्रिया व्यक्त नहीं की। इस बीच

गणेशजी पायल सिनेमा को पार कर बायीं ओर लोहा मंडी की तरफ़ मुड़ गया। धर्मकाँटे पर हमने गणेशजी का वज़न कराया और वापस फ़ैक्ट्री आ गये।

रामनाथ सिंह। सिंह साहब का पूरा नाम यही था। पता नहीं उनके कहने ने मेरे ऊपर ऐसा क्या जादू किया कि फ़ैक्ट्री लौटते-लौटते मेरे भीतर पूँजीवाद, शोषण और सामन्तवाद के ख़िलाफ़ जिस विद्रोह और आक्रोश की ऊँची-ऊँची लपटें उठ रही थीं, वे देखते ही देखते एकदम शान्त हो गयीं। कुछ देर पहले गाँव लौटने का जो फ़ैसला मैंने लिया था, वह फ़ैसला अब पूरी तरह बदल चुका था। टाँड़ पर रखे बोरिया-बिस्तर की मेरे कन्धों पर सवार होकर वापस लौटने की हसरत धरी की धरी रह गयी। उस दिन के बाद जीजी के इस ललमुँहे ने जैसे नगीना की ओर पैर करके सोना ही छोड़ दिया। यही वह निर्णायक बिन्दु था जिसने मेरे निर्णय के साथ-साथ मेरा भविष्य भी बदल दिया।

मुझे अकसर लगता है कि दिल्ली जैसे महानगर और शहर अपने आप में ऐसे गहरे कुएँ हैं, जिनमें आदमी कूदकर आत्महत्या करने की कोशिश करता है, तो वे भी उसे तीन बार उछाल मारते हुए जीवनदान प्रदान करते हैं। कायर और अपने आप से भागा हुआ आदमी इन उछालों का लाभ नहीं उठा पाता है, जबकि संयमी और हिम्मत वाला इन्हें सहन कर जाता है। मेरे भीतर भी अपने आप से भागे आदमी और उसकी कायरता एक बार प्रबल हो गयी थी। मगर रामनाथ सिंह ने बीच में मुझे सँभाल लिया था। आज रामनाथ सिंह का धुँधला पड़ चुका चेहरा स्मृतियों में तिरमिराता है, तो फेफड़ों में ताज़ा हवा भरती चली जाती है, और लगता है मानो गणेशजी अपनी पीठ पर लादे मुझे अपनी कर्कश, बेसुरी आवाज़ के साथ दिल्ली की सड़कों पर दौड़ा जा रहा है।

मैं अकसर यह भी कहता हूँ कि मेरे लिए यह शर्म की बात है कि मेरा सम्बन्ध हरियाणा से है। मेरे इस मत को उस जाट आरक्षण को लेकर किये गये आन्दोलन ने और पुख़्ता कर दिया, जिसकी बर्बरता, क्रूरता और अमानवीयता ने सामाजिकता के ताने-बाने को एक तरह से कुछ समय के लिए तार-तार कर दिया था। जबकि दुर्भाग्य मेरा यह है कि मेरा सम्बन्ध इसी हरियाणा के काला पानी कहे जाने वाले मेवात से है। मैं अपने मेवात की सांस्कृतिक राजधानी अलवर (राजस्थान) को मानता हूँ। पश्चिमी राजस्थान का यह शहर मेरे पसन्दीदा शहरों में से एक रहा है। इस शहर के प्रति मेरा अगाध प्रेम सत्तर के दशक से रहा है।

अस्सी के दशक में अलवर का विकास पथ और यहाँ से प्रकाशित होने

वाला दैनिक 'अरुणप्रभा'। ऐसा कभी नहीं हुआ कि मैं उन दिनों अलवर गया और 'अरुणप्रभा' के कार्यालय में नहीं गया हूँ। 27 जून, 1981 का दिन इस शहर के लिए ऐतिहासिक दिन था। यह वही दिन था जब इस शहर से निकलने वाले इस दैनिक पत्र का पहला अंक, यहाँ के स्थानीय लोगों के हाथों में पहुँचा था। मुझे याद है, एक छोटे से शहर से प्रकाशित होने वाले इस दैनिक का पहला अंक सोलह पृष्ठों का था। इसमें साहित्य को जिस सम्मान के साथ जगह दी गयी थी, वह एक मिसाल थी। उस समय इसकी कीमत मात्र बीस पैसे थी। यह एक नयी सोच और परिकल्पना का परिणाम था कि 'अरुणप्रभा' ने देखते ही देखते पन्द्रह हज़ार के सर्कुलेशन का आँकड़ा छू लिया था। एक समय अलवर जिले में 'राजस्थान पत्रिका' से ज़्यादा पाठकों की संख्या 'अरुणप्रभा' की थी।

'अरुणप्रभा' के निकलने के बाद अस्सी के दशक का पूर्वार्द्ध साहित्यिक और सांस्कृतिक दृष्टि से अलवर शहर का स्वर्णिम काल था। जहाँ एक तरफ़ 'अरुणप्रभा' पाठकों को रचनात्मक खुराक प्रदान कर रहा था, तो वहीं 'पलाश' नाम की संस्था सांस्कृतिक कार्यक्रमों का सफलतापूर्वक आयोजन कर रही थी। इस संस्था ने कई आधुनिक नाटकों, जिसकी शुरुआत 'थैंक्यू मिस्टर ग्लाड' से हुई थी, का मंचन किया। सर्वेश्वर दयाल सक्सेना के बेहद चर्चित नाटक 'बकरी' का मंचन 1984 में मैंने यहाँ के राजऋषि अभय समाज के मैदान पर देखा था। मगर धीरे-धीरे पूरे देश की तरह अस्सी के दशक के अन्त तक आते-आते इस शहर की साहित्य-सांस्कृतिक आब भी धुँधली पड़ने लगी। जिस 'न्यू तेज़' और 'अशोका' सिनेमा हॉल की साँझ ढलते ही रौनक देखते बनती थी, आज वे वीरान खँडहरों में तब्दील हो चुके हैं। अलवर के उसी कम्पनी बाग और अजायबघर यानी म्यूज़ियम जिसे लोग दूर-दूर से देखने आते थे, जो आज अपनी बेनूरी पर मन ही मन जैसे सिसक रहे हैं। आज कभी-कभार इस शहर में जाता हूँ तो पुरानी यादें एकाएक जैसे घेर कर खड़ी हो जाती हैं। कहने को भले ही हम आर्थिक उदारीकरण की कितनी ही हिमायत कर लें, मगर यह भी सच है कि इसने स्थानीयता और उत्सवधर्मिता की जगह आर्थिक-सांस्कृतिक लम्पटता को कहीं ज़्यादा आश्रय दिया है।

रामनाथ सिंह जी ने भले ही फ़िलहाल मुझे गाँव जाने से रोक लिया। मगर यह पूरी तरह निश्चित नहीं था कि मैं इस महानगर में कितने और दिन टिक पाऊँगा। इसी बीच राजस्थान विश्वविद्यालय से पत्राचार द्वारा किये जाने वाले पत्रकारिता में स्नातकोत्तर डिप्लोमा में दाख़िला ले लिया। पत्रकारिता में

ही क्यों, यह एम.ए. आदि में भी तो लिया जा सकता था। दरअसल, मेरा शुरू से ही पत्रकार बनने का सपना था। दूसरा, जनसम्पर्क अथवा सूचना विभाग में नौकरी प्राप्त करना भी इसका एक कारण रहा था। इसलिए इस दौरान मेरा कुछ भी, कहीं भी प्रकाशित होता था, मैं उसे एक फ़ाइल के पृष्ठ पर चिपका दिया करता था। सितम्बर 1981 में दिल्ली आने के बाद भी 1982 के अन्त में मेरी रचनाओं के साथ मेरा जो पता प्रकाशित होता था, वह नगीना का ही होता था। नगीना के राजकीय महाविद्यालय के हिन्दी विभाग में हिन्दी के एक प्राध्यापक थे कृष्णदेव। उन्हें हम केडी साहब के नाम से बुलाते थे। केडी साहब भी लिखते थे। उनकी कई कहानियाँ उन दिनों जालन्धर से प्रकाशित हाने वाले दैनिक समाचार-पत्र 'पंजाब केसरी' के कहानी-संस्करण, जो प्रत्येक वीरवार को आता था, उसमें छपती रहती थीं।

'पंजाब केसरी' उन दिनों का बेहद लोकप्रिय समाचार-पत्र था। नीले आसमानी रंग में अपने प्रथम पृष्ठ के साथ प्रकाशित होने वाले अलग-अलग संस्करणों में छपने वाली रचना के साथ बेहद सजीव रेखाचित्र भी होते थे। इन रेखाचित्रों को बनाने वाले कलाकार का नाम था अच्छर सिंह। 'पंजाब केसरी' के इस कहानी-संस्करण में तीन से लेकर चार कहानियाँ प्रत्येक वीरवार को प्रकाशित होती थीं। केडी साहब का लेटरहैड बड़ा आकर्षक था। इसके सबसे ऊपर नीले आसमानी रंग में किसी आर्टिस्ट से बनवाया गया ब्लॉक के द्वारा अंग्रेज़ी में कृष्णदेव छपा हुआ था। केडी साहब मूलतः होशियारपुर, पंजाब के थे। मेरे अध्यापक नहीं होने के बावजूद मैं एक लेखक के तौर पर इनसे मिलता रहता था। तभी मैंने इनका यह लेटरहैड देखा था। इनके इस लेटरहैड से मैं इस क़दर प्रभावित हुआ कि मैंने अपना भी ऐसा ही लेटरहैड छपवाने का निर्णय कर लिया, जिसके ऊपर बड़े-बड़े अक्षरों में अंग्रेज़ी में छपा हुआ हो—'BHAGWAN DASS MORWAL'।

अजय इंटरप्राइजेज़ से तीस-पैंतीस कदम पहले गणेश प्रिंटर्स का कार्यालय था। जबकि प्रेस अजय इंटरप्राइजेज़ वाली गली के लगभग आख़िर में थी, जिसके बाद सामने पड़े ख़ाली मैदान में लोग दिशा-फ़राग़त के लिए जाते थे। चूँकि प्रिंटिंग प्रेस पास में ही थी, सो एक दिन प्रिंटर ने मुझे प्रूफ़ देखने के लिए प्रेस के सीबी-173 के पते पर भेज दिया। यह मार्च 1983 का महीना था। मैं जब गणेश प्रिंटर्स के इस पते पर अपने लेटरहैड के प्रूफ़ देखने गया, तो इसी दौरान मेरी नज़र वहाँ 'मंजुली-दर्पण' नाम की पत्रिका के कुछ छपे हुए फर्मों पर पड़ी। मैंने जब इस पत्रिका और इसके सम्पादक का पता पूछा, तब प्रेस में काम करने वाले एक कम्पोज़िटर ने बताया कि ये तो पिछली गली में ही रहते

हैं। अपने छपने वाले इस लेटरहैड पर भी मैंने नगीना का ही पता दिया था। इसके सबसे नीचे एक पंक्ति और छपवायी थी—*मेहनत ही इबादत है।* इस पंक्ति की प्रेरणा बल्कि कहिए इसे मैंने हरियाणा जनसम्पर्क एवं सूचना विभाग में कार्यरत और हाँसी (हिसार) के निवासी व वरिष्ठ पत्रकार जगदीश भारती के लेटरहैड से लिया था।

शाम को फ़ैक्ट्री से मालिकों के अपने घर जाते ही मैं पहुँच गया पारिवारिक हिन्दी मासिक 'मंजुली-दर्पण' के सम्पादक अर्थात् मंजुला भार्गव के घर। मैं जब सम्पादक के घर पहुँचा तब मेरा स्वागत एक पुरुष यानी मंजुला भार्गव के पति योगेश चन्द्र भार्गव ने किया। बातों-बातों में पता चला कि पत्रिका का असली सम्पादक तो योगेश चन्द्र भार्गव है। पत्नी का नाम तो सम्पादक के रूप में इसलिए प्रकाशित होता है क्योंकि पति सरकारी सेवा में है। सबसे सुखद तो मुझे यह सुनकर लगा कि योगेश चन्द्र भार्गव ख़ुद एक लेखक हैं। इसका एक उपन्यास 'अर्धांगिनी' इसी पत्रिका में धारावाहिक रूप से प्रकाशित भी हो रहा है। एक लेखक के रूप में योगेश चन्द्र भार्गव नाम के इस हिन्दी के लेखक की प्रतिभा का उस समय आलम यह था, कि मात्र 32 वर्ष की आयु में हिन्दी जगत को यह 'मुक्ति-संघर्ष', 'बिसरा इतिहास', 'ज्वाला', 'प्रतिशोध', 'इन्साफ़', 'देवता', 'पतझड़ का अन्त' जैसे सात उपन्यास दे चुका था। ऐसे में मेरे जैसे नये-नये कोपल के लिए ऐसे लेखक का सान्निध्य मिलना वाकई गर्व की बात थी। यह अलग बात है ये सारे उपन्यास इसने अपने प्रकाशन 'बसन्ती प्रकाशन' से प्रकाशित किये थे। मगर आज कितने पाठक हिन्दी की इस प्रतिभा को जानते हैं। एक ऐसी प्रतिभा को जिसे राजभाषा रजत जयन्ती वर्ष के दौरान, जिसकी लगन और उत्साह देखकर 1970 में, मात्र 24 वर्ष की आयु में 'हिन्दी अवसर' पर संसद कक्ष में, एक पूर्व और स्वर्गीय महामहिम राष्ट्रपति द्वारा सम्मानित किया जा चुका हो।

मैंने अपना परिचय एक शौक़िया लेखक के रूप में दिया तो दोनों पति-पत्नी बड़े खुश हुए। चूँकि उन्हें भी एक ऐसे ही शौक़िया और उत्साही युवा की ज़रूरत थी, तथा मैं भी साहित्य में अजर और अमर होने के लिए फड़फड़ा रहा था, सो एक-सवा घण्टे की पहली ही भेंट में चाय-पानी के दौरान पत्रिका के लिए मेरी भूमिका लगभग तय हो गयी थी। इस भूमिका में रचनात्मक योगदान से लेकर पत्रिका के वार्षिक सदस्य बनाना जैसी ज़िम्मेदारी शामिल थी। मेरे उत्साह को देखकर योगेश चन्द्र भार्गव ने मुझे आश्वासन दिया कि अगर मैं उनकी कसौटी पर ख़रा उतरा, तो वे सह-सम्पादक के रूप में पत्रिका में मेरा नाम भी देंगे। इस आश्वासन के बाद तो जैसे मेरे पंख लग गये, और लग गया अपने काम में।

उन्हीं दिनों नूँह के युवा शायर और सिद्दीक अहमद साहब जो शाद नूहीं के नाम से शायरी करते थे, उनके शागिर्द देवेन्द्र गोयल 'माँझी', साकरस के ग़ज़लगो फ़जरुद्दीन बेसर और मूलतः पिनगवाँ के निवासी निशान्त पवार से मेरा नया-नया परिचय हुआ था। चूँकि 'मंजुली-दर्पण' में मेरी कई तरह की भूमिकाएँ तय हो चुकी थीं, इसलिए इन्हें भी मैंने इस पत्रिका के बारे में बताया। देवेन्द्र गोयल 'माँझी' से मैंने अपनी कुछ योजनाएँ साझा कीं, तो हम दोनों ने मिलकर तुरन्त इस पत्रिका के दो दर्जन के क़रीब वार्षिक सदस्य बना दिये।

इस बीच नवम्बर 1982 में अजय इंटरप्राइजेज़ के मालिकों ने अपने बग़ल में लोहे का फ़र्नीचर बनाने वाले कपाही भाइयों के साथ मिलकर, पालम गाँव में गुंजन स्टील फ़ेब्रीकेटर्स नाम से एक नयी स्टील फ़र्नीचर बनाने की फ़ैक्ट्री शुरू कर दी। यह फ़ैक्ट्री पालम गाँव में जिस जगह शुरू हुई, वहाँ पहले चावला स्टील वर्क्स नाम की फ़ैक्ट्री थी जिसमें लोहे की बाल्टियाँ बनायी जाती थीं। मुझे नारायणा से पालम गाँव इस नयी फ़ैक्ट्री में भेज दिया गया। यहाँ आने वालों में अकेला मैं ही नहीं था बल्कि मेरे गाँव के कुछ लड़के भी थे। 1982 में दिल्ली में होने वाले नौवें एशियाई खेलों की शुरुआत होने वाली थी। गुंजन स्टील फ़ेब्रीकेटर्स का बना सामान कुछ ऐसी फ़र्मों को सप्लाई होता था, जो भारत सरकार के पूर्ति एवं निपटान महानिदेशालय (DGS&D) के तहत पंजीकृत थीं। उस समय ज़्यादातर सरकारी और अर्द्धसरकारी विभागों व मन्त्रालयों में इसी के माध्यम से वस्तुओं की सप्लाई होती थी।

नयी दिल्ली के झंडेवालान स्थित रिकॉर्डेक्स बिज़नेस सिस्टम्स नाम की ऐसी ही एक फ़र्म थी। यह फ़र्म खुद तो स्टील फ़र्नीचर बनाती ही थी बल्कि ज़रूरत पड़ने पर गुंजन स्टील फ़ेब्रीकेटर्स और कपाही भाइयों की जैसी छोटी-छोटी फ़र्मों से, फ़र्नीचर खरीदकर उन्हें अपने नाम से सप्लाई भी करती थी। एक दिन गुंजन स्टील फ़ेब्रीकेटर्स के सबसे छोटे मालिक संजय गुप्ता ने मुझसे बड़े बेमन से कहा कि मैं झंडेवालान चला जाऊँ और वहाँ से पेमेंट ले आऊँ। मैं वहाँ कई बार जा चुका हूँ मगर हर बार मुझे लौटा दिया जाता है। उन्होंने आज आने के लिए कहा है इसलिए तू चला जा! अपने मालिक का आदेश सुन मैं झंडेवालान के लिए रवाना हो गया।

मैं रिकॉर्डेक्स बिज़नेस सिस्टम्स के ऑफ़िस पहुँचा, तो मुझे सामने शीशे वाले एक छोटे-से केबिन की ओर भेज दिया गया, जिसमें शीशे के पार एक महिला बैठी हुई थी। मैंने अपना परिचय देते हुए बता दिया कि मैं कहाँ से आया हूँ

और किसलिए आया हूँ। उसने मुझे बैठने के लिए कह दिया। बातों-बातों में वह मुझसे न जाने क्या-क्या पूछने लगी, तो पता नहीं किस झोंक में मेरे मुहँ से निकल गया कि मुझे लिखने-लिखाने का शौक़ है। इतना सुन वह थोड़ी अनौपचारिक व सहज होते हुए बोली कि मैं भी लिखती हूँ। इतना सुन मुझे पता नहीं क्यों लग गया कि आज तो पेमेंट मिलकर ही रहेगी। मैं भी थोड़ा सहज हो गया। उसने अपने बारे में बताना शुरू किया कि नाम तो मेरा अंजना कपूर है, मगर लिखती मैं अंजना कपूर 'देहलवी' के नाम से हूँ। मेरी ग़ज़लें कई जगह छप चुकी हैं। मैंने फिर अपने बारे में थोड़ा विस्तार से बताया कि मेरी भी बहुत-सी रचनाएँ प्रकाशित हो चुकी हैं। इस बीच मैं उसके भीतर छिपी छपास की भूख को भाँप गया था। चूँकि मुझे अपने मालिक को जाकर अपने कर्तव्यपरायणता का बोध कराना था, और इस अंजना कपूर 'देहलवी' नाम की शायरा और मेरे सामने बैठी अंजना कपूर से पेमेंट निकालनी थी, इसलिए मैंने एक पासा फेंकते हुए कहा कि एकाध ग़ज़लें आप मुझे भी दीजिए न। मैं छपवाता हूँ उन्हें। छपने की भूख किस कथित-तथाकथित, छोटे-बड़े, देहाती-शहरी, अमीर-ग़रीब लेखक में नहीं होती है। मैंने जैसे ही यह कहा, उसने तुरन्त अपनी दराज़ से चेक बुक निकाली और अपने बायें तरफ़ रखे रजिस्टर का एक पन्ना खोल, उसमें से देखकर चेक पर राशि भर दी। एक मिनट कहकर वह अपनी सीट से उठी और उस चेक को लेकर केबिन से बाहर निकल गयी। मैं समझ गया कि वह इस चेक पर किसी के हस्ताक्षर कराने गयी है। थोड़ी ही देर में वह वापस आ गयी और चेक के साथ दो ग़ज़लें उसने मुझे थमा दीं।

चेक लेकर मैं वापस लौट आया और जब मैंने उसे संजय यानी अपने मालिक को दिया, तब उसे बड़ी हैरानी हुई। चेक जेब के हवाले करते हुए बोला कि यार मुझे तो वह पिछले पन्द्रह दिनों से टाल रही थी, तुझे पहली बार में ही पेमेंट दे दी। मैंने मन ही मन खुश होते हुए खुद से कहा कि पट्ठे तुझे क्या पता मैं उसे क्या गोली देकर आया हूँ। मगर उस अंजना कपूर 'देहलवी' नाम की शायरा को मेरा यह गोली देना, मेरे गले की फाँस बन गयी। हुआ यह कि रिकॉर्डेक्स बिज़नेस सिस्टम्स, झंडेवालान अब मुझे ही भेजा जाने लगा। मैं जब भी वहाँ जाता वह शायरा मुझसे अपनी ग़ज़लों के बारे में पूछती। हार कर मैं एक दिन समय निकालकर गुड़गाँव 'दैनिक मेवात' के सम्पादक विजय अग्रवाल के पास गया, और किसी भी तरह उसे एक ग़ज़ल छपवाने के लिए राज़ी कर आया।

जैसे ही 'दैनिक मेवात' में अंजना कपूर 'देहलवी' की ग़ज़ल प्रकाशित हुई, मैं उसकी प्रति लेकर उसके पास पहुँच गया। अपनी ग़ज़ल को छपा देख वह इतनी

ख़ुश हुई कि उसने मुझे यह कहते हुए अपनी फ़र्म में आने का न्यौता दे डाला कि इस गुंजन स्टील फ़ेब्रीकेटर्स नाम की छोटी-सी फ़ैक्ट्री में क्या रखा है। हमारी फ़र्म प्राइवेट लिमिटेड है। उन दिनों प्राइवेट लिमिटेड को मैं कोई सरकारी जैसी चीज़ समझता था। दरअसल, अंजना कपूर यानी शायरा अंजना कपूर 'देहलवी' ने मुझे यह प्रस्ताव एक मैनेजर की हैसियत से दिया था। इस बीच उसने गुंजन स्टील फ़ेब्रीकेटर्स में मिलने वाली मेरी तथाकथित तनख़्वाह, जो पाँच सौ रुपये थी, वह भी पूछ ली थी। उसने एक प्राइवेट लिमिटेड फ़र्म के कई फ़ायदे गिना दिये। उस शायरा के पास से उठते-उठते मैंने यहाँ आने का लगभग मन-सा बना लिया। मैं उसे आश्वासन देकर चला आया बिना यह सोचे-समझे कि जब गीदड़ की शामत आती है, तो वह ऐसे ही शहर की ओर भागता है। फिर भी मैं किसी व्यक्ति की अपने इस फ़ैसले के बारे में राय लेना चाहता था। इस प्राइवेट लिमिटेड में मेरे मन बनने के पीछे एक कारण और था, और वह यह कि मैं जब भी नारायणा के औद्योगिक क्षेत्र से सुबह या शाम के वक़्त मज़दूरों को अपनी-अपनी साइकिल के हैंडल और कैरियर के पीछे लटके व बँधे लंच बॉक्स देखता था, तब वे मज़दूर मुझे बड़े सुखी नज़र आते थे। मेरे मन में भी इन्हें देखकर हैंडल पर लंच बॉक्स लटका, घंटी बजाते हुए ऐसे ही काम पर जाने की हूक-सी उठती थी। एक तरह से उन दिनों यह मेरा सपना था जो अजय इंटरप्राइजेज़ या गुंजन स्टील फ़ेब्रीकेटर्स में इसलिए रहकर पूरा नहीं हो सकता था, क्योंकि मैं वहीं फ़ैक्ट्री में ही रहता था।

एक दिन मैं अपने उसी स्कूल के सहपाठी पप्पू यानी प्रेम कुमार राघव के घर, जो पालम कॉलोनी में था, और जो उन दिनों यहाँ नगीना से आकर पूरी तरह बस चुका था, गया। पप्पू के पिता डिफेंस में नौकरी करते थे। क़स्बे के रिश्ते के कारण वे मेरे पिता यानी चाचा को, चाचा कहकर सम्बोधित करते थे। उस लिहाज़ से वे भाई लगते हैं। मैं उन्हें गुरुजी कहता हूँ। गुरुजी को मैंने अपने फ़ैसले के बारे में बताया, तो उन्होंने मेरे इस फ़ैसले को सही बताया। मैंने उन्हें यह भी बताया कि फ़िलहाल मुझे जो तनख़्वाह मिलती है, उससे मात्र बीस रुपये कम तनख़्वाह मिलेगी। अर्थात् सोलह रुपये प्रतिदिन के हिसाब से यह 480/- रुपये प्रतिमाह होगी।

आने वाले 1982 के एशियाई खेलों की तैयारियाँ पूरे ज़ोरों पर थीं। पूरी दिल्ली में जगह-जगह बनने वाले होटलों का निर्माण अपने अन्तिम चरण में था। अशोका होटल के बग़ल में स्थित सम्राट होटल भी उन्हीं दिनों का बना हुआ है। एक दिन मुझसे कहा गया कि मैं सम्राट होटल जाने वाली अलमारियों के

टैम्पो के साथ चला जाऊँ। मैं टैम्पो के साथ चला गया। जब टैम्पो सम्राट होटल पहुँचा तो हमसे कहा गया कि ये अलमारियाँ चौथी मंज़िल पर जाएँगी। इतना सुन ड्राइवर बिदक गया कि उसकी ज़िम्मेदारी अलमारियों को यहाँ तक पहुँचाने की है, न कि ऊपर चढ़ाने की। बड़ी मुश्किल से मैंने ड्राइवर को समझाया और क्लीनर के साथ, हम तीनों ने मिलकर टैम्पों में रखी दस अलमारियाँ सीढ़ियों से कन्धों पर रख, चौथी मंज़िल पर पहुँचायीं। दरअसल, टैम्पों के साथ लेबर इसलिए नहीं भेजी गयी थी कि होटल जाने पर टैम्पो से अलमारियाँ वहाँ काम कर रही लेबर उतार लेगी। यह नहीं पता था कि इन्हें चौथी मंज़िल पर भी चढ़ाना था।

नारायणा के अजय इंटरप्राइजेज़ से पालम गाँव के गुंजन स्टील फ़ेब्रीकेटर्स में आने के बाद भी 'मंजुली-दर्पण' में मेरा आना-जाना बराबर बना रहा। यहाँ आकर मैं अपना पूरा सहयोग व योगदान देता रहा। यह 1983 का अप्रैल का महीना था, जब मैंने अजय इंटरप्राइजेज़ व गुंजन स्टील फ़ेब्रीकेटर्स के मालिकों को कह दिया कि मेरा और आपका साथ बस यहीं तक है। यहाँ से छोड़ने के बाद मैं आख़िरकार रिकॉर्डेक्स बिज़नेस सिस्टम्स, झंडेवालान चला गया। इस दौरान मैंने राजस्थान विश्वविद्यालय के स्नातकोत्तर पत्रकारिता में डिप्लोमा करने के लिए जो दाख़िला लिया हुआ था, वह भी जारी था। मैं गुंजन स्टील फ़ेब्रीकेटर्स को छोड़कर नयी जगह आ तो गया, मगर मेरे सामने एक परेशानी आकर खड़ी हो गयी। गुंजन स्टील फ़ेब्रीकेटर्स में मैं अजय इंटरप्राइजेज़ की तरह फ़ैक्ट्री में ही रहता था, परन्तु नयी जगह आने के बाद रहने की समस्या खड़ी हो गयी।

इस समस्या के बारे में मैंने अपने पुराने सहपाठी पप्पू को बताया तो उसने मेरी यह समस्या यह कहते हुए हल कर दी, कि जब तक मेरा रहने का कहीं इन्तज़ाम नहीं हो जाता, मैं उसके साथ रह सकता हूँ। दरअसल, जिस कमरे में वह रहता था, उस कमरे में पहले उसका परिवार रहता था। बाद में पालम कॉलोनी में अपना घर बन जाने के कारण परिवार नये घर में चला गया, मगर यह कमरा इन्होंने अपने पास ही रख लिया था। मैंने अपना बोरिया-बिस्तर पप्पू के कमरे पर लाकर रख दिया। अब रहने की तो व्यवस्था हो गयी, अब रह गयी खाने की। सो पप्पू के पिता श्रीकिशन यानी गुरुजी ने मुझसे कहा कि जब तक मेरे कहीं रहने की व्यवस्था नहीं हो जाती है, मैं उनके घर आकर खाना खा लिया करूँ। मैंने यह सोच कर हाँ कर दी कि दो-चार दिन में मेरी कहीं न कहीं रहने की व्यवस्था हो जायेगी। मगर इसमें पूरे पन्द्रह दिन लग गये। मैं पप्पू के पिता यानी गुरुजी की आज मन से कृतज्ञता प्रकट करता हूँ कि उन्होंने मुझे इतने दिनों तक आश्रय दिया।

पत्राचार के माध्यम से जैसा कि विदित है पढ़ाई करने वाले विद्यार्थियों को ज़्यादातर विश्वविद्यालय, सम्बन्धित विषय की सहायक सामग्री तो उपलब्ध कराते ही हैं, बल्कि परीक्षाओं से कुछ दिन पहले सप्ताह भर का कांटेक्ट कैम्प भी लगाते हैं। उस वर्ष पत्रकारिता में डिप्लोमा करने वाले छात्रों के लिए यह कैम्प दरियागंज के दयानन्द मार्ग स्थित एक विद्यालय में लगाया गया था। इसमें राजस्थान विश्वविद्यालय के पत्रकारिता विभाग से जुड़े संजीव भानावत और भँवर सुराणा जैसे पत्रकारों ने हमें बेहद सार्थक जानकारियाँ दी थीं। इसके अलावा नयी दिल्ली के कनॉट प्लेस स्थित बाबा खड़क सिंह मार्ग पर हनुमान मन्दिर के सामने राजस्थान सूचना केन्द्र पुस्तकालय से सम्बन्धित विषयों की पुस्तकें भी विद्यार्थियों को उपलब्ध करायी जाती थीं। यह वही राजस्थान सूचना केन्द्र है जो आठवें दशक के दौरान साहित्यिक आयोजनों के लिए सबसे पसन्दीदा जगहों में से एक हुआ करती थी। उन दिनों यहाँ नियमित रूप से साहित्यिक सभा-गोष्ठियाँ हुआ करती थीं।

मेरे दूसरे कहानी संग्रह 'सूर्यास्त से पहले' पर 'अलाव' द्वारा आयोजित गोष्ठी इसी केन्द्र में हुई थी। इस गोष्ठी के असली सूत्रधार 'अलाव' के सम्पादक व जाने-माने कवि, गीतकार रामकुमार 'कृषक' और कथाकार मित्र ब्रजमोहन थे। मद्रास होटल के ठीक पीछे और शिवाजी स्टेडियम टर्मिनल के सामने ब्रजमोहन की छोटी-सी फ़ोटो स्टेट व एसटीडी (टेलीफ़ोन) की दुकान, उन दिनों मोहन सिंह पैलेस स्थित कॉफी हाउस के बाद, बहुत से लेखकों का दूसरा सबसे लोकप्रिय ठीहा था। 2 फ़रवरी, 1991 शनिवार को हंसराज रहबर की अध्यक्षता में आयोजित इस गोष्ठी में कवि कुमारेन्द्र पारसनाथ सिंह, भगवान सिंह, रमेश उपाध्याय, आनन्द प्रकाश, रामकुमार 'कृषक', राजकुमार सैनी के अलावा राज गोपाल सिंह, विनय विश्वास, कुबेरदत्त, प्रदीप तिवारी, सुभाष नीरव, सुरेन्द्र श्लेष, हरिवंश कश्यप, अर्चना त्रिपाठी, गीताश्री, बाबू लाल दोषी, उमाशंकर पथिक, विजयानन्द अंशुक और राजेन्द्र नटखट समेत अनेक साहित्य प्रेमी मौजूद थे।

मैंने अपने इस संग्रह की एक प्रति ब्रजमोहन को भेंट की थी, जिसे कवि कुमारेन्द्र पारसनाथ सिंह पढ़ने के लिए ले गये। इस संग्रह की कुछ कहानियों पर कुमारेन्द्र जी ने कुछ टिप्पणियाँ की हुई थीं। जैसे इसकी एक कहानी 'पटाक्षेप' पर की गयी टिप्पणी में इन्होंने लिखा—*कहानी का अन्त भी 'गोदान' के अन्त की तरह अन्त न होकर बहुत सँभल कर उठे एक बहुत ज़रूरी क़दम की ओर संकेत करता है जिसमें कौमी संघर्ष की एक नयी शुरुआत जुड़ी हुई है। यहाँ प्रेमचन्द या फिर 'गोदान' के उल्लेख का मतलब इस रचनाकार को प्रेमचन्द के*

सामने रखना नहीं, बल्कि इस तथ्यपूर्ण संकेत को रेखांकित करना है कि इधर की ज़्यादातर कहानियों पर हावी आंचलिकता से बिल्कुल अलग हट कर शोषित-दमित तबके से जुड़ी जनवादी कहानी-कला का रूप लेगी।

जबकि रमेश उपाध्याय ने इस संग्रह की कहानियों के बारे में कहा—*ये कहानियाँ अपने आप में परिपक्व हैं, इसलिए एक भी कहानी मुझे इस बात के लिए 'प्रवोक' नहीं करती है कि मैं उस पर उँगली रख सकूँ। लेकिन इन कहानियों में एक राजनीतिक सोच का अभाव है, कहानियों में द्वन्द्व नहीं है। कहानियाँ सपाट हो गयी हैं। भाषा और शिल्प में मँजी ये कहानियाँ शान्ति और सुरक्षा की तलाश की निम्नवर्गीय आकांक्षाओं की कहानियाँ हैं।*

जैसा मैंने बताया कि राजस्थान सूचना केन्द्र के पुस्तकालय से पत्राचार वाले छात्रों को पुस्तकें जारी होती थीं। मैं एक दिन पत्रकारिता से सम्बन्धित पुस्तकें लेने सूचना केन्द्र पहुँच गया। क़रीने से लगी पुस्तकों में मेरी नज़र अचानक एक भारी-भरकम ग्रन्थनुमा पुस्तक पर पड़ी, जिसका शीर्षक था—'हिन्दी पत्रकारिता : विविध आयाम'। इस पुस्तक बल्कि कहिए ग्रन्थ के सम्पादक थे डॉ. वेद प्रताप वैदिक, जिसे 1976 में नेशनल पब्लिशिंग हाउस द्वारा प्रकाशित किया गया था। हिन्दी पत्रकारिता को केन्द्र में रखकर मेरी दृष्टि में उस समय के लिहाज़ से यह पहला विश्वसनीय और प्रामाणिक ग्रन्थ है। लगभग एक हज़ार पृष्ठों वाले इस ग्रन्थ में पत्रकारिता के अनेक और विविध आयामों पर विस्तार से प्रकाश डाला गया है। इस महत्त्वाकांक्षी ग्रन्थ के बारे में मुझे किसी ने बड़ा दिलचस्प क़िस्सा सुनाया। क़िस्सा यह था कि इस ग्रन्थ की पूरी योजना में 'नवभारत टाइम्स' के उस समय के प्रधान सम्पादक अक्षय कुमार जैन शुरू से ही शामिल थे। मगर जब यह ग्रन्थ लगभग छप गया और इसकी एक प्रति अक्षय कुमार जैन के सामने पहुँची, तब उन्होंने देखा कि इस ग्रन्थ के सम्पादक ने कहीं भी इसमें उनका उल्लेख करना तो दूर रहा, ज़िक्र तक नहीं किया है। इस पर अक्षय कुमार जैन बेहद नाराज़ हो गये। उनकी इस नाराज़गी को देखते हुए तुरन्त एक निर्णय लिया गया कि क्यों न इस ग्रन्थ को उनकी षष्टि-पूर्ति के बहाने उनको समर्पित किया जाए। और ऐसा ही हुआ। अक्षय कुमार जैन के श्वेत-श्याम पूरे पृष्ठ के चित्र के साथ, इस ग्रन्थ को इन शब्दों के साथ समर्पित किया गया है—हिन्दी के मूर्धन्य पत्रकार और नवभारत टाइम्स के प्रधान सम्पादक श्री अक्षय कुमार जैन को उनकी षष्टि-पूर्ति के अवसर पर सादर समर्पित।

इस ग्रन्थ को विद्यार्थियों के लिए जारी नहीं किया जाता था। सूचना केन्द्र आने-जाने के दौरान मेरी मुलाक़ात अकसर यहाँ कार्यरत राम किशन नाम के

चपरासी से होती रहती थी। धीरे-धीरे यह मुलाक़ात निकटता में बढ़ती चली गयी। एक दिन मैंने जब उससे इस ग्रन्थ को मेरे नाम जारी करने के लिए अनुरोध किया, तब उसने इसके लिए साफ़ मना कर दिया। मेरे बहुत ज़्यादा इसरार करने पर राम किशन ने एक रास्ता निकाल लिया, और वह यह कि उसने अपने जोख़िम पर चुपके से बिना किसी लिखत-पढ़त के, इस भरोसे पर मुझे दे दी कि जब मेरा काम हो जाये, मैं उसे ऐसे ही चुपके से लौटा दूँ। मगर उस बेचारे को क्या पता था कि जिस बगुला भगत पर उसने आँख मूँदकर इतना निश्छल भरोसा किया था, वही उसके साथ दग़ा कर बैठेगा। बाद में उसने इस पुस्तक को लौटाने के लिए कई बार अनुनय-विनय किया, परन्तु वह उसे वापस लेने में नाकाम रहा। नाकाम इसलिए क्योंकि इस पुस्तक को लेकर मेरे मन में बेईमानी आ चुकी थी, जिसके चलते मुझे यह लौटानी ही नहीं थी। इसके बाद मैंने राजस्थान सूचना केन्द्र जाना ही छोड़ दिया।

एक बार तो ऐसा वाक़या हुआ कि मैं उसमें बाल-बाल बचा। यह 1987 की बात थी। उन दिनों न जाने क्या सोच कर मैंने हलकी दाढ़ी-मूँछ रख ली थी। मुझे पूरी तरह तो याद नहीं है पर वह थी एक साहित्यिक गोष्ठी ही, जो इसी राजस्थान सूचना केन्द्र में आयोजित हुई थी। न जाने किस झोंक के चलते मैं भी इसमें चला गया। गोष्ठी शुरू होने से पहले मैं नीचे अकेला खड़ा था कि तभी मैंने देखा, थोड़ी दूर खड़ा राम किशन मुझे बड़े ग़ौर से देख रहा है। मैं समझ गया कि दाढ़ी-मूँछ होने के बावजूद इसने मुझे पहचान लिया है। मैं उसे देखकर भी अनदेखा करने की कोशिश करने लगा। अगर इसने सचमुच मुझे पहचान लिया तब क्या होगा? मैं इसी डर के चलते अभी वहाँ से खिसकने के बारे में सोच ही रहा था कि तब तक वह मेरे पास आ गया, और आते ही बोला, "तू तो भगवानदास है न?"

पल भर के लिए मैं घबरा गया परन्तु अगले ही पल पूरा आत्मविश्वास बटोरते हुए बोला, "ना, मैं तो रमेश हूँ।"

"परऽऽऽ शक्ल तो भगवानदास से मिलती है।" उसने कुछ सोचते हुए मुझे सुनाते हुए कहा।

यह तो उस दिन मेरा समय अच्छा था कि इससे पहले वह मेरे बारे में किसी से पूछता, उसके अधिकारी का उसके लिए बुलावा आ गया और वह चला गया। मैंने मौक़ा ताड़ा और साँझ के गहराते झुटपुटे में वहाँ से नौ दो ग्यारह हो गया। उसके बाद मैं फिर कभी राजस्थान सूचना केन्द्र नहीं गया। कहीं ऐसा न हो कि राम किशन मुझसे वहाँ टकरा जाए और मैं धर लिया जाऊँ।

रिकॉर्डेक्स बिज़नेस सिस्टम्स, झंडेवालान (ठीक मैट्रो स्टेशन के सामने) में मुझसे पहले यहाँ के एकाउंट्स विभाग में सुधीर मेहता भी काम करता था। इससे पहले यह मशहूर ताला कम्पनी प्लाज़ा में काम करता था। धीरे-धीरे जब इससे परिचय बढ़ने लगा, तो मुझे यह जानकर बड़ी ख़ुशी हुई कि चलो यहाँ एक और व्यक्ति अपनी ही रुचि का है। सुधीर मेहता कभी-कभार शौक़िया तौर पर 'पंजाब केसरी' में सांस्कृतिक कार्यक्रमों की रिपोर्टिंग किया करता था। अप्रैल 1983 में एक दिन सुधीर मेहता ने बताया कि आज शाम को मैं एक धार्मिक गुरु स्वामी सदाचारी ओउम् जी से मिलने जा रहा हूँ। मुझे उसका इंटरव्यू करना है। सुधीर मेहता के इतना कहते ही मैंने भी उसके साथ चलने की इच्छा प्रकट की, जिसे उसने स्वीकार कर लिया।

कार्यालय बन्द होने के बाद हम दोनों स्वामी जी से मिलने के लिए, चाँदनी चौक के पास घड़ियों के लिए मशहूर लाजपत राय मार्केट के एक मन्दिर में पहुँच गये। अपने स्वामी जी यहीं ठहरे हुए थे। सुधीर मेहता ने मेरा परिचय एक पत्रकार के रूप में दिया। हमारे पहुँचने पर स्वामी जी ने मुस्कराते हुए कहा कि आप बड़े भाग्यशाली हैं जो समय पर आ गये वरना अमेरिका जाने के बाद पता नहीं आपसे कब भेंट होती। बातों-बातों में अपनी अमेरिका यात्रा का वे हमें प्रयोजन बताने लगे। बोले कि पंजाब में खालिस्तान के लिए जो आन्दोलन चल रहा है उसे सीआईए का समर्थन व सहयोग मिल रहा है। इसीलिए मैं अमेरिका सरकार से खालिस्तान समर्थकों को किसी भी तरह के समर्थन व सहयोग न देने के लिए कहूँगा। अमेरिका से आने के बाद मैं पंजाब में चल रहे आन्दोलन को समाप्त करने के लिए 'जन-जागरण सभाओं' का आयोजन करूँगा। स्वामी सदाचारी ओउम् ने पूरे आत्म-विश्वास के साथ दावा करते हुए कहा कि जो काम इतने दिनों से सरकार नहीं कर सकी, उसे मैं करके दिखाऊँगा। इतना ही नहीं, इससे दो क़दम आगे बढ़ते हुए उन्होंने अपने अमेरिका जाने के एक बड़े उद्देश्य का खुलासा करते हुए बताया कि वे रूस और अमेरिका के बीच बढ़ते तनाव को ख़त्म करने के लिए भी अमेरिका जा रहे हैं। स्वामी सदाचारी ने एक नया रहस्योद्घाटन और किया कि प्रधानमन्त्री श्रीमती इन्दिरा गाँधी और जम्मू कश्मीर के तत्कालीन मुख्यमन्त्री शेख अब्दुल्ला के बीच पैदा हुई कटुता व मतभेद उन्हीं की मध्यस्थता व सद्प्रयासों से ख़त्म हुए थे। श्रीमती इन्दिरा गाँधी के बारे में कहा कि मैं देवी इन्दिरा का भक्त हूँ। उनकी आज्ञा के बिना मैं एक क़दम भी आगे नहीं बढ़ सकता।

स्वामी सदाचारी ओउम् से बातचीत करने के बाद अभिभूत से हम दोनों

मन्दिर से चले आये। पहली बार मुझे किसी स्वामी के इस क़दर ताक़तवर होने का एहसास हुआ। हालाँकि अपनी एक तथाकथित दिव्य शक्ति का प्रदर्शन स्वामी जी हमारे पहुँचने पर स्वागत स्वरूप दिखा चुके थे। यह दिव्य शक्ति अर्थात् चमत्कार यह था कि हमारे बैठते ही स्वामी जी ने हवा में अपना हाथ लहराने के दौरन हमसे अपना-अपना हाथ आगे बढ़ाने को कहा। हमने जैसे ही अपना हाथ बढ़ाया, तो भभूत में लिपटा एक-एक सिक्का हमारी हथेलियों पर रख दिया। स्वामी जी से हुई इस बातचीत के आधार पर एक विस्तृत लेख 'विश्व में बढ़ रहे तनाव को रोकने के लिए मानसिक परिवर्तन ज़रूरी' शीर्षक से 'दैनिक मेवात' के 5 मई, 1983 के अंक में (सुधीर मेहता, भगवानदास मोरवाल) हम दोनों के नाम से प्रकाशित हुआ। बाद में एक-डेढ़ साल बाद मुझे सुधीर मेहता ने मज़ेदार सूचना दी कि किसी मामले में स्वामी जी को जेल हो गयी है। उस स्वामी जी को जो देश की प्रधानमन्त्री और एक सूबे के मुख्यमन्त्री के बीच कटुता व मतभेद सुलझाने के साथ-साथ, विश्व की दो महाशक्तियों के बीच बढ़ते तनाव को ख़त्म करने का दावा कर रहा था। आज इस घटना को याद करता हूँ तो अपने ऊपर यह सोचकर हँसी आती है, कि उन दिनों सचमुच मैं कितना भोला और निश्छल था।

सुधीर मेहता धीरे-धीरे मेरे लिए मददगार साबित होने लगा। दिल्ली जैसे महानगर के उन रास्तों से मुझे इसी ने परिचित कराया, जिन रास्तों पर आगे बढ़ते हुए आज मैं यहाँ तक पहुँचा हूँ। इसी दौरान सुधीर मेहता ने मेरा परिचय एक व्यक्ति से कराया। यह व्यक्ति था सरदार अमरजीत सिंह कोहली। वैसे तो अमरजीत सिंह कोहली बहादुर शाह ज़फ़र मार्ग, आई.टी.ओ. स्थित आई.एस.आई. में अधिकारी थे। परन्तु उन दिनों वे कई सांस्कृतिक संस्थाओं से भी जुड़े हुए थे। 8 मई, 1983 को रफ़ी मार्ग स्थित मावलंकर सभागार में 'युव कला संगम' (जिसके कोहली साहब सचिव भी थे) द्वारा आयोजित 'शाम-ए-ग़ज़ल' नाम का कार्यक्रम था। यह कार्यक्रम उस समय भारत सरकार में निर्माण और आवास उपमन्त्री व ग़ज़लगो मोहम्मद उसमान आरिफ़ यानी आरिफ़ नक़्शबन्दी की ग़ज़लों पर केन्द्रित था। मुझे इस कार्यक्रम में सुधीर मेहता ही लेकर गया था। इस कार्यक्रम में उन दिनों की युवा ग़ज़ल गायिका नीलम साहनी ने आरिफ़ नक़्शबन्दी के ग़ज़ल संग्रह 'क़लम की काश्त' के अलावा दूसरी ग़ज़लों का भी गायन किया था। इस कार्यक्रम में गायी एक ग़ज़ल का यह शे'र मुझे आज भी याद है कि–

उजड़ी है बस्ती मेरा दिल तो नहीं है।
दुनिया जिसे देखे तेरी महफ़िल तो नहीं है॥

इसके बाद मैं सुधीर मेहता के साथ ऐसे कार्यक्रमों में बराबर जाने लगा। उनकी रिपोर्टिंग संयुक्त रूप से 'दैनिक मेवात', 'मंजुली-दर्पण', 'साप्ताहिक नगर दर्शन', 'राष्ट्र टाइम्स' जैसे स्थानीय पत्र-पत्रिकाओं में हम दोनों के नाम से प्रकाशित होने लगीं। धीरे-धीरे मेरा परिचय अमरजीत सिंह कोहली से प्रगाढ़ता में बदलता चला गया। इसी 'युव कला संगम' द्वारा उस समय की प्रसिद्ध महिला पत्रकार श्रीमती प्रभा दत्त (जिसकी असामयिक मृत्यु महज चालीस बरस की उम्र में हो गयी थी) की स्मृति में 'प्रभा दत्त मेमोरियल अवार्ड' की शुरुआत की गयी थी। यहाँ यह बता देना ज़रूरी है कि प्रभा दत्त मशहूर टीवी पत्रकार बरखा दत्त की माँ है, जिसकी मृत्यु 1 मार्च, 1984 को हुई थी। इन दोनों माँ-बेटी में एक मज़ेदार समानता यह है कि माँ प्रभा दत्त ने जहाँ 1965 में हुए भारत-पाक युद्ध की रिपोर्टिंग की थी, तो बरखा दत्त ने 1999 में भारत-पाक के बीच हुए कारगिल युद्ध की रिपोर्टिंग की है। प्रभा दत्त की पहली बरसी पर नयी दिल्ली के इंडिया इंटरनेशनल सेंटर के सभागार में 10 मार्च, 1985 को पहला प्रभा दत्त मेमोरियल अवार्ड, जो कि पत्रकारिता के लिए दिया गया था, मुझे प्रदान किया गया। यह अवार्ड उस समय के उभरते एवं युवा अभिनेता और बाद में दूरदर्शन पर प्रसारित हुए बी.आर. चोपड़ा के मशहूर धारावाहिक 'महाभारत' में अभिमन्यु की भूमिका निभाने वाले युवा कलाकार मयूर के हाथों प्रदान किया गया था। इन्हीं दिनों सुधीर मेहता ने झंडेवालान स्थित रिकॉर्डेक्स बिज़नेस सिस्टम्स छोड़ दिया। अब वे कनॉट प्लेस में सिन्धिया हाउस के सामने मशहूर होटल सेंट्रल कोर्ट के ठीक नीचे, और उस समय के अबनेर रेस्टोरेंट के बग़ल में ट्रक, बस, मोटरसाइकिल के टायर-ट्यूब के डीलर 'दी टायर हाउस' में मुझे छोड़कर आ गये।

इस बीच मेरे रहने की व्यवस्था अजय इंटरप्राइजेज़ व गुंजन स्टील फ़ेब्रीकेटर्स की तरह रिकॉर्डेक्स बिज़नेस सिस्टम्स की कीर्ति नगर लकड़ी मंडी के पास सरस्वती गार्डन में स्थित एक फ़ैक्ट्री में हो चुकी थी। सीमेंट की चादरों वाली छत के एक सीलन भरे कमरे में मैंने अपना ठिकाना बना लिया। गुंजन स्टील फ़ेब्रीकेटर्स में रहते हुए एक मैकेनिक से बनवाये गये स्टोव, छोटी-सी एल्यूमीनियम की परात, दो-चार छोटे-मोटे बर्तनों को कमरे के एक कोने में जमाया; तो पत्रकारिता में डिप्लोमा करने सम्बन्धी पुस्तकों व कुछ पत्र-पत्रिकाओं को एक तरफ़ रख दिया। इस तरह शाम को रोटी-पानी से निपट ज़मीन पर लगे बिस्तर पर पत्रकारिता की पढ़ाई करता।

इधर दिल्ली जैसे महानगर में मैं अपने बार-बार उखड़ते पाँवों को जमाने की जद्दो जहद से जूझ रहा था, उधर दो बच्चों (प्रवेश व नैया) की माँ और मेरी पत्नी तरह-तरह के संकटों और परेशानियों से घिर गयी। जिसमें एक बड़ी समस्या बेटे की थी। दरअसल, बेटे प्रवेश पुष्प के बायें बाज़ू ने तेज़ बुखार में यहाँ के एक स्थानीय डॉक्टर द्वारा इंजेक्शन लगाने के चलते काम करना बन्द कर दिया था। थोड़ी-सी लापरवाही और कुछ आर्थिक तंगी ने इस समस्या को और बढ़ा दिया। जब बीमारी बढ़ने लगी तो किसी ने कहा कि बाज़ू में हवा लग गयी है, तो किसी ने कुछ कहा। एक देसी नीम-हकीम क़िस्म के वैद्य ने इसका इलाज़ बताया कि इस बच्चे को अमर बेल के भपारे (भाप) देने से बाज़ू ठीक हो जायेगा। किसी तरह अमर बेल की व्यवस्था की गयी। उसे खौलते पानी में उबाला गया। मगर दिक़्क़त यह थी कि दो बरस के बच्चे को भपारे कैसे दिये जाएँ? वह अकेला कैसे इसकी गरमी सह पायेगा। अन्ततः बच्चे की माँ यानी पत्नी ने ही यह दायित्व सँभाला। अमर बेल और खौलते पानी से उठते भपारों के भगोने को चारपाई के नीचे रख, बेटे को गोद में लेकर पत्नी चारपाई पर बैठ गयी। भपारों का असर ठीक ढंग से हो, इसके लिए दोनों माँ-बेटे के ऊपर दो रज़ाइयाँ डाल दी गयीं।

बैशाख की गरमी और रज़ाइयों के भीतर की भाप-मिश्रित गरमी को कुछ देर तो माँ-बेटे ने सहा, मगर जब मारे गरमी के दम घुटने लगा, तब पत्नी ने यह कहते हुए अपने ऊपर से रज़ाइयाँ फेंक दीं, कि मुझे नहीं करवाना अपने बेटे का ऐसा इलाज़। हवा में लगभग झूलते बायें बाज़ू वाले बेटे को लेकर पत्नी मायके आ गयी। किसी के सुझाव पर बेटे का इलाज़ दिल्ली के पंचकुइयाँ रोड स्थित बच्चों के अस्पताल कलावती शरण में शुरू हो गया। मायके आने के बाद पत्नी को पता चला कि मैं अपने क़स्बे के लाला की फ़ैक्ट्री छोड़ झंडेवालान आ गया हूँ। मेरी तलाश शुरू की गयी और अपनी ज़िम्मेदारियों से भागे हुए पति का ठिकाना, उसके भाई ने आख़िरकार खोज ही लिया। क्योंकि पंचकुइयाँ रोड और झंडेवालान के बीच की दूरी एक किलोमीटर के आसपास है, इसलिए एक दिन मेरे साले ने रिकॉर्डेक्स बिज़नेस सिस्टम्स से मुझे बरामद कर लिया।

दो-दो अबोध बच्चों की माँ द्वारा ऐसी विषम परिस्थितियों से लोहा लेना अपने आप में एक मिसाल है। जबकि इसके बरअक्स एक स्वार्थी पति और दो बच्चों का यह तेईस वर्षीय बाप अपनी ज़िम्मेदारियों मे पलायन कर ऐसे दुबक कर बैठा हुआ था, कि उसे एक पति व एक बाप कहने में भी शर्म आती है। यह शर्मिन्दगी अपनी जगह है भी सही। मगर मैं चाहकर भी कुछ कर पाने में असमर्थ था, सिवाय इसके कि एक दिन शायद और शायद पहली बार मैं पत्नी

को लेकर करोल बाग के अजमल खाँ रोड मार्केट गया था। एक मामूली-से पति की तरह मामूली-सी ज़िम्मेदारी निभाते हुए, एक मामूली-सी धोती (साड़ी नहीं) उसे ख़रीदकर दिलवायी थी।

सरदार अमरजीत सिंह कोहली से अब लगातार मुलाक़ातें होने लगीं। वे केवल 'युव कला संगम' नाम की संस्था से ही जुड़े हुए नहीं थे बल्कि दूसरी सांस्कृतिक संस्थाओं जैसे पंजाबी कला केन्द्र, संगम कला ग्रुप और सरन आर्ट्स से भी जुड़े हुए थे। इस कारण मेरी तथाकथित स्वतन्त्र पत्रकारिता में एकाएक तेज़ी आ गयी। सांस्कृतिक कार्यक्रमों की छोटी-मोटी रिपोर्टिंग ही नहीं, बल्कि पत्रकारिता व साहित्य की सभी विधाओं में तलवार भाँजनी शुरू कर दी। 1984 तक आते-आते तो कार्टून भी बनाने शुरू कर दिये, जिसकी चर्चा आगे करूँगा।

शायरा अंजना कपूर 'देहलवी' यानी रिकॉर्डेक्स बिज़नेस सिस्टम्स की मैनेजर मिस अंजना कपूर का जल्दी ही अपने और अपने से ज़्यादा मेरी प्रतिभा को लेकर जो भ्रम बना हुआ था, उससे जाले साफ़ होने लगे। मुझे यहाँ जो ज़िम्मेदारी दी गयी थी, वह मेरी समझ से परे थी। उसका एक कारण यह भी रहा होगा कि मेरा ध्यान कहीं और रहता था। इस तरह शीघ्र ही मुझसे एक मैनेजर का मोह भंग हो गया। वह अब मुझसे पीछा छुड़ाने की फिराक में रहने लगी। उसके बर्ताव में भी एकाएक गुणात्मक परिवर्तन आ गया। वह बात-बात पर अब मेरे ऊपर झल्लाने लगी।

मगर जल्दी ही शायरा अंजना कपूर 'देहलवी' की यह मुश्किल अपने आप हल हो गयी। हुआ यूँ कि दस-बारह दिन पहले मुझे बाहर से आये एक कन्साइनमेंट को प्रस्तुत करने को कहा गया। उस कन्साइनमेंट के आधार पर इस फ़र्म को फ़र्नीचर सप्लाई करना था। जब पन्द्रह-बीस दिन के बाद भी फ़र्नीचर फ़र्म की ओर से सप्लाई नहीं हुआ, तो उस कन्साइनमेंट पत्र को खोजा गया, जो मेरे पास से बरामद हुआ। वैसे भी उसे मेरे पास से ही बरामद होना था। मुझे तुरन्त शायरा ने कम एक फ़र्म की मैनेजर ने तलब किया। उस समय एक मैनेजर और शायरा ने एक नवोदित बल्कि कहना उचित होगा कि हिन्दी साहित्य के भविष्य के साथ क्या सुलूक किया होगा, इसकी आप आसानी से कल्पना कर सकते हैं। फ़र्म के तीनों मालिक भाइयों ने उसी समय अपनी मैनेजर को बड़े प्यार से आदेश दिया कि हिन्दी साहित्य के इस भविष्य को वह तुरन्त बाहर का रास्ता दिखाये। कहने का तात्पर्य यह है कि हिन्दी साहित्य का भविष्य देखते ही देखते एक झटके में सड़क पर आ गया।

रिकॉर्डेक्स बिज़नेस सिस्टम्स की सरस्वती गार्डन स्थित जिस फ़ैक्ट्री में मैं रहता था, वहाँ मालिक कभी-कभार जाते थे। मैंने यहाँ के चौकीदार को यह नहीं बताया था कि मुझे नौकरी से निकाला जा चुका है। वैसे भी यहाँ दिन में काम होता था यानी मेरे आने से पहले कारीगर जा चुके होते थे। रिकॉर्डेक्स बिज़नेस सिस्टम्स छोड़ने के बाद भी मैं रोज़ाना की तरह सवेरे काम की तलाश में निकलता और शाम को लौट आता था। मगर कहीं जुगाड़ नहीं लग पाया।

उस दिन रविवार था। फ़ैक्ट्री में छुट्टी होने के कारण दोपहर का खाना खाकर मैं मज़े से चादर तान कर सो रहा था। अचानक उस दिन फ़र्म के मालिकों में से एक किसी काम के चलते यहाँ आ गया। रविवार के चलते फ़ैक्ट्री बन्द थी और सिवाय चौकीदार के किसी और का यहाँ होने का कोई मतलब नहीं था। मालिक फ़ैक्ट्री में अन्दर आया और किसी को चादर तान कर सोया देख, चौकीदार से पूछा कि यह कौन है, तब चौकीदार ने बता दिया कि यह वही बाबू है जो झंडेवालान के दफ़्तर में काम करता है। इतना सुन मालिक ने बताया कि इसे तो आठ-दस दिन पहले ही वहाँ से निकाला जा चुका है। इससे कहना कि अपना इन्तज़ाम कहीं और कर ले। यह तो उस फ़ैक्ट्री के इस मालिक की दरियादिली और शराफ़त थी कि उसने उसी समय मेरा झोला-झंडा सड़क पर नहीं फिंकवाया। मेरे जागने के बाद चौकीदार ने पूरी विनम्रता के साथ तुरन्त फ़ैक्ट्री छोड़ने के लिए कह दिया। मैंने चौकीदार से कुछ दिन और रहने की मोहलत माँगी कि जैसे ही मेरा कहीं इन्तज़ाम हो जायेगा, मैं यहाँ से चला जाऊँगा। मगर वह नहीं माना।

तभी मुझे एक रास्ता सूझा। इसी फ़ैक्ट्री की बग़ल के एक ख़ाली प्लॉट के दो-तीन कमरों में से एक में, एक पहाड़ी दम्पति चौकीदार के रूप में रहता था। यहाँ रहते हुए मेरी उनसे थोड़ी-सी पहचान हो गयी थी। मैंने इस पहाड़ी चौकीदार से कुछ दिन अपना सामान रखने की गुज़ारिश की। मुझे पूरी उम्मीद थी कि इस बीच मेरा कहीं इन्तज़ाम हो जायेगा। पहले तो उसने साफ़ मना कर दिया परन्तु मेरे रिरियाने पर वह तैयार हो गया। मैंने उसी समय रिकॉर्डेक्स बिज़नेस सिस्टम्स की इस फ़ैक्ट्री से अपना सामान समेटा, और बराबर वाले प्लॉट के पहाड़ी चौकीदार के पास रख दिया।

सामान मैंने भले ही यहाँ रख दिया और एक समस्या से छुटकारा मिल भी गया। मगर अब एक दूसरी समस्या आ खड़ी हुई कि मैं रात कहाँ बिताऊँ। हार कर एक बार फिर अपने उसी संकट मोचक प्रेम कुमार राघव उर्फ़ पप्पू के पास आया। दो-तीन रात उसके यहाँ बिता दीं। जब कई दिन बाद एक दिन मैं अपने

सामान को देखने सरस्वती गार्डन गया, तब उस पहाड़ी चौकीदार ने साफ़-साफ़ कह दिया कि मैं यहाँ से अपना सामान उठा लूँ। अगर मेरे मालिक को पता चल गया तो वह मुझे नौकरी से निकाल देगा। मरता क्या न करता। अपना सामान उठाया और पालम गाँव चला आया। पालम गाँव के कुछ स्थानीय लड़के गुंजन स्टील फ़ेब्रीकेटर्स में काम करते थे और वे नज़दीक ही लुहारों के मोहल्ले में रहते थे। मैंने उनमें से एक लड़के को पकड़ा और यहाँ किराये का मकान ढूँढ़ने लगा। इस बीच मैंने इतने पैसे जमा कर लिए थे कि आसानी से कई महीने निकल सकते थे। इस लड़के की मदद से मुझे एक छोटा-सा साठ रुपये प्रतिमाह किराये पर कमरा मिल गया। इस तरह जून 1983 में मैं पालम गाँव के बड़याल की चौपाल के पीछे डब्ल्यू ज़ेड-766 के एक कमरे में आ गया।

इस दौरान अपने निठल्ले दिनों में इधर-उधर होने वाली गोष्ठियों में भी आना-जाना शुरू कर दिया। 20 मई, 1983 को दिल्ली साहित्य समाज के तत्वावधान में पालम कॉलोनी में एक काव्य सन्ध्या का आयोजन हुआ। इस काव्य सन्ध्या में सत्य प्रकाश 'प्रखर', देवेन्द्र गोयल 'माँझी', सोमेश पुरी, अशोक वर्मा, सियाराम मनमौजी व मनोहर लाल 'रत्नम्' ने हिस्सा लिया था। इधर 'मंजुली-दर्पण' में भी अपना सहयोग देता रहा, उधर सुधीर मेहता के कनॉट प्लेस स्थित टायर हाउस में आने के बावजूद मैं उससे बीच-बीच में मिल लेता था। सुधीर मेहता के कारण ही मैं 'पंजाब केसरी' में थोड़ा-बहुत लिखने लगा था। उन दिनों जीटी करनाल रोड, नयी दिल्ली के कार्यालय में 'पंजाब केसरी' में समाचार सम्पादक के रूप में आज्ञा राम प्रेम हुआ करते थे। इनसे मेरा परिचय सुधीर मेहता ने ही कराया था। यहीं मेरी मुलाक़ात अपने ही राज्य हरियाणा के एक नवोदित लेखक महेन्द्र शर्मा से हुई। महेन्द्र शर्मा यहाँ उन दिनों प्रूफ़ रीडर हुआ करता था। बाद में उप-सम्पादक होकर वह 'दैनिक हिन्दुस्तान' में आ गया। शुरुआत में यह कहानी-उपन्यास लिखा करता था परन्तु 'दैनिक हिन्दुस्तान' में आते ही अपनी प्रतिभा को पहचानते हुए यह हास्य कवि हो गया।

'मंजुली-दर्पण' का छाया सम्पादक योगेश चन्द्र भार्गव मेरे समर्पण और लगन को देख इतना प्रसन्न हुआ, कि आगामी अंक में वह मेरा नाम सह-सम्पादक के रूप में देने के लिए तैयार हो गया। चूँकि अंक आने में समय था इसलिए मैंने उसे सुझाव दिया कि मेरे साथ देवेन्द्र गोयल 'माँझी' का भी नाम दे दिया जाये। इसके लिए वह तैयार हो गया। मगर 'माँझी' का नाम देने से पहले मैंने उसकी अनुमति व सहमति लेना उचित समझा। इसीलिए मैंने उसकी राय जानने के लिए नूँह के पते पर पत्र लिख दिया।

इससे पहले कि इस प्रसंग को आगे बढ़ाया जाये, यहाँ एक तथ्य का उल्लेख करना चाहूँगा। कंजर समुदाय के सामाजिक ताने-बाने को केन्द्र में रखकर लिखे गये, और 2008 में प्रकाशित उपन्यास 'रेत' का एक पात्र घनश्याम 'कृष्ण' उर्फ़ वैद्य जी के नाम के पीछे की प्रेरणा और कोई नहीं, यह देवेन्द्र गोयल 'माँझी' ही रहा है। उपन्यास का यह पात्र कमला सदन में आयोजित 'महफ़िल' के दौरान जो ग़ज़ल सुनाता है, वह मेरे इसी ग़ज़लगो मित्र 'माँझी' के 1985 में प्रकाशित पहले ग़ज़ल संग्रह 'समन्दर के दायरे' से ली गयी है। मुझे तो ग़ज़ल का मतला-मक़ता तो क्या रदीफ़-काफ़िए का भी पता नहीं है। हाँ, माँझी की सहमति से मैंने इसके मक़ते में इतना संशोधन ज़रूर किया कि 'माँझी' की जगह उसे 'कृष्ण' कर दिया। असल में संग्रह में प्रकाशित मक़ता यह है—

अजीब दर्दे-मुहब्बत भी शै है क्या 'माँझी'।
दवाएँ लेता हूँ आराम क्यों नहीं आता॥

यह संग्रह 'माँझी' ने अपने उस्ताद और शायर शाद नूँही (सिद्दीक अहमद) को समर्पित किया है। शाद साहब कोई प्रोफ़ेशनल शायर नहीं थे। बस, शौक़ के लिए शायरी करते थे। वे जाति से लुहार थे और उनका पुश्तैनी धन्धा चाकू बनाना था। अस्सी के दशक के मध्य तक नूँह का चाकू व्यवसाय अपने पूरे चढ़ान पर था। यहाँ के बने चाकू पाकिस्तान तक बेहद लोकप्रिय थे। उन दिनों जैसे ही रोडवेज़ की कोई बस नूँह आकर रुकती, लोहे के छल्लों में पिरोये हुए भिन्न आकार के चाकुओं के साथ, बस में ये आवाज़ें गूँजनी शुरू हो जाती थीं—चाकू ले लो...नूँह के चाकू! मगर आज इस आवाज़ को सुनने के लिए जैसे कान तरसते हैं।

मैं जब भी देवेन्द्र गोयल 'माँझी' के पास नूँह जाता था, हम दोनों शाद साहब के पास ज़रूर जाते। मैं उन्हें चाकू बनाते हुए ही पाता था। पूरी गति से घूमते सान पर लगती चाकू की धार, और उससे निकलती चिनगारियों का दृश्य बड़ा ही मोहक होता था। लगता जैसे सान से चिनगारियाँ नहीं, ग़ज़ल के अशआर निकल रहे हैं। हमें देखते ही शाद साहब अपना काम छोड़ देते। इसके बाद हम तीनों मदीना होटल आ जाते। वहीं चाय की चुस्कियों के बीच बातें होती रहतीं। इस होटल का मदीना नाम शाद साहब का ही दिया हुआ था, क्योंकि हमारे लिए यह किसी मदीना से कम नहीं था। मदीना होटल यासीन मेव डिग्री कॉलेज से मुश्किल से पचास क़दम दूर जामा मसजिद के पास मौजूदा सब्ज़ी मंडी के पास है। अपने कॉलेज के दिनों में यहाँ एकाध बार चाय पी चुका था।

एक बार हम शाद साहब के घर उनके पास बैठे हुए बातें कर रहे थे कि इसी बीच उनके घर के अन्दर से मुझे बुलवाया गया। मैं शाद साहब के पास से उठकर गया, तो मुझसे एक महिला, जो उस घर की बहू थी, ने पूछा, "ऐं री बीरा, तू कहीं नघीणा को तो ना है?" मेरे हाँ कहते ही उसने तुरन्त पूछा, "कहीं तूऽऽऽ चाचा मँगतू को छोरा तो ना है?"

सुनकर मुझे हैरानी हुई कि यह मुझे कैसे जानती है। मैंने फिर से हाँ में उत्तर दिया, तब वह मुझसे मुस्कराते हुए बोली, "ऐ तू मोहे जाने ना है?"

मैं हैरान-परेशान उसे अपलक देखते हुए पहचानने की कोशिश करने लगा। मुझे निरुत्तर देख वह खुद ही बोली, "मैं घीसा लुहार की छोरी हूँ। जाके पै तू आवे है न, ई मेरो जेठ है। मैंने तो तू देखते ही पिछाण लियो हो के ई तो चाची कलबत्ती को छोरा है।"

इतना सुनते ही मुझे याद आ गया कि हाँ, यह तो सचमुच अपने चौधरी मोहल्ले के ओमी मास्टर के घर के पिछवाड़े रहने वाले ताऊ घीसा लुहार की लड़की है। उसी घीसा लुहार की जिसे मैं बचपन में अकसर घोड़े के पाँव में नाल लगाते हुए देखा करता था। मेरे मोहल्ले की यह लड़की शाद नूँही साहब के छोटे भाई की पत्नी है, मुझे जानकर बड़ी खुशी हुई। इसी शाद नूँही के शागिर्द देवेन्द्र गोयल 'माँझी' की ग़ज़लें उन दिनों चण्डीगढ़ से प्रकाशित 'दैनिक ट्रिब्यून' के रविवारीय संस्करण के 'ग़ज़ल-गोष्ठी' स्तम्भ के अन्तर्गत लगातार प्रकाशित होती थीं। इतना ही नहीं, इनके अशआर दिल्ली प्रेस की दो पत्रिकाओं 'सरिता' व 'भुक्ता' में छोटे-छोटे बॉक्स में भी निरन्तर छपते रहते थे।

अपने तीसरे उपन्यास 'रेत' में देवेन्द्र गोयल 'माँझी' की मैंने केवल एक ग़ज़ल का ही उपयोग नहीं किया है, बल्कि इनके इस पहले संग्रह से दूसरी ग़ज़लों के अशआर भी इस्तेमाल किये हैं। जैसे वैद्य जी द्वारा रुक्मिणी के लिए कहे गये एक ग़ज़ल के ये अशआर देखें—

गिरा के बिजली मेरा आशियाँ जलाना था।
तुझे भी आज सरे-बज़्म मुस्कुराना था॥

मैं इन्तज़ार में बैठा हुआ हूँ बरसों से।
पलट के उनको इन्हीं रास्ते पे आना था॥

इस उपन्यास के एक पात्र बल्कि कहिए सूत्रधार घनश्याम 'कृष्ण' उर्फ़ वैद्य जी द्वारा इस्तेमाल किया गया यह अशआर भी इसी संग्रह से है—

कोई मिलता ही नहीं ज़ख़्म दिखाऊँ किसको।
इस बड़े शहर में हमराज़ बनाऊँ किसको॥

मेरे उपन्यास 'रेत' का यह पात्र घनश्याम 'कृष्ण' उर्फ़ वैद्य जी (जिसे राजेन्द्र यादव से लेकर बहुत से पाठक मुझे ही समझते हैं) अगर एक यादगार पात्र बन पाया है, तो इसका श्रेय देवेन्द्र गोयल 'माँझी' के इस पहले संग्रह 'समन्दर के दायरे' को ही जाता है।

मेरे सुझाव पर देवेन्द्र गोयल 'माँझी' ने पहल कर स्वतन्त्रता दिवस (15 अगस्त, 1983) की पूर्व सन्ध्या पर यानी 13 अगस्त को, नूँह (मेवात) की एक साहित्यिक संस्था 'अंजुमन-ए-गुल-ओ-सुमन' के तत्वावधान में, मेरे एक इबादतगाह यासीन मेव डिग्री कॉलेज में एक कवि सम्मेलन का आयोजन किया गया। मुझे याद है, उस शाम हमारी उम्मीदों के बरअक्स क़स्बे में ऐसी बिजली गयी कि हार कर मोमबत्तियों की रोशनी में इस सम्मेलन की शुरुआत हुई। वह भी रात को नौ बजे के बाद। बिजली आने और कवि सम्मेलन के इन्तज़ार में आधे से ज़्यादा श्रोता तब तक जा चुके थे। इस सम्मेलन में आनन्द स्वरूप निर्मल, मनोहर लाल 'रत्नम्', निशान्त पवार (दिल्ली) के अलावा दीवान तसव्वुर, रफ़ाक़त सिद्दिकी, रौनक अली खाँ, फ़जरुद्दीन बेसर समेत कई स्थानीय कवि और शायरों ने हिस्सा लिया था। जबकि इसका संचालन यासीन मेव हाई स्कूल के उर्दू अध्यापक और शायर मुसव्विर सब्ज़वारी ने किया था। इसी महीने 21 अगस्त को नाँगलराया (नयी दिल्ली) के चन्दन हॉल में एक और काव्य गोष्ठी का आयोजन किया गया। इस गोष्ठी की अध्यक्षता की जाने-माने साहित्यकार डॉ. रामदरश मिश्र ने।

अन्ततः यह तय हो गया कि 'मंजुली-दर्पण' में मेरे नाम के साथ देवेन्द्र गोयल 'माँझी' का नाम भी सह-सम्पादक के रूप में जायेगा। इस बीच 'माँझी' का नूँह से जवाब भी आ गया। 6 दिसम्बर, 1983 के अपने इस पत्र में 'माँझी' ने मुझे सम्बोधित करते हुए लिखा था–

भाई मोरवाल जी,

अभिवादन स्वीकारें।

आपका पत्र प्राप्त हुआ। साहित्य के प्रति मैंने स्वयं को पूर्ण समर्पित कर दिया है, ऐसा आपने मेरे विषय में लिखा है। भैया आपके इस सन्दर्भ में एक शे'र कह रहा हूँ, ग़ौर फ़रमाएँ–

जाने कैसे-कैसे फ़लसफ़ों में हम डूबकर।
उलझनों की नित नई किताब देखते रहे॥

'मंजुली-दर्पण' का नया अंक अभी मुझे नहीं मिल पाया है, शायद एक-दो रोज़ में मिल जाये।

भैया 'मंजुली-दर्पण' के लिए आपने मुझसे जो सहयोग की अपेक्षा की है, उसे मैं पूर्ण निर्वाह करने का प्रयास करूँगा। 'मंजुली-दर्पण' के वार्षिक सदस्य बनाने के लिए आपने अगर कोई रसीद वगैरह छपवा रखी है तो उसकी एक कॉपी मुझे भिजवा दें।

शेष शुभ...। नव वर्ष भी परवाज़ करता हुआ आ रहा है, उस सन्दर्भ में भी चार लाइनें प्रेषित कर रहा हूँ–

कोरे काग़ज़ को लिए बैठा हूँ तन्हाई में
क़ैद करने को सितारों से तेरी चाल अबके
मुस्तहिक़ तू ही नहीं फ़ैज-ओ-करम का 'माँझी'
दोस्तों को भी मुबारक हो नया साल अबके।
–माँझी

पत्रिका में नाम देने से पहले मैंने इस पत्रिका के सम्पादक-पति योगेश चन्द्र भार्गव से साफ़ कह दिया था कि आप नाम तो दे रहे हैं, पर मेरा एक अनुरोध है कि पत्रिका चलने के बाद आपसे मेरे बारे में अगर कोई कुछ कहे, या मुझसे किसी तरह की शिकायत हो, तो आप पहले मुझसे उसकी पुष्टि कर लेना। भार्गव ने आश्वासन देते हुए कहा कि ऐसा कुछ नहीं होगा। मैं बोला कि जब पत्रिका चल पड़ती है, तो एक-दूसरे के बारे में लोग तरह-तरह की बातें बनाते हैं।

इस दौरान मेरा एक पत्रिका 'मधुमाया' में कुछ जुगाड़-सा हो गया। यह पत्रिका बाबा खड़क सिंह मार्ग पर बंगला साहिब गुरुद्वारे के बग़ल से वाई.डब्ल्यू.सी.ए. की तरफ़ जाने वाले हनुमान रोड के एक फ़्लैट सी-128 से निकलती थी। इस पत्रिका की सम्पादक इन्दु शर्मा नाम की तीस-इकत्तीस वर्षीय सुन्दर युवती थी। इसकी ठोड़ी पर एक काला तिल भी था। जब तक मैं यहाँ महीना-सवा महीना रहा, मैंने इस पत्रिका को निकलते हुए नहीं देखा। इस युवती की गतिविधियाँ सन्दिग्ध-सी थीं। इसने उपाध्याय (पूरा नाम याद नहीं) नाम के एक पुलिस वाले को मुँहबोला भाई बनाया हुआ था। मुझे इस उपाध्याय में पुलिस वाले जैसी न तो कोई लम्पटता नज़र आयी, और न ही इसकी नीयत में कोई खोट दिखाई दिया, इसलिए मैंने भी मान लिया कि यह इन्दु शर्मा का भाई ही होगा।

एक दिन मेरे सम्पादक ने आदेश दिया कि उसके साथ मुझे लखनऊ चलना है। लखनऊ जाने के पीछे का कारण भी बड़ा रोचक है। दरअसल, एक

दिन उसने उत्तर प्रदेश सरकार की एक लॉटरी का टिकट दिखाते हुए कहा कि उसकी एक लाख की लॉटरी निकली है। मगर दिल्ली के जिस लॉटरी एजेंट से यह टिकट ख़रीदा गया था, उसने नम्बर मिलने के बावजूद लॉटरी की रक़म देने से मना कर दिया। एजेंट का कहना था कि लॉटरी के अंकों से छेड़छाड़ की गयी है। मैंने भी उस टिकट को देखा तो पहली नज़र में मुझे भी एजेंट के कहे की पुष्टि होती नज़र आयी। लखनऊ जाने का प्रयोजन वास्तव में लॉटरी कार्यालय से लॉटरी की रक़म हासिल करना था। एक मातहत होने के कारण अपने सम्पादक के साथ चलना मेरा नैतिक और क़ानूनन फ़र्ज बनता था। वैसे भी मेरी जेब से कौन-सा टका ख़र्च हो रहा है। इस बहाने नवाबों के शहर लखनऊ के भी दीदार हो जाएँगे। यही सोचकर मैं तैयार हो गया। वैसे भी मुझे तनख़्वाह से मतलब है। मेरी बला से फिर यह लखनऊ ले जाये या टिम्बक टू। चूँकि अगले दिन सुबह-सुबह ट्रेन पकड़नी थी और पालम से आना सम्भव नहीं था, इसलिए रात को मेरे सोने की व्यवस्था यहीं ड्राइंग रूम में कर दी गयी।

लखनऊ पहुँचकर हम सीधे राज्य सरकार के लॉटरी कार्यालय गये। मैंने वहाँ पहली बार ड्रा निकालने का तरीक़ा देखा था। इन्दु शर्मा मुझे बाहर छोड़कर अन्दर कार्यालय में चली गयी परन्तु शीघ्र ही निराशा के साथ लौट भी आयी। मैं समझ गया कि यहाँ इसकी बात नहीं बनी है। इसके बाद यह मुझे लेकर विधानसभा भवन आ गयी। उन दिनों उत्तर प्रदेश के मुख्यमन्त्री नारायणदत्त तिवारी थे। यहाँ से वह मुख्यमन्त्री सचिवालय गयी। हम दोनों ने जैसे ही सचिवालय में प्रवेश किया, तो मेरे सम्पादक को देखकर मुख्यमन्त्री के निजी स्टाफ़ के अधिकारियों की जैसे बाँछें खिल गयीं। ऐसा लग रहा था जैसे सब इन्दु शर्मा को पहले से जानते हैं। वहाँ पहुँचकर अन्दर मुख्यमन्त्री के पास इस नये आगन्तुक ने सूचना भिजवा दी। मगर जब अन्दर से देर तक कोई बुलावा नहीं आया, तब यहाँ से भी निराश हो मुझे लेकर यह लौट पड़ी। दिन भर की इस भागदौड़ में शाम हो गयी। मुझे तो यह भी याद नहीं कि उस भली औरत ने मुझे दिन में क्या-क्या खिलाया था? खिलाया भी था या नहीं?

उसी दिन रात की ट्रेन से हम दिल्ली के लिए चल पड़े। शायद पहली बार की गयी वापसी की यह रेल यात्रा ताउम्र याद रहेगी। वह इसलिए कि मेरी सम्पादक बिना आरक्षण के मुझे लेकर सामान्य डिब्बे में घुस गयी। इस डिब्बे में सवारियाँ इस क़दर भरी हुई थीं कि पाँव रखने की जगह मिलनी मुश्किल हो गयी। पूरा रास्ता रात भर हमने खड़े-खड़े ही पूरा किया।

बाद में एक दिन मैंने इस घटना का ज़िक्र ओमी मास्टर से किया, तो उसकी पत्नी यानी पद्मा भाभी ने भी इसे सुन लिया था। पद्मा भाभी ने यह बात पता नहीं किस लहज़े में पत्नी को बतायी, कि उस दिन के बाद मैं सालों तक पत्नी की नज़र में नकारा तो पहले से ही था, चरित्रहीन भी हो गया। मेरी इस नयी चारित्रिक विशेषता के चलते, जब भी पत्नी से कोई खटपट होती, वह ताना मारते हुए कहती कि जो आदमी परायी औरतों के पीछे नकलऊ, कानपुर तक जाता हो, ऐसे आदमी पर मैं कैसे भरोसा करूँ। मेरे बार-बार समझाने के बावजूद आज भी पत्नी लखनऊ को नकलऊ ही कहती है। यह पद्मा भाभी वही है जिसने पत्नी को हमारे ताप के ताये दिनों में जीना सिखाया था। इसने पत्नी का बड़ा साथ दिया।

इस नयी नौकरी में आये एक महीना से ज़्यादा हो गया मगर तनख़्वाह का कोई ज़िक्र नहीं कि वह किस दिन मिलेगी। हार कर मैंने ही माँगी तो सम्पादक टाल-मटोल करने लगी। शीघ्र ही मेरी समझ में आ गया कि यहाँ सिवाय वक़्त बरबाद करने के कुछ नहीं है। इस तरह मैंने इससे मना कर दिया कि मैं यहाँ नौकरी नहीं कर पाऊँगा। बाद में मैं अपनी 'तनख़्वाह' लेने जाता तो किसी न किसी बहाने वह मुझे चलता कर देती। एक बार मैं हनुमान रोड स्थित इस पते पर 'तनख़्वाह' माँगने गया, तो मुझे दरवाज़े पर बेहद साँवले रंग का, जो सम्भवतः दक्षिण भारतीय था, बुजुर्ग-सा व्यक्ति मिला। मैंने अन्दर जाना चाहा तो उसने उसके लिए भी मना कर दिया। एक बार मैं और गया और जैसे ही कॉलबेल बजायी, दरवाज़ा खोल पुनः वही आदमी प्रकट हुआ। लोहे की कैंची वाले गेट को बग़ैर खोले लगभग हड़बड़ाते हुए उसने बताया कि मैडम नहीं है। पर मुझे लगा अन्दर कोई है। मैंने जब कहा कि मैडम अन्दर ही है, तब भी उसने मुझे अन्दर नहीं आने दिया। मेरी समझ में अब आ चुका था कि यहाँ से एक धेला भी नहीं मिलने वाला है। तनख़्वाह के पैसे मिलने की उम्मीद लगभग ख़त्म हो चुकी थी। निराश और हताश दूसरी मंज़िल के इस सी-128 पते की सीढ़ियाँ उतरते हुए मैं नीचे आ गया। इसके बाद मैं यहाँ कभी नहीं गया।

इस बीच देवेन्द्र गोयल 'माँझी' भी दिल्ली आ गया और दिल्ली कैंट के नाँगलराया में रहने लगा। 'माँझी' के दिल्ली आने के बाद हम दोनों अब अकसर मिलने लगे। इसी दौरान 'माँझी' ने बताया कि यहीं पास में आनन्द स्वरूप निर्मल सपरिवार रहता है। पता लगा तो इसके यहाँ भी आना-जाना शुरू हो गया। दरअसल, इस आनन्द स्वरूप निर्मल से मेरी पहली मुलाक़ात मनोहर

लाल 'रत्नम्' द्वारा करायी गयी एक गोष्ठी में हुई थी। मनोहर लाल 'रत्नम्' को मैं तभी से जानता था, जब मैं 1981 में अपने क़स्बे के लाला अमरनाथ की फ़ैक्ट्री अजय इंटरप्राइजेज़ में आया था। 'रत्नम्' नारायणा के रिंग रोड पर कांसल प्रिंटर्स में कम्पोज़िटर था। कांसल प्रिंटर्स अस्सी के दशक के एक मशहूर केबरा रेस्टोरेंट उमा डीलक्स और लाल बत्ती से कुछ ही क़दम की दूरी पर था। उन दिनों दैनिक सान्ध्य समाचार-पत्रों में प्रकाशित होने वाले मिंटो रोड स्थित लीडो केबरा, नारायणा के उमा डीलक्स सहित फ़िल्मिस्तान व रोहतक रोड के होटलों में होने वाले केबरों के उत्तेजक विज्ञापन आज भी स्मृति में छपे हुए हैं।

मनोहर लाल 'रत्नम्' को अपने कवि होने को लेकर कोई भ्रम नहीं था। उसका सबसे बड़ा सपना था कि बस एक बार गणतन्त्र दिवस के मौक़े पर हर साल होने वाले कवि सम्मेलन (जिसे उन दिनों लाल क़िला कवि सम्मेलन के नाम से भी जाना जाता था) में काव्य-पाठ का अवसर मिल जाये। एक दौर ऐसा भी था, जब हर मंचीय कवि का सपना होता था कि जीवन में एक बार बस उसे यह गौरव प्राप्त हो जाये। मंचीय कवियों के लिए लाल क़िला कवि सम्मेलन किसी साहित्य अकादेमी पुरस्कार से कम नहीं था। जब से यानी 1981 से दिल्ली में हिन्दी अकादमी का गठन हुआ है, तब से इस कवि सम्मेलन का आयोजन यही अकादमी करती आ रही है। चूँकि इस कवि सम्मेलन में हिस्सा लेने वाले कवियों को मोटा पारिश्रमिक मिलता है, इसलिए साहित्य अकादेमी पुरस्कार प्राप्त करने की तरह इसमें भी काव्य-पाठ के लिए तरह-तरह के जुगत व जुगाड़ लगाये जाते हैं। मनोहर लाल 'रत्नम्' का यह सपना 2005 के आसपास जाकर पूरा हुआ था।

नाँगलराया में आनन्द स्वरूप निर्मल के घर आने-जाने के दौरान पता चला कि उसका छोटा भाई विश्व रमण निर्मल व बेटा सुभाष निर्मल भी साहित्यिक तबियत के हैं। विश्व रमण निर्मल तो उन दिनों दूरदर्शन के कुछ कार्यक्रमों में नियमित रूप से हिस्सा भी लेता था। निर्मल परिवार का माहौल एकदम साहित्यिक था। इसी बीच मुझे ज्ञात हुआ कि उनके घर पर एक पत्रिका निकलने की योजना पक रही है। योजना की भनक लगते ही मैं 'मंजुली-दर्पण' की तरह सक्रिय हो गया। पत्रिका में जगह पाने की लालसा व उत्कंठा फिर से जाग्रत हो गयी। मेरा यहाँ आना-जाना और तेज़ हो गया। इस बीच पता चला कि पत्रिका का नाम भी तय हो गया—'आद्यन्त'। 'आद्यन्त' के प्रबन्ध सम्पादक होंगे आनन्द स्वरूप निर्मल और सम्पादक होंगे, वहीं पास के जनकपुरी में रहने वाले, दिल्ली विश्वविद्यालय में हिन्दी पढ़ाने वाले तथा सन्त साहित्य के मर्मज्ञ डॉ. रमेश चन्द्र मिश्र। जबकि रामदरश मिश्र, डॉ. श्याम सिंह शशि, डॉ. नित्यानन्द तिवारी और डॉ. जीवन

प्रकाश जोशी इसमें परामर्शदाता की भूमिका निभाएँगे।

डॉ. जीवन प्रकाश जोशी उन दिनों आर. के. पुरम के सेक्टर-12 में रहते थे। अस्सी के दशक में डॉ. जीवन प्रकाश जोशी अपने आप में एक स्कूल हुआ करते थे। ये 'सन्धान' नाम की एक संस्था के संस्थापक थे और त्रिशंकु प्रकाशन के अन्तर्गत युवा कवियों को प्रोत्साहित करते रहते थे। एक बार मुझे भी नयी दिल्ली के प्रगति मैदान में 'सन्धान' की ओर से 'त्रिशंकु-दो' पर आयोजित की गयी विचार गोष्ठी में जाने का अवसर मिला था। इस गोष्ठी की अध्यक्षता कवि त्रिलोचन शास्त्री ने की थी। त्रिशंकु शृंखला के अन्तर्गत तीन कवियों को शामिल किया जाता था। मुझे उस समय के जिन कवियों के नाम याद आ रहे हैं वे हैं अमित, विजय, अशोक मलिक, महेश अनुज, भारती, ऊषा गोयल, बसन्त पाण्डेय, कामिनी भटनागर, अश्विनी, सुशील वर्मा और सुरेश यादव। 'सन्धान' द्वारा पैदा किये गये इन कवियों को पता नहीं आज कितने लोग जानते होंगे। यहाँ तक कि आज की पीढ़ी डॉ. जीवन प्रकाश जोशी और उनके इस अवदान के बारे में कितना जानती है, कहना मुश्किल है।

नाँगलराया के जिस मकान में 'आद्यन्त' पत्रिका पर पूरी गम्भीरता और जिस युद्ध स्तर पर काम चल रहा था, उसी मकान के नीचे दो मकान छोड़कर महेन्द्र शर्मा, जिससे 'पंजाब केसरी' में मेरी भेंट हुई थी, सपरिवार रहता था। एक दिन मुझे उसने अपने घर के सामने से गुज़रते हुए देखकर, यहाँ आने का कारण पूछा। मैं भी तब तक नहीं जानता था कि वह यहीं रहता है। इसलिए मैंने सहजता से बता दिया कि उस तरफ़ पहली मंज़िल पर एक साहित्यिक परिवार रहता है। यह जानकर उसे बड़ी हैरानी हुई कि यहाँ रहते हुए भी उसे इसका पता नहीं। बहरहाल, बाद में महेन्द्र शर्मा ने भी निर्मल परिवार में आना-जाना शुरू कर दिया। मैं जब भी छुट्टी वाले दिन आनन्द स्वरूप निर्मल के घर जाता, वहाँ वह तो मिलता ही बल्कि उसकी पत्नी भी उनके घर के कामों में हाथ बँटाती नज़र आती थी।

जिस तरह 'मंजुली-दर्पण' के सम्पादक-पति या कहिए छाया सम्पादक योगेश चन्द्र भार्गव को मेरे जैसे शौक़िया और उत्साही युवा की ज़रूरत थी, इसी तरह इस नयी पत्रिका 'आद्यन्त' के प्रबन्ध सम्पादक को भी ऐसे ही एक भागदौड़ करने वाले उत्साही युवा की ज़रूरत थी। हिन्दी साहित्य में अजर और अमर होने के मेरे उतावलेपन को इन्होंने तुरन्त भाँप लिया, जिसका लाभ उठाते हुए मुझे कुछ ज़िम्मेदारियाँ सौंप दी गयीं। इनमें दिल्ली के नयी सड़क से पत्रिका के आवरण के ब्लॉक लाने के साथ-साथ, मुल्तान नगर (पंजाबी बाग) जाकर डॉ.

नित्यानन्द तिवारी से लेख; और प्रकाशन विभाग, पटियाला हाउस जाकर यहाँ के निदेशक पद्मश्री डॉ. श्याम सिंह शशि से कविता लाना भी शामिल था। मुझे जो ज़िम्मेदारियाँ दी गयी थीं उन्हें मैंने पूरी निष्ठा और लगन से पूरा कर दिया। शायद यह मेरी इसी निष्ठा, लगन, मेहनत व भागदौड़ का ही प्रतिफल था, कि पत्रिका के प्रेस में जाने से पूर्व इसके प्रबन्ध सम्पादक ने खुशख़बरी सुनाते हुए कहा कि मोरवाल तुमने बहुत मेहनत की है। मैं तुम्हारा नाम सम्पादक मण्डल में डाल रहा हूँ। इस नयी उपलब्धि को सुन मैं जैसे हवा में उड़ने लगा।

इस तरह पत्रिका छपने के लिए नाँगलराया के ही एक प्रिंटर आर्यावर्त में भेज दी गयी, और इन्तज़ार होने लगा पत्रिका के छपकर आने का। दस-बारह दिन बाद जैसे ही यह सूचना मिली कि पत्रिका छपकर आ गयी है, मैं नाँगलराया पहुँच गया। पत्रिका के पहले अंक की प्रति अवलोकनार्थ मुझे दे दी गयी। मेरी आँखें सम्पादक मण्डल देखने को व्यग्र हो उठीं। काँपती अँगुलियों के पोरों से मैंने पत्रिका का प्रथम पृष्ठ पलटा, तो 'विचार क्रान्ति का त्रैमासिक' जैसे क्रान्तिकारी स्लोगन के साथ गहरे लाल रंग का शीर्षक नज़र आया–'आद्यन्त'। इसके नीचे पृष्ठ के बीच में सम्पादक और प्रबन्ध सम्पादक के रूप में जो नाम छपे हुए थे, वे पहले से तय थे। अगला पृष्ठ पलटकर देखा तो परामर्शदात्री समिति में जो चार नाम छपे हुए थे वे भी लगभग पहले से तय थे। इसके बाद बच गयी नीचे प्रकाशित अतिरिक्त सम्पादक की सूची। इसमें जो चार नाम छपे हुए थे, वे थे डॉ. चन्द्रमोहन चमोली 'चन्द्र', अशोक वर्मा, फ़जरुद्दीन बेसर और महेन्द्र शर्मा। मैंने पत्रिका के सारे पृष्ठ उलट-पुलट मारे मगर मुझे अपना नाम कहीं नज़र नहीं आया। प्रचार एवं प्रसार निदेशक के रूप में विश्व रमण निर्मल का भी नाम था, तो सबसे अन्त में विशेष सहयोग के रूप में अमरजीत सिंह कोहली का नाम भी छपा हुआ था। कोहली साहब का नाम मेरे आग्रह पर ही दिया गया था। जिस महेन्द्र शर्मा को इस पत्रिका और इसके निर्मल परिवार की जानकारी सप्ताह भर पहले हुई है, उस तक का नाम पत्रिका के अतिरिक्त सम्पादकों की सूची में शामिल था। सारी निष्ठा, सारी लगन, सारी मेहनत, सारी भागदौड़ और सारे उच्छ्वास के पंखों को जैसे मेरी ही आँखों के आगे नोच दिया गया। मेरी समझ में नहीं आ रहा था कि कहने के बावजूद आख़िर भगवानदास मोरवाल का नाम पत्रिका के किन पन्नों में बिला गया। मैं निराश वहाँ से चला आया। मगर एक उम्मीद फिर भी बची हुई थी कि अभी यह पहला अंक है। इसके बाद दूसरा, तीसरा और न जाने कितने अंक आने हैं। मैं मन को तसल्ली देकर इस बात को भूल गया।

मैंने जब सारा वाक़या एक दिन देवेन्द्र गोयल 'माँझी' को बताया, तब उसने मुस्कराते हुए सिर्फ़ इतना ही कहा कि तू तो पागल है। मैं कुछ समझा नहीं। मैंने जब ज़ोर देकर पूछा तब कहीं जाकर उसने यह रहस्योद्घाटन किया कि जहाँ मेरा नाम होना चाहिए था, उसकी जगह कैसे महेन्द्र शर्मा का हो गया। इसके पीछे का राज़ यह था कि आनन्द स्वरूप निर्मल और महेन्द्र शर्मा केवल एक ही ज़िले (महेन्द्रगढ़) के ही नहीं हैं बल्कि दोनों ब्राह्मण भी हैं। महेन्द्र शर्मा का नाम शामिल होने के पीछे इन्हीं कारकों ने काम किया। 'माँझी' ने एक और मज़ेदार बात बतायी और वह यह कि महेन्द्र शर्मा की पत्नी लगभग रोज़ाना आनन्द स्वरूप निर्मल के घर जाकर खाना बनाया करती थी। 'माँझी' के इस रहस्योद्घाटन के बाद मेरी समझ में आ गया कि पत्रिका के अतिरिक्त सम्पादक मण्डल में क्यों नहीं मेरा नाम शामिल किया गया।

बहरहाल, विचार क्रान्ति की इस त्रैमासिक का कांस्टीट्यूशन क्लब में एक भव्य लोकार्पण समारोह का दिन तय कर दिया गया। वैसे उन दिनों लोकार्पण नहीं, विमोचन हुआ करता था। बाक़ायदा, डॉ. विजयेन्द्र स्नातक के कर कमलों से इस पत्रिका का विमोचन किया गया। विमोचन के बाद अपने अध्यक्षीय उद्बोधन में डॉ. विजयेन्द्र स्नातक ने इस 'आद्यन्त' नामक शब्द की व्याख्या करते हुए, इसकी जो आरती उतारी उसे सुनते हुए श्रोताओं के पेट में हँसते-हँसते बल पड़ गये। बड़े ही मर्मभेदी व्यंग्यात्मक लहज़े में उन्होंने पूछा कि यह आद्यन्त क्या नाम हुआ—यानी आदि और अन्त। पत्रिका के इस शीर्षक को देखकर मुझे ऐसा लग रहा है जैसे इसका यह पहला और अन्तिम अंक होगा। कम से कम नाम तो अच्छा-सा रखते। 7 अगस्त, 1983 को जैसे-तैसे 'आद्यन्त' का विमोचन समारोह निपट गया। पता नहीं डॉ. विजयेन्द्र स्नातक के यह बात हृदय से निकली थी, या कोई उनका शाप था कि 'आद्यन्त' का यह प्रवेशांक यानी अगस्त-सितम्बर-अक्तूबर 1983 का अंक सचमुच पहला और आख़िरी ही साबित हुआ। निर्मल बन्धुओं के जोश और हौसले को जैसे उनके शब्दों ने बींध दिया।

आज इस घटना को याद करता हूँ तो लगता है कि भले ही निष्ठा, लगन, मेहनत और उत्साह पर उस समय जातिवाद, क्षेत्रीयता और खुशामद ने विजय पा ली हो, परन्तु मेरे निश्छल हौसले को वे परास्त नहीं कर पाये। आज कितने लोग आनन्द स्वरूप निर्मल और महेन्द्र शर्मा को जानते होंगे। मगर मैं जहाँ हूँ यह उसी निश्छल हौसले और मेरी निष्ठा का प्रतिफल है। देवेन्द्र गोयल 'माँझी' आज भी बराबर ग़ज़ल कह रहे हैं। शायद यही कारण है कि 'माँझी' के पहले ग़ज़ल संग्रह के अन्तिम आवरण पर दर्ज़ यह अशआर मुझे बार-बार याद दिलाता है कि—

ऐसे गुज़रा हूँ झुलसते हुए सहराओं से।
ठंडी छाँव में कोई काफ़ला ठहरा जैसे॥

अगले महीने नवम्बर 1983 में मैं पत्रकारिता में किये जाने वाले डिप्लोमा की वार्षिक परीक्षा देने के लिए जयपुर चला गया। वहाँ लगभग पन्द्रह दिन, मैं और मेरा एक सहपाठी सुरेश यादव (कवि सुरेश यादव नहीं) दोनों एक धर्मशाला में रहे। परीक्षा देकर मैं वापस दिल्ली लौट आया और फिर से छोटी-मोटी नौकरी की तलाश में जुट गया मगर कोई कामयाबी हासिल होती नज़र नहीं आ रही थी। तेज़ी से जमा पूँजी समाप्त होने लगी। इस बीच अगस्त 1983 (7 अगस्त, 1983) में दूसरी सन्तान के रूप में नैया का जन्म हो चुका था। पत्नी दोनों बच्चों के साथ मायके में ही रह रही थी। जबकि उसका नकारा, निठल्ला, नाकामयाब, बेरोज़गार पति जैसे फिर से उसके लिए ग़ायब हो गया। एक बार फिर अभाव, पेट भरने की चिन्ता और किसी तरह की नौकरी न मिलने के चलते दिल्ली से पाँव उखड़ने शुरू हो गये। पाँवों को जमाने की बहुत कोशिश की परन्तु नीचे की सूखी भुरभुरी रेत ने साथ देने से लगभग मना कर दिया। हारकर यह निर्णय लिया कि वापस नगीना चला जाये। पत्नी भी कुछ महीने मायके रहकर अपने ससुराल नगीना लौट आयी थी। इस तरह 1984 के फ़रवरी महीने के उत्तरार्द्ध में मैं नगीना लौट गया।

ऐसे में हम उन ग़रीब और लाचार माता-पिताओं की कल्पना कर सकते हैं, जिन्हें अपने जिस जवान बेटे से अपने बुढ़ापे के सहारे की उम्मीद हो, वह दो-सवा दो साल बाद इधर-उधर की ख़ाक छान कर फिर से उनकी छाती पर दाल दलने आ जाये। पत्नी और दो बच्चों के ही पालन-पोषण में जिनके पसीने छूट रहे हों, वहाँ एक और सदस्य आ जाये, तो उनकी स्थिति का आसानी से अनुमान लगाया जा सकता है। मेरे लौटते ही घर में एक अजीब-सी बेचैनी, ख़ामोशी और तनाव व्याप गया। मेरे आने पर पत्नी को ज़रूर राहत मिली कि अभावों के जिन नुकीले व्यंग्य बाणों को अभी तक वही झेल रही थी, अब वे मेरी तरफ़ मुड़ गये।

लावणियाँ पड़ चुकी थीं। रबी की फ़सल की कटान पूरे ज़ोरों पर थी। फ़सल कटाई के साथ-साथ घर में बर्तन बनाने का काम भी शुरू हो चुका था। चाचा आते-जाते मुझे टेढ़ी नज़रों से लगभग खा जाने वाली निगाहों से घूरते रहते। जीजी और पत्नी यानी सास-बहू दोनों सवेरे-सवेरे लावणी के लिए चली जातीं। मेरा काम घर पर बच्ची (नैया) को सँभालने का रह जाता। अबोध बच्चे को दिन भर सँभालना कितना मुश्किल होता है, इसका मुझे पहली बार अनुभव

हुआ। बिना माँ के नैया रो-रोकर मेरी नाक में दम कर देती। इधर मेरा दिल्ली से वापस लौट आना चाचा को फूटी आँख नहीं सुहा रहा था। इस बीच मुझे काम में लगाने का उन्होंने एक बड़ा ही सरल तरीक़ा खोज लिया। उन्होंने छत पर रखे लावणी से आये मटर और चने के कुछ सूखे बूसे (गट्ठर) उतारे और उन्हें कूटने के लिए आँगन में डाल दिया। पहले दिन मैंने जैसे-तैसे इन्हें कूट दिया लेकिन अगले दिन चाचा ने फिर से, उससे भी ज़्यादा बूसे छत से उतार कर मेरे सामने डाल दिये। दोपहर तक मैंने इन्हें कूट तो दिया मगर कूटते-कूटते एक निर्मम फ़ैसला ले लिया।

शाम को हारी-थकी पत्नी लावणी करके लौटी और बच्ची का रोते-रोते बुरा हाल देखा, तो उसे कुछ समझ में नहीं आया। उसने अपने देवर यानी मेरे छोटे भाई से मेरे बारे में पूछा। उसके देवर ने उसे जो सूचना दी, उसे सुनकर पत्नी भौचक रह गयी। ऐसे कैसे हो सकता है। सुबह तक तो सब ठीक था। अचानक उसके पति ने यह निर्णय कैसे ले लिया। मगर तब तक बहुत देर हो चुकी थी और पत्नी ने सब अपने भाग्य और नियति पर छोड़ दिया। मेरा निर्ममता भरा फ़ैसला यह था कि मैं अबोध बच्ची को रोता-बिलखता छोड़, पत्नी को बिना बताये वापस उसी दिल्ली की ओर रवाना हो गया, जहाँ की भुरभुरी रेत ने मेरे पाँवों का साथ छोड़ दिया था।

वापस पालम गाँव आया तो आते ही सीधा अपने पुराने मालिक अर्थात् गुंजन स्टील फ़ेब्रीकेटर्स पहुँच गया। हालाँकि उन्होंने फिर से मुझे रख तो लिया मगर उनका काम जिस रफ़्तार से शुरू हुआ था, वह तीन-चार महीने में ही ठंडा पड़ गया। जिस जगह पर यह फ़ैक्ट्री चल रही थी, उसमें से आधी जगह इसके असली मालिक यानी चावला स्टील के मालिक ने मारुति वर्कशॉप के लिए किराये पर दे दी। आख़िरकार मैंने पूरी तरह गुंजन स्टील फ़ेब्रीकेटर्स को एक बार फिर से छोड़ दिया। मैंने एक दिन इसी चावला स्टील के मालिक से अनुरोध किया कि वह मुझे कहीं काम दिलवा दे। उसने मुझे एक पता दिया और अपना हवाला देने के लिए कह दिया। मैं अगले दिन इस पते पर, जो मोती नगर, नजफ़गढ़ रोड चौराहे पर स्थित सिल्वेनिया लक्ष्मण के सामने था, पहुँच गया। यह एक डिपार्टमेंटल स्टोर था। मैंने वहाँ जाकर चावला स्टील के मालिक का हवाला दिया, तो उन्होंने उसी समय मुझे काम पर रख लिया। मैं सुबह नौ बजे डिपार्टमेंटल स्टोर आता, मेरे सामने वह खुलता और शाम को आठ बजे बड़ी मिन्नत के बाद मुझे यहाँ से छुट्टी मिलती। तीन दिन में ही मेरी हालत पतली हो गयी। इस हालत पतली होने की एक वजह यह भी थी कि मेरा इधर-उधर जाना बन्द हो

गया, क्योंकि इन तीन दिनों में एक रविवार भी था। अन्ततः इसे भी मैंने छोड़ दिया क्योंकि यहाँ रहकर मेरा पत्रकार बनने का सपना पूरा होने वाला नहीं था। पत्रकारिता में डिप्लोमा की परीक्षा देने के बाद मैंने अप्रैल 1984 में इसी राजस्थान विश्वविद्यालय के एम.ए. 'हिन्दी' में प्रवेश ले लिया।

अब स्थिति यह हो गयी कि जो थोड़ी-बहुत जमा पूँजी थी, वह एकदम ख़त्म होने के कगार पर आ गयी। इस बीच मैंने डब्ल्यूज़ेड-766 वाले मकान में ही पचहत्तर रुपये मासिक किराये पर दूसरा कमरा ले लिया। मगर मकान का किराया देना भी मुश्किल हो गया। गुंजन स्टील फ़ेब्रीकेटर्स में वेल्डिंग वाले मिस्त्री से जो स्टोव बनवाया था, मिट्टी के तेल के अभाव में उसका पेट भी खाली हो गया। यानी जैसे-तैसे पेट भरने का जो इन्तज़ाम हो रहा था, वह भी जाता रहा। एक दोपहर को जब नहीं रुका गया तब चावल पकाने की एक नयी तरक़ीब सूझी कि क्यों न दो-तीन मुट्ठी चावल पानी में भिगो कर ढक दिये जाएँ। जब स्टोव पर ये पन्द्रह-बीस मिनट में गल जाते हैं, तब भीग कर ये गलने में घंटा-सवा घंटा ले लेंगे। साढ़े तीन-चार बजे जब लगा कि चावल गल गये होंगे और मैंने भगोने के ऊपर रखी प्लेट को जैसे ही हटाया, एक अजीब-सी दुर्गन्ध मग़ज में चढ़ गयी। चावल गल तो गये मगर वैसे नहीं जैसे उबालने पर गलते और फूलते हैं, इसका मुझे उस दिन पता चला। हार कर मुझे वे भीगे हुए चावल फेंकने पड़े।

शाम तक भूख से बुरा हाल हो गया। सोचा, क्यों न गुंजन स्टील फ़ेब्रीकेटर्स जाया जाये, वैसे भी यह समय रोटी-पानी का होता है। क्या पता मेरे गाँव के लड़के रोटी बनाते हुए मिल जाएँ। ऐसे समय पर किसी के यहाँ जाने पर वह आपको शिष्टाचारवश खाने के लिए टोक ही देता है। यही सोचकर मैं गुंजन स्टील फ़ेब्रीकेटर्स की तरफ़ चल दिया। मगर वहाँ जाकर देखा तो वैसा कुछ भी नहीं था जैसा मैं सोचकर आया था। वे सब तो नहा-धोकर कहीं जाने की तैयारी में थे। उनमें से एक ने टीन की छत वाले उस कमरे का दरवाज़ा बन्द किया, जिसमें उनके कपड़े-लत्ते और खाने-पीने का सामान रखा होता था, और यह कहकर बाहर चले गये कि भगवानदास हम थोड़ा बुध बाज़ार हो आएँ। पालम कॉलोनी के मंगलापुरी में यह बुध बाज़ार आज भी प्रत्येक बुधवार की शाम को लगता है। मैं उनके साथ बाहर आने के बजाय फ़ैक्ट्री में ही रुक गया और उस तरफ़ चला गया जहाँ अलमारियाँ बनने का काम होता था।

मुझे जब लगा कि वे काफ़ी दूर निकल गये होंगे, मैं दरवाज़ा खोलकर कमरे में घुस गया। हाँ एक तरफ़ चूल्हे में ठंडी होती राख़ और जली हुई लकड़ी के उनींदे कोयलों को देखकर मुझे अन्दाज़ा हो गया कि इन्होंने रोटियाँ बना ली हैं।

मैंने चूल्हे के पास रखे कनस्तर को खोला, तो उसमें रखी रोटियों की ताज़ा-ताज़ा गन्ध ने मेरा ईमान डिगा दिया। मेरा अनुमान ठीक निकला। वहीं कनस्तर के पास रखी एल्यूमीनियम की पतीली से ढक्कन हटाकर देखा, तो उससे उठती सब्ज़ी की भाप ने इस अनुमान की पूरी तरह पुष्टि कर दी। मैंने तेज़ी से कनस्तर से दो रोटियाँ निकालीं, उन पर पतीली से निकालकर चमचा भर सब्ज़ी रखी और जल्दी-जल्दी उन्हें भकोसकर कमरे से बाहर निकल, दरवाज़ा बन्द कर दिया। चौकन्नी नज़रों से देखा तो पाया आसपास फ़ैक्ट्री में कोई नहीं है। जल्दी-जल्दी खाने के कारण हिचकियाँ आने लगीं। मैंने फटाफट मुहँ साफ़ किया और अपने कमरे पर आकर पानी पिया, तब कहीं जाकर हिचकियाँ बन्द हुईं।

सामने जब कोई दिशा न हो तो आदमी को जिस तरफ़ भी थोड़ी-सी रोशनी नज़र आती है, उसी तरफ़ चल देता है। सांस्कृतिक आयोजनों में आते-जाते युवाकर्मी रॉबिन बत्रा से मुलाक़ात हो गयी थी। रॉबिन की अपनी एक संस्था थी 'रॉबिन आर्ट्स थियेटर'। मई 1984 में 'रॉबिन आर्ट्स थियेटर' का कुछ समाचार-पत्रों में एक विज्ञापन प्रकाशित हुआ। इस विज्ञापन के अनुसार नाट्य-कला के विभिन्न कोर्सेस के लिए आवेदन आमन्त्रित किये गये थे। पता नहीं मुझे अपने अन्दर छिपी इस प्रतिभा का कैसे ज्ञान हो गया कि एक दिन मैं अपने सारे सर्टिफिकेट्स लेकर रॉबिन बत्रा के लोधी कॉलोनी वाले घर पर पहुँच गया। समय यही शाम के आठ बजे का रहा होगा। रॉबिन ने मित्रतावश चाय-पानी पिलाई और मेरे सर्टिफिकेट्स रख लिए। हालाँकि मित्र-धर्म निभाते हुए उसने बाद में यह कहकर इन्हें वापस लौटा दिया कि यह मेरे काम की चीज़ नहीं है।

बात करते-करते मुझे लोधी कॉलोनी में रात के नौ बज गये। मैंने लोधी कॉलोनी से तिलक नगर के बीच चलने वाली बस नं. 518 ले ली। सोचा धौला कुआँ उतरकर, वहाँ से पालम के लिए दूसरी बस ले लूँगा। बस लोधी कॉलोनी, जोर बाग, आई.एन.ए. मार्केट को पार कर पूरी रफ़्तार से सफ़दरजंग चौराहे की ओर दौड़ी जा रही थी। सफ़दरजंग चौराहे पर लालबत्ती होने के बावजूद डीटीसी की इस बस के ड्राइवर ने देखा कि चौराहा एकदम साफ़ है। यही सोचकर उसने बस जैसे ही रिंग रोड से धौला कुआँ की ओर मोड़ी, हरी बत्ती होने के चलते ग्रीन पार्क की ओर से एक मोटरसाइकिल कम से कम 70 किलोमीटर प्रतिघंटा की रफ़्तार से आती हुई दिखाई दी। बस मुड़ चुकी थी और ऐसे में कुछ नहीं हो सकता था। हालाँकि बस लगभग पूरे चौराहे को पार कर चुकी थी फिर भी मोटरसाइकिल बस के पिछले दरवाज़े से आकर ज़ोर से टकराई। बस रुकी और उतरकर बाहर का जो दृश्य देखा तो देखते ही कलेजा जैसे मुँह को आ गया।

मोटरसाइकिल पर बैठे दो युवा लहूलुहान बीच चौराहे पर तड़प रहे थे। जैसे-तैसे उन्हें उठाकर सामने सफ़दरजंग अस्पताल के इमरजेंसी वार्ड में पहुँचाया गया। इस चक्कर में एक-सवा घंटा और लग गया।

क़रीब दस-सवा दस बजे धौला कुआँ के लिए दूसरी बस ली। धौला कुआँ पहुँचकर बस का इन्तज़ार करने लगा। मगर एक घंटा बीत जाने के बाद भी पालम की कोई बस नहीं मिली। हार कर बस का इन्तज़ार करना छोड़ दिया। पूरी रात पेट्रोल पम्प के बग़ल में बने रातभर चलने वाले ढाबों पर बनते पराँठों, ऑमलेट और चाय की गन्ध के बीच गुज़ारनी पड़ी। सवेरे भी पालम जाने वाली जो बस मिली, वह सात बजे के आसपास मिली।

इसी बीच चाँदनी चौक, फव्वारे के निकट एच.सी. सेन मार्ग पर स्थित एक प्रिंटिंग प्रेस में काम मिल गया। तनख़्वाह वही पाँच सौ रुपये जितनी अजय इंटरप्राइजेज़, नारायणा में थी। इस प्रेस में छोटी-मोटी प्रिंटिंग के अलावा सरकारी छपाई का काम भी होता था। मुझे याद है कि इस प्रेस में 1981 में हुई जनगणना सम्बन्धी पुस्तक 'भारत की जनसंख्या' का उन दिनों मुद्रण का काम चल रहा था। मेरा काम छपी सामग्री को इनके मालिकों और कार्यालय में डिलीवर करने का था। इसलिए लौटते समय थोड़ा-सा वक़्त निकालकर मैं अपना जन सम्पर्क साध लेता। यानी मुझे यहाँ थोड़ा-बहुत समय मिल जाता था।

सरदार अमरजीत सिंह कोहली की संस्था 'युव कला संगम' और दूसरी सांस्कृतिक संस्थाओं के एक आयोजन में मेरी मुलाक़ात हुई सरदार चरणजीत सिंह से। वैसे चरणजीत सिंह पंजाब एंड सिंध बैंक की सिंधिया हाउस शाखा में क्लर्क-कम-कैशियर था। वह पंजाबी और हिन्दी में कविता व ग़ज़लें लिखता था। 'शनाख़्त' और 'सैलाब' शीर्षक से इसके दो छोटे-छोटे संग्रह प्रकाशित हो चुके थे। ये दोनों संग्रह इसने अपने निजी प्रकाशन सागर प्रकाशन, विष्णु गार्डन से प्रकाशित किये थे। 1984 के शुरुआती सालों में जो 'वीर अर्जुन' कभी दैनिक हुआ करता था। साप्ताहिक होने पर मैं इसका नियमित-सा लेखक हो गया। साप्ताहिक 'वीर अर्जुन' वरिष्ठ कवि और पत्रकार पुरुषोत्तम वज्र की ही देखरेख में प्रकाशित होता था। 1984 में मैंने जिन दो समाचार-पत्रों में सबसे ज़्यादा लिखा था इनमें पहला यह साप्ताहिक 'वीर अर्जुन' था और दूसरा 'पंजाब केसरी'।

अमरजीत सिंह कोहली ने अपने एक सांस्कृतिक कार्यक्रम के दौरान मुझे भरतनाट्यम् की जानी-मानी नृत्यांगना सरोजा वैद्यानाथन से मिलवाया था। गणेश नाट्यालय की संस्थापक सरोजा वैद्यानाथन शास्त्रीय नृत्य कला की चलती-फिरती

संस्था थीं। पति के एक वरिष्ठ प्रशासनिक अधिकारी होने के नाते ये उन दिनों बापा नगर में रहती थीं। मैंने इनकी नृत्य कला के बारे में एक छोटा-सा लेख 'पंजाब केसरी' में भेज दिया, जो इसके प्रथम पृष्ठ पर 2 मई, 1984 के अंक में इनके चित्र के साथ प्रकाशित हो गया। इसके बाद इनसे की गयी एक बातचीत साप्ताहिक 'वीर अर्जुन' में भी छप गयी। आज भले ही हम 'पंजाब केसरी' के बारे में कुछ भी कहें मगर अस्सी के दशक में इस दैनिक समाचार-पत्र की लोकप्रियता का डंका बजता था।

एक दिन चाँदनी चौक, फव्वारे वाली प्रिंटिंग प्रेस में सरोजा वैद्‌यानाथन का मेरे पास फ़ोन आया कि वे मुझसे मिलना चाहती हैं। मैंने उनसे हाँ कह दिया। जिस दिन मैंने उनसे उनके घर पर मिलने का समय निश्चित किया, रास्ते में बहादुर शाह ज़फ़र मार्ग उतरकर 'वीर अर्जुन' में पुरुषोत्तम वज्र के पास चला गया। यह बात दो बजे के आसपास की है। मैंने जब सरोजा वैद्‌यानाथन द्वारा मुझसे मिलने की बात उसे बतायी, तब वह बोला कि अख़बार तैयार हो जाये, मैं भी चलूँगा। मगर लगभग एक-डेढ़ घंटा बैठने के बाद उसने मेरे साथ चलने से मना कर दिया। तीन बजे के क़रीब में वहाँ से चलकर अकेला ही बापा नगर पहुँच गया।

सरोजा वैद्‌यानाथन ने मेरी जमकर सेवा की। ज़िन्दगी में पहली बार मैंने ड्राई फ्रूट्स जैसे काजू, बादाम, चिलगोजे आदि का जमकर स्वाद चखा। चाय और उससे पहले ठंडा तो उसने पिलाया ही। लगभग आधा घंटा बैठकर मैं लौटने लगा, तो सरोजा जी ने मेरी तरफ़ एक पैकेट बढ़ाया। मैंने जब पूछा कि यह क्या है? तब वह बोली कि मेरी तरफ़ से तुम्हारे लिए एक छोटा-सा गिफ़्ट है। मैंने उस गिफ़्ट को लेने से साफ़ मना कर दिया। सरोजा वैद्‌यानाथन को शायद इसकी उम्मीद नहीं थी। वह लगभग सफ़ाई देने लगी कि मैं अपनी ख़ुशी से दे रही हूँ। मगर मैंने फिर भी लेने से इनकार कर दिया। इस पर वह बड़े स्नेह से बोली कि तुम मेरे छोटे भाई जैसे हो, मना मत करना। इसके बाद मैं सचमुच मना नहीं कर पाया। पैकेट देने के बाद वह मुझे बाहर तक छोड़ने आयी। मैं जब उसके घर से कुछ दूर आ गया, तब मैं जिज्ञासावश उस पैकेट को खोलकर देखने लगा कि आख़िर इसमें है क्या? उसे खोलकर देखा तो पाया उसमें पैंट-शर्ट का पीस है।

दिल्ली में पाँव जमाने की जद्‌दो जहद में स्वतन्त्र पत्रकारिता करते हुए एक तरह से यह मेरी पहली 'कमाई' थी। अभाव में सरोजा वैद्‌यानाथन के इस उपहार ने काफ़ी बल प्रदान किया। इस पैंट-शर्ट को मैंने प्रेम कुमार राघव उर्फ़ पप्पू के छोटे भाई परमानन्द से सिलवाया। परमानन्द उन दिनों मायापुरी की एक गारमेंट फ़ैक्ट्री में सिलाई का काम करता था। 1974 में जिस 'गणेश नाट्‌यालय'

की सरोजा वैद्यानाथन ने स्थापना की थी, और 1984 में कुतुब इंस्टीट्यूशनल एरिया (दक्षिण दिल्ली) में जिसकी आधारशिला रखी गयी थी, आज वह एक भरे-पूरे संस्थान के रूप में काम कर रहा है।

चरणजीत सिंह आकाशवाणी के 'युववाणी' के कुछ कार्यक्रमों में हिस्सा ले चुका था। उन दिनों 'युववाणी' का कार्यालय संसद मार्ग के आकाशवाणी भवन के दायें ओर बने पुराने बैरक में होता था। यहीं इसी कार्यक्रम के एक युवा प्रोग्राम एक्ज़ीक्यूटिव से मेरा परिचय चरणजीत सिंह ने कराया, जिसका नाम था—परवेज़ आलम। परवेज़ आलम ने उसी समय मेरा नाम 'युववाणी' से प्रसारित होने वाली परिचर्चा की रिकार्डिंग के लिए शामिल कर लिया। इस परिचर्चा का विषय था 'प्रदूषण की समस्या', जो आकाशवाणी से 16 जुलाई, 1984 को प्रसारित हुआ था और आकाशवाणी से प्रसारित होने वाला मेरा यह पहला कार्यक्रम था।

'युववाणी' का उन दिनों एक बेहद लोकप्रिय कार्यक्रम था 'महफ़िल'। इसे प्रस्तुत करने के लिए युवाओं में बड़ी मारा-मारी मची रहती थी। यह कार्यक्रम प्रस्तुत करने वाले की पसन्द के गीतों पर आधारित होता था। गाना सुनवाने से पहले प्रस्तुतकर्ता को एक छोटी-सी भूमिका बाँधनी होती थी, जिसे रोचक बनाने के लिए उसमें अशआर, मुक्तक, छन्द इत्यादि डाले जाते थे। यह आधे घंटे का कार्यक्रम होता था, जिसका शाम सात बजे आकाशवाणी स्टूडियो से सीधा प्रसारण होता था। ऐसा ही एक और कार्यक्रम होता था 'मनभावन'। यह कार्यक्रम श्रोताओं की पसन्द पर आधारित होता था, यह रात को साढ़े नौ बजे सीधा प्रसारित किया जाता था। इन दोनों कार्यक्रमों को प्रस्तुत करने के लिए प्रस्तुतकर्ता को एक ऑडिशन की प्रक्रिया से गुज़रना पड़ता था ताकि उसके उच्चारण, और प्रस्तुत करने की शैली को जाँचा-परखा जा सके। 'महफ़िल' के लिए जब मेरा ऑडिशन हुआ, तो अपने ठेठ मेवाती लहज़े और अज्ञानता के चलते गाड़ी फूल शब्द पर आकर अटक गयी। जब परवेज़ भाई को लगा कि गाड़ी फूल की जगह फ़ूल पर आकर अटक गयी है, तो पहले वे कंट्रोल पैनल से ही बताते रहे कि बॉस फ़ूल नहीं फूल बोलो। मगर मुझे लगा कि मैं ही सही बोल रहा हूँ। हार कर कंट्रोल पैनल से उठकर वे मेरे पास आये और पूरी ताक़त के साथ समझाने के अन्दाज़ में बोले, "यार, फ़ूल नहीं फूल...फूऽऽऽल।" इन दोनों शब्दों में अन्तर व उच्चारण को स्पष्ट करने के लिए उन्होंने एक अशआर भी सुनाया था, जो यह था—

हमने काँटों को भी गर्मी से छुआ है लेकिन।
लोग बेदर्द हैं फूलों को मसल देते हैं॥

जैसे-तैसे ऑडिशन तो हो गया और 'महफ़िल' प्रस्तुत करने के लिए मेरा उन्होंने चयन भी कर लिया, मगर इस शर्त के साथ कि मुझे अपना उच्चारण ठीक करना होगा। उसी समय परवेज़ भाई ने मिसाल के तौर पर जो अशआर सुनाया था, मैंने उसे अपनी डायरी में लिख लिया। जिसे मैंने बाद में 'महफ़िल' के दौरान एक गीत चलवाने से पहले सुनाया भी। इस तरह मुझे पहली बार फूल और फ़ूल का फ़र्क समझ में आया। परवेज़ आलम के बिना उत्तेजित व झल्लाए बार-बार इस शब्द को दोहराने के उनकी इस सहनशीलता और विनम्रता का मैं आज भी क़ायल हूँ। यह शायद उसी दिन का असर है कि उर्दू या फ़ारसी के जो शब्द आम बोलचाल के चलन में हैं, मैं उनके सही उच्चारण की कोशिश करता हूँ।

लगभग तीस साल बाद 2013 में बीबीसी, लन्दन से आने के बाद उन्हें साहित्य अकादेमी के सभागार में मैंने एक कार्यक्रम में देखा। मैं उनके पास धीरे-से गया और अपने तीसरे उपन्यास 'रेत' के उर्दू अनुवाद की प्रति देते हुए मैंने उन दिनों की याद दिलाने की कोशिश की। मगर उन्हें याद नहीं आया। हाँ, वे यह देख और जान कर बेहद ख़ुश हुए कि उनका लगभग एक शागिर्द ठीक-ठाक लेखक-सा बन गया है। इसके बाद दिल्ली के इन्दिरा गाँधी कला केन्द्र में भी उनसे दूसरे 'जश्न-ए-रेख़्ता' के दौरान मुलाक़ात हुई, तो उन्होंने अपने पास खड़े व्यक्ति से मेरा परिचय यह कहते हुए कराया, "जनाब, ये भगवानदास मोरवाल हैं। हिन्दी के बहुत बड़े लेखक।" परवेज़ आलम के इस आत्मीय परिचय ने मानो मेरे भीतर एक नयी ऊर्जा और ताक़त भर दी। जैसे एक कामयाब शागिर्द पर एक उस्ताद को नाज़ होता है, उससे ज़्यादा उस शागिर्द का अपने ऐसे उस्ताद या कहिए मार्ग-दर्शक के सिजदे में सिर अपने आप झुकता चला जाता है। परवेज़ आलम से मेरी जब भी भेंट होती है मेरा सिर उनके सिजदे में अपने आप नमता चला जाता है।

'आधन्त' ने जो ज़ख़्म दिया उस पर 'मंजुली-दर्पण' के नये अंक (जुलाई 1984) ने एक हद तक मरहम लगा दिया। पत्रिका के तीन सह-सम्पादकों देवेन्द्र गोयल 'माँझी', देवेन्द्र सिंह चौहान से ऊपर सह-सम्पादक के रूप में अपना नाम देखकर लगा, मानो पत्रकारिता की राह के किनारे एक नयी उपलब्धि का पत्थर गड़ गया है। मगर यह उल्लास और ख़ुशी ज़्यादा दिनों नहीं रह पायी। दरअसल, अपनी भागदौड़ के चलते और नारायणा से दूर रहने के कारण मैं पत्रिका में अपना कोई योगदान नहीं दे पा रहा था। हालाँकि योगदान देवेन्द्र गोयल 'माँझी' का भी कोई विशेष नहीं था। मगर मुझसे पत्रिका के सम्पादक-पति या कहिए छाया-सम्पादक की अपेक्षाएँ कहीं ज़्यादा थीं। मैं पत्रिका निकलने से कुछ

दिन पूर्व इनके नये पते सीबी-14, रिंग रोड, नारायणा पर गया, तो सम्पादक-पति योगेश चन्द्र भार्गव का रवैया मुझे बेहद उखड़ा-उखड़ा-सा नज़र आया। उसने मुझसे काई विशेष बात नहीं की। इसलिए मैं चुपचाप वहाँ से चला आया। योगेश चन्द्र भार्गव के इस कोप का ख़मियाज़ा मुझे अगले ही अंक में भुगतना पड़ गया। मेरी लगन, मेहनत, निष्ठा, भागदौड़ आदि-आदि का जो प्रतिफल तीन सम्पादकों में सबसे ऊपर रखकर प्रदान किया गया था, अगले अंक में मेरा नाम खिसककर सबसे नीचे आ गया। चलो, नीचे आ गया कोई बात नहीं। आदमी को अपनी ग़लती का एहसास जल्दी हो जाये, तो इससे अच्छी बात और क्या हो सकती है। मगर इसे आप क्या कहेंगे कि अगर भगवानदास मोरवाल की जगह सिर्फ़ भगवानदास रह जाए? यह किसी ग़लती का एहसास नहीं बल्कि जांनबूझ कर किया गया एक आखेट था।

कुछ दिन बाद अचानक मेरी योगेश चन्द्र भार्गव से भेंट हुई। मैंने जब इस आखेट का कारण पूछा, तब उसने बड़े ही मासूमियत भरे अन्दाज़ में बताया कि यह सब कम्पोज़िटर से फ़र्मा उठाते समय हो गया। मैंने कहा कि फ़र्मा उठाते समय एक साथ ऐसा कैसे हो सकता है कि पहले नम्बर से नाम खिसककर सबसे नीचे आ जाये। चलो, ऐसा हो सकता है मगर ऐसा कैसे हो सकता है कि नाम से मोरवाल ही उड़ जाये? मेरे इस ढीठता भरे तर्क पर उससे कुछ भी जवाब देते नहीं बना। इस तरह 'मंजुली-दर्पण' से जुड़ा अध्याय भी जैसे अन्तिम साँसें लेने लगा। कुछ दिनों बाद मेरी उससे पुनः भेंट हुई तो बोला कि तुम महरम नगर (इन्दिरा गाँधी एयर पोर्ट के पास) कवि गोष्ठी में नहीं आये? मैंने कह दिया कि मुझे इसके बारे में पता नहीं था। फिर एक कुटिल मुस्कान बिखेरते हुए वह मुझे कोंचते हुए बोला कि यार तुम्हारे बारे में लोग कह रहे थे कि तुम 'मंजुली-दर्पण' को कैश कर रहे हो। बल्कि वे तो यहाँ तक कह रहे थे कि तुम 'पंजाब केसरी' में रचना छपवाने के लिए वहाँ मिठाई का डिब्बा लेकर जाते हो। मैं समझ गया किं यह बात कौन कह सकता है। मैंने भी उसी अन्दाज़ में उत्तर दिया कि भार्गव साहब अगर मिठाई का डिब्बा देने से चीज़ें छपती हैं, तो हर रचना के लिए मैं डिब्बा देने को तैयार हूँ। मेरा जवाब सुन वह सफ़ाई देने लगा। इस पर मैंने कहा कि मैंने आपसे पहले ही कहा था कि अगर मेरे बारे में आपसे कोई कुछ कहे, तो मुझसे भी उसकी पुष्टि कर लेना। इसके बाद वह कुछ नहीं बोला। इस तरह 'मंजुली-दर्पण' और उसका सम्पादक-पति योगेश चन्द्र भार्गव भी अतीत की याद बनकर रह गये।

जनवरी, 1986 में मैं अपने क़स्बा नगीना गया। गोहरवाली चौक से पहले

मैं रिक्शे से उतरा ही था कि मुझे देखते ही सामने चाचा श्रीचन्द जैन ने अपनी दुकान पर बुला लिया। मैंने दुकान पर पहुँचकर नमस्कार वग़ैरह किया और एक तरफ़ बिछी बेंच पर बैठ गया। मैं अभी बेंच पर बैठा ही था कि चाचा श्रीचन्द जैन ने अपने गल्ले से एक अख़बार को निकाला और खोलकर मेरे सामने बिछाते हुए पूछा, “बेटा, यह क्या मामला है?” मैंने सामने बिछे एक मासिक टेबलॉयट को देखा तो अपनी आँखों पर यक़ीन नहीं हुआ। यक़ीन इसलिए नहीं हुआ कि यह मासिक टेबलॉयट और कोई नहीं ‘मंजुली-दर्पण’ ही था। मैंने अपने क़स्बे में भी ‘मंजुली-दर्पण’ के कुछ वार्षिक सदस्य बनाये थे। इसीलिए मुझे इसके इस नये आकार के दर्शन हो गये। यह दिसम्बर, 1985 का अंक था। चाचा श्रीचन्द जैन ने जिस बारे में पूछा था कि यह क्या मामला है, दरअसल वह ‘मंजुली-दर्पण’ के मुखपृष्ठ पर प्रकाशित पाठकों को चेतावनी देने वाला एक विज्ञापन था। यह विज्ञापन इसकी सम्पादिका की ओर से इसके नये पते से प्रकाशित हुआ था। इस दो कॉलम के चेतावनी भरे विज्ञापन में बायीं तरफ़ ऊपर-नीचे दो तस्वीरें प्रकाशित थीं। ऊपर श्री देवेन्द्र गोयल ‘माँझी’ की, और उसके ठीक नीचे श्री भगवानदास मोरवाल की तस्वीर छपी हुई थी, जबकि तस्वीरों के बग़ल में एक कॉलम में छपी इस चेतावनी का मज़मून हू-ब-हू यहाँ दिया जा रहा है—

पाठकों/लेखकों सावधान

आपको सूचित किया जाता है कि श्री देवेन्द्र गोयल ‘माँझी’ व श्री भगवानदास मोरवाल का अगस्त 1985 से ‘मंजुली-दर्पण’ पत्रिका से कोई सम्बन्ध नहीं है।

हमें कुछ पत्र प्राप्त हुए जिससे ज्ञात हुआ है कि कुछ रचनाकारों से इन लोगों ने सहयोगी काव्य-संग्रहों हेतु रचनाएँ मँगवायी हैं, तथा उनका दुरुपयोग किया जा रहा है।

अतः सभी पाठकों, रचनाकारों को सावधान किया जाता है कि ‘मंजुली-दर्पण’ के नाम पर इन दोनों व्यक्तियों से पत्र-व्यवहार/लेन-देन आदि नहीं करें। किसी भी प्रकार की हानि के लिए ‘मंजुली-दर्पण’ कार्यालय ज़िम्मेदार नहीं होगा। इसकी ज़िम्मेदारी पाठक/रचनाकार की होगी। आप अपनी रचनाएँ/वार्षिक शुल्क आदि सीधा ‘मंजुली-दर्पण’ कार्यालय के निम्न पते पर भेजें।

—सम्पादिका
मंजुली-दर्पण
डब्ल्यू ज़ेड-18, नारायणा गाँव
नयी दिल्ली-110028

मुझे यह पढ़कर और भी हैरानी हुई कि इस सूचना के अनुसार हमारा सम्बन्ध इस पत्रिका से अगस्त 1985 तक रहा। मगर जहाँ तक मुझे याद है, हमारा इससे नवम्बर-दिसम्बर 1984 से सम्बन्ध ख़त्म हो चुका था। इस विज्ञापन में हम दोनों के द्वारा रचनाकारों से सहयोगी काव्य-संग्रहों के लिए रचनाएँ मँगवाने तथा उनका दुरुपयोग करने की बात कही गयी थी। मैं अपनी स्मृति पर बहुत ज़ोर देकर याद करने की कोशिश करने लगा कि इसमें कौन-से काव्य-संग्रहों की बात की गयी है। बाद में दिल्ली आकर 'मंजुली-दर्पण' के कुछ अंकों को खँगाला, तब कहीं जाकर इसका आधार और सूत्र हाथ लगा। दरअसल, इस पत्रिका के कुछ अंकों में पूरे पृष्ठ का 'सहयोग आमन्त्रित' शीर्षक से बसन्ती प्रकाशन, सीबी-14, रिंग रोड, नारायणा, नयी दिल्ली-110028 की तरफ़ से एक विज्ञापन छपता था, जो इस तरह था–

1. यौवन, सौन्दर्य, प्रेम और शृंगार प्रधान कविताओं/गीतों/नज़्मों/ग़ज़लों के संकलन के लिए सहयोग शीघ्र आमन्त्रित है। डिमाई साइज़ के 3 या 4 पृष्ठ प्रत्येक कवि को दिये जाएँगे। अग्रिम सहयोग राशि 100/- ली जायेगी।

2. चयन के लिए कम से कम 10 रचनाएँ, संक्षिप्त परिचय, पासपोर्ट आकार का फोटो, सहयोग राशि का 100/- का बैंक ड्राफ्ट या मनीआर्डर एक साथ 31-8-84 तक नीचे दिये पते पर अवश्य प्राप्त हो जाना चाहिए।

3. सहयोगियों को सहयोग राशि 100/- के मूल्य की प्रतियाँ प्रदान की जाएँगी और वे 50 प्रतिशत की छूट पर अधिक प्रतियाँ भी प्राप्त कर सकेंगे।

4. प्रधान सम्पादक 'श्रीमती मंजुला भार्गव' होंगी। अन्य सहयोगियों में से एक सम्पादक नियुक्त किया जायेगा।

इस विज्ञापन को पढ़कर मुझे असली कहानी अब समझ में आयी। देवेन्द्र गोयल 'माँझी' का तो मुझे नहीं पता मगर अपने बारे में मैं पूरे यक़ीन से कह सकता था कि मैंने किसी से कोई रचना नहीं मँगवायी। वास्तव में, बसन्ती प्रकाशन इनका अपना प्रकाशन था। वही बसन्ती प्रकाशन जिससे मात्र 32 वर्ष की आयु में योगेश चन्द्र भार्गव नाम के एक लेखक ने एक के बाद एक 'पतझड़ का अन्त', 'इन्साफ़', 'देवता', 'ज्वाला', 'प्रतिशोध', 'बिसरा इतिहास' और 'मुक्ति-संघर्ष' जैसे सात उपन्यास छपवा लिए। राज भाषा के प्रति लगन और उत्साह के मद्देनज़र जो 24 वर्षीय युवा लेखक, संसद कक्ष में महामहिम राष्ट्रपति फख़रुद्दीन अली अहमद से सम्मानित हो चुका हो, आज 65 वर्षीय इस लेखक की जगह हिन्दी साहित्य में कहाँ है, कम से कम मुझे तो इसका ज्ञान नहीं है। मैं तो अपने ऐसे सहचरों के बारे में इतना ही कह सकता हूँ–

ज़िन्दा है मेरी रूह में तेरा वजूद भी।
तुझको भी जख़्म आएँगे, पत्थर न मार दोस्त॥

इधर लगभग एक साल पहले एक सांस्कृतिक आयोजन में दिल्ली विश्वविद्यालय के कालिन्दी कॉलेज में गायन की लेक्चरर और संगीत में शोध कर रही युवा गायिका उमा गर्ग से परिचय हुआ। उमा गर्ग सुप्रसिद्ध हास्य कवि काका हाथरसी की पुत्रवधू और संगीत के अध्येता व मर्मज्ञ डॉ. मुकेश गर्ग की पत्नी थीं। मैंने उमा गर्ग पर छोटा-सा एक परिचयात्मक लेख लिखा था, जो 'पंजाब केसरी' के मुखपृष्ठ पर इनकी तस्वीर के साथ प्रकाशित हुआ था। इन्हीं दिनों पता चला कि ये ब्रजभाषा में बनने वाली एक फ़िल्म 'जमुना किनारे' में भी गा रही हैं। इसी फ़िल्म की जानकारी लेने के सम्बन्ध में मैं डॉ. मुकेश गर्ग से मिला, तो उनके अनुसार इस फ़िल्म का निर्माण काका हाथरसी फ़िल्म प्राइवेट लिमिटेड के बैनर तले होने जा रहा है। मुकेश गर्ग को भी इसमें हास्य अभिनेता के रूप में अवसर दिया जाने वाला है। इस फ़िल्म की कथा-पटकथा कवि अशोक चक्रधर ने लिखी है। जबकि सुरेश वाडेकर, महेन्द्र कपूर, सुलक्षणा पंडित, चन्द्राणी मुखर्जी जैसे जाने-माने गायक इसके गीत गाएँगे। इस फ़िल्म में नौटंकी, रसिया, आल्हा और लाँगुरिया जैसे ब्रज के लोक गीतों का समावेश किया जाना है। इसमें इस्तेमाल किये जाने वाले लाँगुरिया का यह मुखड़ा तो मुझे अभी भी याद है—*वा रे लाँगुरिया तेरी धन खाय गयी कारे नाग ने।* इस फ़िल्म की शूटिंग हुई और यह बनी भी। मगर दुर्भाग्य से इसके प्रिंट कहीं उपलब्ध नहीं हैं।

अस्सी के दशक में फ़ीचर एजेंसीज़ के माध्यम से विभिन्न पत्र-पत्रिकाओं में लेख छपने का प्रचलन ज़ोरों पर था। ये लेखकों-पत्रकारों से समसामयिक विषयों पर लेख, भेंटवार्ता, साक्षात्कार लिखवाते थे और एकसाथ उसे अलग-अलग पत्र-पत्रिकाओं में भेजते थे। इससे पत्रकार व लेखक को फ़ायदा यह होता था कि उसकी बात, या विचार अनेक पत्र-पत्रिकाओं के माध्यम से ज़्यादा से ज़्यादा पाठकों तक पहुँचती थी। इन रचनाओं के स्टेन्सिल कटवा, साइक्लोस्टाइल करवाकर एक रचना की कई प्रतियाँ निकलवाकर उन्हें डाक से भेजा जाता था। आज समय के साथ टेक्नोलॉजी में बहुत परिवर्तन आ चुका है, मगर उस समय के हिसाब से यह एक क्रान्तिकारी टेक्नोलॉजी थी। साइक्लोस्टाइल मशीन एक तरह से प्रिंटिंग मशीन का काम करती थी। इस मशीन की हिन्दी की लघु पत्र-पत्रिकाओं में भी अपनी एक विशेष भूमिका थी। कार्बन पेपर पर स्टेन्सिल काटकर उसे स्याही के रोलर पर चढ़ाया जाता था। जिससे एकसाथ पाँच सौ के क़रीब प्रतियाँ निकलती

थीं। मैंने कई लघु पत्रिकाओं के अनेक अंक इस माध्यम से निकलते हुए देखे हैं। पंजाबी अनुवादक और कथाकार सुभाष नीरव के सम्पादन में निकलने वाली 'प्रयास' नाम की पत्रिका के कई ऐसे अंक मेरे पास आज भी मौजूद हैं।

अस्सी के दशक में ऐसी ही एक फ़ीचर एजेंसी थी 'युगवार्ता'। इस एजेंसी का गोल मार्केट के पास शहीद भगत सिंह मार्केट में दफ़्तर होता था, और इसके सम्पादक थे धर्मपाल शर्मा। उन दिनों मेरे पत्रकार बनने में 'युगवार्ता' की भी बड़ी भूमिका थी। 'युगवार्ता' के माध्यम से मेरा पहला 'अपराध और राजनीति का ख़तरनाक गठजोड़' शीर्षक से लेख अगस्त 1984 में एक साथ कई समाचार-पत्रों में प्रकाशित हुआ था। उस समय यह एजेंसी पारिश्रमिक के रूप में लेखक को पन्द्रह रुपये देती थी। जिन लेखकों से 'युगवार्ता' पहल करके लिखवाता था, उसे पच्चीस रुपये पारिश्रमिक दिया जाता था।

धर्मपाल शर्मा अविवाहित थे। इस स्मृति-कथा को लिखने के दौरान मैंने इनके छोटे भाई और 'वार्ता' समाचार एजेंसी में पत्रकार के रूप में कार्यरत मुकेश कौशिक से फ़ोन नम्बर लिया। मुकेश कौशिक ने ही बताया था कि इन दिनों वे बीमार हैं। मैंने जब इससे धर्मपाल शर्मा जी की गतिविधियों के बारे में पूछा तो उसने सूचना दी कि भाई साहब सन्त बन गये हैं। दिये गये फ़ोन नम्बर पर मैंने धर्मपाल जी से बात करनी चाही, तो उनके सख़्त बीमार होने के कारण उनकी एक अनुयायी ने बताया कि स्वामी जी अभी बात करने की स्थिति में नहीं हैं। यह 26 जुलाई, 2015 की बात है। दो दिन बाद मैंने पुनः फ़ोन मिलाया। उधर से पूछा गया तो मैंने बताया कि मैं भगवानदास मोरवाल बोल रहा हूँ। मेरे प्रति उनका स्नेह 1984 से है, जब वे 'युगवार्ता' के सम्पादक होते थे। उन्होंने मेरे अनेक लेख 'युगवार्ता' के माध्यम से प्रकाशित कराये थे। आज हिन्दी साहित्य में मेरा जो भी स्थान है उसमें उनकी बड़ी भूमिका रही है। मेरा उनसे एक तरह से पारिवारिक सम्बन्ध भी रहा है। एक ही साँस में मैं इतना सब कह गया। अपने बारे में दूसरी तरफ़ बात कर रहे व्यक्ति को मैं यह विश्वास दिलाना चाहता था कि इनके स्वामी बनने से पहले वे मुझे कितना स्नेह करते थे, ताकि वह धर्मपाल शर्मा अर्थात् स्वामी जी से मेरी बात करवा दे। मेरी ओर से जब दूसरी तरफ़ वाले को पूरी तसल्ली हो गयी, तब कुछ क्षण के बाद दूसरी तरफ़ से जवाब आया कि मैं वही धर्मपाल शर्मा बोल रहा हूँ। पूरे तीस साल बाद फ़ोन के रिसीवर से आती काँपती आवाज़ को मैं पहचान नहीं पाया। पलभर के लिए मुझे विश्वास नहीं हुआ कि मेरी उसी दुबले-पतले, बेहद सौम्य और एक-एक शब्द को तौल कर इस्तेमाल करने वाले 'युगवार्ता' के सम्पादक धर्मपाल शर्मा से बात हो रही

है। अपने आपको रोक पाना मेरे लिए मुश्किल हो रहा था। मेरे भीगे हुए शब्द रह-रह कर जैसे टूट रहे थे। मैं थोड़ी देर के लिए भूल गया कि मैंने उनके पास किस काम के लिए फ़ोन किया था। भूल नहीं गया था बल्कि सच बात यह थी कि मेरी उनकी पुरानी निजी परतें उचेलने की न तो हिम्मत पड़ रही थी, न मन ने ही गवाही दी। वैसे भी किसी के निजी जीवन को जानते हुए उसमें जान-बूझकर झाँकना न तो नैतिक है, न कोई समझदारी।

इधर साप्ताहिक 'वीर अर्जुन' के सर्वेसर्वा पुरुषोत्तम वज्र से मैं बराबर मिलने लगा था। चूँकि पालम जाने वाली मेरी बस बहादुर शाह ज़फ़र मार्ग से होकर जाती थी। इसलिए चाँदनी चौक से मैं 'वीर अर्जुन' आ जाता था। वहीं मेरी मुलाक़ात कवि सतीश सागर से भी होने लगी और अकसर देवेन्द्र गोयल 'माँझी' भी वहाँ आ जाता था। पुरुषोत्तम वज्र ने अक्तूबर 2015 में अपने जीवन के साठ साल पूरे किये हैं। उनकी षष्ठि-पूर्ति के अवसर पर उनके ग़ज़ल-संग्रह 'कोरे काग़ज़' के साथ-साथ, उनके सम्मान में एक अभिनन्दन ग्रन्थ 'शिखर के आसपास' का भी लोकार्पण हुआ था।

एक दिन जब हम 'वीर अर्जुन' के प्रताप भवन के सामने चाय पी रहे थे, तो पुरुषोत्तम वज्र ने इच्छा प्रकट करते हुए कहा कि यार, किसी दिन कुछ बीयर-शीयर पीने-पिलाने का इन्तज़ाम करो! चूँकि मैं 'वीर अर्जुन' में नियमित रूप से छप रहा था, इसलिए दक्षिणा का मेरा यह हक़ तो बनता ही था। हमने यानी मैंने और देवेन्द्र गोयल 'माँझी' ने बिना किसी हुज्जत के उसकी इस इच्छा का सम्मान करते हुए, इस प्रस्ताव को स्वीकृति दे दी। वैसे पुरुषोत्तम वज्र की इस इच्छा का सम्मान करने के पीछे हमारा एक स्वार्थ और कारण भी छिपा हुआ था, और वह यह कि उन दिनों यह चर्चा अपने पूरे शबाब पर थी कि जल्दी ही 'वीर अर्जुन' साप्ताहिक से सान्ध्य होने जा रहा है। वैसे भी मैं इस साप्ताहिक में इतना लिख चुका था कि मुझे अपने एक अधिकृत पत्रकार बनने के लक्षण बिल्कुल साफ़ नज़र आ रहे थे। अगर ये लक्षण पुरुषोत्तम वज्र की इस छोटी-सी ख़्वाहिश पूरा करने से, असलियत में बदल जाते हैं तो इन भावों में बुरा क्या है?

इस तरह जुलाई का एक रविवार पुरुषोत्तम वज्र को बीयर-शीयर पीने-पिलाने के लिए तय हो गया। चूँकि जिस दिन हमने वज्र के इस प्रस्ताव को सहर्ष स्वीकृति प्रदान की थी, और उस समय सतीश सागर भी मौक़े पर मौजूद था इसलिए उसका आना भी लगभग तय हो गया। जब इस तरल अनुष्ठान पर सहमति बन गयी थी, तब पुरुषोत्तम वज्र ने इस अनुष्ठान के दौरान इस्तेमाल किये जाने

वाले चना-चबैने के रूप में एक नया आइटम रखने का सुझाव दिया। सुझाव यह था कि हमारे आने से पहले दही में तली हुई मूँग की दाल भिगो देना। वज्र के मुताबिक़ इसके साथ बीयर पीने का मज़ा ही कुछ और है। हमने उसका यह प्रस्तावित मेनू भी ख़ुशी-ख़ुशी स्वीकार कर लिया और इसके साथ ही दोपहर बाद तीन बजे का समय भी 'फ़िक्स' हो गया।

मैंने और देवेन्द्र गोयल 'माँझी' ने इस तरल अनुष्ठान का दिन और समय तय कर तो दिया, मगर हमारे सामने एक विकट समस्या आन खड़ी हुई, कि इस अनुष्ठान को सम्पन्न कहाँ किया जाये। पालम में हो नहीं सकता था। इसकी एक वजह तो यह थी कि वह पूर्वी दिल्ली (जहाँ पुरुषोत्तम वज्र रहता था) के एकदम विपरीत दिशा में था। दूसरा बड़ा कारण यह था कि जहाँ मैं किराये पर रहता था वह इज़्ज़तदार बहन-बेटियों का घर था। जबकि 'माँझी' जहाँ रहता था वहाँ इसलिए सम्भव नहीं था कि रविवार होने के कारण उसका छोटा भाई, और उसके क़स्बे के दो लड़के कमरे पर रहते थे। दोनों ने बहुत सोचा मगर कोई उचित स्थान नज़र नहीं आया। तभी 'माँझी' को एक रास्ता दिखाई दिया और वह यह कि नाँगलराया के जिस नीटू के ढाबे पर वह खाना खाता था, क्यों न उससे बात की जाए। 'माँझी' ने ढाबे के मालिक नीटू को जब अपनी यह समस्या बतायी, तो नीटूजी ने चुटकी बजाते हुए यह कहकर इसे हल कर दिया, कि ढाबे की खुली छत पर हम चाहें तो इस वज्र यज्ञ को सम्पन्न कर सकते हैं। इतना ही नहीं, वह इसमें उपयोग होने वाले पात्रों यथा गिलास, दही में मूँग की दाल भिगोने के लिए बर्तन, प्लेट, गिलास आदि-आदि भी मुहैया करा देगा। इस तरह नीटूजी के इस आश्वासन के बाद हम दोनों निश्चिन्त हो गये और इन्तज़ार करने लगे अनुष्ठान दिवस रविवार का।

जुलाई 1984 का अन्तिम रविवार। सवेरे से ही आसमान में बादल छाये हुए थे। बल्कि ग्यारह बजते-बजते हलकी-हलकी बारिश भी शुरू हो गयी। हालाँकि दो बजे के आसपास बारिश थम चुकी थी लेकिन इक्की-दुक्की बूँदें अभी भी गिर रही थीं। दो बजते ही मैं और 'माँझी' तरल अनुष्ठान की तैयारी में जुट गये। इस बीच बीयर की जिन चार बोतलों का इन्तज़ाम किया गया था, उन्हें ससम्मान उचित स्थान पर लाकर सजा दिया गया। नीटू के ढाबे से दही और बर्फ़ की व्यवस्था हो गयी। सारी तैयारी कर हम दोनों इक्की-दुक्की गिरती बूँदों के बीच ढाबे की छत पर आ बैठे, और इन्तज़ार करने लगे अपने अतिथियों का। पुरुषोत्तम वज्र की हिदायत के मुताबिक़ पौने तीन बजे नीटू के ढाबे से लिए गये, एक छोटे-से भगोने में पाव भर के क़रीब दही में सौ ग्राम के लगभग तली

हुई मूँग की दाल भिगो दी। अतिथि का क्या, वह कब आ जाये। जैसे-जैसे तीन बजने को हुए सीढ़ियों से आती हर चाप को सुनकर हमें लगता हमारे अतिथि आ गये हैं। मगर हर बार यह भ्रम ही साबित होता।

जैसे ही तीन बजे हमारी व्यग्रता और अधीरता बढ़ने लगी। करते-करते साढ़े तीन बज गये परन्तु हमारे अतिथियों का कुछ अता-पता नहीं। उन दिनों मोबाइल आया नहीं था और जो लैंडलाइन नम्बर था वह 'वीर अर्जुन' का था, जो रविवार के चलते बन्द था। मेरी सबसे बड़ी चिन्ता चना-चबैने के रूप में भगोने में भीग रहे उस 'आइटम' को लेकर थी, जिसके बारे में न तो तब (1984) सुना था, न आज सुना है। इसी चिन्ता के चलते मैं कई बार भगोने में इन्तज़ार कर रही इस नयी आइटम को देख चुका था, और रह-रहकर कल्पना कर रहा था कि यह बीयर के साथ कैसी लगती होगी। चार बज गये। यहाँ तक कि साढ़े चार हो गये। अब हमने अपने अतिथियों के आने की आस छोड़ दी। अब हमें अपने हो चुके इस नुक़सान की चिन्ता सताने लगी।

पाँच बजे जैसे ही सीढ़ियों से समवेत पदचापों के साथ कुछ चिर-परिचित-सी आवाज़ सुनाई दी, हम तेज़ी से सीढ़ियों की ओर लपके। हमारा अनुमान एकदम सही निकला। हमारे अतिथियों का आगमन हो चुका था। आते ही पुरुषोत्तम वज्र ने पहले देर से आने की एक बेमानी-सी क्षमा माँगी, और फिर बैठने से पहले वह आदेश देते हुए बोला कि यार फटाफट करो, वापस भी जाना है। हमारा सारा जोश जैसे ठंडा पड़ गया। जब तक 'माँझी' बीयर को खोलता, तब तक मैंने चार गिलास लाकर रख दिये। गिलासों को देखते ही हमारे मुख्य अतिथि पुरुषोत्तम वज्र ने हमें धिक्कारते हुए कहा, "गिलास छोड़ यार। यह कोई व्हिस्की या देसी थोड़ेई है जिसे गिलास में डालकर पिया जाये!" इतना कहकर हमारे मुख्य अतिथि ने 'माँझी' से बोतल ली और गटागट चढ़ाने लगा। इन दो घंटों में उसके खुद के सुझाए आइटम की ऐसी, ऐसी की तैसी हो गयी कि उसे खाना तो दूर रहा, उसने छुआ भी नहीं। देखते ही देखते महज़ आधे घंटे में यह तरल अनुष्ठान सम्पन्न हो गया। जैसा हम सोच रहे थे वैसी भव्यता इसमें दूर-दूर तक नहीं थी। इसके बाद हम दोनों अपने अतिथियों को भावभीनी विदाई देने नीचे बस स्टॉप तक आये। उन्हें ससम्मान बस में बिठा, मैं और देवेन्द्र गोयल 'माँझी' वापस नीटू के ढाबे की छत पर आये, और बाकी बचे अनुष्ठान की रस्म हम दोनों ने मिलकर इत्मीनान से सम्पन्न की।

साल 1984 भारत के इतिहास में एक त्रासदी भरे वर्ष के रूप में जाना जाता है। एक तरफ़ इसी साल 31 अक्तूबर को देश की प्रधानमन्त्री श्रीमती इन्दिरा गाँधी की उसके ही अंगरक्षकों द्वारा हत्या, और फिर उसके बाद तीन दिनों तक पूरे उत्तर भारत के कुछ राज्यों में भड़के सिख विरोधी दंगे। इतना ही नहीं, इसके ठीक एक महीना बाद 2 दिसम्बर की रात को हुआ भोपाल गैस कांड। दोनों घटनाओं से सारा देश जैसे हिल गया था।

1984 के दंगों को एक हद तक मैंने भी बेहद नज़दीक से देखा है। इन दिनों मैं चाँदनी चौक, फव्वारा स्थित प्रेस में ही था। श्रीमती इन्दिरा गाँधी की हत्या के दूसरे दिन 1 नवम्बर को मैं चाँदनी चौक जा रहा था। इन्दिरा गाँधी को लेकर जिज्ञासु लोगों की भीड़ जगह-जगह खड़ी थी। डीटीसी की बस में मेरे बग़ल में बैठे बुज़ुर्ग सिख से मैंने कहा था कि आप घर चले जाएँ, हालात अच्छे नहीं हैं। वह रास्ते में ही कहीं उतर गया और मैं आगे चला गया। मैं जब साढ़े नौ बजे के आसपास चाँदनी चौक पहुँचा, तो उपद्रवियों का तांडव शुरू हो चुका था। जो धीरे-धीरे दंगों में तब्दील होता चला गया।

दोपहर को प्रेस बन्द कर दी गयी। उसके बाद जो हुआ उसे हम सब जानते हैं। इन दंगों के बारे में एक बात बार-बार कही जाती है कि 1984 के सिख विरोधी दंगे कांग्रेसियों द्वारा प्रायोजित थे। यह प्रचार अकसर उस तथाकथित राष्ट्रवादी पार्टी के नुमाइन्दे ज़्यादा करते हैं जिनके सहयोगियों ने सरेआम गाँधी की हत्या कर दी थी। इन राष्ट्रवादियों के इस प्रचार से मैं तो कम से कम सहमत नहीं हूँ। दरअसल, सिख विरोधी यह दंगा हिन्दुओं की उस नाराज़गी का नतीज़ा था, जो उनमें पंजाब के सिख अतिवादियों द्वारा निर्दोष हिन्दुओं की की जा रही हत्याओं से भरी हुई थी। सच तो यह है कि यह दंगा तथाकथित राष्ट्रवादी हिन्दुओं द्वारा लिया गया सिखों से, पंजाब में हुई हिन्दुओं की हत्याओं का बदला था। आज भले ही कोई कुछ कहे लेकिन सच तो यह है कि इन दंगों में शामिल भीड़ में हम जैसे गुस्साये हिन्दुओं की संख्या ज़्यादा थी। हाँ, कुछ कांग्रेसियों ने अपनी पार्टी की प्रधानमन्त्री की, उसी के दो सिख अंगरक्षकों द्वारा की गयी हत्या के बाद, सिखों के प्रति हिन्दुओं में पनप रही इस नाराज़गी व ग़ुस्से को हवा ज़रूर दी थी।

मेरा मानना है कि पार्टीशन (1947) के बाद हिन्दुओं (ख़ासकर जाट, गूजर, यादव जैसी जातियों) का ध्रुवीकरण पहली बार किसी दूसरे समुदाय के ख़िलाफ़ 1984 के सिख विरोधी दंगों में देखने को मिलता है। जबकि इस ध्रुवीकरण का दूसरा बड़ा उदाहरण 1992 में अयोध्या के विवादित ढाँचे (बाबरी मसजिद-रामजन्म

भूमि) को इन्हीं उन्मादियों द्वारा ढहाये जाने के दौरान देखने को मिलता है। यह एक संयोग था कि उस समय केन्द्र में कांग्रेस की सरकार थी। अगर इसकी जगह आज की तरह वह सरकार आरएसएस और इसके दूसरे आनुषंगिक संगठनों द्वारा समर्थित भारतीय जनता पार्टी की होती, तब सिखों का यह संहार कितना व्यापक और भीषण होता, इसकी आसानी से कल्पना की जा सकती है। इसका ताज़ा नमूना हम हाल में हरियाणा में जाट आरक्षण की आड़ में हुए सुनियोजित दंगों के रूप में देख चुके हैं। इससे एक तथ्य का हमें आसानी से पता चलता है और इसकी शिनाख़्त होती है कि आख़िर सिख विरोधी दंगों का असली प्रतिनिधित्व कौन कर रहा था? सच तो यह है कि हमारे हिन्दूवादी राष्ट्रवाद और देशभक्ति का असली चरित्र ही यही है। क्योंकि उनके इस राष्ट्रवाद में अल्पसंख्यकों, दलितों, आदिवासियों और पिछड़ों के लिए कोई ईमानदार जगह नहीं है।

दंगों के बाद जैसे ही हालात सुधरे, तब एक दिन देवेन्द्र गोयल 'माँझी' से सूचना मिली, कि निकट भविष्य में साप्ताहिक से सान्ध्य होने जा रहे 'वीर अर्जुन' के विभिन्न पदों के लिए आवेदन माँगे जा रहे हैं। सूचना मिलते ही मैंने भी उप सम्पादक के पद के लिए आवेदन कर दिया। इस तरह भोपाल गैस त्रासदी से कुछ दिन पहले नवम्बर में साक्षात्कार के लिए बुलावा आ गया। तय दिन मैं साक्षात्कार देने प्रताप भवन पहुँच गया। साक्षात्कार से पहले एक छोटा-सा पैराग्राफ़ अनुवाद के लिए दिया गया था। मुझे याद है पैराग्राफ़ कुछ दिन पहले हुई श्रीमती इन्दिरा गाँधी की हत्या से सम्बन्धित था, इसलिए इसका अनुवाद करने में मुझे कोई दिक़्क़त नहीं हुई। अनुवाद की प्रक्रिया के बाद एक-एक करके उम्मीदवारों को साक्षात्कार के लिए बुलाया जाने लगा। साक्षात्कार लेने वालों में एक तरफ़ 'वीर अर्जुन' के सम्पादक के. नरेन्द्र का बेटा अनिल नरेन्द्र बैठा हुआ था, तो दूसरी तरफ़ दो और सज्जन उनके सामने बैठे हुए थे। इनमें एक थे उर्दू अख़बार 'प्रताप' में कार्यरत वरिष्ठ पत्रकार परवाना रुदौलवी। परवाना रुदौलवी पश्चिमी उत्तर प्रदेश के रुदौली के रहने वाले थे और परवाना रुदौलवी के नाम से शायरी करते थे। इसलिए लोग उन्हें पूरे नाम के बजाय सिर्फ़ परवाना साहब कहकर बुलाते थे। जबकि इनके बग़ल में जो दूसरे सज्जन बैठे हुए थे वह और कोई नहीं, वही पुरुषोत्तम वज्र थे, जिनकी इच्छा का सम्मान करते हुए मेरे और देवेन्द्र गोयल 'माँझी' के संयुक्त तत्वावधान में, नीटू के ढाबे की छत पर कुछ महीने पहले एक तरल अनुष्ठान का आयोजन किया गया था। एकदम सौहार्दपूर्ण वातावरण में साक्षात्कार हो गया। साक्षात्कार के बाद मैं और 'माँझी' प्रताप भवन के बाहर नतीज़ों का

इन्तज़ार करने लगे। इन्तज़ार क्या करने लगे, हमसे इन्तज़ार करने के लिए कहा गया था। हम दोनों उडूपी के बाहर बेसब्री से पुरुषोत्तम वज्र के इन्तज़ार में चहलकदमी करने लगे।

लगभग आधे घंटे के बाद जैसे ही सामने से पुरुषोत्तम वज्र आता दिखाई दिया, मेरी धड़कनें बढ़ गयीं। हमारी तरफ़ बढ़ते हुए हमसे कुछ ही क़दम दूर से पुरुषोत्तम वज्र ख़ुशखबरी सुनाते हुए बोला, ''माँझी, तेरा तो हो गया, और बेटा मोरवाल तेरा नहीं हुआ।''

पुरुषोत्तम वज्र के श्रीमुख से इस ख़ुशख़बरी को सुन लगा जैसे मैं तड़ाक् से ज़मीन पर गिरा होऊँ। आँखों के सामने अँधेरा-सा छा गया। कानों में महीना भर पहले देश की राजधानी में जगह-जगह आग से तड़पते अधजले बेक़सूरों का आर्तनाद गूँजने लगा। उन्मादी और बलवाई हिन्दू राष्ट्रवादियों के पाँवों तले कुचलती चीख़ों से कानों के परदे फटने लगे। कुछ क्षणों के बाद अपने आप में लौटा, तो मैंने पुरुषोत्तम वज्र को यह कहते हुए सुना, "माँझी, यार इस ख़ुशी में चाय तो पिला दे!"

देवेन्द्र गोयल 'माँझी' ने प्रताप भवन के सामने बने चाय के खोखे को चाय का ऑर्डर दे दिया। चाय के गरमा-गरम घूँट जब हलक़ से उतर रहे थे, तब वे चाय के नहीं, पिघले हुए शीशे के घूँट लग रहे थे। चाय ख़त्म होते-होते सामने से पालम जाने वाली 770 नम्बर की बस दिखाई दे गयी। मैं उनसे विदा ले कुछ ही क़दम दूर बने बस स्टॉप पर आ गया। सच तो यह है कि मेरा अब यहाँ खड़ा होना मुश्किल हो गया था। लगने लगा जैसे पाँव की सारी ताक़त ख़त्म हो गयी है। इसके बाद मुझे नहीं पता कि मैं कब 770 नम्बर की बस में चढ़ा, और कब पालम गाँव पहुँच गया। हाँ, पूरे रास्ते आँखों के सामने छाये धुँधलके में मंडी हाउस, कृषि भवन, आकाशवाणी, केन्द्रीय सचिवालय, धौला कुआँ, गोपीनाथ और पालम तक सड़कों पर दिखाई देने वाले सारे चेहरे मुझे पुरुषोत्तम वज्र के ही चेहरे नज़र आ रहे थे।

25 दिसम्बर, 1984 से शुरू हुए 'सान्ध्य वीर अर्जुन' में ज्वाइन करने के बाद एक दिन देवेन्द्र गोयल 'माँझी' ने एक रहस्योद्घाटन किया। 'माँझी' ने बताया कि मेरा तो चयन लगभग हो गया था मगर इसी पुरुषोत्तम वज्र ने बीच में भाँजी मार दी। 'माँझी' ने बताया कि साक्षात्कार ख़त्म होने के बाद जब सामने बैठे सम्पादक अनिल नरेन्द्र ने परवाना रुदौलवी से मेरे बारे में राय ली, और परवाना साहब जैसे ही हाँ करने वाले थे, कि उनके बग़ल में बैठे पुरुषोत्तम वज्र ने अपने पाँव से उनका पाँव दबा दिया। परवाना साहब इस इशारे को समझ गये, और

उन्होंने मना कर दिया। मित्रो, यह घटना उन्हीं दिनों की है जब महीने भर के भीतर एक तरफ़ उन्मादी राष्ट्रवादी हिन्दुओं द्वारा सैकड़ों निर्दोष सिख मौत के घाट उतार दिये गये थे, तो दूसरी तरफ़ भोपाल स्थित एक अमेरिकन कम्पनी यूनियन कार्बाइड के प्लांट से रिसी ज़हरीली गैस ने हज़ारों लोगों को मौत की नींद सुला दिया था। तब से लेकर आज तक मुझे यही लगता है कि अधजली और ज़हरीली गैस से हमेशा के लिए सो गयी इन अनगिनत लाशों के बीच एक लाश मेरी भी पड़ी हुई है।

सत्तर के दशक में ऊपरलीघाँ की थड़ी के सामने नबी खाँ, जिसे लोग बावला कहकर बुलाते थे, उसी का बड़ा लड़का अली मोहम्मद सुनारों के मोहल्ले के पास एक छोटी-सी दुकान किया करता था। मैं बाज़ार आते-जाते समय जब भी उसकी दुकान के सामने से गुज़रता था, तो ज़्यादातर समय मैं इसे किसी न किसी उपन्यास में डूबा हुआ पाता था। अली मोहम्मद का ओमी मास्टर के यहाँ आना-जाना लगा रहता था, इसलिए वह मुझे जानता था। 1980 तक मेरे बारे में यह जान चुका था कि 'दैनिक मेवात' में मेरी छोटी-मोटी रचनाएँ छपती रहती हैं। 1981 में मेरे दिल्ली आने के बाद 1985 में एक दिन यह पालम गाँव मेरे कमरे पर आ पहुँचा। अली मोहम्मद को देखकर मुझे बड़ी हैरानी हुई कि आख़िरकार इसे मुझसे ऐसा क्या काम आन पड़ा, जो यह मुझे ढूँढ़ता हुआ यहाँ तक पहुँच गया। छोटी-सी दुआ-सलाम के बाद यह तुरन्त मुद्दे पर आ गया। इसने अपने थैले से एक मोटी-सी स्कूली अभ्यास पुस्तिका निकाली, और उसे मेरी ओर बढ़ाते हुए बोला, "यार भगवानदास एक उपन्यास लिखो है...काई तरह तू याहे छपवा दे!"

मैं समझ गया कि मेरे दिल्ली आने के बाद अली मोहम्मद को शायद किसी ने यह बता दिया है कि मैं यहाँ आकर कोई बड़ा लेखक-शेखक बन गया हूँ। मैं पाण्डुलिपि देखते ही समझ गया कि अपने अली मोहम्मद को उपन्यास लिखने की प्रेरणा ज़रूर, एक के बाद एक पढ़े गये गुलशन नन्दा के 'प्यासा सावन', 'कटी पतंग', 'पाले खाँ', 'देव छाया', 'देवता', 'सोने की लंका', 'सूखे पेड़ सब्ज़ पत्ते'; कर्नल रंजीत की 'बूढ़ी परछाई' और कुशवाहा कान्त के 'लाल रेखा' जैसे उपन्यास को पढ़कर मिली होगी। यह उपन्यास भी ऐसे ही मिजाज़ का होगा। बहरहाल, मैंने प्रकाशन की उन दुश्वारियों का हवाला देते हुए, जिनके बारे में सुना था, उसे टालना चाहा। शायद अली मोहम्मद को उस समय ऐसा लगा था कि मैं उसे जान-बूझकर टाल रहा हूँ। इसीलिए वह बोला कि मुझे इसे हर

हालत में छपवाना है। चाहे तो इसे तू अपने नाम से छपवा ले और तुझे जो पैसे मिलें, उनमें से मुझे कुछ मत देना। पैसे से उसका मतलब रॉयल्टी आदि से था। मैंने ऐसा भी करने से मना कर दिया। निराश हो अली मोहम्मद जाने लगा तो जाते-जाते उसने मुझसे पूछ लिया कि वैसे किताबें छपती कहाँ से हैं। मैंने उसे बता दिया कि ज़्यादातर प्रकाशक दरियागंज में रहते हैं। इतना सुन वह मेरे पास से चला गया।

लगभग तीस साल बाद जनवरी 2016 में मैं यूँ ही थड़ी के सामने से गुज़रते हुए अली मोहम्मद के घर की तरफ़ मुड़ गया। मैंने उसे आवाज़ दी तो वह कमरे से बाहर निकला और मुझे तुरन्त पहचान लिया। मैंने जिज्ञासावश उससे यूँ ही पूछ लिया कि जिस उपन्यास की पांडुलिपि को वह एक बार मेरे पास लेकर आया था, क्या वह अभी भी उसके पास है। मेरे पूछने पर उसने जवाब दिया कि कहाँ यार, उसे तो मैं उसी दिन दरियागंज जाकर एक हज़ार में बेच आया था। क्योंकि मेरे पास पैसे नहीं थे। मेरी जिज्ञासा और बढ़ गयी और पूछा कि फिर तो वह तेरे नाम से छपा होगा? अली मोहम्मद ने बताया कि नहीं, मुझे तो प्रकाशक ने यह कहते हुए हज़ार रुपये दिये कि आपको पैसे से मतलब है, हम किसके नाम से छापेंगे इससे आपको कोई मतलब। मुझे ज़्यादा हैरानी तब हुई जब अली मोहम्मद ने बेपरवाही के साथ कहा कि यार भगवानदास मेरी बला से उसे उसने किसी के नाम से छापा हो, मुझे तो हज़ार रुपये मिल गये न।

मैंने वैसे ही अली मोहम्मद को टटोलते हुए पूछा कि क्या वह आज भी ऐसा उपन्यास लिख सकता है? इस पर वह तुरन्त बोला कि क्यों नहीं। मैंने उसी समय कहा कि वह मेरे कहने पर एक उपन्यास लिख दे। 65 वर्षीय अली मोहम्मद तुरन्त तैयार हो गया। बल्कि साथ में शीर्षक भी बता दिया 'सच्चाई'। बातों-बातों में अली मोहम्मद ने बताया कि उसने पचास से अधिक ऐसे उपन्यास पढ़े हैं। इनमें गुलशन नन्दा, प्रेम बाजपेयी, ओमप्रकाश शर्मा, सुरेन्द्र मोहन पाठक, वेद प्रकाश कम्बोज, गुरुदत्त, राजवंश, कर्नल रंजीत, मनोज, कुशवाहा कान्त जैसे लेखकों के उपन्यास शामिल हैं। हैरानी और खुशी तो सबसे ज़्यादा मुझे यह सुनकर हुई जब अली मोहम्मद ने बताया कि उसने मुंशी प्रेमचन्द का 'गोदान' भी पढ़ा है। मेरे यह पूछने पर कि इन लेखकों में से किस लेखक का कौन-सा उपन्यास उसको सबसे अधिक पसन्द है। इस पर उसने बताया कि वह है कुशवाहा कान्त का 'लाल रेखा'। कहते हैं कि लोकप्रिय उपन्यासों में 'लाल रेखा' सबसे दमदार उपन्यास है। मगर दुर्भाग्य से यह अब कहीं उपलब्ध नहीं है।

निराशा और हताशा से जल्दी ही बाहर निकल मैं फिर से अपनी दुनिया में लौट आया। 'युगवार्ता' के सम्पादक धर्मपाल शर्मा ने एक बार अपने दफ़्तर में मेरा डॉ. गिरीश नाम के एक ज्योतिषाचार्य से परिचय कराया। उस दौरान मुझे लगा कि ज्योतिष पर इससे एक बातचीत की जाये। मैंने उससे सहमति ली और नौ प्रश्नों की एक प्रश्नावली तैयार कर उससे साक्षात्कार कर उसे 'पंजाब केसरी' में भेज दिया। इसे मेरा सौभाग्य कहिए या दुर्भाग्य कि इधर मैंने वह साक्षात्कार भेजा और उधर वह 'पंजाब केसरी' के 25 फ़रवरी, 1985 के अंक में प्रकाशित हो गया। साक्षात्कार के साथ डॉ. गिरीश का विस्तृत परिचय भी एक बॉक्स में छाप दिया गया। डॉ. गिरीश 'हस्तरेखा तथा आकृति द्वारा जन्म पत्रिका की रचना' विषय में पीएच.डी. थे, तथा 'भृगुसंहिता' से सम्बन्धित विषय पर डी.लिट्. करने के साथ-साथ, आगरा विश्वविद्यालय में संस्कृत के प्राध्यापक भी थे। इसलिए 'ज्योतिष : विज्ञान है या मात्र आडम्बर?' शीर्षक से प्रकाशित इस साक्षात्कार ने 'पंजाब केसरी' के पाठकों पर ज़बरदस्त असर किया। इसका नतीज़ा यह हुआ कि नौ बजते-बजते दुखियारे आने शुरू हो गये।

चूँकि कमबख़्त अख़बार ने इस भेंटवार्ता के अन्त में ज्योतिषाचार्य की जगह साक्षात्कारकर्ता का पता छाप दिया था, इसलिए सारे दुखियारे मेरे पास ही आ रहे थे। मगर जैसे ही उन्हें पता चलता कि ज्योतिषाचार्य तो कहीं और रहते हैं, उनका दुःख और बढ़ जाता। इनमें सबसे ज़्यादा ऐसे दुखियारे थे जिनकी बेटियों की उम्र अच्छे वर की तलाश में बीती जा रही थी। मकान मालिक का परिवार इनसे परेशान हो रहा था, वह अलग। इतना ही नहीं, ठीक तीसरे दिन से चिट्ठियों के ढेर आने और शुरू हो गये, जिससे मेरी अनुपस्थिति में इन्हें लाने वाला डाकिया और ग्रहण करने वाले मकान मालिक के घर के सदस्य परेशान हो उठे। चौथे दिन इन दुखियारों और चिट्ठियों से दुःखी मकान मालिक ने मुझे मेरी इस हरकत के लिए चेतावनी-सी दे डाली। मुझे पहली बार लगा था कि इस धरती पर जैसे हर आदमी दुःखी है। मैंने इस घटना से एक सबक ज़रूर लिया कि भविष्य में अब किसी ज्योतिषी से साक्षात्कार नहीं लूँगा। मुझे याद है कि इस ज्योतिषाचार्य से मैंने एक प्रश्न पूछा था, कि जब हम यह जानते हैं कि मनुष्य के साथ भविष्य में होने वाली घटनाएँ पहले से तय हैं, तब हमें क्यों ज्योतिष का सहारा लेने की ज़रूरत पड़ती है। इसको इस ज्योतिषी ने बड़ा ही अच्छा उदाहरण देकर इस तरह समझाया कि मान लीजिए आपको किसी ज़रूरी काम से घर से बाहर जाना है, और आपको पता है कि बाहर बारिश हो सकती है। इसके लिए आप छतरी साथ लेकर निकलते हैं। रास्ते में सचमुच बारिश आ

जाती है और बारिश से बचने के लिए आप अपनी छतरी खोल लेते हैं। छतरी आपको भले ही आसपास से पड़ती छींटों से नहीं बचा पाये। मगर वह पूरी तरह आपको भीगने से तो बचा लेती है। ज्योतिष दरअसल ऐसी ही छतरी का काम करता है। वह पूरी तरह आपको भविष्य में होने वाली किसी घटना-दुर्घटना से भले ही न बचा पाये, पर आपको सचेत तो कर ही देता है। मुझे लगता है कि इसी प्रश्न और इसके दिये गये इसी उत्तर से प्रभावित होकर दुखियारों और उनके पत्रों का ताँता लग गया था।

जीवन में ऐसे अनेक लोग आते हैं, जो आते तो बड़े थोड़े समय के लिए हैं मगर उनकी भूमिका अपने आप में कम महत्त्वपूर्ण नहीं होती। सत्यपाल सक्सेना भी ऐसा ही एक नाम था। ईमानदारी से कहूँ तो नाम छपने की ख़्वाहिश अगर 'दैनिक मेवात' में मक्खनलाल अग्रवाल, एम.ए., फ़िरोज़पुर झिरका को देखकर पैदा हुई, तो लेखक बनने की इच्छा इस सत्यपाल सक्सेना ने पैदा की। मेरे मोहल्ले में हैदराबाद से आयी आयशा के घर के पते खुर्शीद मंज़िल, गोलकुंडा, हैदराबाद की तरह; सत्यपाल सक्सेना का 2, पी.डब्ल्यू.डी. रेस्ट हाउस, सिविल लाइन्स, गुड़गाँव का यह पता आज भी मन-मस्तिष्क में छपा हुआ है। शुरू में जब मैं गुड़गाँव आकर सत्यपाल सक्सेना से उसके घर पर मिला नहीं था, उससे पहले मैं यही समझता था कि यह रेस्ट हाउस के किसी दो नम्बर कमरे में रहता होगा। वैसे भी उन दिनों गुड़गाँव हम जैसों के लिए अपने राज्य की राजधानी चंडीगढ़, और इस देश की राजधानी दिल्ली से कम नहीं था। मगर गुड़गाँव आकर पता चला कि यह पता रेस्ट हाउस के सामने बने आवासीय मकानों में से एक मकान था। सत्यपाल सक्सेना इस पते पर अपने बड़े भाई सुरेन्द्र नारायण सक्सेना के परिवार के साथ रहता था।

एक बार गर्मियों में दोपहर के आसपास मैं सत्यपाल सक्सेना से बिना किसी पूर्व योजना के मिलने चला गया। दरवाज़ा उसी ने खोला। मेरा ध्यान उसकी अँगुलियों के बीच दबे खुले हुए पेन पर गया। उसने मुझे अपने अध्ययन कक्ष में अन्दर बुला लिया, जो घुसते ही था, और जिसे सरकारी आवासों के लिहाज़ से ड्राइंग रूम कहते हैं। अपने बड़े भाई के इस ड्राइंग रूम को उसने अपने कब्ज़े में ले रखा था। अन्दर ड्राइंग रूम में गया तो देखा, एक तरफ़ दीवार से लगी मेज़ पर बिखरे काग़ज़ों में से एक काग़ज़ पर थोड़ी देर पहले लिखे गये ताज़ा-ताज़ा शब्द मन्द-मन्द मुस्करा रहे हैं। सत्यपाल ने बताया कि एक कहानी चल रही है। मैंने किसी लेखक की रचना-प्रक्रिया की छोटी-सी झलक, और उसके अनुशासन

का छोटा-सा हिस्सा पहली बार देखा था। सत्यपाल सक्सेना कहानी ही नहीं, ग़ज़लें व कविताएँ भी लिखता था। 'मैं फिर आऊँगा' उसकी पहली कृति थी, जो कविता संग्रह है। वह मंच का बेहद लोकप्रिय व सफल कवि था, जिसका मुख्य कारण था उसकी आवाज़ और तरन्नुम के साथ रचना को सुनाना। 1970 के दशक के लगभग अन्त में मैंने पहली बार गुड़गाँव के पंचायत भवन में आयोजित एक आयोजन के प्रारम्भ में (जो शायद कोई वाद-विवाद प्रतियोगिता थी) सूर्यकान्त त्रिपाठी 'निराला' की 'वीणा वादिनी' को सरस्वती वन्दना के रूप में सस्वर सत्यपाल सक्सेना के कंठ से ही सुना था।

अयन प्रकाशन, महरौली, नयी दिल्ली द्वारा प्रकाशित उसकी दूसरी पुस्तक, और पहले कहानी संग्रह 'छाँव के नज़दीक हूँ' को 1981-82 में हरियाणा साहित्य अकादमी द्वारा पुरस्कृत किया गया था। इस संग्रह पर 'कादम्बिनी' के राजेन्द्र अवस्थी और शीला झुनझुनवाला की टिप्पणियाँ प्रकाशित हैं। दिल्ली आने के बाद मेरी सत्यपाल सक्सेना से अकसर हिन्दुस्तान टाइम्स भवन के आसपास मुलाक़ातें होने लगीं। उन दिनों 'साप्ताहिक हिन्दुस्तान' में इसके एक फ्रीलांसर की हैसियत से फ़िल्म और नाटक से जुड़े कलाकारों के साक्षात्कार प्रकाशित होते रहते थे। उन्हीं दिनों मैं एक बार इसके साथ अशोका होटल में आयोजित एक सांस्कृतिक कार्यक्रम में गया था। इस कार्यक्रम में फ़िल्मी दुनिया और रंगमंच के मशहूर कलाकार ए.के. हंगल आये हुए थे। सत्यपाल हंगल साहब का इंटरव्यू करने आया था। मुझे याद है, हंगल साहब से इंटरव्यू के लिए वह अपने साथ एक टेप रिकॉर्डर लाया था। मैंने हंगल साहब को साक्षात् पहली बार तभी देखा था। एकदम बगुले जैसा सफ़ेद सफ़ारी सूट और उस पर वैसे ही सफ़ेद जूते। हंगल साहब का यह व्यक्तित्व देखते ही बनता था।

फ़रवरी 1985 के अन्तिम सप्ताह में राजस्थान विश्वविद्यालय द्वारा अपने एम.ए. प्रथम वर्ष के छात्रों के लिए परीक्षापूर्व का सम्पर्क शिविर आयोजित किया गया था। यह शिविर मोरी गेट, दिल्ली के राजकीय उच्चतर माध्यमिक विद्यालय में रखा गया था। चूँकि यह शिविर एक सप्ताह का था और अभी तक मैं चाँदनी चौक, फव्वारे की प्रिंटिंग प्रेस में ही टिका हुआ था, इसलिए प्रेस मालिक मल्होत्रा साहब से छुट्टी देने के लिए निवेदन किया। इस पर इन्होंने इतनी लम्बी छुट्टी देने में असमर्थता व्यक्त कर दी। मेरे लिए एम.ए. का यह शिविर ज़रूरी था इसलिए इसके लिए मैंने यह नौकरी क़ुरबान कर दी। सच तो यह है कि मल्होत्रा साहब मेरी कुछ आदतों से बड़े परेशान थे मगर अपनी भलमनसाहत के चलते मुझसे कह नहीं पा रहे थे। संयोगवश मुझसे पिंड छुड़ाने का उन्हें सही मौक़ा हाथ लग गया।

इस प्रेस में एक सुपरवाइज़र (नाम याद नहीं रहा) था। वह भी अपने मालिक मल्होत्रा साहब की तरह बेहद भला था। एक बार मैं किसी काम की वजह से दो दिन प्रेस नहीं गया। मैंने अपने न आने की उन्हें कोई सूचना भी नहीं दी, यही सोचकर कि जो आदमी दो दिन न आने की सूचना न दे, इसका मतलब है वह किसी गहरे संकट में फँस गया है। जब तीसरे दिन प्रेस जाने का समय आया, तब मुझे यह चिन्ता सताने लगी कि न आने का मुझे क्या कारण बताना चाहिए। चाँदनी चौक पहुँचते-पहुँचते मुझे ऐसा कारण सूझ गया, जिस पर कोई माई का लाल शक ही नहीं कर सकता था। उसी कारण या यूँ कहिए कि बहाने की नाज़ुकता को ध्यान में रख, प्रेस में दाख़िल होने से पहले मैंने वैसी ही भंगिमा भी धारण कर ली। इस तरह दो-ढाई घंटे बीत गये। मगर सुपरवाइज़र ने मुझसे दो दिन न आने के बारे में कुछ नहीं पूछा। मैं यह सोचकर आश्वस्त हो गया कि सुपरवाइज़र को किसी की निजी बातों से क्या लेना-देना। धीरे-धीरे मैं निश्चिन्त हो गया और मैंने जो एक बनावटी भंगिमा चेहरे पर पोत ली थी, वह भी उतर गयी।

अचानक बारह बजे के क़रीब मेरे बग़ल में बैठे सुपरवाइज़र ने पूछ लिया, "भगवानदास, क्या हुआ...दो दिन कैसे नहीं आया?"

मैंने अपनी वही पुरानी पड़ चुकी भंगिमा, जो अब तक चेहरे से पूरी तरह उतर चुकी थी, जैसे-तैसे समेटी और उसे ज़बरन धारण करते हुए, बेहद गम्भीरता के साथ उत्तर दिया, "वो...वो क्या है भाई साब...मेरे मकान मालिक की माँ मर गयी थी।"

"कितनी उमर थी?" सुपरवाइज़र ने मेरे चेहरे को ग़ौर से देखते हुए पूछा।

"यही रही होगी कोई सत्तर पिचहत्तर की।" मैंने पहले से सोच रखा जवाब दिया।

"वैसे तूने कितनों को चूतिया बनाया है?" सुपरवाइज़र ने बिना उत्तेजित हुए शब्दों को चुबलाते हुए कहा।

सुपरवाइज़र के इतना कहते ही मेरे चेहरे का रंग बदल गया। पता नहीं कैसे उस सुपरवाइज़र ने, जिसे मैं भला आदमी समझता था, मेरा झूठ पकड़ लिया।

मोरी गेट के राजकीय विद्यालय में एक सप्ताह तक चलने वाले इस सम्पर्क शिविर में, राजस्थान विश्वविद्यालय के हिन्दी विभाग से आये प्राध्यापकों से एक दिन मैंने कक्षा ख़त्म होते ही एक अधेड़-से छात्र को बात करते हुए देखा। कमरे से बाहर निकलते हुए उनकी बातों के जो अंश मेरे कानों में पड़े, उन्होंने मुझे रुकने पर विवश कर दिया। उन दोनों की जैसे ही बात समाप्त हुई, और वह

अधेड़ छात्र कमरे से बाहर आया, मैं धीरे-से उसके पास आया। थोड़ी हिम्मत जुटायी और उससे बोला, "लगता है आप लेखक हैं?"

इतना सुन वह बहुत खुश हुआ और कहने लगा, "हाँ बरखुरदार हूँ तो एक लेखक ही।" मैंने नाम जानना चाहा तो उन्होंने अपना नाम बताया—धर्मेन्द्र गुप्त।

"अरे सर, मैंने तो आपको बहुत पढ़ा है।" मैंने चहकते हुए कहा।

इस पर धर्मेन्द्र गुप्त और भी ज़्यादा खुश हो गये। यह तो मेरी क़िस्मत अच्छी थी, जो उन्होंने यह नहीं पूछा कि मैंने उनका क्या-क्या पढ़ा है। यह शायद शिविर का अन्तिम दिन था और दिन शनिवार का था। बातचीत करते-करते हम दोनों स्कूल के परिसर से बाहर निकल आये। मैं अभी किसी बस स्टॉप से कहीं जाने के लिए बस लेता, उन्होंने कहा, "चलिए, कॉफ़ी हाउस चलते हैं।" मैं यह सोचकर उनके साथ-साथ हो लिया कि शायद ये रास्ते में मुझे कहीं कॉफ़ी पिलाएँगे। मगर कॉफ़ी पिलाने के बजाय वे मुझे लेकर एक डीटीसी की बस में चढ़ गये, जो लगभग आधे घंटे का सफ़र तय कर कनॉट प्लेस में घुस गयी। बस के रीगल सिनेमा के स्टॉप पर रुकते ही मैं धर्मेन्द्र गुप्त के साथ उतर गया, और उनके पीछे-पीछे चलता हुआ मोहन सिंह पैलेस की सीढ़ियाँ चढ़ गया।

यह अप्रैल 1985 का एक शनिवार था जब पहली बार मैंने धर्मेन्द्र गुप्त के साथ कनॉट प्लेस के बाबा खड़ग सिंह मार्ग स्थित दिल्ली के ही नहीं, बाहर से आने वाले लेखकों के तीर्थ-स्थल कॉफ़ी हाउस को देखा था। इसके बाद तो मैं सालों तक मोहन सिंह पैलेस की खुली छत पर इंडियन कॉफ़ी हाउस द्वारा संचालित इस कॉफ़ी हाउस में आता रहा। जैसे-जैसे मुझे धर्मेन्द्र गुप्त के लेखन के बारे में पता लगने लगा, तब मुझे अपनी उस नादानी का एहसास होने लगा, जो मैंने मोरी गेट के विद्यालय में की थी कि मैंने आपको बहुत पढ़ा है। दरअसल, वह धर्मेन्द्र गुप्त नहीं धर्मेन्द्र गौड़ था। धर्मेन्द्र गौड़ नाम का यह लेखक उन दिनों 'मनोहर कहानियाँ' पत्रिका में निरन्तर लिखता था। 'मनोहर कहानियाँ' पत्रिका में छपे इसी धर्मेन्द्र गौड़ का मैंने कुछ महीने पहले एक बेहद रोमांचकारी संस्मरणात्मक लेख पढ़ा था—'जब मैं पाकिस्तान में भारत का जासूस था'। यह पढ़े गये इसी लेख का राष्ट्रवादी असर था कि उसकी खुमारी में मैं धर्मेन्द्र गुप्त को धर्मेन्द्र गौड़ समझने की भूल कर बैठा।

मुझे याद नहीं रहा कि मार्च 1985 में किसके माध्यम से पहाड़गंज की भगत सिंह गली नम्बर-2 के मकान नम्बर 3000 की दूसरी मंज़िल से प्रकाशित होने वाले एक साप्ताहिक पत्र 'प्रचंड' में आ गया। इस साप्ताहिक का मालिक बी.एम. भंडारी मध्य प्रदेश का रहने वाला था। इधर सरदार अमरजीत सिंह कोहली

के एक कार्यक्रम में जिस चरणजीत सिंह से मुलाक़ात हुई थी, उसका इस बीच सिन्धिया हाउस स्थित पंजाब एंड सिन्ध बैंक से पहाड़गंज शाखा में तबादला हो गया। साप्ताहिक 'प्रचंड' में मेरे आने से पहले सर्वदमन सांगवान नाम का पत्रकार यहाँ काम करता था। यह पत्रकार रोज़ाना रोहतक से आता था। 'प्रचंड' के सम्पादक बी.एम. भंडारी के साथ कुछ महीने पहले एक अजीब दुर्घटना घट चुकी थी। इसके बारे में मुझे इसी पत्रकार ने बताया था।

क़रीब एक साल पहले मार्च 1984 में देवीशंकर प्रभाकर द्वारा लिखित और उषा शर्मा द्वारा निर्मित एक हरियाणवी फ़िल्म रिलीज़ हुई थी 'चन्द्रावल'। उषा शर्मा इस फ़िल्म की नायिका भी थी। यह फ़िल्म पूरे उत्तर भारत, विशेषकर हरियाणा में बेहद सफल रही थी। उस समय राज्य में भजनलाल सरकार थी। 'प्रचंड' के सम्पादक-मालिक बी.एम. भंडारी ने अपने इस साप्ताहिक पत्र में मुख्यमन्त्री भजनलाल और उषा शर्मा के कथित सम्बन्धों को लेकर एक स्टोरी छाप दी। 'प्रचंड' में छपी इस स्टोरी की तत्काल प्रतिक्रिया यह हुई कि इसके मालिक व सम्पादक भंडारी को एक रात उसके आवास, जो पहाड़गंज स्थित उसके कार्यालय के ऊपर था, से उठवा लिया गया। यहाँ से उठवाकर उसे फ़रीदाबाद की बड़खल झील पर ले जाया गया। बड़खल झील पर इसकी ऐसी शारीरिक सेवा की गयी कि उसका पूरा बदन सूज गया, जिसे ठीक होने में पूरा महीना लग गया। हरियाणा का होने के नाते सर्वदमन सांगवान से भंडारी बहुत डरता था। इसकी एक वजह शायद यह थी कि सांगवान भंडारी के बहुत से स्याह-सफ़ेद कारनामों से परिचित था। लंच के समय मैं और सर्वदमन सांगवान 'प्रचंड' से निकलकर, सड़क के दूसरी और चरणजीत सिंह के पास आ जाते थे, और साथ मिलकर लंच करते थे।

साप्ताहिक 'प्रचंड' में रहते हुए एम.ए. (प्रथम वर्ष) की वार्षिक परीक्षाएँ आ गयीं। चूँकि इसके लिए लगातार छुट्टियों की ज़रूरत थी, जो कम से कम यहाँ मिलनी सम्भव नहीं थीं। इसलिए एक बार फिर यहाँ से भी जयहिन्द हो गयी। सोचा पहले तसल्ली से परीक्षाएँ दी जाएँ। काम-धन्धे का क्या, वह तो फिर से ढूँढ़ लिया जायेगा। परीक्षाएँ ख़त्म होने के बाद जैसा किसी ने बताया, वहाँ गया। करोल बाग से एक आर्य समाजी महिला (यह राजस्थान के एक वरिष्ठ पत्रकार अनिल लोढ़ा की सास थी।) अपने वेदों के प्रसार-प्रचार के लिए एक पत्रिका तो निकालती थी ही, साथ में 'सत्यार्थ प्रकाश' जैसे ग्रन्थों का प्रकाशन भी करती थी। मैं उसके पास गया मगर तीन-चार दिन में ही पता चल गया कि यह तो मिजाज़ से दूसरी अंजना कपूर 'देहलवी' है। जल्दी ही मेरी समझ में आ गया

कि पट्ठे यहाँ दाल नहीं गलेगी। इस तरह यहाँ भी कुछ दिन गाड़ी चलकर पटरी से उतर गयी और एक बार फिर...शायद आगे बताने की ज़रूरत नहीं है। आप खुद इस ख़ाली जगह को अपनी समझ से भर लें।

सत्यपाल सक्सेना से हिन्दुस्तान टाइम्स भवन में मिलते रहने के दौरान मेरा भी 'साप्ताहिक हिन्दुस्तान', 'कादम्बिनी' और 'दैनिक हिन्दुस्तान' में आना-जाना शुरू हो गया। उन दिनों वरिष्ठ कवि, गीतकार व पत्रकार विजय किशोर मानव 'दैनिक हिन्दुस्तान' के 'मनोरंजन' नाम के परिशिष्ट को देखते थे। उन्होंने मेरा साहस बढ़ाते हुए रंगमंच के कुछ बड़े रंगकर्मियों का साक्षात्कार करने को कहा। उनके कहने पर मैंने वरिष्ठ रंगकर्मी मनोहर सिंह व मोहन महर्षि से साक्षात्कार लिया। इसके बाद मैंने फ़िल्म और दूरदर्शन पर प्रसारित होने वाले धारावाहिकों पर भी लिखा, जिसे विजय किशोर मानव ने बड़ी भव्यता के साथ प्रकाशित किया।

एक दिन शाम को हारा-थका दिल्ली की सड़कें नापने के बाद घर पहुँचा, तो एक मेहमान को आया देख, मैं स्तब्ध रह गया। बिना किसी सूचना के इस तरह उसका आना मेरी समझ से परे था। मैंने आते ही उस मेहमान यानी अपनी छोटी बहन खजान (घर का नाम) से हैरान होते हुए, इस तरह अचानक आने का कारण पूछा, तो उसने हिचकिचाते हुए पूछा, "ऐं रे भाई ई, खबर सई है?"

मैं कुछ नहीं समझ पाया। मैंने जब इस ख़बर के बारे में पूछा, तब उसने अगला सवाल करते हुए पूछा, "यही के तोहे एक लाख को इनाम मिलो है?"

सुनते ही मेरा सिर चकरा गया कि यहाँ पेट भरने के लाले पड़ रहे हैं और यह एक लाख की बात कर रही है। आख़िर इससे किसने इतना क्रूर मज़ाक़ किया होगा? किसने इनकी आँखों में यह झूठा सपना उड़ेला होगा? मैंने जब ज़ोर देकर पूछा कि तुम्हें यह बात किसने बतायी है। इस पर उसने बताया कि यह बात उन्हें ओमी मास्टर ने बतायी थी। मेरी समझ में कुछ नहीं आ रहा था। मुझे तो इस पर यक़ीन ही नहीं हो रहा था कि ओमी मास्टर कैसे इतना बड़ा झूठ बोल सकता है। मैंने जब उसको भरोसा दिलाया कि ऐसा कुछ भी नहीं है, यह कोरी अफ़वाह होगी। तब इस पर उसने गहरी साँस लेते हुए कहा था, "मेरे भाई के ऐसे भाग कहाँ!"

बाद में मैंने जब नगीना में जाकर तहक़ीक़ात की और इस अफ़वाह के बारे में ओमी मास्टर से पूछा, तब उसने बताया कि यह बात उसे लँगड़े डॉक्टर के लड़के रमेश ने बतायी थी। रमेश मेरे उसी स्कूल के सहपाठी विनोद कुमार शर्मा उर्फ़ सोई का बड़ा भाई है, जिस सोई के मैं आपको कुछ क़िस्से पहले सुना चुका

हूँ। इस घटना को केन्द्र में रखकर बाद में मैंने एक कहानी लिखी 'ठिठोली', जो चंडीगढ़ से प्रकाशित होने वाले 'दैनिक ट्रिब्यून' में प्रकाशित हुई थी। इस कहानी में मेवाती का संवादों के रूप में इस्तेमाल किया था। इस कहानी को पढ़कर, धर्मेन्द्र गुप्त ने यह टिप्पणी की थी, "यार मोरवाल, छोड़ो यह आंचलिकता-वांचलिकता। आंचलिकता को रेणु अपने साथ ले मरे!"

मगर धर्मेन्द्र गुप्त को शायद यह अन्दाज़ा नहीं था कि यही आंचलिकता, जिसे रेणु अपने साथ ले मरे थे, इस अनगढ़-से लेखक की एक दिन सबसे बड़ी ताकत बनकर उभरेगी। इसका प्रमाण मेरा पहला उपन्यास 'काला पहाड़' ही नहीं बल्कि 'बाबल तेरा देस में' और 'हलाला' पाठकों के सामने है। अपने उपन्यास 'काला पहाड़' के बारे में मैंने हिन्दी की वरिष्ठ लेखिका मृदुला गर्ग से एक बार पूछा था, तब उन्होंने उत्तर दिया कि मुझे 'काला पहाड़' बिल्कुल भी अच्छा नहीं लगा। मेरी समझ में दो द्विजों की एक जैसी राय का अर्थ अब समझ में आ रहा है।

ज़रूरत और बेरोज़गारी आदमी को कैसे-कैसे झुलसते जंगलों से गुज़रने पर मजबूर कर देती है, इसका उदाहरण मैं इस प्रसंग से देना चाहूँगा। गाज़ियाबाद से प्रकाशित होने वाले एक स्थानीय साप्ताहिक (नाम याद नहीं है) के बारे में इन्हीं दिनों एक विज्ञापन प्रकाशित हुआ कि उसे एक उप सम्पादक की ज़रूरत है। विज्ञापन पढ़कर मैंने शिवाजी स्टेडियम टर्मिनल से गाज़ियाबाद की बस ली और पहुँच गया गाज़ियाबाद। बस स्टैंड से रिक्शा ले चल दिया पत्रिका के कवि नगर स्थित पते की ओर। जब मैं कवि नगर के पास पहुँच गया, तो मैंने रिक्शे में बैठे-बैठे यूँ ही पता देख लिया, कि क्या मैं सही जगह पहुँच गया हूँ। अख़बार में दिये गये पते पर मेरी बाद में नज़र गयी, उससे पहले विज्ञापन में छपी इस पंक्ति पर अटक गयी—केवल लड़कियाँ ही सम्पर्क करें। मुझे अपनी मूर्खता पर मन ही मन बड़ा ग़ुस्सा आया। मैंने उसी समय रिक्शेवाले से कहा कि वह तुरन्त अपना रिक्शा बस स्टैंड की ओर मोड़ ले। रिक्शेवाले की कुछ समझ में नहीं आया। उसने रिक्शा वापस मोड़ लिया। गाज़ियाबाद बस स्टैंड पहुँचकर मैंने पुनः शिवाजी टर्मिनल वाली डीटीसी की बस पकड़ी और वापस दिल्ली लौट आया।

लगभग बेरोज़गार-सा एक दिन मैं 'दैनिक हिन्दुस्तान' गया हुआ था। वापस लौट रहा था तो नीचे ही मुझे मेरा रोल मॉडल सत्यपाल सक्सेना मिल गया। यह शाम के लगभग पाँच बजे का समय रहा होगा। उन दिनों सत्यपाल सक्सेना के पास यज़दी मोटरसाइकिल हुआ करती थी। इसी मोटरसाइकिल से वह रोज़ाना गुड़गाँव से दिल्ली आता-जाता था। न जाने मेरे मन में क्या आया कि मैंने उससे

अनुरोध कर दिया कि आज रात वह मेरे साथ पालम में मेरा आतिथ्य स्वीकारे। उसने मेरा निमन्त्रण स्वीकार कर मुझे अपनी यज़दी पर पीछे बैठाया, और यह कहकर मोटरसाइकिल कनॉट प्लेस की बाहरी सड़क पर मद्रास होटल की ओर दौड़ा दी, "ठीक है, एक माल लेकर चलते हैं।"

मैं तुरन्त समझ गया कि माल से इसका तात्पर्य शाम के तरल अनुष्ठान से है। कुछ ही मिनटों में हम शिवाजी स्टेडियम के पास क्लॉक टॉवर पहुँच गये। यहाँ जब हमें खड़े-खड़े पन्द्रह-बीस मिनट हो गये, तो सत्यपाल सक्सेना ने यह कहते हुए अपनी यज़दी स्टार्ट कर दी कि यार यहाँ से चलते हैं। मुझे लगा कि इतनी देर तक उसने जिसका इन्तज़ार किया था शायद वह नहीं आया। कनॉट प्लेस का पूरा चक्कर लेने के बजाय उसने मोटरसाइकिल शिवाजी स्टेडियम के पीछे से घुमायी और शॉर्टकट रास्ता अपनाते हुए, उसने उसे बाबा खड़क सिंह मार्ग पर लाकर हनुमान मन्दिर और बंगला साहिब के बीच सड़क के किनारे लगा दी। मुझे लगा कि जिससे मिलने के लिए सत्यपाल सक्सेना ने समय दिया है, उसने शायद यहाँ आने के लिए कह दिया है। इसी बीच मैंने देखा कि जहाँ हमने मोटरसाइकिल खड़ी की थी, वहाँ उसके आगे-पीछे कई गाड़ियाँ आकर खड़ी हो गयीं। तभी सत्यपाल सक्सेना ने पास से गुज़रती महिला को देखकर हलके-से सीटी मारी। महिला वहीं रुक गयी। महिला के रुकते ही सत्यपाल ने धीरे-से कहा, "कितना लेगी?"

"दो सौ रुपये!" महिला ने छूटते ही उत्तर दिया।

"दो सौ तो ज़्यादा हैं।"

"पर मज़ा भी तो पूरा दूँगी।"

"ठीक है दो सौ ही दूँगा पर पूरी रात साथ रहना पड़ेगा।"

'माल' का सही अर्थ मेरी समझ में अब कहीं जाकर आया, और जैसे ही समझ में आया मेरी यह सोचकर हालत ख़राब हो गयी कि सत्यपाल सक्सेना इस 'माल' को लेकर मेरे साथ पालम चलेगा? मकान मालिक के बच्चे इन दोनों के बारे में पूछेंगे, तो मैं उन्हें क्या बताऊँगा। मैं अभी इसके बारे में सोच ही रहा था कि मैंने देखा वह आगे बढ़ गयी है। शायद आपस में सौदा पटा नहीं। अभी वह हमसे आठ-दस क़दम आगे बढ़ी ही थी कि तभी वहाँ एक सफ़ेद अम्बेसडर आयी। उसका दरवाज़ा खुला और उसे लेकर वह उड़न छू हो गयी। अम्बेसडर के जाते ही मेरे मन ने सबसे पहले यही कहा कि कार वाले तेरी तो आज किस्मत फूट गयी समझ।

बक़ौल सत्यपाल सक्सेना के 'माल' के उड़न छू होते ही मैंने उससे पूछा कि

यह कौन थी? मेरे इस 'कौन' का वह तुरन्त आशय समझ गया, इसलिए उसने मुझसे ही प्रतिप्रश्न किया कि तू बता यह कौन थी? मुझे तो उसके हाव-भाव, भाव-भंगिमा देखकर ऐसा लग रहा था जैसे वह हिजड़ा हो। मैंने बताया। यार तू सही कह रहा है, सत्यपाल ने तुरन्त मेरे अनुमान की पुष्टि करते हुए कहा। मैंने कहा कि गुरु बाल-बाल बच गये वरना दो सौ रुपये तो जाते ही, उलटा यह हमारे साथ पता नहीं क्या सुलूक करता। इसके बाद सत्यपाल सक्सेना का मूड ख़राब हो गया। 'माल' के चक्कर में घंटा-सवा घंटा ख़राब हुआ वह अलग। उसने मोटरसाइकिल स्टार्ट की और यह कहते हुए मुझे उस पर बिठा लिया, "चल बैठ, मैं तुझे रास्ते में धौला कुआँ छोड़ दूँगा। तेरे यहाँ रुकने का किसी और दिन प्रोग्राम बना लूँगा!"

सच तो यह है कि अब मैं भी यही चाहता था। मैंने मन ही मन ऊपर वाले का धन्यवाद दिया कि मेरे यहाँ सत्यपाल सक्सेना का रुकने का प्रोग्राम बनकर भी ख़त्म हो गया। इसके बाद मैंने कभी भी सत्यपाल सक्सेना को अपने यहाँ रुकने का निमन्त्रण नहीं दिया।

1986 तक आते-आते हमारे घर से दो काम हमेशा के लिए विदा हो गये। पहला, घर का पुश्तैनी धन्धा माटी के बासन बनाना, और दूसरा जिससे घर का आधा ख़र्च पूरा होता था, यानी भैंस रखना। पुश्तैनी धन्धा विदा होने की ख़ास वजह थी एक-एक कर परिवार का एकल हो जाना। इसके इलावा, हम तीनों भाइयों में से कभी किसी ने इसमें दिलचस्पी नहीं ली। बल्कि मैं तो मन ही मन यह कामना करता था कि जितनी जल्दी हो, इस नरक से मुक्ति मिले। बड़े भाई ने भी बर्तन सीखने के बजाय धूप में तपते हुए राजमिस्त्री बनना ज़्यादा बेहतर समझा। 1981 में पैतृक क़स्बे से मेरे आने के कुछ साल बाद छोटा भाई भी दिल्ली चला आया। बड़ा भाई अपने परिवार को लेकर अलग हो गया। ऐसे में अकेले जीजी-चाचा से अपना यह पुश्तैनी धन्धा जारी रखना क़तई सम्भव नहीं था। जबकि भैंसों को न रखने की मुख्य वजह पर्यावरण में तेज़ी से आया परिवर्तन था। 1981 के बाद जिस तरह उत्तर भारत से मानसून ग़ायब हुआ, उसके चलते पशुओं के चारे की क़िल्लत बढ़ती चली गयी। प्रकृति में अचानक आये इस बदलाव का सबसे ज़्यादा प्रभाव हमारे जैसे भूमिहर परिवारों पर पड़ा। उनका परिवार चलाने का साधन छिन गया। आज तो हालत यह है कि पशु-चारे की क़िल्लत और दुधारू पशुओं, ख़ासकर भैंस की बढ़ती बेतहाशा क़ीमत के चलते, एक आम भूमिहर परिवार भैंस रखने की कल्पना भी नहीं कर सकता।

वरना एक समय था जब हमारे जैसे भूमिहर परिवारों में दो-दो भैंसें हुआ करती थीं, जिन्हें गाँव के ग्वाले जंगल में चराने ले जाते थे।

इसरा और इशे खाँ दोनों सगे भाई हमारे ग्वाले थे। इन्हें दीवाली का बड़ी बेसब्री से इन्तज़ार रहता था। इसका कारण यह था कि बड़ी दीवाली के अगले दिन यानी गोरधन के दिन इनका ग्वाली माँगने आना। गोरधन के दिन सुबह से ही गोवर्धन पूजा की तैयारियाँ हो जाती थीं। साँझ होते ही जीजी, भाभी और पत्नी घर के बाहर आँगन में अलग-अलग आकार के गोवर्धन की आकृतियों को आकार देना शुरू कर देती थीं। इससे निपट घर के पुरुष-महिलाएँ गोवर्धन पूजन के लिए दाल-चूरमा बनाने में लग जाते। ब्रज से सटा होने के कारण मेवात में भी गोवर्धन का अपना महत्त्व है। यह वही मेवात है जो ब्रज के विदग्ध कवि अब्दुर्रहीम खानखाना का ननिहाल है। बहुत कम विद्वानों को इस तथ्य का पता होगा कि अकबर के एक ख़ास सिपहसालार बैरम खाँ की पत्नी और इसी अब्दुर्रहीम खानखाना की माँ जमीला बेगम, मेवात के अन्तिम शासक हसन खाँ मेवाती की सगी भतीजी थी।

दिन में काश्तकार और अपने-अपने पुश्तैनी धन्धों से जुड़े लोग अपने औज़ारों की पूजा करते हैं। इतना ही नहीं, अपने-अपने चौपायों पर रंग लगाते हैं। उनके सींगों को रंग-रोगन से पोतते हैं। रंग-बिरंगे ठप्पों (ब्लॉक) से सजे गाय, बैल, गधे, बछड़े, भेड़ व बकरियाँ बड़े सुन्दर लगते हैं। इस तरह साँझ के घिरते ही एक के बाद एक मोहल्ले और घर-परिवारों से गोवर्धन की स्तुति में लगाये जाने वाले उद्घोषों की गूँज सुनाई देने लगती है। सबसे पहले गोवर्धन की पूजा के बाद घर के पुरुष 'बोल गोरधन बाबा की जय!', 'बोल पूछड़ी के लोठा की जय!' और 'बोल चूतड़ टेका की जय!' जैसे उद्घोषों के साथ गोवर्धन की परिक्रमा लगाते हैं। इसके बाद महिलाएँ गीत गाती हुई परिक्रमा लगाती हैं। हमें बचपन में ग्वालों का रूप धारण कराया जाता था, और हमारे हाथों में ग्वालों की तरह लकुटिया थमा दी जाती थी। अन्त में कोई ग्वाला गोबर से बने गोवर्धन के पेट में बने, ओखलीनुमा छोटे से गड्ढे में भरे गये मट्ठे को जैसे ही पीने का प्रयास करता, पीछे से कोई ज़ोर से नीचे उसका मुँह दबा देता।

पूजा ख़त्म होने के बाद आस-पड़ोस के बच्चों को चूरमा का प्रसाद बाँटा जाता। इधर इशा की अज़ान के आसपास गोवर्धन पूजा समाप्त होती, उधर इसरा और इशे खाँ दोनों भाई अपने ग्वालों की टोली के साथ आते और बाहर दरवाज़े पर खड़े होकर गाते—

पौळी वाला पौळिया
पौळी खोलण दे
तेरो बेटो लाडलो
हमने देखण दे।

इसके बाद चाचा बड़े आदर के साथ प्रमुख ग्वाले (जो इसरा होता था) के तीनों कपड़े, लड्डू अथवा जलेबी, खील, बताशे, गंडेली (चीनी की चाश्नी से बने खिलौने) और चूरमा देकर उन्हें विदा करता था। गोवर्धन के दिन आने वाली ग्वालों की टोली तो अब जैसे अतीत की बात हो गयी। हाँ, पुरुषों द्वारा गोवर्धन की परिक्रमा के साथ लगाये जाने वाले उद्घोष तो आज भी सुनाई देते हैं। मगर महिलाओं द्वारा गाये जाने वाले गीत थोड़े-बहुत, एकाध बची उस पीढ़ी की महिलाओं को ही याद हैं। दिल्ली में आने के बाद आज भी घर में गोवर्धन पूजा होती है, मगर एक छोटे-से बनाये गये गोवर्धन की। गोबर के लिए पत्नी कई दिन पहले थोड़ी दूर भैंस रखने वाले परिवार से कह देती है। लगता है आने वाले दिनों में कहीं यह गोवर्धन पूजा भी प्रतीकात्मक न मनायी जाने लगे। ठीक दूसरे तीज-त्योहारों की तरह।

एक तरह से जैसे रोज़गार के सारे स्रोत सूख गये। ऐसे में एक बार फिर सुधीर मेहता की याद आयी, और एक दिन पहुँच गया कनॉट प्लेस के सिन्धिया हाउस के सामने और सेंट्रल कोर्ट होटल के ठीक नीचे तथा अबनेर रेस्टोरेंट के बग़ल में स्थित 'दी टायर हाउस'। काउंटर पर जाकर वहाँ तैनात दो उम्रदराज़ मर्दों के बीच खड़ी बाईस-तेईस वर्षीय युवती से सुधीर मेहता के बारे में पूछा। उनमें से एक ने पीछे की तरफ़ खुलते एक दरवाज़े की ओर इशारा करते हुए, ज़ीने से ऊपर जाने को कह दिया। मैंने सुधीर मेहता को अपने बेरोज़गार होने के बारे में बताया, तो उसने उसी समय टायर हाउस के मालिक से जाकर बात की। थोड़ी देर बाद वह लौटकर आया और अगले दिन से मुझे यहाँ आने के लिए कह दिया गया। तनख़्वाह चार साल बाद भी वही पाँच सौ रुपये।

काउंटर पर जो उम्रदराज़ व्यक्ति तैनात थे यहाँ आने पर पता चला कि उनमें से एक शर्मा जी हैं और दूसरे मल्होत्रा जी। और हाँ, उन दोनों के बीच जो बाईस-तेईस वर्षीय युवती थी, उसका नाम था विमला रावत। विमला माथे पर छोटी-सी बिन्दी लगाती थी। क़द यही रहा होगा पाँच फ़ीट एकाध इंच। सुधीर मेहता यहाँ एकाउंट्स विभाग का प्रमुख था। मेरे आने से पहले इनके सहयोगियों के रूप में पाँच लोग कार्यरत थे यानी दो महिला, तीन पुरुष और छठा मैं। इनमें

से मुझे केवल दो का ही नाम याद है, एक थी केरल की रहने वाली मिस लिली और दूसरे थे मोंगा साहब। मिस लिली को मैं कभी-कभी मोंगा साहब को सुनाते हुए मिस लुल्ली कहता था, जिसे सुनकर फ़ौज से रिटायर्ड मोंगा साहब हँसते-हँसते लोट-पोट हो जाते, और मुझसे डाँटते हुए कहते, "ओ माई आवे चुप कर!" मिस लिली जब मेरे मुँह से अपना नाम सुनती और इस पर मोंगा साहब को हँसते हुए देखती, तब उसे बड़ी हैरानी होती कि इसमें हँसने वाली कौन सी बात है। मगर मोंगा साहब के इस हँसने का मतलब या तो ख़ुद मोंगा साहब समझते थे, या फिर मैं, जो मिस लिली को बड़ी सफ़ाई से मिस लुल्ली कहता था। दरअसल, मोंगा साहब एक रिटायर्ड सैनिक और लोक संघ सेवा आयोग के निकट धौलपुर हाउस के नौसेना भवन में कुक के पद से रिटायर हुए थे।

विमला रावत, जो माथे पर छोटी सी बिन्दी लगाती थी उसका असली काम यह था कि जब काउंटर पर कोई ग्राहक नहीं होता था, वह मौक़ा देख वहाँ से चम्पत हो जाती थी। वह कहाँ चम्पत हो जाती थी, इसका ज्ञान मुझे जल्दी हो गया। टायर हाउस के बग़ल में जो अबनेर रेस्टोरेंट था, उसका एक कथित मैनेजर था। वह उसी से बार-बार मिलने चली जाती थी। एक तरह से अच्छी-ख़ासी पकी उम्र का यह मैनेजर इस विमला रावत का ब्वॉय फ्रेंड था। दूसरे शब्दों में कहूँ तो विमला उसकी प्रेमिका थी। टायर हाउस का मालिक चावला भी इस बात से भली-भाँति परिचित था। क्योंकि एक बार विमला रावत के चम्पत होते ही एकाएक काउंटर पर कई ग्राहक आ गये। इसी बीच इसका मालिक चावला भी कहीं से प्रकट हो गया। उसने देखा कि विमला वहाँ नहीं है, तो उसने पंडित जी अर्थात् शर्मा जी से पूछा। पंडित जी ने कोई जवाब नहीं दिया। मालिक पंडित जी की इस चुप्पी का अर्थ समझ गया। उसने वैसे तो कुछ नहीं कहा बस ख़ुद को सुनाते हुए बोला, "जब देखो, यह अपने यार के पास चली जाती है।"

अबनेर रेस्टोरेंट का यह मैनेजर विमला से कम से कम दस-बारह साल बड़ा रहा होगा। मगर दोनों में प्रेम ऐसा कि विमला दिन में चार-पाँच बार तो उसके पास जाती ही, बल्कि शाम को भी टायर हाउस बन्द होते ही रेस्टोरेंट में उसके पास पहुँच जाती थी। विमला रावत के इस प्रेमी के मुँह पर एक दिन मैंने चोट का एक ताज़ा-ताज़ा निशान देखा। मैंने जब विमला से इस चोट के बारे में पूछा, तब उसने बताया कि रात को इसने कुछ ज़्यादा शराब पी ली थी, इसलिए कहीं गिर पड़ा था। वहीं से फूटफाट कर आया है।

मुझे जब विमला रावत के इस ब्वॉय फ्रेंड की इस नयी विशेषता के बारे में पता चला, तब मुझे विमला की नादानी-कम-मूर्खता पर दया कम, ग़ुस्सा ज़्यादा

आया कि इसको मोहब्बत करने के लिए ऐसा भला आदमी ही मिला है? एक तो दोनों की उम्र में इतना ज़्यादा अन्तर, ऊपर से एकदम दारू-कुट्टा (माफ़ करना प्रभाष जोशी जी क्योंकि तब तक मैं आपको नहीं जानता था)। मुझे विमला पर इतना गुस्सा आया कि इससे कह दूँ कि इस दुनिया में मुझ जैसे भले आदमी मर चुके हैं, जो तू इस बेवड़े से चोंच लड़ा रही है? मगर नहीं कह पाया और उसी उम्मीद में चुप लगा गया कि जिस दिन ठोकर लगेगी, उस दिन इसे मेरी याद आयेगी। मगर ऐसा कभी नहीं हुआ। न मेरे टायर हाउस में रहते हुए, न उसके छोड़ने के बाद भी। बाद में मैंने अपनी यह कुंठा, झल्लाहट, खीज, बौखलाहट, झूँझल, खिसियाहट एक कहानी लिखकर मिटायी। वह भी लगभग दस साल बाद। जिसे वरिष्ठ गीतकार, कवि, पत्रकार और उन दिनों 'दैनिक हिन्दुस्तान' के 'रविवारीय' के प्रमुख विजय किशोर मानव ने 19 अप्रैल, 1998 के 'सृजन' स्तम्भ के अन्तर्गत 'परिणति' शीर्षक से आधे से ज़्यादा पृष्ठ पर, पूरी भव्यता के साथ प्रकाशित किया था। यह कहानी 2008 में राजकमल प्रकाशन, नयी दिल्ली से प्रकाशित कहानी संग्रह 'सीढ़ियाँ, माँ और उसका देवता' में भी संकलित है।

ऐसा नहीं है कि मैंने टायर हाउस की केवल विमला रावत को ही केन्द्र में रखकर कहानी लिखी है। बल्कि सुधीर मेहता के एकाउंट्स विभाग में मिस लिली के अलावा जो एक और दक्षिण भारतीय युवती कार्यरत थी, बेहद शान्त और हमेशा चुप-चुप रहने वाली, उसको भी केन्द्र में रखकर 'लक्ष्मण रेखा' शीर्षक से कहानी लिखी थी। इस कहानी को भी विजय किशोर मानव ने 'दैनिक हिन्दुस्तान' के 10 मई, 1987 के अंक में प्रकाशित किया था। इस कहानी की मुख्य पात्र नन्दिता यही चुप-चुप रहने वाली लड़की है। इसी 'लक्ष्मण रेखा' शीर्षक से एक कहानी संग्रह भी है, जिसे प्रवीण प्रकाशन, दिल्ली ने छापा है।

टायर हाउस में आने का मुझे सबसे बड़ा लाभ यह हुआ कि हिन्दुस्तान टाइम्स भवन यहाँ से मात्र सौ मीटर की दूरी पर है। इसलिए इधर टायर हाउस शाम को बन्द होता, और उधर मैं गुलज़ार होते हिन्दुस्तान टाइम्स भवन पहुँच जाता। यहाँ कभी 'साप्ताहिक हिन्दुस्तान', तो कभी 'कादम्बिनी' चला जाता। जबकि 'दैनिक हिन्दुस्तान' में विजय किशोर मानव के पास तो मैं प्रायः जाता था। हिन्दुस्तान टाइम्स समूह की पत्र-पत्रिकाओं में सबसे अधिक प्रकाशित होने का एक कारण यह भी था। इसके अतिरिक्त मोहन सिंह पैलेस का कॉफ़ी हाउस और मद्रास होटल के ठीक पीछे ब्रज मोहन की फ़ोटोस्टेट की दुकान भी एकदम पास थी।

विमला रावत को केन्द्र में रखकर यह 'परिणति' कहानी शायद ही जन्म लेती, अगर मेरे टायर हाउस में एक-सवा साल रहने, और यहाँ से जाने के बाद इसके

साथ यह दुर्घटना नहीं घटी होती। दरअसल, हुआ यह कि अबनेर जैसे रेस्टोरेंट जिन्हें उन दिनों मिल्क बार भी कहा जाता था, इसके इस कथित मैनेजर और अपने बेवड़े ब्वॉय फ्रेंड के संग, ज़िन्दगीभर साथ निबाहने के लिए इस नादान-कम-मूर्ख बेटी ने अपने शरीफ़ माँ-बाप को राज़ी कर लिया था। मुझे जब इसकी ख़बर अपने मित्र और बॉस सुधीर मेहता से लगी कि यह उस बेवड़े के संग फेरे लेने जा रही है, तो सुनकर मैं मूर्च्छित होते-होते रह गया। इश्क-विश्क तो ठीक है लेकिन जब कोई जानबूझ कर गड्ढे में गिरने को तैयार हो तो सुनकर मूर्च्छित होना लाज़िमी है। बाद में पूरी कहानी मुझे खुद विमला रावत ने सुनायी थी, वह भी तब जब इन दोनों का ब्रेकअप हो गया था।

कहानी यह थी कि विमला रावत ने जब एक दिन शाम को टायर हाउस से निपटने के बाद, अपने दारू कुट्टा प्रेमी को यह शुभ सूचना दी, कि उसके माता-पिता अपनी सौभाग्यवती का हाथ इस चिरंजीवी बेवड़े को देने के लिए तैयार हो गये हैं, तब वह जैसे बौरा गया। इसका नतीजा यह हुआ कि अपने किये गये उस वायदे को कि मैं अब दारू को हाथ भी नहीं लगाऊँगा, उसे धता बताते हुए पहले तो उसने अबनेर के रेशमी उजाले में ठोक कर पी, और इतनी पी कि उसके भीतर का पुरुष हरहराकर बाहर आ गया। अबनेर जब लगभग ख़ाली हो गया, तब इस भावी पति ने अपनी भावी पत्नी से इतराते हुए कहा कि विमला, शादी के बाद मैं तुझे परदे में रखूँगा ताकि मेरी पत्नी को और कोई न देख पाये। भावी पत्नी ने भावी पति की यह बात सुनी, तो उसे एक झटका-सा लगा। अभी कुछ हुआ भी नहीं है और यह भला आदमी मुझे परदे में रखने की बात कर रहा है। अगर सचमुच इससे शादी हो गयी, तो यह पता नहीं और क्या-क्या करेगा। इस तरह एक नादान-कम-मूर्ख-सी नज़र आने वाली बाईस-तेईस साल की युवती ने अगले दिन अपने पूरे होशो-हवास में एक झटके के साथ अपने बेवड़े ब्वॉय फ्रेंड से सम्बन्ध विच्छेद कर लिए। इतना ही नहीं, उसने टायर हाउस की नौकरी भी छोड़ दी।

नौकरी छोड़ने के बाद एक डेढ़ साल बाद एक बार विमला रावत से मेरी झंडेवालान के उसी ब्लॉक में, जहाँ रिकॉर्डेक्स बिज़नेस सिस्टम्स का कार्यालय था, वहाँ किसी गारमेंट्स कम्पनी के क्लियरलेंस सेल में सेल्स गर्ल के रूप में काम करने के दौरान भेंट हुई। मैंने पता नहीं किस उम्मीद में उससे उस समय एक जीन्स और एक चैक की शर्ट ख़रीद ली। एक दिन मैं उसी चैक की शर्ट पर सर्दियों में टाई लगाकर, बड़े ठसके के साथ इतराते हुए उसके सामने पहुँचा। इस पर उसने मुझे समझाते हुए कहा कि चैक की शर्ट पर कभी टाई नहीं लगायी

जाती है। मेरे लिए यह एक नयी सीख और जानकारी थी। इसलिए आज भी मैं जब कभी किसी को चैक की शर्ट पर टाई लगाते हुए देखता हूँ, तो मुझे विमला रावत की नसीहत याद आ जाती है। इसके बाद इससे मेरी कभी भी भूले-भटके भेंट नहीं हुई। हाँ, इसके सेल्स गर्ल बनने पर मैंने एक कहानी इसी शीर्षक से लिखी थी। यह कहानी केन्द्रीय हिन्दी निदेशालय की पत्रिका 'भाषा' (जिसके उस समय डॉ. वीरेन्द्र सक्सेना सम्पादक थे) के सितम्बर-अक्तूबर, 1994 के अंक में प्रकाशित हुई थी।

आज उस समय की बाईस-तेईस वर्षीय इस विमला रावत के बारे में सोचता हूँ, तो मुझे उसकी नादानी या ना-समझी से ज़्यादा, अपनी ना-समझी पर हँसी आती है। सच तो यह है कि इसके एक फ़ैसले ने मुझे ग़लत साबित कर दिया था। जिस समझदारी, परिपक्वता, धैर्य और हिम्मत के साथ, उसने अपने एक भावुकता भरे फ़ैसले को एक झटके में बदल दिया, मुझे इसमें अस्सी के दशक के आख़िर की ऐसी बोल्ड नायिका नज़र आती है, जो पुरुषवादी सोच पर तीख़ा प्रहार करती है। एक तरह से यह उस दशक के स्त्री-मुक्ति की ऐसी शुरुआती दुन्दुभि थी, जो बाद में स्त्री-विमर्श के नाम पर फ़ैशन में बदलता चला गया। नादान और मूर्ख तो उसका वह दारू कुट्टा दम्भी ब्वॉय फ्रेंड था, जिसे विमला रावत ने समझने में थोड़ी सी देर कर दी। उसने उस बेवड़े प्रेमी को सही समय पर यह बता दिया कि प्रेमिका से बनने वाली पत्नी पुरुष की जागीर नहीं होती है। उसकी भी एक स्वायत्तता और निजी पहचान होती है, जिसे विमला रावत ने बड़ी समझदारी के साथ बचा लिया।

टायर हाउस का मुझे सबसे बड़ा फ़ायदा यह हुआ कि हिन्दुस्तान टाइम्स भवन के अलावा मोहन सिंह पैलेस और ब्रज मोहन की दुकान भी एकदम नज़दीक थी। यानी उन दिनों के हिसाब से हिन्दी साहित्य के तीन ठीहे हिन्दुस्तान टाइम्स भवन, मोहन सिंह पैलेस और ब्रज मोहन की दुकान, ये तीनों आपस में इतने दूर हैं कि एक से दूसरी जगह पैदल आसानी से पहुँचा जा सकता है।

मोहन सिंह पैलेस स्थित कॉफ़ी हाउस की खुली छत पर मैंने 'आवारा मसीहा' और 'धरती अब भी घूम रही है' जैसी रचनाओं के रचयिता विष्णु प्रभाकर, तथा 'तमस' जैसे कालजयी उपन्यास के लेखक भीष्म साहनी को सबसे पहले यहीं देखा था। भीष्म जी मुँह में लम्बी-सी सिगरेट दबाये जिस समय पत्नी शीला जी के साथ कॉफ़ी हाउस में प्रवेश करते थे, तो उन्हें निहारने का कुछ और ही सुख होता था। इसी कॉफ़ी हाउस में कथाकार रमाकान्त, पंकज बिष्ट, डॉ. आनन्द

प्रकाश, प्रदीप पन्त, समाजवादी लेखक मस्तराम कपूर, हंसराज रहबर, राजकुमार सैनी, वीरेन्द्र सक्सेना, भगवान सिंह, रामकुमार कृषक, अरुण प्रकाश, अरविन्द जैन, राम शरण जोशी, भारत भारद्वाज, डॉ. धर्मवीर, श्याम कश्यप, रमेश उपाध्याय, डॉ. तेज सिंह, शैलेन्द्र श्रीवास्तव, अर्चना त्रिपाठी, केवल गोस्वामी, डॉ. हरदयाल, डॉ. रमेश सक्सेना जैसे स्थानीय लेखकों को पहली बार देखा; बल्कि बीच-बीच में दूसरे शहरों व नगरों के कुछ लेखकों को भी पहली बार यहीं देखा था। उन दिनों ही नहीं बल्कि आज भी किसी बाहर से आने वाले लेखक से दिल्ली में मिलना होता है, तो कॉफ़ी हाउस ही उसके लिए सबसे उचित जगह है।

हरेक शनिवार को कॉफ़ी हाउस में अपने अग्रज लेखकों के साथ रात 10 बजे तक बैठने का सुख ही कुछ और होता था। लगभग साल भर तक कॉफ़ी हाउस की मेज़ों पर कॉफ़ी हाउस की चुस्कियों के बीच होती बहस-मुबाहिसों को चुपचाप सुनता रहता। इन मुबाहिसों में जिसने मुझे सबसे ज़्यादा विचलित किया, वह था 1980 में शुरू हुआ ईरान-इराक के बीच लगभग दस वर्षों तक चलने वाला युद्ध। वह इसलिए कि मुझे पहली बार पता चला था कि युद्ध केवल दो अलग-अलग धर्मों के देशों के बीच ही नहीं, समान धर्मों वाले देशों के बीच में भी हो सकता है। मुझे याद है, कॉफ़ी हाउस में इस ईरान-इराक युद्ध के विरोध में एक प्रस्ताव भी पास किया था। इस प्रस्ताव पर हस्ताक्षर करने वालों में उस समय ऐसे कई नाम थे, जिन्हें बाद में सालों तक ऐसे प्रस्तावों पर प्रायः हस्ताक्षर करते हुए देखा जाता था।

वरिष्ठ लेखक विष्णु प्रभाकर अजमेरी गेट पर रहने के कारण लगभग रोज़ाना कॉफ़ी हाउस आते थे। मोहन सिंह पैलेस आने वाले मित्र और कथाकार अरुण प्रकाश को मैं अरसे तक बाबा नागार्जुन का पुत्र समझता रहा। कॉफ़ी हाउस की खुली छत पर किसी-किसी शनिवार तो पचास से ज़्यादा लेखकों की बैठक जमती थी। कई बार यहाँ कार्यरत बैरे इस बैठक को न चाहते हुए भी विसर्जित करने का अनुरोध करते। चूँकि कॉफ़ी हाउस का समय रात दस बजे तक होता है, इसलिए जन्तर मन्तर से बस लेने से पहले, रीगल सिनेमा के पीछे लॉटरी बाज़ार में एक सरदार जी के होटल में आते, और एक-एक कप चाय पीने के बाद ही अपने-अपने घरों को लौटते थे।

कथाकार रमाकान्त अपने निवास सादतपुर से 'क्रासाद' शीर्षक से एक टेबलॉएट भी प्रकाशित करते थे। यह शीर्षक दरअसल करावल नगर और सादतपुर नाम की दो कॉलोनियों का संक्षिप्त नाम था। जैसा कि मैंने बताया कि लगभग एक साल तक मैं कॉफ़ी हाउस में होने वाली बहस-मुबाहिसों को मूक दर्शक की

तरह चुपचाप देखता व सुनता रहता था। इसलिए किसी लेखक ने (नाम याद नहीं रहा) मेरी तरफ़ देखकर किसी से कहा था कि यार यह लड़का कौन है, जो चुपचाप यहाँ बैठा रहता है। कॉफ़ी हाउस का यह मेरी दृष्टि में अन्तिम स्वर्णिम दौर था। यह वह दौर था कि अगर कोई शनिवार किसी कारणवश छूट जाता था, तो लगता था जैसे कुछ छूट गया है। यह वही कॉफ़ी हाउस है जिसने मेरी वैचारिक समझ और धार को न केवल पैना किया बल्कि उसे माँजा भी। सुनते हैं कि लेखक अब कॉफ़ी हाउस नहीं जाते हैं। उनके ठीहे और ठिकाने बदल गये हैं, ठीक बहुत-सी चीज़ों की तरह।

इन्हीं दिनों सितम्बर 1985 में पत्नी के मायके से मुझसे मिलने का सन्देशा आया। चूँकि पत्नी दोनों बच्चों (प्रवेश पुष्प व नैया) के साथ मायके में थी, मैं यह सोचकर ससुराल (बादशाहपुर, ज़िला गुड़गाँव, हरियाणा) चला गया कि बच्चों से मिल आऊँगा। एक रात रुककर अगले दिन वापस दिल्ली के लिए लौटने लगा, तो मेरे साथ बस स्टॉप तक मेरा साला बालकिशन (पत्नी का बड़ा भाई) साथ आया। मुझे इनकी योजना की रत्ती भर भी भनक नहीं लगी। यह लगभग साढ़े ग्यारह बजे का समय था। घर और बस स्टॉप के बीच बाज़ार में उन दिनों मेरे ससुराल वालों की बज़्ज़ाज़े की दुकान थी। घर से चलने के बाद हम दोनों कुछ देर दुकान पर भी रुके। वहाँ से चलकर हम अलवर से दिल्ली की ओर जाने वाली बस का इन्तज़ार करने लगे। हालाँकि मुझे धौला कुआँ (दिल्ली) के लिए बस सड़क पार करके लेनी थी, मगर उधर जाने के बजाय मेरा साला मुझे लेकर वहीं खड़ा रहा। दूर-दूर तक अलवर की तरफ़ से आने वाली बस का कोई अता-पता नहीं था। इसी बीच मैंने हम दोनों से थोड़ी दूर खड़े औरतों के गीत गाते एक छोटे-से हुजूम को देखा। मेरा तब भी उस पर ध्यान नहीं गया। मगर अचानक मुझे लगा कि यह हुजूम तो कुछ जाना-पहचाना-सा है। मैं जब तक कुछ समझ पाता अलवर की तरफ़ से आती एक बस को देखकर, मेरा साला मुझे लेकर सड़क के दूसरी तरफ़ आ गया। पीछे-पीछे गीत गाती औरतों का वह हुजूम भी आ गया। जब बस एकदम पास आकर रुकी, तब कहीं जाकर सारा माजरा मेरी समझ में आया।

दरअसल, गीत गाता औरतों का वह हुजूम पत्नी और दोनों बच्चों को मेरे साथ विदा करने आया था, जिसकी जानकारी मुझे लौटने के अन्तिम क्षणों में मिली। मेरे साथ पत्नी दोनों बच्चों को लेकर बस में चढ़ गयी। इस अप्रत्याशित घटना ने मेरे हाथ-पाँव फुला दिये। अगर मुझे तनिक भी ससुरालियों की इस

योजना की भनक लग जाती, तो मैं चुपचाप वहाँ से खिसक लेता। मेरे ससुरालियों को इसकी शायद उम्मीद थी, इसलिए उन्होंने बेहद चुपचाप तरीक़े से बच्चों को मेरे साथ भेजने की यह तरतीब सोची होगी। सच तो यह है कि आर्थिक रूप से मैं इस लायक था ही नहीं कि महज पाँच सौ रुपये में पूरे परिवार का ख़र्चा ढो पाता। अगर मैं इस स्थिति में होता, तो ख़ुद ही बच्चों को ले आता। मगर अब कुछ नहीं हो सकता था। बस में चढ़ने के बाद सीट पर बैठते ही मैंने पत्नी से अपनी स्थिति स्पष्ट कर दी कि मेरे पास कुछ नहीं है। पत्नी ने मुस्कराकर मेरी तरफ़ देखा और पूरे आत्मविश्वास के साथ आश्वासन देते हुए बोली, "चिन्ता मत करो, मैं कुछ इन्तज़ाम करके लायी हूँ।"

पता है, पत्नी ने जिस आत्मविश्वास के साथ इन्तज़ाम का आश्वासन दिया था, वह इन्तज़ाम कितना था? लगभग पाँच सौ रुपये। पत्नी अपने उन ताप के ताये हुए दिनों को याद करते हुए आज भी बताती है कि ये पाँच सौ रुपये उसने अपने मायके में रहते हुए, इधर-उधर से मिले दस-दस पैसे जोड़ कर जमा किये थे। इतना ही नहीं, अपने मायके से उस समय जो एक विशेष चीज़ साथ लेकर आयी थी, वह थी फुँकनी। चूल्हे में बुझ चुकी या ठण्डी पड़ चुकी आग को फूँक मार कर जलाने वाला एक-सवा फ़ीट लम्बा वही पाइप, जिसके ठाठ आज भी भारतीय उपमहाद्वीप के अनगिनत घरों के ओसारों और चूल्हे-चौक़ों में देखे जा सकते हैं।

यह सितम्बर का महीना था। धूप की तुर्शी काफ़ी नरम पड़ चुकी थी। मायके से आते ही गृहिणी ने 'घर' के नाम पर, पचहत्तर रुपये महीने के किराये वाले इकलौते कमरे को व्यवस्थित किया। तीन-तीन शेल्फ़ की दीवार में बनी दो खुली अलमारियों में से एक में मेरी किताबें वग़ैरह सजायीं, और दूसरी को अपनी रसोई के सामान के लिए ख़ाली कर लिया। घर की मालकिन को देखते ही काफ़ी दिनों से उदास पड़े स्टोव का चेहरा खिल उठा। जबकि साथ आये टीन के छोटे-से सन्दूक से बाहर निकले पत्नी और बच्चों के कपड़ों ने, अपनी-अपनी सुविधा से दीवार में गड़ी खूँटियों पर कब्ज़ा जमा लिया। दोपहर बाद चार बजे के क़रीब घर को घर जैसा बनाने वाले गृहस्थी के कुछ ज़रूरी सामान लेने के लिए हम बाज़ार चल दिये। एक चार फ़ीट चौड़ा फोल्डिंग पलँग, एल्यूमिनियम की परात, चकला, बेलन, चमचा, चिमटा सहित आटा, दाल, चावल व मसाले ख़रीदकर लाये गये। चूँकि मेरे पास अपनी कोई चारपाई नहीं थी, इसलिए पत्नी ने अपना बिस्तर ज़मीन पर साथ लायी गुदड़ी और उस पर चादर बिछाकर बना लिया। जबकि फोल्डिंग पलँग उसने अपने पति को दे दिया। इस तरह पता नहीं कितने दिनों बाद इत्मीनान से

'अपने परिवार' के साथ बैठकर रोटी खायी। याद नहीं कितने दिनों बाद बग़ल में सोते बच्चों के संग, एक ही छत के नीचे कच्ची नींद का सुख लिया।

एक दिन मैं कनॉट प्लेस, टायर हाउस के बाहर यूँ ही खड़ा हुआ था, कि तभी मैंने सामने से चिर-परिचित दो लोगों को सेंट्रल कोर्ट की सीढ़ियों की ओर जाते हुए देखा। मैं तेज़ी से अपने आपको जब तक टायर हाउस के गोल खम्भे की ओट में छिपाता, तब तक उनमें से एक ने मुझे देख लिया। न चाहते हुए भी मुझे उसके पास आना पड़ा। बातों-बातों में उसने मुझे बताया कि वह एक साप्ताहिक निकालने जा रही है। अगर मैं उसका ले-आउट तैयार कर सकूँ, तो कर दूँ। मैंने इसमें असमर्थता व्यक्त कर दी। वैसे भी मैं इससे पहले भी चोट खा चुका था। हाँ, मैंने उसे एक नाम बता दिया—सर्वदमन सांगवान। उसी सर्वदमन सांगवान का जिसके साथ मैंने कुछ दिन साप्ताहिक 'प्रचंड' में काम किया था। दरअसल, इन दो चिर-परिचितों में एक थी इन्दु शर्मा। जी हाँ, वही 'मधुमाया' की सम्पादक इन्दु शर्मा जिसके साथ मैं लॉटरी के चक्कर में लखनऊ गया था। जबकि दूसरा था योगेश पाठक। योगेश पाठक से मेरा परिचय 'युगवार्ता' फ़ीचर एजेंसी के कार्यालय में इसके सम्पादक धर्मपाल शर्मा ने कराया था। योगेश पाठक मूलतः पूर्वी उत्तर प्रदेश का था। वह खद्दर का कुर्ता और सूती धोती पहनता था। जीवन-यापन के लिए वह छोटे-मोटे धार्मिक अनुष्ठानों में हवन व पाठ-पूजा किया करता था। कहने का आशय यह है कि मैंने इन्दु शर्मा और योगेश यादव को ही सेंट्रल कोर्ट की सीढ़ियों की ओर जाते हुए देखा था, जो बाद में ऊपर चले गये। मैं वास्तव में, इसी इन्दु शर्मा से बचने के लिए खम्भे की ओट में छिपना चाह रहा था। लगभग तीन सप्ताह के बाद मैंने देखा कि इन्दु शर्मा फिर से टायर हाउस के सामने थी। उसने मेरी तरफ़ एक टेबलॉएट आकार का साप्ताहिक पत्र बढ़ा दिया। मैंने देखा तो पाया कि उसका शीर्षक था 'निष्पक्ष बहिष्कार'। यह 1 नवम्बर, 1985 का उसका प्रवेशांक था, जिसके शीर्षक के ऊपर हर शुक्रवार को प्रकाशित होने की घोषणा छपी हुई थी। इसके पहले पृष्ठ को पलटकर देखा तो सम्पादक के रूप में इन्दु शर्मा, जबकि कार्यकारी सम्पादक के रूप में उसी योगेश पाठक का नाम छपा हुआ था, जो धार्मिक अनुष्ठानों में पूजा-पाठ करके अपना जीवनयापन करता था। इसके आवरण व साज-सज्जा के साथ उसी सर्वदमन सांगवान का नाम छपा हुआ था, जिसका नाम मैंने दिया था। 'निष्पक्ष बहिष्कार' के पते के रूप में पोस्ट बॉक्स 174, नयी दिल्ली-110001 दिया गया था, न कि सी-128, हनुमान रोड।

इसके कुछ दिन बाद ही धर्मपाल शर्मा जी ने मुस्कराते हुए सूचना दी कि इन्दु शर्मा और योगेश पाठक ने आपस में शादी कर ली है। सुनते ही मैं तो सनाका खा गया कि इस छरहरी बदन वाली इकत्तीस-बत्तीस वर्षीय सुन्दर इन्दु शर्मा को इस अधपकी खिचड़ी दाढ़ी वाले और हवन-पूजा कराने वाले योगेश पाठक में ऐसा क्या नज़र आया, जो उसकी झोली में जा टपकी। मगर जल्दी ही धर्मपाल शर्मा जी ने हैरत में डालने वाली दूसरी ख़बर यह सुनायी कि यह मात्र दिखावा था। इस शादी के पीछे इन्दु शर्मा का कोई खेल था, जिसका मुझे ही नहीं, धर्मपाल शर्मा को भी पता नहीं चला। इसके बाद इन्दु शर्मा मुझे कहीं नज़र नहीं आयी। पत्नी और बच्चों के आने के बाद मकान मालिक ने कमरे का किराया पचहत्तर रुपये से बढ़ाकर पूरे सौ रुपये कर दिया।

अपने नाम से पुस्तक छपने की महत्त्वाकांक्षा, सपना और इच्छा हरेक लेखक की होती है। चाहे वह छोटा हो या बड़ा, शहरी हो या देहाती, चर्चित हो या अचर्चित, सत्ता प्रतिष्ठान में बैठा लेखक हो या हाशिये का। ऐसी ही महत्त्वाकांक्षा 1985 के मध्य तक मेरे अन्दर भी पल्लवित होने लगी। बग़ैर अपने बारे में जाने कि उसमें होगा क्या? इस महत्त्वाकांक्षा के पर लगाये मेरे क़स्बे नगीना के राजकीय महाविद्यालय के प्राध्यापक कृष्ण देव की एक पुस्तक ने। वही कृष्ण देव जी जिनके ख़ूबसूरत लेटरहैड ने मुझे भी उसकी नक़ल पर वैसा ही लेटरहैड छपवाने की प्रेरणा दी थी। ज़्यादातर 'पंजाब केसरी' में छपी इन्हीं कृष्ण देव की लघुकथाओं का एक संग्रह, पुरानी दिल्ली के चर्खेवालान स्थित दिनमान प्रकाशन ने प्रकाशित किया था। कृष्ण देव के इस संग्रह की लघुकथाओं और अपनी कुछ लिखी गयी तथाकथित कहानियों की कथावस्तु, शिल्प, संवेदना आदि-आदि में मुझे कोई अन्तर नज़र नहीं आया। कहने का आशय यह है कि मैं खुद से ही सवाल करने लगा कि जब कृष्ण देव की लघुकथाओं का संग्रह छप सकता है, तब मेरा क्यों नहीं छप सकता। उनकी लघुकथा व कहानियों की तरह मेरी भी तो कई कहानियाँ उसी 'पंजाब केसरी' में छप चुकी हैं, जिसमें उनकी छपती थीं। वैसे उन दिनों ज़्यादातर ऐसी ही यथार्थवादी कहानियाँ लिखी और छापी जाती थीं। जितने भी, शिल्प के नाम पर चोंचले, कहानी के नाम पर टोटके बल्कि एक हद तक आडम्बर और विमर्श के नाम पर तरह-तरह के औज़ार आज इस्तेमाल किये जाते हैं, तब ऐसा नहीं था। तब जैसा जीवन था, वैसी कहानियाँ थीं। इसके बरअक्स आज जैसा जीवन है, उसके ठीक विपरीत हमारी रचनाएँ हैं।

शुरू से मेरी एक आदत-सी रही है जिसे मैंने अपने मुंशी प्रेमचन्द यानी प्रेमचन्द आर्य अर्थात् पी.सी. आर्य से ग्रहण किया है। उन दिनों मेरी जो भी अच्छी-बुरी रचना कहीं प्रकाशित होती थी, उसे मैं फ़ाइल के एक पन्ने पर चिपका दिया करता था। इस तरह मेरी ज़्यादातर प्रारम्भिक रचनाएँ जैसे कविता, ग़ज़ल, कहानी, व्यंग्य, मुक्तक, लेख, एकाध सम्पादक के नाम लिखे पत्र और कार्टून मेरे पास सुरक्षित हैं। उन दिनों की मेरे पास तीन छोटी-छोटी फ़ाइलें सुरक्षित हैं, जिन्हें मैंने पुण्यनिधि-I, II व III शीर्षक दिया हुआ है। इनमें मेरी प्रथम प्रकाशित रचना 'शायद सभी जानते हैं' (प्रकाशन 4 जून, 1980) से लेकर 1985 तक की रचनाएँ शामिल हैं। एक बार मैं क़स्बे गया तो कृष्ण देव जी से दिनमान प्रकाशन का पता ले लिया। इसके बाद दिल्ली आकर मैंने अपने तीनों पुण्यनिधियों को खँगाला, तो पाया कि कृष्ण देव जितनी पुस्तक की सामग्री मेरे पास भी विद्यमान है।

तो साहब, एक दिन मैंने अपनी 'पुण्यनिधि' उठायी और अजमेरी गेट, हौज क़ाज़ी, चावड़ी बाज़ार होता हुआ जा पहुँचा बल्लीमारान। बल्लीमारान में घुसने के बाद ढूँढ़ते-ढाँढ़ते 3014, चर्खेवालान, दिल्ली-110006 यानी दिनमान प्रकाशन पहुँच गया। चूँकि मेरा भाग्य बलवान था, सो मेरे पहुँचते ही इसके प्रकाशक प्रेमचन्द शर्मा भी आ गये। छोटी-सी दुआ-सलाम के बाद मैंने जब अपने कृष्ण देव जी का हवाला दिया, तो शर्मा जी को तसल्ली हो गयी कि आदमी भला और ठीक-ठाक है। बातचीत के बाद मैंने अपनी इच्छा प्रकट करते हुए पुण्यनिधि की पहली दो फ़ाइलें शर्मा जी के सामने रख दीं। शर्मा जी ने इनके एक-एक पृष्ठ पर सरसरी नज़र डाली और संग्रह छापने को तैयार हो गये। बैठे-बैठे शीर्षक भी तैयार हो गया 'सिला हुआ आदमी'। वह इसलिए कि इस शीर्षक से यह कहानी मुश्किल से दो सप्ताह पहले 'पंजाब केसरी' के कहानी-संस्करण में 2 जनवरी, 1986 को ताज़ा-ताज़ा प्रकाशित हुई थी। इसे मैंने अपने अजय इंटरप्राइजेज़, नारायणा में स्थित अपने क़स्बे के लाला अमरनाथ की फ़ैक्ट्री में रहने के दौरान अपने कुछ कच्चे-पक्के अनुभवों के आधार पर लिखा था। जो छपी टायर हाउस, कनॉट प्लेस में रहने के दौरान। हालाँकि इससे पहले 'पंजाब केसरी' में ही 1981 में मेरी पहली कहानी 'सूखा दर्द' प्रकाशित हो चुकी थी। मगर इससे ज़्यादा मुझे पसन्द 'सिला हुआ आदमी' थी।

दिनमान प्रकाशन के मालिक प्रेमचन्द शर्मा ने उसी समय अपने छोटे बेटे सुधीर शर्मा और पहले से बैठे एक युवक की मौजूदगी में, दिनमान प्रकाशन का एक लेटरहैड निकाला और उसे मेरी ओर बढ़ाते हुए बोले कि क्यों न लगे हाथ

अनुबन्ध भी कर लेते हैं। मैंने काँपते हाथों से ख़ाली लेटरहैड लिया और पूछा कि इसमें मुझे क्या लिखना है। इस पर शर्मा जी बोले कि जैसा मैं बोलता जाऊँ, वैसे लिखते जाना। इस तरह वे बोलने लगे और मैं अनुबन्ध-पत्र पर लिखने लगा, जो इस प्रकार था–

मैं लेखक भगवानदास मोरवाल अपना कहानी-संग्रह शीर्षक 'सिला हुआ आदमी' प्रकाशनार्थ दिनमान प्रकाशन को दे रहा हूँ। ये सब मेरी मौलिक कहानियाँ हैं। इस पुस्तक के चुकता पारिश्रमिक के रूप में पुस्तक की 20 प्रतियाँ मैं प्रकाशक से लूँगा। पुस्तक के प्रथम संस्करण के अधिकार (1100 प्रतियाँ) प्रकाशक को दे रहा हूँ।

भवदीय,

हस्ताक्षर

18/1/86

इस अनुबन्ध-पत्र पर एक तरफ़ सुधीर शर्मा ने वहाँ पहले से उपस्थित तीस-बत्तीस वर्षीय युवक की मौजूदगी में हस्ताक्षर कर दिये। अनुबन्ध प्रक्रिया समाप्त होने के बाद प्रेमचन्द शर्मा ने उस युवक का परिचय कराया कि यह धर्मेन्द्र शुक्ला है। इसका मीनाक्षी पुस्तक मन्दिर नाम से प्रकाशन है। बातों-बातों में धर्मेन्द्र शुक्ला ने मेरा टायर हाउस वाला पता ले लिया। इस तरह 18 जनवरी, 1986 (शनिवार), तदनुसार : 5 माघ, 2042 के दिन अधिकृत लेखक बनने की सुखद परिणति, गारंटी और अनुबन्ध-पत्र को हस्तगत कर, मैं पुण्यनिधि की दो फ़ाइलें रचनाओं के चयन के साथ प्रकाशक के पास छोड़ आया।

जैसा कि हर लेखक की शुरुआत की पुस्तकों में आशीर्वचन स्वरूप किसी बड़े लेखक से भूमिका, दो शब्द और फ़्लैप लिखवाने की परम्परा सदियों से चली आ रही है, ऐसे में मेरे लिए भी इसका पालन करना जैसे अनिवार्य हो गया। इसके लिए मुझे पहली नज़र में जो सुपात्र दिखाई दिये, मैंने सबसे पहले उन्हीं से बात करना मुनासिब समझा। मैंने उन्हें अपनी इच्छा से अवगत कराया, तो दोनों सहर्ष तैयार हो गये। यानी फ़्लैप लिखने के लिए 'कादम्बिनी' के सम्पादक राजेन्द्र अवस्थी और 'मेरी ओर से' लिखी जाने वाली भूमिका लिखने के लिए कवि-कथाकार, मेरे रोल मॉडल व मित्र सत्यपाल सक्सेना तैयार हो गये।

दिनमान प्रकाशन से अपनी पहलौठी पुस्तक के प्रकाशन और प्रकाशक से मिले अनुबन्ध-पत्र की ख़ुमारी अभी पूरी तरह उतरी भी नहीं थी, कि उसके ठीक दस दिन बाद प्रातः लगभग 10 बजे टायर हाउस में एक जाना-पहचाना-सा चेहरा नमूदार हुआ। उसे पहचानने में मुझे कुछ ही पल लगे कि अरे, यह तो वही धर्मेन्द्र शुक्ला है, जो मुझे दिनमान प्रकाशन, बल्लीमारान में मिला था। मैंने उसे यही सोचकर पूरा सम्मान दिया कि पहली बार मुझ जैसे नये-नये लेखक के पास कोई प्रकाशक चलकर आया है। वरना इस टायर हाउस में तो टायर-ट्यूब ख़रीदने वाले ग्राहक ही आते हैं। बातों-बातों में बतौर एक प्रकाशक उसने मेरा एक संग्रह छापने का प्रस्ताव मेरे सामने रख दिया। प्रस्ताव सुनते ही मेरा सीना छप्पन इंच का होता चला गया। मन ही मन मैं अपने भाग्य को सराहते हुए ख़ुद से बोला कि प्रकाशक जब देता है, तो छप्पर फाड़ कर देता है। बातचीत के दौरान उसने हिन्दी प्रकाशन जगत की घोषित-अघोषित अनुबन्ध की सभी शर्तें मेरे सामने खोल कर बयान कर दीं। मुझे एक प्रकाशक के रूप में उसमें पूरी ईमानदारी और पारदर्शिता नज़र आयी। छल-कपट या झूठ-फ़रेब का उसमें लेशमात्र भी अंश दिखाई नहीं दिया।

मैं उसकी सारी शर्तों पर सहमत हो तो गया मगर समस्या यह थी कि मेरे पास क़ायदे का जो भी माल-पानी था, उसे मैं दस दिन पहले ही दूसरे प्रकाशक के हवाले कर आया था। मैंने अपनी यह समस्या मीनाक्षी पुस्तक मन्दिर के मालिक धर्मेन्द्र शुक्ला जी को बतायी, तो सुनते ही उसने इसका चुटकी बजाते हुए निदान बता दिया। निदान यह था कि आप तीन-चार महीने में एक संग्रह लायक कहानी लिख लें। मुझे एक प्रकाशक के तौर पर उसका यह सुझाव और निदान एकदम व्यावहारिक लगा। अगर मैं आगामी चार महीनों में दस दिन में एक कहानी भी लिखूँगा, तो बारह कहानियाँ हो जाएँगी। मैं कुछ फ़ैसला ले पाता इससे पहले धर्मेन्द्र शुक्ला ने कहा कि कहानी आप लिखते रहिए, अनुबन्ध हम आज ही कर लेते हैं। नेकी और पूछ पूछ। मैं तुरन्त तैयार हो गया। इस बीच मन ही मन 'मैं अभी ज़िन्दा हूँ' शीर्षक से कुलबुला रही इस कहानी के नाम पर संग्रह का नाम भी तय हो गया।

मीनाक्षी पुस्तक मन्दिर के धर्मेन्द्र शुक्ला ने उसी समय अपने थैले से, दिनमान प्रकाशन के प्रेमचन्द शर्मा की तरह लेटरहैड निकाला, और उस पर 29 जनवरी, 86 की तारीख़ डाल वह ख़ुद ही अनुबन्ध तैयार करने लगा। इस अनुबन्ध के अनुसार पहले तीन क़रार तो वही थे, जो आज तीस साल बाद भी हैं। मगर

चौथा क़रार ऐसा था कि मुझ जैसे ताज़ा-ताज़ा कलम के रंगरूट की जगह, अगर कोई नामवर कलम का सिपाही भी होता, तो इसे पढ़कर 1986 में मारे ख़ुशी के, वह भी ग़श खाकर गिर जाता। यह चौथा क़रार इस प्रकार था—

(4) पारिश्रमिक के तौर पर रॉयल्टी खाते के अन्तर्गत प्रकाशक लेखक को 500/- चैक No. RB/DGD/T009474, सेंट्रल बैंक ऑफ इंडिया, दरियागंज, दिल्ली शाखा का दिनांक 29/1/86 दे रहा हूँ। यह राशि पुस्तक की बिक्री के हिसाब में प्रथम हिसाब की रॉयल्टी में कम हो जायेगी, अगर मार्च 87 तक 10% से रॉयल्टी और बनी तो शेष राशि मार्च में दे देंगे। यह 500/- अग्रिम तौर पर अनुबन्ध-पत्र पर प्रकाशनार्थ है।

सधन्यवाद,

हस्ताक्षर लेखक *हस्ताक्षर प्रकाशक*

अनुबन्ध लिखने के बाद मीनाक्षी पुस्तक मन्दिर, पी-10, नवीन शाहदरा, दिल्ली-110032 के प्रकाशक धर्मेन्द्र शुक्ला ने अपने झोले से इस बार एक प्लास्टिक का फोल्डर निकाला। उसे खोलकर उसमें से चैक बुक निकाली और उसके एक चैक में 650/- रुपये की राशि भरकर, उसे मेरी ओर बढ़ा दिया। मैंने अनुबन्ध के चौथे क़रार की राशि और चैक में भरी गयी राशि का मिलान किया, तो मुझे इसमें 150/- का यह अन्तर समझ में नहीं आया। मैंने इस अन्तर के बारे में पूछा तो मुझसे उसने कहा कि उसे चावड़ी बाज़ार से काग़ज़ लेना है। अगर आपको परेशानी न हो तो आप मुझे डेढ़ सौ रुपये उधार दे दें। यह उधार मार्च 87 तक जो आपको रॉयल्टी मिलेगी उसमें एडजस्ट हो जायेगी। दरअसल, मेरे पास डेढ़ सौ रुपये कम पड़ रहे हैं। इसीलिए मैंने इन्हें इस एडवांस रॉयल्टी में पहले ही जोड़ कर आपको दे दिया है। आप चैक को बैंक में डाल देंगे तो आपको एडवांस के साथ-साथ आपकी उधार भी मिल जायेगी। मुझे उसकी ईमानदारी को लेकर किसी तरह का कोई भ्रम नहीं था। मैंने उसी समय अपनी पाँच सौ रुपये तनख़्वाह में से, काउंटर पर खड़े पंडित जी से डेढ़ सौ रुपये लिए और धर्मेन्द्र शुक्ला को दे दिये। धर्मेन्द्र शुक्ला ने फिर एक क़दम आगे बढ़कर अपनी ईमानदारी का परिचय देते हुए, मेरे सामने पड़े खाली काग़ज़ में से एक टुकड़ा फाड़ा, और उस पर 'व्यक्तिगत' लिखकर, एक तरह से मुझे उसकी इन शब्दों के साथ रसीद थमा दी—

जो भाई मोरवाल जी को रॉयल्टी खाते में 650/- का चैक पुस्तक प्रकाशनार्थ दिया है। उसमें 500/- रुपये तो रॉयल्टी खाते का है, शेष 150/- मैं नकद लिया हूँ। कुल 650/- का चैक इसीलिए दिया गया है।

धर्मेन्द्र शुक्ला
29/1/86
निवास फोन : 203744
मीनाक्षी पुस्तक मन्दिर, शाहदरा

प्रति : श्री भगवानदास मोरवाल
कथाकार
एन-18, टायर हाउस, कनॉट सर्कस, नयी दिल्ली

अगले दिन मैंने जो सबसे पहला काम किया, वह यह था कि अपने जीवन की पहली लेखकीय कमाई के रूप में मिले चैक को जाकर सीधे अपने बैंक में डाल दिया। प्रकाशक का क्या पता उसका मन और नीयत कब बदल जाए? मैंने उसे किसी भी तरह का मौक़ा देना उचित नहीं समझा। बैंक में चैक डालने के बाद मैं निश्चिन्त हो गया। उसके बाद मैं अपने काम में जुट गया। जैसा मन में आया कहानी के नाम पर दोनों हाथों से लिखना शुरू कर दिया। आलम यह था कि अपने एक पूर्वज लेखक रांगेय राघव की तरह बग़ैर नहाये-धोये दो-दो, तीन-तीन कहानियों पर एक साथ काम शुरू हो गया। इस तरह देखते ही देखते एक से एक आकर्षक शीर्षक जैसे 'टूटे हुए शब्द', 'बोझिल होते शब्द', 'अँखियाँ थक गयीं पथिक निहार', 'बन्द मुट्ठियों का दर्द' और 'निमा' शीर्षक से कहानियाँ लिख दी गयीं। कुछ शीर्षकविहीन बीच में जाकर ठिठक गयीं। इनमें से एक कहानी जिसका शीर्षक 'निमा' था, उसे 'पंजाब केसरी' में भेजा गया था। मगर महीने भर के भीतर वह जिस तरह वापस लौट आयी, उसे देखकर मैं हैरान रह गया। किसी भी रचना का वापस लौटना एक सामान्य-सी प्रक्रिया है लेकिन यह कहानी आधी से ज़्यादा सम्पादित होने के बाद लौटायी गयी थी। जगह-जगह लाल पेन से किये गये सम्पादन के बावजूद इसे क्यों लौटा दिया गया, यह मेरे लिए आज भी एक अबूझ पहेली बनी हुई है।

ऐसा नहीं है कि ऐसा मेरे साथ पहली बार हुआ था। बल्कि ऐसा ही मेरे साथ भारतीय ज्ञानपीठ के एक दिवंगत निदेशक/सम्पादक ने भी किया। इसने तो और एक क़दम आगे बढ़ते हुए पत्रिका के लिए की गयी कम्पोज़ और अन्तिम

प्रूफ़ के साथ मूल कहानी भी वापस लौटा दी। सिर्फ़ कहानी लौटायी जाती तब भी कोई बात नहीं थी, इस पट्‌ठे ने तो कहानी के साथ मैंने सम्पादक के नाम 'आदरणीय भाई साहब' के सम्बोधन के साथ जो छोटा-सा पत्र संलग्न किया था, उसे भी संलग्न कर ससम्मान लौटा दिया था। मैंने जब एक दिन ज्ञानपीठ में जाकर इस तरह बेहूदगी के साथ कहानी लौटाने का विरोध किया, तब यह रहस्योद्‌घाटन हुआ कि यह हरकत वहाँ काम कर रहे, उसके एक मुँह लगे वीर बालक से बने नये-नये लेखक ने की थी। उस सम्पादक ने इस कृत्य के लिए क्षमा-याचना भी माँगी थी।

लगभग महीने भर के भीतर जब कुछ कहानियों के कच्चे-पक्के ड्राफ़्ट तैयार हो गये, तब मैंने धर्मेन्द्र शुक्ला को यह सुखद सूचना देने के लिए फ़ोन किया कि हमारे अनुबन्ध के मुताबिक़ कुछ कहानियाँ तैयार हो गयी हैं। चुनाँचे वह इन्हें ले जाएँ और संग्रह प्रकाशित करने की प्रक्रिया शुरू कर दें। मगर फ़ोन नहीं लगा। बाद में एक दिन लगा भी, तो दूसरी तरफ़ से जनानी आवाज़ में जवाब मिलता है कि वे घर पर नहीं हैं। हार कर एक दिन मैं चर्खेवालान में उसी दिनमान प्रकाशन के यहाँ गया, जहाँ धर्मेन्द्र शुक्ला से प्रथम मिलन हुआ था। मैंने दिनमान के मालिक प्रेमचन्द शर्मा को बताया कि मीनाक्षी पुस्तक मन्दिर के धर्मेन्द्र शुक्ला का फ़ोन नहीं मिल रहा है। मेरे इतने कहते ही वे हँसते हुए बोले कि क्या वह तुम्हारे पास भी चला गया था। मैंने अकबकाते हुए कहा कि हाँ। पर आप ऐसा क्यों कह रहे हैं? इस पर शर्मा जी बोले कि मैं तो तभी समझ गया था, जब वह तुम्हारा पता ले रहा था। वैसे तुमसे वह कुछ पैसे-वैसे तो लेकर नहीं गया है? इसके बाद मैंने उन्हें पूरी कहानी बता दी। उस समय वहाँ शर्मा जी के दोनों बेटे (अनिल शर्मा और सुधीर शर्मा) भी बैठे हुए थे। पूरा क़िस्सा सुन, उनमें से सुधीर शर्मा ने हँसते हुए कहा कि भाई साब, आप किस ठग के चक्कर में पड़ गये। वैसे भी वह पूरा अफ़ीमची है। उस दिन वह पापा से भी पैसे माँग रहा था। फिर अनिल शर्मा ने कहा कि अपने बैंक में जाकर यह पता कर लो कि चैक क्लीयर हुआ भी है या नहीं?

अगले दिन मैं बैंक खुलते ही अपने बैंक ओरियंटल बैंक ऑफ़ कॉमर्स गया। पता किया तो बैंक के बाबू ने अपने बग़ल में रखी टोकरी में पड़े कई चैकों में से एक चैक उठाया, और मुझे देते हुए बोला कि आपका चैक बाऊंस हो गया है क्योंकि खाते में पैसे नहीं हैं। मैं लौटाये गये चैक को लेकर बैंक से बाहर आ गया। डेढ़ सौ रुपये का चूना लगा सो लगा, मगर मैं उन कहानियों को जाकर क्या जवाब दूँगा, जो हिन्दी साहित्य में अपने अमर होने का इन्तज़ार कर रही

हैं। एक साहित्यिक ठगी बल्कि इसे फ़रेब कहना उचित समझूँगा, जिसके चलते वे आज भी आधी-अधूरी-सी पुरानी फ़ाइलों के ताबूत में साँसें ले रही हैं।

‘कादम्बिनी’ के सम्पादक राजेन्द्र अवस्थी के फ़्लैप पर आशीर्वचन और मेरे अग्रज सत्यपाल सक्सेना द्वारा ‘मेरी ओर से’ लिखी गयी भूमिका के साथ, अपने पहले कहानी संग्रह ‘सिला हुआ आदमी’ के रूप में हिन्दी साहित्य में मेरा पदार्पण हो गया। 13 मार्च, 1986 को एक भी कहानी को पढ़े बिना लिखी और आशीर्वचन स्वरूप फ़्लैप पर प्रकाशित एक सम्पादक के उद्‌गार, किसी भी नौसिखिए लेखक के लिए, साहित्य के आकाश में कुलाँचे भरने के लिए काफ़ी हैं। इसके आवरण पर नागपुर के मशहूर चित्रकार भाऊ समर्थ की एक कलाकृति है। 1986 में प्रकाशित इस संग्रह की कीमत मात्र बीस रुपये थी। मगर जैसे ही प्रकाशक से पहली प्रति लेकर इसका अवलोकन किया, तो इसकी रचनाओं के क्रम के अन्त तक जाते-जाते सारा उत्साह ठंडा पड़ता चला गया। वह इसलिए कि 94 पृष्ठीय क्राऊन आकार के इस बाईस शीर्षकों वाले संग्रह में अट्‌ठारह कहानियाँ थीं। जबकि बाकी बचे चार शीर्षकों में तीन लेखों और एक किसी पौराणिक कथा के शीर्षक थे। मैंने जब इसका कारण पूछा तो प्रकाशक प्रेमचन्द शर्मा ने बड़े ही भोलेपन से कहा कि पुस्तक सिर्फ़ पाँच फ़र्मे की हो रही थी। कम से कम छह फ़र्मे तो होने चाहिए, इसलिए दस-बारह पेज बढ़ाने के लिए इन्हें डाल दिया। इसके बाद मैंने कुछ नहीं कहा और अनुबन्ध के अनुसार अपनी प्रतियाँ ले आया।

मित्र और अग्रज सत्यपाल सक्सेना ने मेरे इस पहले संग्रह के लिए, लिखी अपनी भूमिका में मेरे बारे में उस समय जो कहा था, पता नहीं वह आज कितना सच साबित हुआ है। यही जानने और समझने के लिए उसकी इन पंक्तियों को उद्‌धृत कर रहा हूँ–

‘हरियाणा प्रान्त के छोटे-से गाँव नगीना का यह युवा लेखक साहित्यिक शून्यता के माहौल से उठकर आज केवल अन्तःप्रेरणा के बल पर जो कुछ कर रहा है, उसका एक अंश इन कहानियों के रूप में हमारे सामने है। मेरे लिए यह बात बहुत ही सुखकारी है कि जिस अंचल के युवक मेहनत-मजूरी या खेतीबाड़ी में ही स्वयं को ख़त्म कर देते हैं, वहाँ इस युवक ने कलम को अपनाया है, वह हमारी समुचित प्रेरणा का हक़दार है।’

अपनी इसी भूमिका में सत्यपाल सक्सेना ने आगे लिखा है–

'भगवानदास मोरवाल की अधिकतर कहानियाँ पारिवारिक परिस्थितियों के विभिन्न आयामों को समेटती हैं। इनकी कहानियों के केन्द्र में मुख्य रूप से ऐसी इकाई है जो विकास क्रम के चक्रव्यूह में सबसे ज़्यादा प्रभावित हुई है।'

जैसा कि हरेक छोटे-बड़े लेखक की दिली इच्छा होती है कि उसकी पुस्तक, वह भी पहली, के छपते ही धूमधाम से कोई लोकार्पण या विमोचन हो, ताकि उसके साहित्यिक प्रतिद्वन्द्वियों को पता चल जाये कि वह भी इस अखाड़े में उतर चुका है। वैसे उन दिनों ऐसे आयोजनों पर कुछ ज़्यादा खर्चा नहीं आता था। दो-तीन हज़ार में ही काम चल जाता था। मैंने जब अपनी यह इच्छा प्रकाशक को बतायी, तब वह इसके लिए तुरन्त तैयार हो गया। इस तरह मेरे और प्रकाशक के संयुक्त आर्थिक तत्वावधान में कॉन्स्टीट्यूशन क्लब के डिप्टी स्पीकर हॉल में 1986 के जून महीने में अपने पहले कहानी संग्रह 'सिला हुआ आदमी' के विमोचन (उन दिनों लोकार्पण शब्द प्रचलन में नहीं आया था) की योजना बन गयी। हॉल की बुकिंग से लेकर अध्यक्ष, मुख्य अतिथि, सान्निध्य सब कुछ मुझे ही तय करना था। इसलिए अध्यक्ष के रूप में 'कादम्बिनी' के सम्पादक राजेन्द्र अवस्थी, मुख्य अतिथि के रूप में डॉ. रूपनारायण शर्मा और सान्निध्य के रूप में मेरे पूर्व संसदीय क्षेत्र फ़रीदाबाद के लोकसभा सांसद व मेव नेता चौधरी रहीम खाँ तैयार हो गये।

दरअसल, इस मुख्य अतिथि और सान्निध्य दोनों की एक ही पृष्ठभूमि है। डॉ. रूपनारायण शर्मा उन दिनों हरियाणा साहित्य अकादमी के निदेशक थे। इससे पहले ये मेरे क़स्बे के राजकीय महाविद्यालय, नगीना में प्रिंसिपल रह चुके थे। इस नाते मैं इन्हें जानता था। लेखक के रूप में भी हरियाणा के साहित्य में इनका कुछ योगदान था। पूरी ईमानदारी से कहूँ तो मुख्य अतिथि के रूप में इन्हें बुलाने का कारण इनका लेखकीय व्यक्तित्व नहीं, बल्कि हरियाणा साहित्य अकादमी का निदेशक होने के नाते इनसे कुछ इनाम-इकराम प्राप्त करना था। क्या पता, मेरे क़स्बे के महाविद्यालय का प्रिंसिपल होने के कारण, वहाँ के एक नवोदित लेखक को कुछ लाभ ही दे दे। निदेशक जी भी इसलिए तुरन्त तैयार हो गये कि इसके चलते एक प्रकाशक व सम्पादक से उनका परिचय हो जायेगा। इस तरह अपनी प्रथम पुस्तक का तीन-तीन हस्तियों के कर-कमलों द्वारा विमोचन करा कर, हिन्दी साहित्य में अपनी ज़मीन पुख़्ता करने की मैंने एक और कील ठोंक दी।

विमोचन के बाद मैंने डॉ. रूपनारायण शर्मा का परिचय अपने क़स्बे के पूर्व प्रिंसिपल और लेखक के रूप में कम, दिनमान प्रकाशन के मालिक प्रेमचन्द शर्मा

से, हरियाणा साहित्य अकादमी के निदेशक के रूप में अधिक कराया। चूँकि इनका हरियाणा के साहित्य में कुछ योगदान था और व्यंग्य इत्यादि लिखते थे, इसलिए अपने निदेशक होने का प्रभाव दिखाते हुए, इन्होंने प्रकाशक को अपना एक व्यंग्य संग्रह छपवाने के लिए पटा भी लिया। मेरे लिए यह इस मायने में एक उपलब्धि थी कि निदेशक द्वारा कृतज्ञता के रूप में कुछ इनाम-इकराम देने में उसे सहूलियत हो जायेगी। इतना ही नहीं मैं अपने अग्रज सत्यपाल सक्सेना के एक संग्रह का भी विमोचन से पहले, इसी प्रकाशन से प्रकाशित कराने का उसे आश्वासन दे चुका था। बस, मुझे मलाल इस बात का रह गया कि मेरा यह दोस्त व अग्रज मेरे इस विमोचन में शामिल नहीं हो पाया। जनवरी 1986 की एक सर्द रात में दिल्ली से गुड़गाँव लौटते हुए, रास्ते में सेंट्यूर होटल से थोड़ा आगे अँधेरे में जाती बैलगाड़ी से उसकी यज़दी मोटरसाइकिल पीछे से इतनी तेज़ी से टकरायी कि उसका बायाँ पैर चकनाचूर हो गया। एक तरह से उस रात सत्यपाल सक्सेना को जीवन दान मिला था।

रही बात मेरे पुराने संसदीय क्षेत्र फ़रीदाबाद के सांसद चौधरी रहीम खाँ साहब की, तो मैं अकसर देवेन्द्र गोयल 'माँझी' के साथ उनके वेस्टर्न कोर्ट के अस्थायी निवास पर जाता था। वेस्टर्न कोर्ट का ज़िक्र चला है तो इसी से मुझे याद आया कि 1990 के आसपास वेस्टर्न कोर्ट से हवलदार पाण्डे के सम्पादन में एक पत्रिका निकलती थी 'समाचार ब्यूरो'। हवलदार पाण्डे को जानने वाले कुछ पत्रकारों का कहना था कि असल में उसका धन्धा कुछ और था, जिसे वह 'समाचार ब्यूरो' की आड़ में चलाता था। कॉफ़ी हाउस के पास और ठीक रीगल सिनेमा के पीछे जहाँ कभी लॉटरी बाज़ार हुआ करता था, वहाँ पहली मंज़िल पर एक और साप्ताहिक 'इन दिनों' का कार्यालय था। एक दिन कॉफ़ी हाउस जाते समय मैं 'इन दिनों' के कार्यालय गया, तो देखा 'समाचार ब्यूरो' से जुड़ा पूर्व पत्रकार और हिन्दी का एक लेखक वहाँ उदास-सा बैठा हुआ है। चेहरे पर हलके-हलके निशान दिखाई दे रहे थे और गर्दन सूजी हुई थी। इसे 'इन दिनों' से जुड़े कवि सुरेश सलिल के छोटे भाई ओम पीयूष और उर्दू के एक लेखक मुशर्रफ़ आलम ज़ौकी घेर कर बैठे हुए थे। मैंने इस लेखक की उदासी का कारण पूछा, तो पता चला कि वेस्टर्न कोर्ट के 'समाचार ब्यूरो' के दफ़्तर में हवलदार पाण्डे के गुर्गों ने इसे बुरी तरह मारा है। उस समय वहाँ छह-सात लोग मौजूद थे। सबने कहा कि हमें अपने लेखक-पत्रकार के पक्ष में इसी समय हवलदार पाण्डे के ख़िलाफ़ एफ.आई.आर. दर्ज़ करानी चाहिए। मगर इस लेखक-पत्रकार ने डरते हुए ऐसा करने से मना कर दिया। उसी समय इस मारपीट की जो वजह पता चली, वह यह थी कि उन दिनों नये-नये निकले साप्ताहिक 'संडे

मेल' में, इस लेखक-पत्रकार के नौकरी छोड़ते ही हवलदार पाण्डे के ख़िलाफ़ एक स्टोरी छप गयी। हवलदार पाण्डे को लगा कि यह स्टोरी उसके यहाँ काम कर चुके इसी पत्रकार (जिसका असली नाम तो सैयद ज़ुहेर अहमद ज़ैदी है, मगर लेखन वह रंजन ज़ैदी के नाम से करता है) ने छपवायी है। इस भ्रम के चलते हवलदार पाण्डे ने अपने गुर्गों से हिन्दी के इस लेखक की पिटाई करवा दी।

अपनी पहली कृति 'सिला हुआ आदमी' के सफल प्रकाशन के बाद मैं एक नयी योजना लेकर अपने प्रकाशक दिनमान प्रकाशन, चर्खेवालान के पास गया। यह योजना थी 'हिन्दी की श्रेष्ठ व्यंग्य रचनाएँ' शीर्षक से मेरे सम्पादन में एक पुस्तक का प्रकाशन। इसमें जिन व्यंग्यकारों का नाम शामिल करने की योजना थी उनमें बरसाने लाल चतुर्वेदी, शेरजंग गर्ग, लतीफ़ घोंघी, के.पी. सक्सेना, प्रदीप पन्त, प्रभाकर माचवे, रवीन्द्रनाथ त्यागी, सरोजिनी प्रीतम, फ़िक्र तौंसवी, प्रेम जनमेजय, डॉ. रूपनारायण शर्मा, ज्ञान प्रकाश विवेक प्रमुख थे। मेरी योजना सुन प्रकाशक प्रेमचन्द शर्मा तुरन्त तैयार हो गये। मगर इसी बीच इसमें शामिल होने वाले एक नाम को सुनकर प्रेमचन्द शर्मा हँस पड़ा। मैंने जब उसके हँसने का कारण पूछा, तो उसने एक मज़ेदार रहस्योद्घाटन किया। यह रहस्योद्घाटन इस संग्रह के सम्भावित व्यंग्यकार, मेरे क़स्बे के महाविद्यालय के पूर्व प्रिंसिपल और उन दिनों हरियाणा साहित्य आदकमी के दिनेशक डॉ. रूपनारायण शर्मा को लेकर था। उसी रूपनारायण शर्मा को लेकर जिसे मैंने चंडीगढ़ से मुख्य अतिथि बनाकर इसलिए सम्मान देना चाहा था, ताकि वह एक निदेशक होने के नाते मुझे कुछ इनाम-इकराम से लाभान्वित कर सके। प्रकाशक प्रेमचन्द शर्मा ने बताया कि जब वह एक दिन अपने व्यंग्य संग्रह की पांडुलिपि उसके पास लेकर आया, तब उसने कहा कि वह किस मोरवाल-शोरवाल के चक्कर में पड़ रहा है। मेरी किताबें छापो, देखो मैं तुम्हें कितना फ़ायदा पहुँचाता हूँ। प्रकाशक ने जब मुझे यह बात बतायी, तब मुझे अपने भोंदूपन पर कम, अपनी चालाकी पर हँसी कम ग़ुस्सा ज़्यादा आया।

इसी दौरान अगस्त 1986 में राजस्थान विश्वविद्यालय के तहत एम.ए. (हिन्दी) के अन्तिम वर्ष की जो परीक्षाएँ दी गयी थीं, उनका परिणाम घोषित हो गया। इस परिणाम के अनुसार मैंने एम.ए. (हिन्दी) द्वितीय श्रेणी में उत्तीर्ण कर ली। अब मेरे लिखने ने और गति पकड़ ली। टायर हाउस के निकट होने के कारण मेरा हिन्दुस्तान टाइम्स भवन जाना लगातार बढ़ने लगा। यहाँ मैं दो जगह सबसे ज़्यादा जाता था—एक कवि व पत्रकार विजय किशोर मानव के पास, और दूसरा

'कादम्बिनी' के सम्पादक राजेन्द्र अवस्थी के पास। मैं जब भी राजेन्द्र अवस्थी के पास जाता था, वहाँ कभी-कभार मुझे एक व्यक्ति नज़र आता था। बेहद सौम्य और विनम्र स्वभाव का। धीरे-धीरे उसके बारे में पता चला कि यह पंडित अजय भाम्बी है और पेशे से कम्प्यूटर ज्योतिषी है। इसके बाद इससे भी परिचय होता चला गया, जो बाद में आत्मीयता में बदलता चला गया। इसी दौरान एहसास हुआ कि अजय भाम्बी बेहद मस्तमौला क़िस्म का व्यक्ति है। ज्योतिष को वह पाखंड व जादू-टोने की अपेक्षा विज्ञान मानता है। आडम्बर और पाखंड उसमें रत्ती भर न तो तब था, न आज है।

उन दिनों अजय भाम्बी नयी दिल्ली के वसन्त विहार में बी-2, वसन्त मार्ग पर रहता था। मैं चाहता था कि इससे ज्योतिष विज्ञान पर एक साक्षात्कार किया जाये। हालाँकि मैंने इससे पहले डॉ. गिरीश नाम के ज्योतिषी से साक्षात्कार के बाद यह क़सम-सी ले ली थी, कि भविष्य में किसी ज्योतिषी का साक्षात्कार नहीं करूँगा। मगर अजय भाम्बी की मित्रता पर मेरी यह क़सम भारी पड़ गयी। जो अहद मैंने फ़रवरी 1985 में लिया था, वह दरकने लगा। इस तरह मैं 12 अक्तूबर, 1986 (रविवार) को इसके निवास पर पहुँच गया। सुबह के साढ़े दस बजने वाले थे। हम दोनों ऐसे ही बातें कर रहे थे कि इसी बीच पंडित अजय भाम्बी को क्या सूझा, वह मुझसे बोला कि गुरु अपनी जन्म-तिथि बताओ। मैंने कहा कि जन्म-तिथि तो तब बताऊँ, जब कोई हो। वैसे भी गाँव-देहातों में माँ-बाप कौन सा बच्चों की कुंडली बनवा, उसे सहेजकर रखते हैं। इस पर वह बोला कुछ तो सच्ची-झूठी होगी। मैंने इसके बाद स्कूल के मैट्रिकुलेशन की अंक तालिका में दर्ज़ अपनी जन्म-तिथि बता दी, जो 23 जनवरी, 1960 है। अजय भाम्बी ने अपना एक लेटरहैडनुमा कोरा काग़ज़ लिया। उस पर जन्म कुंडली बनाते हुए उसके बारह खानों में, एक से लेकर बारह अंकों के साथ ग्रहों के नाम लिख दिये। उसके द्वारा बनायी गयी कुंडली और ग्रहों की स्थिति के आधार पर उसने जो गणना की उसके अनुसार शीघ्र ही मेरे दिनों में बदलाव शुरू हो जायेगा। जनवरी 1987 से जुलाई 1987 के बीच मेरे रचनात्मक संघर्ष का प्रतिफल मिलना शुरू हो जायेगा, और दिसम्बर 1987 तक मेरे जीवन में पूरी तरह स्थिरता आ जायेगी। मैंने इस कुंडली के बाद अजय भाम्बी से पूछा कि ज्योतिष का बताया गया क्या वास्तव में सच साबित होता है। इस पर उसने एकदम साफ़गोई के साथ कहा कि यह तो गणनाओं का खेल है। यह गणना व्यक्ति की एकदम सही जन्म-तिथि, समय और जन्म-स्थान पर निर्भर करता है। इस तरह बात आयी गयी हो गयी। मैंने कुंडली उठाकर उसे दूसरे काग़ज़ों के साथ रख दिया।

अभी इस बात को बीते हुए आठ-दस दिन ही हुए थे कि एक दिन मैं 'कादम्बिनी' के सम्पादक राजेन्द्र अवस्थी के कार्यालय गया। वहाँ उनके पास एक ठिगने क़द के साँवले-से सूटिड-बूटिड व्यक्ति को देखा। अवस्थी जी ने बताया कि ये डॉ. अनुज कुमार धान हैं। राँची विश्वविद्यालय के पूर्व कुलपति। मैंने नमस्कार कर उन्हें ग़ौर से देखा तो वे मुझे कोई साहित्यिक व्यक्ति नहीं लगे। उनकी बातचीत से मुझे लगा जैसे वे किसी नयी पत्रिका के विषय में चर्चा कर रहे हैं। इस बीच मैंने देखा कि राजेन्द्र अवस्थी ने 'कादम्बिनी' के लिए आयी रचनाओं में से कुछ रचनाएँ निकालकर पूर्व कुलपति को दे दीं। मेरी थोड़ी जिज्ञासा बढ़ी। चूँकि मैं प्रायः राजेन्द्र अवस्थी के पास पंडित अजय भाम्बी को देखता था और उस समय अपने भूत-प्रेत, जादू-टोना, रहस्य और रोमांच जैसे विशेषांकों के लिए ख्यात 'कादम्बिनी' में इसका भविष्यफल लगातार प्रकाशित होता था, इसलिए मैंने इसे फ़ोन किया और उस नयी पत्रिका के बारे में बताया। अजय भाम्बी ने कहा कि मैं कल उनके पास जाऊँगा इसलिए तुम भी आ जाना।

अगले दिन मैं 'कादम्बिनी' के कार्यालय में गया तो पाया, पहले से तय कार्यक्रम के मुताबिक़ पंडित अजय भाम्बी राजेन्द्र अवस्थी के पास बैठा हुआ है। मेरे पहुँचने पर बातों-बातों में अजय भाम्बी ने मेरे बारे में बताया। अवस्थी जी ने मेरी पढ़ाई-लिखाई और पत्रकारिता सम्बन्धी जानकारी लेने के बाद मुझसे पूछा कि मैं क्या कर सकता हूँ। मैंने 'मंजुली दर्पण', 'आद्यन्त' से लेकर उन दिनों लगातार कहीं न कहीं छपने के बारे में बता दिया। इसके बाद राजेन्द्र अवस्थी ने उसी समय पूर्व कुलपति से फ़ोन पर कुछ बात की, और मुझे एक काग़ज़ पर एक पता लिखकर यह कहते हुए दे दिया कि किसी दिन यहाँ धान साहब से मिल लेना। चूँकि उस दिन समय नहीं था इसलिए मैं आने वाले सोमवार 27 अक्तूबर, 1986 को अवस्थी जी द्वारा दिये गये बी-40, ग्रेटर कैलाश, पार्ट-1, अर्चना सिनेमा के पास वाले पते पर पहुँच गया। यहाँ मैं धान साहब यानी पूर्व कुलपति से जाकर मिला। इस तरह कुछ ही देर में एक सादे काग़ज़ पर टाइप किया हुआ नियुक्ति-पत्र मुझे थमा दिया गया। इस नियुक्ति पत्र के अनुसार मेरी नियुक्ति इस नयी पत्रिका में प्रूफ़ रीडर के पद पर की गयी थी।

यह निकलने वाली नयी पत्रिका थी 'सुलभ इंडिया', जो देश और विदेशों में सुलभ शौचालय बनाने वाले एक ग़ैर सरकारी संगठन सुलभ इंटरनेशनल की मासिक पत्रिका थी। मेरे नियुक्ति-पत्र में यह स्पष्ट रूप से लिखा गया था कि एक सामाजिक कार्यकर्ता के रूप में मैंने सुलभ इंडिया को अपनी सेवाएँ स्वैच्छिक रूप से प्रदान करने का प्रस्ताव दिया, जिसे स्वीकारते हुए संगठन ने मेरी नियुक्ति

प्रूफ़ रीडर के पद पर की है। इस पत्र के अनुसार मैं तीन महीने प्रॉबेशन पर रहूँगा। इस नियुक्ति-पत्र की सबसे बड़ी बात और मेरे लिए उपलब्धि यह थी कि पिछले पाँच सालों से मुझे मिलने वाली जो पगार पाँच सौ रुपये पर अटकी हुई थी, वह छलाँग लगाकर नौ सौ रुपये अर्थात् लगभग दोगुनी हो गयी। जहाँ मुझे पहली बार किसी संस्था से, वह भी एक पत्रिका से अधिकृत नियुक्ति-पत्र और लगभग दोगुनी तनख़्वाह मिलने की ख़ुशी थी, वहाँ एक छोटा-सा मलाल भी था। मलाल यह था कि एक तो पत्रिका में (पत्रकारिता की नज़र में) मेरी नियुक्ति सबसे निकृष्ट और निचले प्रूफ़ रीडर के पद पर की गयी थी। दूसरा मलाल यह था कि नियुक्ति-पत्र पर वेतन, तनख़्वाह, पगार की जगह अंग्रेज़ी में 'Honorarium' जिसका हिन्दी में अनुवाद पारिश्रमिक, मेहनताना, उजरत होता है, वह लिखा गया था। काश, इस नियुक्ति-पत्र में प्रूफ़ रीडर की जगह उप सम्पादक या सह सम्पादक और पारिश्रमिक की जगह तनख़्वाह, पगार या वेतन लिखा होता, तो बात ही कुछ और होती। जो मान-सम्मान, रुतबा अथवा ठसक उप सम्पादक या सह सम्पादक और तनख़्वाह या वेतन शब्द में होता है, वह प्रूफ़ रीडर और पारिश्रमिक में कहाँ होता है। इस नियुक्ति-पत्र को उस समय वहाँ जनरल सेक्रेटरी के पद पर तैनात केवल कृष्ण के नाम और उनके दस्तख़त से जारी किया गया था।

इस तरह मैं टायर हाउस से विदा हो 'सुलभ इंडिया' में आ गया। मुझे मेरी जगह बता दी गयी। इससे पहले कि मैं अपनी बतायी जगह पर जाता, मेरी नज़र एक मेज़ पर लगे अंग्रेज़ी और हिन्दी के अख़बारों के ढेर के पीछे, एक अख़बार के खुले पन्ने में डूबे धीर-गम्भीर से चेहरे पर पड़ी। मुझे ख़ुशी हुई इस चेहरे को देखकर। यह वही चेहरा था, जो कुछ दिन पहले रीगल सिनेमा के पीछे लॉटरी बाज़ार में स्थित 'इन दिनों' के कार्यालय में मिला था। यह वही व्यक्ति था जिसे 'समाचार ब्यूरो' के सम्पादक हवलदार पाण्डे ने एक ग़लतफ़हमी के चलते अपने गुर्गों से पिटवाया था। यह चेहरा कभी-कभार मुझे 'कादम्बिनी' के सम्पादक राजेन्द्र अवस्थी के पास भी नज़र आता था। इसके यहाँ होने की वजह मेरी समझ में तुरन्त आ गयी कि यह पट्ठा भी मेरी तरह राजेन्द्र अवस्थी की सिफ़ारिश पर यहाँ आया है। मेरे लिए राहत की बात यह थी कि कोई तो परिचित यहाँ मिला। इसलिए इससे यहाँ ख़ूब छनेगी। इस धीर-गम्भीर चेहरे के अलावा मुझसे पहले यहाँ वीरेन्द्र पाण्डेय, देवव्रत चटर्जी, राजेश मिश्रा इस पत्रिका में थे। इसी दौरान मुझे पता चला था कि इनमें से देवव्रत चटर्जी जो कला विभाग का प्रमुख है, 'साप्ताहिक हिन्दुस्तान' में कार्यरत जाने-माने चित्रकार सुकुमार चटर्जी का छोटा भाई है। यह आज भी पिछले तीन दशकों से इसी 'सुलभ इंडिया' में कार्यरत है।

सिवाय उस धीर-गम्भीर चेहरे के 'सुलभ इंडिया' में मेरा कोई पूर्व परिचित नहीं था। 'सुलभ इंडिया' हिन्दी के साथ ही अंग्रेज़ी में भी निकलने जा रही थी। अंग्रेज़ी में एक बंगाली युवती इन्द्राणी मजूमदार और कश्मीरी के लेखक शशि शेखर तोशखानी की भी पहले ही नियुक्ति हो चुकी थी। इनके अलावा तपन दत्त, सुशील झा, सुनीता बहादुर और अश्विनी शर्मा प्रचार-प्रसार का काम देखते थे। इधर जैसे-जैसे पत्रिका की तैयारी ज़ोर पकड़ने लगी, वैसे-वैसे यहाँ पनप चुके दो तथाकथित व्यक्तिवादी सत्ता के केन्द्रों में वर्चस्व की जंग तेज़ होने लगी। ये केन्द्र थे वीरेन्द्र पाण्डेय और वेस्टर्न कोर्ट का वह नायक, जो हवलदार पाण्डे के गुर्गों का शिकार बन चुका था। अकसर किसी न किसी बात पर दोनों के सींग आपस में उलझे हुए ही नज़र आते। दरअसल, ये दोनों मेरी तरह इस नयी-नयी पत्रिका के लिए राजेन्द्र अवस्थी की ही देन थे। दोनों का यह मानना था कि इस पत्रिका पर पहला हक़ उन्हीं का है।

डॉ. अनुज कुमार धान यानी पूर्व कुलपति और 'सुलभ इंडिया' के सम्पादक तथा जनरल मैनेजर केवल कृष्ण की कुछ समझ में नहीं आ रहा था, कि आख़िर राजेन्द्र अवस्थी द्वारा लाकर छोड़े गये इन साँड़ों की लड़ाई पर कैसे पार पाया जाये। रही बात मेरी तो मेरा झुकाव स्वाभाविक रूप से हिन्दी साहित्य के भविष्य और एक लेखक की तरफ़ ज़्यादा था। लखनऊ से बुलाये गये वीरेन्द्र पाण्डेय को तो मैं जानता भी नहीं था। मेरे इस स्वाभाविक झुकाव से पूरा 'सुलभ इंडिया' परिचित था। इसी आपसी टंटे के बीच पत्रिका का प्रवेशांक आ गया। प्रवेशांक का यह दिसम्बर 1986 का अंक था। आन्तरिक खींचतान के चलते पत्रिका में केवल सम्पादक का नाम दिया गया। चूँकि इस पत्रिका की पूरी परिकल्पना के केन्द्र में राजेन्द्र अवस्थी थे, इसलिए प्रवेशांक में 'साहित्यकार के सामने पूरी सत्ता के झुकने का प्रतीक : राष्ट्रगान' शीर्षक से उनका एक साक्षात्कार प्रकाशित हुआ। वैसे इसमें जो सामग्री प्रकाशित हुई, ज़्यादातर यह वही सामग्री थी, जो उन दिनों 'कादम्बिनी' और 'साप्ताहिक हिन्दुस्तान' के सम्पादक के रूप में कार्य कर रहे राजेन्द्र अवस्थी के नाम आयी थी।

इन दिनों मैं कहानी के साथ-साथ कविताएँ भी लिखने लगा था। मुझे याद है, कथाकार प्रभात रंजन से फ़ोन पर मेरी पहली बार बात हुई थी, और मैंने जब अपना परिचय दिया कि मैं भगवानदास मोरवाल हूँ। इस पर प्रभात ने प्रत्युत्तर में कहा था कि सर मैं आपको 1986 से तब से जानता हूँ, जब आपकी 'कादम्बिनी' में कविताएँ छपी थीं। मैंने जब बाद में आपके उपन्यासों के बारे में सुना तब मुझे बड़ी हैरानी हुई कि कविता लिखते-लिखते आपने कब उपन्यास लिखने शुरू

कर दिये। प्रभात से मेरा परिचय 2005 के आसपास हुआ था। 'कादम्बिनी' में प्रकाशित जिन कविताओं का ज़िक्र प्रभात रंजन ने किया था, दरअसल, वे इस पत्रिका के 'प्रवेश' स्तम्भ के अन्तर्गत दिसम्बर 1986 के अंक में मेरे परिचय के साथ प्रकाशित हुई थीं। 'कादम्बिनी' के इस स्तम्भ के उन दिनों अपने मायने हुआ करते थे। 'उम्र', 'अतीत', 'खपरैलवाली छत' और 'संस्मरण' शीर्षक वाली इन कविताओं के साथ, मेरा एक आत्मकथ्य भी प्रकाशित हुआ था। पहले ज़रा इसी आत्मकथ्य को देखें—

अब तक जीवन की टेढ़ी-मेढ़ी पगडंडियों पर मिले कुछ कसैले अनुभव और गुनगुने एहसासों ने प्रेरणा दी, कुछ लिखने की। और यही कसैले अनुभव और एहसास अवतरित होने लगे—कविताओं के रूप में।

कविताओं से पहले सम्पादक की भी एक टिप्पणी थी, जो इस प्रकार थी—

प्रवेश के अन्तर्गत इस बार हम अपने पाठकों का परिचय करा रहे हैं—भगवानदास मोरवाल से। उनकी कविताएँ एक रहस्यात्मकता का आवरण लेकर चलते हुए विसंगतियों की पहचान कर उकेरने की कोशिश करती प्रतीत होती हैं।

रहस्यात्मकता का आवरण लिए इन कविताओं में से एक कविता 'उम्र' से आप भी इस रहस्यात्मकता को खोजने की कोशिश करें—

उम्र तो पूछो/सरहदों पर बिछे/काँटेदार तारों में फँसी उन/
अँगुलियों से/जिनके नाखूनों से/रिसता है—बुझा बारूद।
क़तार-दर-क़तार/गड़े उन सरकंडों से पूछो/जिनकी देह
से बनता है/मृत-ताबूत।/अपंग-कुर्सियों पर पसरी/उन टाँगों
का तो हाल ही न पूछिए/जिनकी धमनियाँ/लगी हैं हाँफने/
मरु के हिरण की तरह/खजूर की मिसाल ही अलग है/
उसके बौनेपन ने तो/झुठला दिया है/इस कहावत को/
कि/आदमी आसमान से गिरकर/खजूर पर अटकता है कभी।

कभी-कभी मुझे अपने इन ताप के ताये दिनों के अभावों और संघर्षों के दौर की अपनी ही इस लेखकीय प्रतिभा पर सन्देह-सा होता है। उस प्रतिभा पर जिससे उपजी कविताओं में उस समय का बारीक समय-बोध समाया हुआ था।

'सुलभ इंडिया' के दूसरे यानी जनवरी 1987 के अंक में सम्पादक डॉ. अनुज कुमार धान के साथ दूसरे नाम प्रकाशित तो हुए थे, मगर बिना किसी पद के। सबको

चाहे उसकी नियुक्ति सह सम्पादक के रूप में हुई थी या उप सम्पादक के रूप में; संयुक्त सम्पादक के रूप में हुई थी या प्रूफ़ रीडर के रूप में, 'सम्पादकीय' के नीचे एकसाथ डाल दिया गया। इस जूतम पैजार, आपसी खींचतान, रस्साकशी का सबसे बड़ा फ़ायदा मुझे ही हुआ। क्योंकि एक दिन राजेन्द्र अवस्थी के इन दो साँड़ों में से एक के आत्म स्वाभिमान ने उसे इस तरह ललकारा कि तैश में आकर अपना त्यागपत्र एक झटके के साथ सम्पादक के पास भेज दिया। त्यागपत्र जिस तत्परता के साथ दिया गया था, उसे उतनी ही तत्परता और विनम्रता के साथ स्वीकार कर लिया गया। इस तरह देखते ही देखते राँची विश्वविद्यालय के एक पूर्व कुलपति और पत्रिका के सम्पादक ने भभकती आग पर पानी डाल दिया। तैश और तुर्शी में आकर जिस साँड़ ने त्यागपत्र दिया था, उसे इसकी ज़रा भी उम्मीद नहीं थी। उसे लगता था कि अगर तेरा त्यागपत्र स्वीकार कर लिया गया, तो 'सुलभ इंडिया' नाम की यह पत्रिका अपने शैशव काल में ही दम तोड़ देगी। मगर ऐसा कुछ नहीं हुआ। उसे क्या पता था कि सम्पादक सहित यहाँ का जनरल मैनेजर भी मानो इसी पल का इन्तज़ार कर रहा था। इस तरह मैदान में अब अकेला वीरेन्द्र पाण्डेय रह गया। जबकि उसका प्रतिद्वन्द्वी या कहिए काँटा अपनी मूर्खता के चलते रास्ते से अपने आप हट गया। चुपचाप रंजन ज़ैदी की बिना किसी शोर-शराबे के ख़ामोश विदाई हो गयी। जनवरी 1987 के अंक में 'सम्पादकीय' के नीचे वीरेन्द्र पाण्डेय के साथ जब-जब मैं, भगवानदास मोरवाल का नाम छपा देखता, तो नैनों को शीतलता और कलेजे को बड़ी ठंडक पहुँचती। 'सुलभ इंडिया' के कार्यालय से बाहर निकलकर अब मैं पत्रिका का अंक बड़े गर्व के साथ मित्रों को दिखाने लगा। जब तक मैं 'सुलभ इंडिया' में रहा, सम्पादक के अलावा सम्पादकीय से जुड़े किसी भी व्यक्ति का नाम उसके पद के साथ नहीं छपता था।

सम्पादकीय में वीरेन्द्र पाण्डेय के अलावा अब केवल मैं ही था। इसलिए कार्यालय से बाहर पत्रिका की सारी ज़िम्मेदारी मेरे ऊपर आ गयी। मेरे ऊपर सबसे ज़्यादा भरोसा किया जाने लगा। प्रूफ़ रीडिंग, प्रेस आने-जाने से लेकर कला-प्रमुख देबू चटर्जी उर्फ़ देवब्रत चटर्जी के साथ मिलकर पत्रिका के साज-सज्जा में मदद करना मेरी प्रमुख ज़िम्मेदारियाँ बन गयीं। 'सुलभ इंडिया' की अपने उन ग्यारह महीने के कार्यकाल के दौरान मेरी प्रिंटिंग सम्बन्धी इतनी बारीक जानकारी और इतना अनुभव हो गया था कि वह आज भी मेरे काम आता है। इन ग्यारह महीनों में इस पत्रिका के ग्यारह अंक लगभग पौने दर्ज़न प्रिंटिंग प्रेसेज़ में मुद्रित हुए। इनमें पूजा प्रेस एंड प्रकाशन प्राइवेट लिमिटेड, ओखला; प्रोग्रेसिव न्यूज़ पेपर

प्राइवेट लिमिटेड, ओखला; इंडिया ऑफ़सेट, मायापुरी तथा सतपाल महाराज का पंजाबी बाग, रिंग रोड स्थित हंस भवन की प्रेस प्रमुख थीं।

सतपाल महाराज के पंजाबी बाग स्थित हंस भवन में बहुत बड़ी प्रिंटिंग प्रेस थी। इसमें उसके धार्मिक प्रचार-प्रसार में काम आने वाली प्रकाशन सामग्री के अलावा बाहर का जॉब वर्क भी होता था। उन दिनों 'सुलभ इंडिया' के मुद्रण से पहले यहाँ एक बहुत मशहूर छात्रोपयोगी प्रतियोगिता सम्बन्धी पत्रिका 'कम्पीटीशन सक्सेज़ रिव्यू' (सीएसआर) भी मुद्रित होती थी। उस समय यानी 1987 में यह पत्रिका एक लाख छपती थी। एक दिन मैं अपनी पत्रिका के मुद्रण सम्बन्धी काम के लिए हंस भवन गया हुआ था। इसी बीच मैं प्रेस के कार्यालय से निकलकर मुख्य हंस भवन आ गया। यहाँ सामने भवन के विशाल आँगन में श्रद्धालुओं और साधु-सन्तों के लिए लंगर चल रहा था। इसी बीच लंगर के दौरान श्रद्धालुओं में एकाएक हलचल शुरू हो गयी। जब तक मैं कुछ समझ पाता भवन के मुख्य द्वार पर एक कार आकर रुकी, जिसमें से सतपाल महाराज और उसकी पत्नी उतरी। उनके कार से उतरते ही मानो पूरा हंस भवन थम-सा गया। इन दोनों पति-पत्नी ने जैसे ही भवन में प्रवेश किया, भवन के आँगन में चल रहा लंगर ठिठक गया। खाना खाते श्रद्धालु और साधु-सन्तों के कोर भरे हाथ जहाँ थे, वहीं रुक गये और सबके सिर ज़मीन की ओर झुक गये। महिला श्रद्धालु, जिनमें से किसी के हाथ में एक रुपया था, तो किसी के हाथ में दो रुपया बल्कि किसी-किसी के हाथ में तो पाँच रुपया भी था। ये महिला श्रद्धालु सतपाल महाराज की पत्नी को श्रद्धास्वरूप अपनी-अपनी हैसियत के अनुसार, जो उनसे बन पड़ रहा था, देने का प्रयास कर रही थीं। मगर वह इनके हाथों को बड़े ही दम्भ के साथ झटकते हुए तेज़ी के साथ आगे बढ़ गयीं। महिला श्रद्धालुओं के चेहरे पर जो दीनता मैंने उस समय देखी, मैं उसे आज भी नहीं भूल पाया हूँ। जब तक सतपाल महाराज और उसकी पत्नी आँगन को पार नहीं कर गये, ज़मीन पर लंगर खा रहे साधु-सन्तों और श्रद्धालुओं के सिर इनके सिजदे में झुके रहे। ऐसा धार्मिक सामन्तवाद मैंने पहली बार देखा। धार्मिक मठों की ताक़त का इससे बड़ा उदाहरण शायद ही कहीं देखने को मिले।

'सुलभ इंडिया' में राजेश मिश्रा नाम का एक पत्रकार आया था। उसे कविता लिखने का भी शौक़ था। उसकी इस प्रतिभा से मैं इसलिए परिचित था कि उसकी एक कविता अपनी ही पत्रिका में प्रकाशित हो चुकी थी। राजेश मिश्रा का काम प्रतिदिन यहाँ आने वाली डाक को देखना होता था, जो ज़्यादातर रचनाएँ होती

थीं। डाक से आने वाली रचनाओं की वह एक रजिस्टर में प्रविष्टि करता था। एक दिन इसने हुमकते हुए यह सुखद सूचना दी, "मोरवाल जी, मैंने एक ग़ज़ल लिखा हूँ इसको आप भी पढ़ें!" यह कहते हुए उसने मुझे वह काग़ज़ दे दिया जिस पर ग़ज़ल लिखी हुई थी।

मैंने बेहद सुन्दर ढंग से लिखी गयी ग़ज़ल को पढ़ा, तो पता नहीं क्यों मुझे इस राजेश मिश्रा नाम के शायर की इस प्रतिभा पर थोड़ा-सा शक हुआ। पहला शक तो तभी हुआ जब इसने कहा कि मैंने एक ग़ज़ल लिखा हूँ। दूसरा, सुन्दर लिखाई को देखकर हुआ, और तीसरा इतनी ख़ूबसूरत ग़ज़ल को पढ़कर हुआ। जबकि चौथा और सबसे बड़ा शक मुझे उस काग़ज़ को देखकर हुआ, जिस पर यह ग़ज़ल लिखी हुई थी। वह इसलिए कि इसके नीचे का वह हिस्सा फटा हुआ था, जहाँ ग़ज़लगो के नाम के साथ उसका पता लिखा हुआ था। ग़ज़ल के नीचे लेखक के रूप में लिखे गये राजेश मिश्रा की लिखावट और ग़ज़ल की लिखावट में ज़मीन-आसमान का फ़र्क़ था। मुझे लग गया कि काग़ज़ के निचले हिस्से को ताज़ा-ताज़ा फाड़ा गया है। मैंने उससे नज़र बचाकर उसकी मेज़ के नीचे रखे डस्टबिन को देखा, तो पाया उसमें ज़्यादा रद्दी नहीं है। एकाध काग़ज़ ही पड़े हुए हैं। अब मैं इन्तज़ार करने लगा कि कब यह अपनी कुर्सी से उठ कर लघुशंका या किसी काम से उठकर, यहाँ से जाये और कब मैं अपने शक की पुष्टि करूँ।

काफ़ी इन्तज़ार के बाद राजेश मिश्रा उठकर टॉयलेट की ओर गया। वह जैसे ही गया मैं लपककर उसकी सीट पर आया, और बड़ी सफ़ाई के साथ दूसरे लोगों से नज़र बचाते हुए डस्टबिन से सारे काग़ज़ उठा लाया। अपनी सीट पर आकर मैंने उन काग़ज़ के टुकड़ों को देखा, तो मुझे काग़ज़ का वह टुकड़ा मिल गया जिससे मेरे सन्देह की पुष्टि होने वाली थी। मैंने सारी बात अपने वरिष्ठ वीरेन्द्र पाण्डेय को बतायी, तो उसका भी मुँह सुनकर खुला का खुला रह गया। अब हम क्या करें? वीरेन्द्र पाण्डेय ने आशंका जतायी कि अगर यह ग़ज़ल इस राजेश मिश्रा के नाम से छप गयी, और कहीं इसके असली लेखक ने इसे पढ़ लिया तो 'सुलभ इंडिया' के लिए परेशानी खड़ी हो जायेगी। आख़िरकार वीरेन्द्र पाण्डेय ने वरिष्ठ होने के नाते यह फ़ैसला किया कि हमें यह बात सम्पादक को बतानी चाहिए। यह फ़ैसला कर हम दोनों सम्पादक के पास गये और सबूत के तौर पर काग़ज़ के उस फटे हुए टुकड़े को दिखाया। सम्पादक ने उसी समय राजेश मिश्रा को हमारे सामने बुलाया और जब उससे उसके इस कृत्य के बारे में पूछा, तो उसने तुरन्त अपना अपराध स्वीकार कर लिया। सम्पादक ने तुरन्त

निर्णय लेते हुए उसकी 'सुलभ इंडिया' से छुट्टी कर दी। मेरी मंशा राजेश मिश्रा को इतनी सख़्त सज़ा दिलवाने की नहीं थी बल्कि मैं तो उसे भविष्य में ऐसा न करने की चेतावनी दिलवाना चाहता था। मुझे सम्पादक द्वारा लिए गये इतने सख़्त फ़ैसले की क़तई उम्मीद नहीं थी।

पत्रिका के प्रचार-प्रसार विभाग में कार्यरत सुनीता बहादुर एकदम कसी हुई जीन्स तो पहनती ही थी बल्कि सिगरेट भी बहुत पीती थी। एक दिन मुझे लंच के आसपास सुशील झा ने अपने पास बुलाया। जिस समय उसने मुझे बुलाया था, उस समय पत्रिका से जुड़े सभी लोग वहाँ मौजूद थे। सुशील झा ने अपने बिहारी अन्दाज़ में लगभग हड़काते हुए कहा, "ऐ मोरवाल, तुमने सुनीता के बारे में इन्द्राणी से क्या कहा था?"

मुझे कुछ याद नहीं आ रहा था कि मैंने सुनीता बहादुर के बारे में कभी कुछ कहा होगा। मुझे जब कुछ याद नहीं आ रहा था, तब उसी ने मेरी याददाश्त दुरुस्त करते हुए बताया कि मैंने सुनीता को 'फ़ास्ट' कहा है। इस पर मैंने जवाब दिया कि हाँ, कहा होगा और कहा है तो इसमें बुराई क्या है। मेरे इतना कहते ही वह तमतमाते हुए बोला कि क्या यह 'फ़ास्ट' है? मैंने प्रत्युत्तर में बड़ी शालीनता और विनम्रता के साथ सुनीता बहादुर को इंगित करते हुए कहा कि वह तो मैं अभी भी कह रहा हूँ कि सुनीता बहुत फ़ास्ट है। इस बार जैसे सुनीता बहादुर हत्थे से उखड़ गयी और सबको सुनाते हुए सुशील झा से बोली, "देखा सुशील जी, यह फिर से कह रहा है!"

मगर मैं अपने कहे पर क़ायम रहा और शान्त भाव से उत्तर दिया कि इसमें बुरा क्या कह दिया। मैंने कोई गाली थोड़े ही दी है। यही तो कहा कि सुनीता बहुत फ़ास्ट है। मुझे अपनी बात पर अड़ा देख अजीब-सा तनाव पैदा हो गया। तपन दत्त माहौल को भाँप गया और शालीनता के साथ बोला कि तुम कहना क्या चाहते थे? मैंने कहा कि तपन दा मैंने तो यही कहा था कि सुनीता बहादुर अपने काम में बड़ी फ़ास्ट है। मैंने इसे कौन-सी गाली दे दी। बल्कि मैं तो इसकी तारीफ़ ही कर रहा था। मेरे इतना कहते ही सब चुप हो गये और बात यहीं समाप्त हो गयी।

बाद में मैंने अकाउंटेंट के पद पर काम करने वाले बिष्ट से पूछा कि यह मामला क्या था। मैंने सुनीता बहादुर के बारे में ऐसा क्या कह दिया, जो वह इतना ग़ुस्सा हो रही थी। इस पर बिष्ट ने बताया कि यह सारी आग इस इन्द्राणी मजूमदार की लगायी हुई है। उसी ने सुनीता को भड़काया था कि मोरवाल तुझे चालू कह रहा था। यार, मैंने कब उसे चालू कहा था, मैंने तो उसे फ़ास्ट कहा था। अकाउंटेंट

बिष्ट ने मेरी तरफ़ ग़ौर से देखते हुए कहा कि अबे चूतिए फ़ास्ट का मतलब ही चालू होता है। चालू का क्या मतलब होता है, समझ रहा है न? सचमुच मैं भोंदू-सा उस बिष्ट की तरफ़ देखने लगा। उस दिन पहली बार मुझे फ़ास्ट का सही अर्थ पता चला। उस दिन से मैंने क़सम खा ली कि भविष्य में किसी महिला के लिए विशेषण के रूप में स्मार्ट शब्द का इस्तेमाल भले ही कर लूँगा पर इस मरे 'फ़ास्ट' का नहीं करूँगा।

एक दिन किसी कारणवश मैं 'सुलभ इंडिया' नहीं जा पाया था। कई दिन बाद लंच के समय पूरा 'सुलभ इंडिया' जब फुरसत में गपिया रहा था, तब किसी मुद्दे को लेकर यहाँ काम कर चुके रंजन ज़ैदी की चर्चा चल पड़ी। लगभग पूरा स्टाफ इस व्यक्ति को लेकर तरह-तरह की टिप्पणी कर रहा था। मैंने अपने एक लेखक के बारे में की जा रही इन टिप्पणियों का यह कहकर प्रतिवाद किया कि जो व्यक्ति यहाँ से जा चुका है, उसके बारे में ऐसी बातें नहीं कहनी चाहिए। दरअसल, मुझे उस टिप्पणी पर ख़ासा एतराज़ था जो उसके मुसलमान होने पर की जा रही थी। मेरे ऐसे कहते ही सुशील झा मुझे लानत-मलामत देते हुए बोला, "मोरवाल जी, तुम उसको सपोर्ट कर रहे हो। पता है तुम्हारे बारे में वह मुसल्ला क्या कह रहा था।" इसके बाद वह वीरेन्द्र पाण्डेय की ओर पलटते हुए बोला, "पाण्डेय जी, इसे आप ही बताइए कि इसके बारे में उसके क्या विचार हैं।"

वीरेन्द्र पाण्डेय जो अब तक चुप था, शब्दों को चुबलाते हुए बोला, "अरे यार मोरवाल, तुम जिस दिन नहीं आये थे, उस दिन तुम्हारा वह दोस्त अपना हिसाब करने आया था। लंच हो गया था तो वह बोला कि पाण्डेय जी चलिए, आपको पान खिलाकर लाते हैं। हम जब सब नीचे पान खाने गये, तो पता है तुम्हारे बारे में वह क्या बोला...बोला कि पाण्डेय जी, बस आप यहाँ एक आदमी से सावधान रहना। मैंने जब पूछा कि किससे, तब पता है उसने किसका नाम लिया...तुम्हारा। मैंने इस पर सबके सामने कहा कि अरे भई, मोरवाल तो तुम्हारा खुलेआम समर्थन करता है। तुम उसी के बारे में ऐसा कह रहे हो। तब उसने सिर्फ़ इतना ही कहा कि यह मेरी आपको सलाह है।"

वीरेन्द्र पाण्डेय की बात ख़त्म होते ही, सुशील झा बोला कि सुन लिया वह तुम्हारे बारे में क्या कह रहा था। एक तुम हो, जो आज भी उसकी हिमायत कर रहे हो। इसके बाद मैं चुप हो गया। आज जब भी 'मंजुली-दर्पण' के सम्पादक-पति योगेश चन्द्र भार्गव, मीनाक्षी पुस्तक मन्दिर के मालिक धर्मेन्द्र शुक्ला, अपने क़स्बे के राजकीय महाविद्यालय के प्रिंसिपल और बाद में बन गये हरियाणा

साहित्य आकदमी के निदेशक डॉ. रूपनारायण शर्मा तथा इस रंजन ज़ैदी से जुड़े प्रसंगों को याद करता हूँ, तो बरबस होंठों से यही निकलता है—

जो फ़रेब मैंने खाये तुम्हें राज़दाँ समझ कर।
उन्हें कैसे भूल जाऊँ इक दास्ताँ समझ कर॥

पहले पत्रकार और बाद में धीरे-धीरे एक कथाकार के रूप में मेरी जो पहचान बनने लगी, उसका शुरुआती श्रेय 1986 से लेकर 1990 तक 'दैनिक हिन्दुस्तान' के फ़ीचर सम्पादक, पत्रकार, कवि और गीतकार विजय किशोर मानव को जाता है। 'जीने के लिए' शीर्षक से 'दैनिक हिन्दुस्तान' में मेरी पहली कहानी विजय किशोर मानव ने ही प्रकाशित की थी। इसके बाद तो लक्ष्मण रेखा, मकानों का जंगल, क्षितिज की ओर, झूठा दिन, परिणति, अँधेरा जैसी कहानियों को पूरे सम्मान के साथ विजय किशोर मानव ने 'दैनिक हिन्दुस्तान' में प्रकाशित किया। 1986 के लगभग आख़िर में मेरी कहानियों के प्रकाशन का जो सफ़र दैनिक हिन्दुस्तान से शुरू हुआ, वह आगे जाकर साप्ताहिक हिन्दुस्तान, सारिका, ट्रिब्यून, गंगा, दैनिक जागरण, जागृति, सहज आनन्द, जनाधार भारती, मिलाप सन्देश तक जारी रहा। कहानियों की दृष्टि से मेरे तीन वर्ष बेहद उर्वर रहे।

पता नहीं मनीराम शर्मा मूल नाम के इस व्यक्ति को हम में से कितने लेखक और पाठक आज जानते होंगे। उस मनीराम शर्मा के बारे में जिसने लेखक के रूप में छोटी-सी उम्र में इतनी ख्याति अर्जित कर ली थी कि उस समय के उसके समकालीनों में इसको लेकर ईर्ष्याभाव चरम पर था। इस लेखक को मैंने जब फ़रवरी-मार्च 1986 में अपने पूर्व संसदीय क्षेत्र फ़रीदाबाद के सांसद और मेव राजनेता चौधरी रहीम खाँ के 11, महादेव रोड, नयी दिल्ली के आवास पर देखा, तब मुझे काफ़ी हैरानी हुई थी। हालाँकि इससे पहले मैं इसे एकाध बार 'कादम्बिनी' व 'साप्ताहिक हिन्दुस्तान' के सम्पादक राजेन्द्र अवस्थी के पास भी देख चुका था। पता नहीं इस लेखक के अतीत को आज हम में से कितने लेखक और पाठक जानते होंगे। हाँ, इसका कुछ लोगों ने लेखकीय नाम ज़रूर सुना होगा। अपने इलाक़े मेवात के एक सांसद के आवास पर देखने से पहले राजस्थान के चुरु ज़िले के एक छोटे-से गाँव सेऊवा (राजगढ़) में 9 सितम्बर, 1942 में जन्मा यह लेखक हिन्दी और राजस्थानी साहित्य को कई महत्त्वपूर्ण कृतियाँ जैसे 'सफ़ेद मेमने', 'मेरी स्त्रियाँ' (उपन्यास); 'रस गन्धर्व', 'दुलारी बाई' (नाटक) और 'खंड-खंड पाखंड पर्व' जैसे चर्चित कविता संग्रह सहित लगभग तीस पुस्तकें दे चुका

था। इतना ही नहीं यूगोस्लाविया में भारतीय सांस्कृतिक परिषद् के चयन मंडल द्वारा 1980 में आयोजित 'विश्व कविता समारोह-8' के लिए चयनित यह एकमात्र भारतीय कवि था। 1986 में मैंने इसे जब चौधरी रहीम खाँ की कोठी पर देखा था, उससे दस साल पहले 1975 में मात्र 33 वर्ष की आयु में इसके राजस्थानी कविता संग्रह के लिए केन्द्रीय साहित्य अकादमी पुरस्कार मिल चुका था।

मुझे आज भी वह दृश्य याद है जब मैंने इसे चौधरी रहीम खाँ के उस निजी सोफ़े पर पाँव फैलाकर इत्मिनान से बैठा हुआ देखा था, जिस पर एक सांसद बैठा करता था। गोरे चेहरे पर फ्रेंच कट दाढ़ी, आँखों पर नज़र का चश्मा और आफ़ वाइट कुर्ता पहने इस व्यक्ति को देखकर, कोई भी पहली नज़र में इससे प्रभावित हो सकता था। अगर हम अपनी स्मृतियों को थोड़ा आगे-पीछे करके याद करने की कोशिश करें, तो पाएँगे इस लेखक से जुड़ा 1982 का वह स्कैंडल जो काफ़ी चर्चित रहा था। जी हाँ, यह था लेखक मनीराम शर्मा उर्फ़ साधना सजन अर्थात् डॉ. पद्मनाभन यानी मणि मधुकर। उन दिनों यह 'साप्ताहिक हिन्दुस्तान' के आख़िर में 'एक कप हज़ार गप' शीर्षक से हसरत जयपुरी के नाम से एक राजनीतिक कॉलम भी लिखा करता था।

1982 की इस घटना का या कहिए स्कैंडल का केन्द्रीय पात्र हिन्दी-राजस्थानी साहित्य का यह चर्चित नाम मणि मधुकर ही था। क़िस्सा यह था कि मणि मधुकर और इसकी दूसरी पत्नी तारा मेहता उर्फ़ रचनामणि ने मिलकर दिल्ली के एक डॉक्टर ओ.पी. भार्गव को हीरों के नाम पर 48,666/- रुपये के दो नकली पत्थर बेच दिये थे। दरअसल, इस क़िस्से की शुरुआत मई 1982 में डॉक्टर भार्गव दम्पति से रचनामणि की एक टेलीविज़न कार्यक्रम के दौरान हुई मुलाक़ात से हुई थी। रचनामणि इस कार्यक्रम की सूत्रधार थी। इस मुलाक़ात के दौरान रचनामणि ने भार्गव दम्पति को बताया था कि उनके पति (मणि मधुकर) लेखक होने के साथ-साथ बहुत पहुँचे हुए हस्तरेखा विशेषज्ञ और तान्त्रिक भी हैं। उन दिनों यह डॉक्टर दम्पति कुछ पारिवारिक समस्याओं से जूझ रहा था। इसलिए एक दिन वे दोनों मणि मधुकर के घर पहुँच गये। मणि मधुकर ने बताया कि वे इसी साल भयंकर दुर्घटना के शिकार होंगे, जिससे उनकी जान भी जा सकती है। इस दुर्घटना से बचने के लिए मणि मधुकर ने उनसे तुरशाबा और संगे-यशब नाम के दो अरबी रत्न धारण करने की सलाह दी। साथ में उसने इन्हें उपलब्ध कराने की ज़िम्मेदारी भी ले ली।

एक दिन मणि मधुकर ने उन्हें बताया कि ये रत्न दिल्ली में नहीं मिल रहे हैं, इन्हें हैदराबाद से लाना होगा। इसके लिए डॉक्टर भार्गव दम्पति जब तैयार

हो गया, तो कुछ दिन बाद इन्हें सूचित किया गया कि रत्न आ गये हैं, जिनकी कीमत 48,666/- रुपये है। अगले दिन 12 मई को मणि मधुकर ने डॉक्टर दम्पति के घर जाकर हवन किया, और हवन के दौरान उनसे कहा कि वे इन अरबी रत्नों को आख़िरी बार देख लें। इन्हें फिर मत देखना वरना अनर्थ हो जायेगा। इसके बाद इन रत्नों को एक कपड़े में लपेटकर रख दिया गया। हवन सम्पन्न होने के बाद मणि मधुकर ने उन्हें एक मन्त्र बताते हुए कहा कि वे इसका छह महीने तक जाप करें। हवन कराने के उसने दक्षिणा स्वरूप चौदह सौ रुपये भी लिए।

कुछ दिनों के बाद डॉक्टर भार्गव दम्पति को कुछ शक हुआ और वे अपने रुपये लौटाने की माँग करने लगे। रुपये न लौटाने की स्थिति में इस दम्पति ने पुलिस में शिकायत करने की भी धमकी दे डाली। धमकी से डर कर मणि मधुकर ने भार्गव दम्पति को दो चैक दिये। इनमें एक चैक जो मणि मधुकर के खाते का था, वह तो क्लीयर हो गया। मगर दूसरा चैक जो तीस हज़ार रुपये का था, उसे रोक दिया गया। इस बीच इस डॉक्टर दम्पति की समझ में आ चुका था कि वे धोखाधड़ी का शिकार हो चुके हैं। इन्होंने इसकी शिकायत पुलिस में कर दी। इस पर मणि मधुकर ने अपना अपराध स्वीकार करने के बजाय उलटा डॉक्टर भार्गव को एक क़ानूनी नोटिस भिजवा दिया कि उसने उन्हें जो 18,666/- दिये थे, वे एक फ़्लैट ख़रीदने के लिए एडवांस के रूप में दिये थे। इसलिए इस राशि को वे लौटा दें। पुलिस ने जब इस मामले में मणि मधुकर से पूछताछ की, तब उसने साफ़ मना कर दिया कि न तो वह कोई तन्त्र विद्या जानता है, न ज्योतिष विज्ञान। उसने अपने ऊपर लगे सारे आरोपों को खारिज़ कर दिया।

मगर तभी पुलिस को एक सूत्र हाथ लगा और वह यह कि डॉ. पद्मनाभन के नाम से छपा एक लेख उसकी नज़र में आया। यह लेख ज्योतिष से सम्बन्धित था। अपनी जाँच के दौरान पुलिस ने पाया कि लेख के पारिश्रमिक के रूप में जो चैक जारी किया गया था, वह रचनामणि और डॉ. पद्मनाभन के संयुक्त खाते में जमा हुआ था। पुलिस ने जब इस डॉ. पद्मनाभन की गहराई से जाँच की, तब पता चला कि अपने कलकत्ता प्रवास के दौरान मणि मधुकर ने अपना नाम डॉ. पद्मनाभन रखा हुआ था। बाद में उसके ससुर और तारा मेहता उर्फ़ रचनामणि के पिता उगमराज मेहता ने यह अफ़वाह फैला दी कि डॉ. पद्मनाभन की मृत्यु हो चुकी है। इसके बाद ये तीनों दिल्ली चले आये।

कलकत्ता में रहते हुए मणि मधुकर अपने आपको आपातूकाल का सैनिक बताता रहा। बल्कि एक प्रकाशन गृह के कर्मचारी को उसने बताया कि 'संडे' और 'रविवार' का सम्पादक एम.जे. अकबर वही है। इतना ही नहीं एक बार

तो 'दिनमान' में उसने अपने एक नाटक 'रस गन्धर्व' की समीक्षा बिना मंचन के ही छपवा ली थी। बहुत दिनों तक यह अपने आपको जैसलमेर की तरफ़ के किसी ऐसी ढाणी का जग्गा यानी जागा बताता रहा, जहाँ बिना ऊँट की सवारी के पहुँचा ही नहीं जा सकता। एक बार जब मणि मधुकर से पूछा गया कि वे अपनी रचनाओं में यौन सम्बन्धों का इतना नग्न चित्रण कैसे कर पाते हैं, तब जवाब में उसने कहा कि वह राजस्थान के उस इलाक़े से है, जहाँ यौन स्वच्छन्दता की पूरी छूट है। हमारे इलाक़े की औरतें साँझ ढले मुँह से 'हू-हू' की एक ख़ास तरह की आवाज़ निकालती हैं, जो आमन्त्रण का प्रतीक माना जाता है। 1975 में उसके राजस्थानी कविता संग्रह 'पगफेरों' के लिए मिले केन्द्रीय साहित्य अकादेमी पुरस्कार के बारे में यह कहा जाता था कि जब मणि मधुकर ने पुरस्कार लगभग तय करवा लिया, तो रातों-रात उक्त संग्रह प्रकाशित करवाया गया।

पुलिस द्वारा एकत्र किये गये सबूतों के आधार पर आईपीसी की धारा 420/496/35 के तहत मणि मधुकर और उसकी पत्नी रचनामणि के ख़िलाफ़ आरोप तय कर दिये गये। इसके आधार पर अगस्त 1983 में इन्हें गिरफ़्तार किया गया था। यह तो था मणि मधुकर से जुड़ा वह क़िस्सा जिसकी सालों तक हिन्दी साहित्य में बड़ी चर्चा रही, जिसे मैंने उनसे जुड़े एक दूसरे प्रसंग के बहाने याद करने की कोशिश की है। यह प्रसंग मेरे इलाक़े के मेव राजनेता और उन दिनों फ़रीदाबाद संसदीय क्षेत्र से निर्वाचित लोकसभा सदस्य चौधरी रहीम खाँ से जुड़ा हुआ है।

एक दिन हुआ यह कि चौधरी रहीम खाँ की 11, महादेव रोड वाली कोठी पर मेरी एक व्यक्ति से मुलाक़ात हुई। यह व्यक्ति था बीजेपी का पार्षद और उद्योगपति अमृतलाल सरपाल। जिस समय अमृतलाल सरपाल चौधरी रहीम खाँ की कोठी पर आया था, उस समय चौधरी साहब कोठी पर नहीं थे। बातों-बातों में मणि मधुकर की चर्चा चली, तो उसने मुझे बताया कि अगर इस आदमी की असलियत जाननी है, तो किसी दिन मेरे दफ़्तर में आना। मैं बताऊँगा इसके कारनामे। मुझे मामला कुछ दिलचस्प लगा और एक दिन पहुँच गया दिल्ली नगर निगम के इस पूर्व सदस्य, भाजपा के नेता तथा अमृत इंडस्ट्रीज़ व ग्लोबल लिंकर्स के मालिक अमृतलाल सरपाल के 3992, अजमेरी गेट, दिल्ली स्थित कार्यालय में। वहीं जाकर मुझे पता चला कि नयी दिल्ली के जिस 7/2, राजेन्द्र नगर के पते पर मणि मधुकर रहता था, वह इसी अमृतलाल सरपाल का मकान था। इस मकान में मणि मधुकर बतौर किराएदार 1978 से रह रहा था। अब एक पाठक के रूप में आपकी जिज्ञासा यह होगी कि भाजपा के एक नेता और मणि मधुकर

नाम के इस हिन्दी के लेखक के बीच में यह मेव सांसद कहाँ से, और क्यों आ घुसा? मैं जब अमृतलाल सरपाल के कार्यालय गया, तब उसने मुझे मणि मधुकर से सम्बन्धित जुटायी गयी बहुत सामग्री दे दी। आख़िर ऐसा क्या था जिसके चलते अमृतलाल सरपाल को मणि मधुकर से सम्बन्धित कारनामों की सामग्री जुटाने के लिए मजबूर होना पड़ा?

दरअसल, इसकी भी एक कहानी है और वह यह कि इस पूर्व पार्षद का यह मणि मधुकर नाम का किराएदार उसका मकान ख़ाली नहीं कर रहा था। ख़ाली ही नहीं बल्कि उसे हड़पना चाहता था, जिसके लिए मणि मधुकर ने सभी हथकंडे अपना मारे। अपनी लेखकीय प्रतिभा और कुछ पत्रकारीय अनुभव का इस्तेमाल करते हुए मणि मधुकर ने पहला हथकंडा या तरीक़ा इस पार्षद को बदनाम करने का अपनाया। इसके लिए मणि मधुकर ने 'सेतु संस्थान' नाम की एक संस्था बनायी, जिसका दफ़्तर शंकर मार्केट, कनॉट सर्कस के फ़्लैट संख्या 14 में था। जगदीश ठकराल के प्रबन्ध निदेशक और प्रबन्धक विवेक शर्मा की देखरेख में मणि मधुकर ने 1984 में अपने सम्पादन में 'यही समय' शीर्षक से एक साइक्लोस्टाइल्ड टेबलॉएट निकाला। इस एक पृष्ठीय टेबलॉएट के पीछे छिपी मानसिकता और मंशा एकदम साफ़ थी क्योंकि इसकी एकमात्र लीड स्टोरी या कहिए सनसनीख़ेज ख़बर के केन्द्र में और कोई नहीं, मणि मधुकर का मकान मालिक और नगर पार्षद अमृतलाल सरपाल था। इस एकमात्र ख़बर का शीर्षक था–'अमृतलाल सरपाल : तस्करों का दलाल'। इस ख़बर या स्टोरी के द्वारा एक पार्षद होने के नाते अमृतलाल सरपाल पर जमकर हमला किया गया था। ये हमले इनके चारित्रिक और राजनीतिक जीवन पर किये गये थे। 'यही समय' के बायें ओर बॉक्स में किसी अनजान मुस्कराती विदेशी युवती का बड़ा ही उत्तेजक चित्र छापा गया था, जिसके नीचे यह शे'र लिखा गया था–

हाय उनकी उम्र का रंगी निज़ाम।
बुतकदे में सुबह मयख़ाने में शाम॥

इस सनसनीख़ेज स्टोरी को और ज़्यादा मनोरंजक बनाने के लिए कुछ मज़ेदार व चटखारेदार तथ्यों का खुलासा किया गया। इस खुलासे का एक उदाहरण देखें–

दिल्ली में जी.बी. रोड के पास उनकी एक ऐशगाह है, जहाँ वे आराम फ़रमाते हैं और कहा जाता है कि बड़े लोगों को ख़ुश करने के लिए तवायफ़ भी नचवाते हैं। यह धन्धा भी ज़ोरदार है। और इसमें अच्छी-ख़ासी दलाली भी मिल जाती है जिसकी किसी को ख़बर तक नहीं होती।

कुछ महीनों के बाद मार्च 1985 में शंकर मार्केट के इसी पते से एक साइक्लोस्टाल्इड टेबलॉएट निकाला जाता है 'जनता की अदालत'। दो पृष्ठीय इस साइक्लोस्टाइल्ड टेबलॉएट के मुखपृष्ठ पर 'लुटेरा राजेन्द्र नगर का कलंक अमृतलाल सरपाल' शीर्षक से जो स्टोरी छापी गयी थी, उसमें नया कुछ नहीं था। बल्कि पुरानी स्टोरी की पुनरावृत्ति की गयी थी। इस स्टोरी में सिर्फ़ एक नया प्रसंग जोड़ा गया था, जिसे पढ़कर मुझे अपने अग्रज सत्यपाल सक्सेना के संग घटी वह घटना ताज़ा हो गयी, जो हमारे साथ बाबा खड़क सिंह मार्ग पर घटी थी। और इस घटना में हम दोनों ज़िबह होने से बाल-बाल बचे थे। 'लुटेरा राजेन्द्र नगर का कलंक अमृतलाल सरपाल' शीर्षक की इस स्टोरी में यह रहस्योद्घाटन किया गया था—

अमृतलाल सरपाल का दस नम्बरी बेटा अनिल सरपाल बाप का भी बाप है। वह एक अम्बेसडर डीईसी 60 सफ़ेद रंग की कार में बाबा खड़ग सिंह मार्ग पर दिन में दो-ढाई बजे रोज़ पहुँचता है। वहाँ हनुमान मन्दिर के सामने, जहाँ लोग पूजा करने के लिए जाते हैं, अनिल सरपाल नशे में धुत होकर वेश्यावृत्ति के धन्धे में लगी हुई लड़कियाँ उठाने जाता है और इश्क़ फ़रमाने के लिए उन्हें गाड़ी में डालकर गुड़गाँव ले जाता है जहाँ इसकी एक प्राइवेट जगह है। 9 मार्च, 1985 को क्राइम ब्रांच की पुलिस पेट्रोलिंग ने अनिल सरपाल को महरौली रोड के एक सुनसान स्थान पर एक औरत के साथ अश्लील हरकत करते हुए पकड़ा।

इस रिपोर्ट को और ज़्यादा प्रामाणिकता प्रदान करने के लिए इस पूर्व पार्षद से जनता की ओर से सात सवाल पूछे गये थे। इसके सातवें और अन्तिम सवाल की व्यंजना और प्रामाणिकता पर आप भी ग़ौर करें, जो पता नहीं सवाल है या कोई नसीहत—

अमृतलाल सरपाल तेरा बुढ़ापा आ चुका है, तेरे दाँत हिलकर गिरने लगे हैं, तुझे वृद्धावस्था की बीमारियाँ घेरने लगी हैं, अब तो तू भगवान का भजन कर ले और ज़िन्दगी भर जो पाप कमाये हैं उनकी माफ़ी प्रभु से माँग ले। तूने राजेन्द्र नगर के लोगों का हक़ मारा है, तू उनका बुरा सोचता है पर वे तेरा बुरा नहीं सोचते। अभी भी वक़्त है। राजेन्द्र नगर के लोगों की ईश्वर से यही प्रार्थना है कि वह तुझे सद्बुद्धि दे और ज़्यादा न सही थोड़ा-बहुत ही तू जनता के कल्याण की बातें सोचना सीख और अपना घर भरने का धन्धा छोड़ दे। जैसी करनी, वैसी भरनी—इस बात को तू भूल मत। भगवान सब देखता है, वह तुझे जैसा तू करता है, उसी के हिसाब से सज़ा देगा।

ऐसा लगता है इन साइक्लोस्टाइल्ड टेबलॉएट्स का प्रकाशन पार्षद के चारित्रिक

हनन और उस पर विशेष दबाव बनाने के मक़सद से ही किया गया था। वैसे आप सोच रहे होंगे कि मैंने इनके लिए प्रकाशन शब्द का इस्तेमाल क्यों किया? वह इसलिए कि किसी भी पत्र-पत्रिका के प्रकाशन के लिए कुछ बुनियादी शर्तें होती हैं। जैसे उसके शीर्षक का रजिस्ट्रार न्यूज़ पेपर्स ऑफ़ इंडिया (आरएनआई) से रजिस्टर्ड होना, तथा उसकी आवृत्ति जैसे दैनिक, साप्ताहिक, पाक्षिक या मासिक की घोषणा करना। मगर 'यही समय' और 'जनता की अदालत' शीर्षक से निकाले गये इन तथाकथित टेबलॉएट्स का इन शर्तों से कोई लेना-देना नहीं था। बावजूद इसके, इनके अन्त में यह प्रिंट लाइन दी गयी थी—सेतु संस्थान के लिए मणि मधुकर द्वारा फ्लैट-14, शंकर मार्केट, कनॉट सर्कस, नयी दिल्ली-110001 से प्रकाशित एवं मुद्रित : रूबी प्रिंटिंग प्रेस, दिल्ली-6।

जब मणि मधुकर का अपने इन तथाकथित रहस्य, रोमांच और मनोरंजन से भरपूर 'यही समय' और 'जनता की अदालत' नाम के समाचार-पत्रों से काम नहीं चला, तब उसने दूसरा तरीक़ा अपनाया जिसे जानकर आप भी हैरत में पड़ जाएँगे। इस दूसरे तरीक़े के असली सूत्रधार थे मेरे इलाक़े मेवात के यही जाने-माने राजनेता और फ़रीदाबाद संसदीय क्षेत्र से चुने गये कांग्रेस के सांसद चौधरी रहीम खाँ। पता नहीं कैसे हमारा यह सांसद एक चतुर-प्रतिभाशाली हिन्दी-लेखक मणि मधुकर के झाँसे में आ गया। जब चौधरी रहीम को असलियत का पता चला, तो मेरे साथ-साथ उन्हें भी अपने मेवाती होने पर पहली बार शर्मसार-सा होना पड़ा था। मेवात के भोलेपन का मणि मधुकर ने इतनी चालाकी और सफ़ाई से अपने लिए इस्तेमाल किया कि चौधरी रहीम खाँ को इसकी भनक तक नहीं लगी।

दरअसल, चौधरी रहीम खाँ को हिन्दी नहीं आती थी। जबकि अंग्रेज़ी और उर्दू पर उनका पूरा अधिकार था। मणि मधुकर ने चौधरी रहीम खाँ की इसी कमज़ोरी का फ़ायदा उठाते हुए, उनके अस्थायी निवास 18, हरियाणा भवन, कॉपरनिकस मार्ग, नयी दिल्ली के पते से इनकी ओर से 3 अप्रैल, 1985 को हिन्दी में विश्वनाथ प्रताप सिंह के नाम एक पत्र लिखा। इस पत्र में चौधरी रहीम खाँ की ओर से अमृतलाल सरपाल और उसके दोनों बेटों अशोक सरपाल व अनिल सरपाल के बारे में एक शिकायत की गयी थी। इस पत्र के अनुसार सिंडिकेट बैंक, जी.बी. रोड, अजमेरी गेट शाखा और लक्ष्मी कमर्शियल बैंक, पटेल नगर शाखा, नयी दिल्ली के कई कर्मचारी मुझसे आकर मिले। उन्होंने मुझे इनकी फ़र्म अमृत इंडस्ट्रीज़ व ग्लोबल लिंकर्स के बारे में दस्तावेज़ी सबूत दिखाये हैं कि फ़र्म के नाम पर बैंकों से लिए गये कर्ज़ का ये दुरुपयोग कर रहे हैं। इस आदमी और इसकी फ़र्मों का सम्बन्ध कुख्यात स्मगलर और असामाजिक तत्त्वों

से है। इसलिए इनकी और इनकी फ़र्मों की स्वतन्त्र जाँच करायी जाये तथा इसके ख़िलाफ़ कानूनी कार्रवाई की जाये। इस पत्र की प्रति सिंडिकेट और कमर्शियल बैंक के चैयरमेन को भी भेज दी गयी।

मणि मधुकर द्वारा चौधरी रहीम खाँ के नाम से हिन्दी में लिखे गये इन पत्रों का यह असर हुआ कि दोनों बैंकों ने अमृतलाल सरपाल की दोनों फ़र्मों को कर्ज़ देने से मना कर दिया। बाद में जब अमृतलाल सरपाल को पता चला कि बैंकों ने उसकी फ़र्मों को आर्थिक मदद देने से हाथ खींच लिया है, तब वह इन बैंकों में गया और इसका कारण पूछा, तो पता चला कि ऐसा उन्होंने एक लोकसभा सांसद चौधरी रहीम खाँ की शिकायत पर किया है। अमृतलाल सरपाल की समझ में नहीं आया कि आख़िर इस सांसद की उससे क्या दुश्मनी है, जिसके चलते उसने यह शिकायत की है। अमृतलाल सरपाल उसी समय हरियाणा भवन से 11, महादेव रोड पर आ चुके उनके निवास पर आया। यह 13 जुलाई, 1985 की बात है। वहाँ जाकर अमृतलाल सरपाल ने चौधरी रहीम खाँ को पूरे मामले से अवगत कराया। इस पर चौधरी रहीम खाँ ने उसे पूरा भरोसा दिलाया कि भविष्य में ऐसा कुछ नहीं होगा। इसके अगले दिन 14 जुलाई, 1985 को अमृतलाल सरपाल ने चौधरी रहीम खाँ को ख़ालिस उर्दू में धन्यवाद देते हुए पत्र लिखा। इस पत्र में अमृतलाल सरपाल ने उसकी बात सहानुभूतिपूर्वक सुनने को लेकर धन्यवाद प्रकट करते हुए, फिर से मणि मधुकर की असलियत से अवगत करा दिया। साथ में यह भी बता दिया कि अपने बेटे के लिए मैंने जब 1978 से, मेरे मकान में किरायेदार के रूप में रहे इस मणि मधुकर से मकान ख़ाली करने के लिए कहा, तबसे इसने मेरे ख़िलाफ़ ऐसी मुहिम छेड़ रखी है कि मेरा व्यवसाय ही डूब गया।

मगर अमृतलाल सरपाल के इस धन्यवाद पत्र के बाद, मेरे इलाक़े के मेव नेता और सांसद चौधरी रहीम खाँ ने जो क़दम उठाया, वह और भी हैरान करने वाला था। हुआ यह कि चौधरी रहीम खाँ की तरफ़ से उलटा 13 जुलाई को उनसे मिलने आये अमृतलाल सरपाल के ख़िलाफ़ 20 जुलाई, 1985 को ससंद मार्ग थाने में अपनी जान-माल की सुरक्षा को लेकर शिकायत दर्ज़ करा दी गयी। अपनी शिकायत में चौधरी रहीम खाँ की ओर से 13 जुलाई का हवाला देते हुए कहा गया कि इस दिन श्री अमृतलाल सरपाल प्रोपराइटर, मैसर्ज़ अमृत इंडस्ट्रीज़, 3992, अजमेरी गेट मेरे निवास 11, महादेव रोड, नयी दिल्ली पर दिन में क़रीब 10 बजे अपने दोनों बेटों के साथ आये, और मुझे धमकी दी गयी। अंग्रेज़ी में दर्ज़ की गयी इस शिकायत की भाषा से लगता है जैसे यह हिन्दी से किया गया

अनुवाद है, और बाद में इससे कुछ छेड़-छाड़ की गयी थी। मूल और अनुवाद दोनों मुझे अमृतलाल सरपाल ने उपलब्ध कराये थे।

मुझे जब पूरे मामले के बारे में दिल्ली नगर निगम के इस पूर्व पार्षद ने पूरे तथ्यों के साथ अवगत कराया, तब मैंने एक दिन चौधरी रहीम खाँ से कहा कि आप इनके झगड़े में क्यों पड़ रहे हैं। साथ में मैंने डॉ. भार्गव दम्पति के साथ हुए मणि मधुकर द्वारा की गयी धोखाधड़ी के बारे में भी बताया, तो उन्हें मेरी बात शायद सही लगी। इस बुज़ुर्ग नेता ने इस पर तुरन्त स्वीकारते हुए कहा था कि हिन्दी में यह क्या-क्या लिख कर लाता था, मुझे नहीं पता। मुझसे तो यही कहता था कि यह पत्र प्रधानमन्त्री राजीव गाँधी को आपके मन्त्रिमंडल में शामिल करने के बारे में है। इसलिए मैं उस पर दस्तख़त कर देता था। मुझे चौधरी रहीम खाँ के इस तर्क में वज़न नज़र आया, क्योंकि उन दिनों मणि मधुकर 'साप्ताहिक हिन्दुस्तान' के अन्तिम पृष्ठ पर कसरत जयपुरी के नाम से एक कॉलम लिखता था। इसलिए सम्भव है कि उसका सत्ता के गलियारों में नेताओं और मन्त्रियों से कुछ परिचय रहा होगा। यह भी हो सकता है कि केन्द्रीय मन्त्रिमंडल में होने वाले फ़ेर-बदल का शगूफ़ा मणि मधुकर जानबूझ कर चौधरी रहीम खाँ के सामने छोड़ता हो। चौधरी रहीम खाँ ने 'आल इंडिया मेव सभा' नाम का एक संगठन बनाया हुआ था। इस संगठन के वे अध्यक्ष थे। इस संगठन ने 'मेव टाइम्स' शीर्षक से टेबलॉएट आकार का एक मासिक पत्र भी प्रकाशित करना शुरू किया था। इसका पहला अंक मई 1987 में प्रकाशित हुआ था। वे कई बार आल इंडिया मेव सभा के प्रतिनिधि मंडल का नेतृत्व करते हुए, मेवों की समस्याओं को लेकर प्रधानमन्त्री राजीव गाँधी से भी मिल चुके थे। जिस समय चौधरी रहीम खाँ आख़िरी बार प्रधानमन्त्री राजीव गाँधी से मिले थे, उन दिनों मन्त्रिमंडल में फ़ेर-बदल की चर्चाएँ ज़ोरों पर थीं। 'मेव टाइम्स' के तीसरे अंक (जुलाई 1987) में छपी 'केन्द्रीय मन्त्रिमंडल में अल्पसंख्यकों की नुमाइन्दगी बढ़ेगी' और पाँचवें अंक (सितम्बर 1987) में 'केन्द्रीय मन्त्रिमंडल में जल्दी ही फेर-बदल होगा' शीर्षक से छपी इन ख़बरों से भी इन तथ्यों की पुष्टि होती है। हो सकता है मणि मधुकर की चौधरी रहीम खाँ से कहीं संसद सत्र के दौरान मुलाक़ात हुई हो। हो सकता है 'मेव टाइम्स' में प्रकाशित इन ख़बरों का असली स्रोत भी मणि मधुकर ही रहा हो। यह भी हो सकता है कि मणि मधुकर चौधरी रहीम खाँ को एक ताक़तवर पत्रकार का दावा करते हुए, मन्त्रिमंडल में शामिल कराने का भरोसा दिलाता रहा हो। इसी भरोसे के बल पर वह चौधरी रहीम खाँ को अमृतलाल सरपाल के ख़िलाफ़ इस्तेमाल कर रहा हो?

बाद में क्या हुआ मुझे नहीं मालूम क्योंकि जुलाई 1987 से मेरा चौधरी रहीम ख़ाँ के यहाँ आना-जाना लगभग ख़त्म-सा हो गया था। इसकी वजह थी केन्द्रीय समाज कल्याण बोर्ड की मासिक पत्रिका 'समाज कल्याण' के लिए प्रस्तुति सहायक के पद हेतु तैयारी में जुटना। हालाँकि इसी साल 18 दिसम्बर, 1987 को चौधरी रहीम ख़ाँ का आकस्मिक निधन हो गया था। बाद में एक दिन देवेन्द्र गोयल 'माँझी' ने मुझसे कहा था कि चौधरी रहीम ख़ाँ की मौत मेरी वजह से हुई थी, क्योंकि मैंने चौधरी साहब को मणि मधुकर के मामले में बहुत डरा दिया था। जबकि ऐसा नहीं था। मेरी मंशा चौधरी रहीम ख़ाँ को डराने की नहीं बल्कि अपने इलाक़े के एक भोलेभाले और बुज़ुर्ग राजनेता को मणि मधुकर के जाल से मुक्त कराना था। चौधरी रहीम ख़ाँ की मृत्यु के बाद 1990 में मणि मधुकर का भी निधन हो गया। पत्रकारिता की भाषा में हम जिसे पीत पत्रकारिता कहते हैं मणि मधुकर और अमृतलाल सरपाल के मामले से अच्छी मिसाल मुझे आज तक देखने को नहीं मिली।

13 अगस्त, 1987 को केन्द्रीय समाज कल्याण बोर्ड, जो उन दिनों मानव विकास संस्थान मन्त्रालय के तहत आता था, उसके जीवन दीप, संसद मार्ग स्थित कार्यालय से दस बजे साक्षात्कार का बुलावा आ गया। सभी दस्तावेज़ लेकर पहुँचा तो पता चला कि मुझ समेत केवल दो ही उम्मीदवारों को साक्षात्कार के लिए बुलाया गया है। मेरे अलावा दूसरा उम्मीदवार था उन दिनों 'साप्ताहिक हिन्दुस्तान' में उप-सम्पादक के पद पर कार्य करने वाला विश्राम वाचस्पति। बहरहाल, साक्षात्कार ठीक-ठाक हो गया। अगले दिन विश्वस्त सूत्रों से पता किया, तो बताया गया कि यहाँ से प्रकाशित होने वाली मासिक पत्रिका 'समाज कल्याण' के प्रस्तुति सहायक के पद पर मेरा चयन 'लगभग' हो गया है। लगभग इसलिए कि जब तक हाथ में नियुक्ति-पत्र नहीं आ जाये, कुछ भी कहना मुश्किल है। साक्षात्कार से कुछ ही दिन पहले हमने अपना किराये का मकान बदल लिया था। यह मकान पहले वाले पते डब्ल्यू ज़ेड-766 के समीप था। दरअसल, नये पते वाला यह मकान मेरे क़स्बे और विद्यालय में मेरी सहपाठी रही मूर्ति के ससुराल का था। जबकि मैंने जिस पते के साथ आवेदन किया था वह डब्ल्यू ज़ेड-766 था।

मैंने पत्नी को इसका अनुमान दे दिया था कि मेरा चयन हो चुका है, इसलिए वह यहाँ से गुज़रने वाले डाकिये पर नज़र रखे। क्योंकि नियुक्ति-पत्र पुराने पते पर आयेगा। इसलिए डाकिया उसे लेकर दो मकान छोड़कर उसी पुराने पते पर जायेगा। ऐसा न हो कि डाकिया वहाँ जाये और हमारे वहाँ से मकान छोड़ने के

कारण पत्र को वापस भेज दे। इसी आशंका और भय के चलते मैंने पत्नी से कह दिया कि वह बाहर छज्जे पर बैठ कर डाकिये पर नज़र रखे। पत्नी को ऐसा कहकर मैं 'सुलभ इंडिया' निकल जाता। इधर मैं 'सुलभ इंडिया' जाता और उधर पत्नी सुबह नौ बजते ही छज्जे पर आकर बैठ जाती। भादों की उमस भरी चटक धूप में बिना नागा पूरे-पूरे दिन शाम के पाँच बजे तक वह डाकिये का इन्तज़ार करती। उसे न भूख का ख़याल रहता, न प्यास की चिन्ता रहती। मैं सीधा 'सुलभ इंडिया' से घर आता और आते ही नियुक्ति-पत्र के बारे में पूछता। रात की नींद जैसे आँखों से ग़ायब हो गयी थी। किसी काम में मेरा मन नहीं लगता। एक बार राजेन्द्र यादव ने मुझसे पूछा था, "यार, यह बता कि जब तुझे पता चल गया था कि तेरी सरकारी नौकरी लगनी लगभग तय हो गयी है, तब कैसा लगता था?"

मैंने उन्हें बताया कि रात को जब पत्नी और बच्चे सो जाते थे, तब मैं चुपके से दरवाज़ा खोलकर, बिना आहट किये दबे पाँव छत पर आता और अँधेरी रात में, आसमान में टिमटिमाते तारों से मन ही मन गुफ़्तगू करता रहता। तारों से पटे आकाश को टकटकी लगाये देखते रहने के कारण पता ही नहीं चलता था कि कितनी रात बीत चुकी है। ऐसी तीन अँधेरी रातों में तारों से पटे आकाश को मैंने घंटों निहारते हुए बिताया था। जबकि उधर पत्नी पूरे दिन छज्जे पर बिना इधर-उधर हुए डाकिये का इन्तज़ार करती रहती थी। आख़िर पत्नी का यह श्रीकृष्ण जन्माष्टमी जैसा निर्जला उपवास 18 अगस्त, 1987 को ख़त्म हुआ। दोपहर बाद तीन बजे दूर से डाकिये की साइकिल की घंटी को सुन, पिछले तीन दिनों की तरह एक बार उससे पूछा, "भइया, भगवानदास मोरवाल की कोई चिट्ठी तो ना है?"

इस बार छज्जे से आयी इस आवाज़ ने डाकिये को रुकने पर मजबूर कर दिया, "डब्ल्यू जेड-766 की?" दरयाफ़्त करते हुए डाकिये ने पूछा।

"हाँ-हाँ उसी की।"

"हाँ, एक रजिस्ट्री आयी है।" इतना कह डाकिये ने साइकिल स्टैंड पर लगा दी। डाकिये के इन शहद घुले शब्दों को सुन पत्नी तेज़ी से नीचे की ओर दौड़ी। एक बार तो वह सीढ़ियों से फ़िसलकर गिरते-गिरते बची। डाकिये से एक स्वस्थ लिफ़ाफ़ा ले पत्नी वापस आ गयी। उन दिनों टेलीफ़ोन की ख़ास सुविधा नहीं थी जो पत्नी मुझे सूचना दे पाती। इसलिए उसने कुछ महीने पहले जमरूदपुर, ग्रेटर कैलाश से ख़रीदे गये ब्लैक एंड व्हाइट पोर्टेबल टीवी को ऑन किया, और शाम को मेरे आने के इन्तज़ार में अपना समय काटने के लिए उसे देखने लगी। शाम को मैं आया तो पत्नी ने मेरे पूछने से पहले डाकिये से ली गयी रजिस्ट्री मुझे दे

दी। ख़ाकी रंग के स्वस्थ लिफ़ाफ़े के कोने पर लगी केन्द्रीय समाज कल्याण बोर्ड की मुहर को देखते ही मैं समझ गया, कि यह वही पत्र है जिसका मुझे बेसब्री से इन्तज़ार था। खोलकर देखा तो साँसें पल भर के लिए जैसे थम गयीं। मैंने जब पत्नी को बताया कि यह वही पत्र है जिसके इन्तज़ार में वह लगभग भूखी-प्यासी छज्जे पर पिछले कई दिनों तक बैठी रही थी, तो उसकी आँखें भर आयीं।

अगले दिन 19 अगस्त को मैंने अपनी नियुक्ति के बारे में 'सुलभ इंडिया' में जाकर बता दिया। साथ ही जनरल मैनेजर केवल कृष्ण से मैंने पद मुक्त करने का आग्रह भी कर दिया। इस बीच वीरेन्द्र पाण्डेय ने 'सुलभ इंडिया' छोड़ दिया था। अब उनकी जगह पटना के वरिष्ठ पत्रकार और 'माया' में काम कर चुके भूपेन्द्र अबोध आ चुके थे। सबने मेरे बेहतर भविष्य की कामना करते हुए 'सुलभ इंडिया' से पद मुक्त कर दिया। हाँ, पारिश्रमिक के रूप में 19 दिन का जो मेरा बकाया था, उसे आगामी सात तारीख़ को देने के लिए कह दिया गया। इस तरह 20 अगस्त, 1987 को मैंने 'समाज कल्याण' पत्रिका में जाने-माने लेखक और उस समय पत्रिका के सम्पादक प्रदीप पन्त के मातहत के रूप में, प्रस्तुति सहायक के पद पर अपना पदभार ग्रहण कर लिया।

'समाज कल्याण' में पदभार ग्रहण करने के लगभग छह-सात दिन बाद मैंने अपने क़स्बे नगीना में जीजी-चाचा को एक अन्तर्देशीय पत्र के द्वारा अपनी सरकारी नौकरी लगने की ख़ुश-ख़बरी भेज दी। मैंने इस पत्र में अपनी तनख़्वाह भी लिख दी, जो उस समय शायद 2200/- रुपये के आसपास थी। पत्र मिलने पर जीजी-चाचा समेत घर ही नहीं बल्कि मोहल्ले और क़स्बे में जो मुझे जानते थे, किसी को यक़ीन नहीं हो रहा था, कि ऐसे नाकारा व्यक्ति जिसके पास कविताई करने (गाँव-देहात में लिखने-पढ़ने को कविताई करना ही कहा जाता है) के अलावा कोई काम नहीं था, उसे क़स्बा छोड़ने के सात साल बाद नौकरी भी मिल सकती है, वह भी सरकारी। हाँ, कुछ लोगों ने ज़रूर कहा था कि यह इसकी मेहनत का फल है।

वायदे के मुताबिक़ मैं 'सुलभ इंडिया' सात तारीख़ को नहीं, उसके बाद पड़ने वाले शनिवार को गया। क्योंकि नयी-नयी नौकरी थी इसलिए सात तारीख़ को कार्य दिवस होने के कारण नहीं गया। शनिवार को गया क्योंकि उस दिन अवकाश होता है। मैंने पहले ही हिसाब लगा लिया था कि 900/- रुपये मासिक होने के कारण 19 दिन का बकाया पारिश्रमिक 570/- रुपये बनता है। मुझे आया देख भूपेन्द्र अबोध ने अपने कमरे में बुला लिया और उसी अकाउंटेंट बिष्ट से मेरा लिफ़ाफ़ा बनाने को कह दिया, जिसने मुझे 'फ़ास्ट' का असली अर्थ बताया था। लगभग आधे घंटे बाद बिष्ट लिफ़ाफ़ा लेकर भूपेन्द्र अबोध के कमरे में आया

और मुझे दे दिया। मैंने बिष्ट पर यक़ीन करने के बजाय, लिफ़ाफ़े से अपनी 19 दिन की बकाया राशि निकाली और अपनी तसल्ली के लिए उसे गिनने लगा। पहली बार गिना तो लगा कि मुझसे ही गिनने में चूक हो गयी है। फिर से गिना तो पाया कि मुझसे चूक नहीं हुई है बल्कि लिफ़ाफ़े में उतने ही रुपये हैं, जितने पहली दफ़ा गिनने पर निकले थे यानी पूरे 900/- रुपये। मुझे असहज होता देख बिष्ट मुस्कराने लगा। मैं रुपयों को लिफ़ाफ़े सहित भूपेन्द्र अबोध को लौटाने लगा तो उसने पूछा कि क्या हुआ? मैंने बताया कि सर इसमें ग़लती से 900/- रुपये रख दिये गये हैं। जबकि 19 दिन के तो मेरे 570/- रुपये ही बनते हैं। मेरे इतना कहने पर भूपेन्द्र अबोध ने हलकी-सी झिड़की मारते हुए डाँटा कि चुपचाप रख ले! मैं समझ गया कि लिफ़ाफ़े में 900/- रुपये ग़लती से नहीं, सोच-समझ कर रखे गये हैं। मैंने धीरे से लिफ़ाफ़े को सहलाते हुए जेब में रखा, और 'सुलभ इंडिया' से अन्तिम विदाई ले मैं ग्रेटर कैलाश पार्ट-1 की पहली मंज़िल की सीढ़ियों से उतर, बाहर मुख्य सड़क पर आ गया। चूँकि उस दिन शनिवार था इसलिए वहाँ से जन्तर मन्तर जाने वाली बस ली और कॉफ़ी हाउस की तरफ़ रवाना हो गया।

केन्द्रीय समाज कल्याण बोर्ड, संसद मार्ग से मोहन सिंह पैलेस स्थित कॉफ़ी हाउस के बीच की दूरी इतनी कम थी, कि दफ़्तर से चहलक़दमी करते हुए मात्र दस मिनट में पहुँचा जा सकता था। इसलिए शनिवार के अलावा अन्य कार्य दिवसों में जब मन करता शाम को यहाँ पहुँच जाता। एक दिन कॉफ़ी हाउस से लौटते हुए वरिष्ठ कथाकार और त्रैमासिक पत्रिका 'कथावस्तु' के सम्पादक धर्मेन्द्र गुप्त ने सलाह देते हुए कहा कि बरखुरदार अब आप एकाध जोड़े अच्छे-से कपड़े सिलवा लो। वह ज़माना गया जब हिन्दी का लेखक कुर्ता-पायजामा पहन, कन्धे पर झोला लटकाकर घूमता था। मुझे अपने वरिष्ठ लेखक के तर्क में दम नज़र आया। जैसे ही महीने के आख़िरी दिन तनख़्वाह मिली, मैं छुट्टी के बाद दफ़्तर से सीधा मित्र सुधीर मेहता के पास टायर हाउस पहुँच गया। मैंने जब उसे अपनी इच्छा बतायी तो वह सुनकर बड़ा खुश हुआ। टायर हाउस से मुक्त होने के बाद साढ़े छह बजे के क़रीब वह मुझे रीगल सिनेमा के बग़ल में डी. वैश्य के शो रूम में ले आया। कपड़ों और रंगों के मामले में सुधीर मेहता की परख़ और जानकारी अच्छी थी। इसलिए उसने अपनी पसन्द से रेमंड का थ्री पीस सूट और बादामी रंग की शर्ट का कपड़ा दिलवा दिया। उस समय यह सब शायद साढ़े छह सौ रुपये का आया था। अपनी पसन्द का ब्रांडेड सूट का कपड़ा लेकर हम डी. वैश्य से बाहर लिकल आये। रीगल के सामने खड़े होकर सुधीर मेहता को

कनॉट प्लेस के जितने भी दर्ज़ियों की जानकारी थी, वह उनके बारे में विचार करने लगा। क्योंकि ज़िन्दगी की मेरी इस साध को देखते हुए उसके सामने यह एक बड़ी चुनौती थी। वैसे भी कुछ चीज़ें ज़िन्दगी में बार-बार ख़रीदी या बनवायी नहीं जाती हैं। यही सोचकर सुधीर मेहता मुझे लेकर मद्रास होटल के सामने मैरीना होटल के नीचे, यहाँ के मशहूर टेलर एंड ड्रेपर इक़बाल ब्रॉदर्स की दुकान पर ले आया। यहाँ आकर तसल्ली से मैंने सूट का नाप दिया, और एक दिन बीच में ट्रायल की तारीख़ पर आने का वायदा कर, हम दोनों बड़ी शान से वहाँ से चले आये। इस बीच मेरा पता फिर बदल चुका था। अब हम पालम गाँव के बीचों-बीच जैन मन्दिर के निकट डब्ल्यू ज़ैड-583, भूपसिंह सैनी उर्फ़ भूपे अंकल के छोटे भाई और बाली आंटी के देवर के मकान में आ गये थे।

जैसा कि मैं अपने अग्रज सत्यपाल सक्सेना के बारे में बता चुका हूँ कि वह मेहनती होने के साथ-साथ जुगाड़ू भी बहुत था। मंचों से लेकर आकाशवाणी और दूरदर्शन पर आयोजित होने वाले कवि सम्मेलनों और कवि गोष्ठियों में अपनी मेहनत के बल पर वह अपनी एक ख़ास जगह बना चुका था। मगर उस भीषण दुर्घटना के कारण उसकी भागदौड़ एक तरह से थम-सी गयी थी। मुझे याद है 'रो मत किन्नो' जिसके नाम पर उसका यह आखिरी कहानी संग्रह भी है, उसकी आख़िरी कहानी थी जो 'साप्ताहिक हिन्दुस्तान' में प्रकाशित हुई थी। एक प्रतिभाशाली लेखक का लेखन लगभग बन्द हो चुका था। बाद में 1988 में अपने आपको सक्रिय रखने के लिए उसने गुड़गाँव से 'नवभारत टाइम्स' के हरियाणा संस्करण के लिए रिपोर्टिंग शुरू कर दी थी।

पता नहीं हिन्दी के कितने कवियों को याद है कि भोपाल के भारत भवन में 1989 में वरिष्ठ कवि अशोक वाजपेयी ने एक सप्ताह (11 जनवरी से 17 जनवरी) तक चलने वाले 'वागर्थ विश्व कविता समारोह' का आयोजन करवाया था। इस समारोह में छह महाद्वीपों के 27 भाषाओं के 43 कवियों को आमन्त्रित किया गया था। हिन्दी के अलावा इसमें पंजाबी के हरभजन सिंह, मलयालम के अयप्पा पणिकर, बांग्ला के शंख घोष और उड़िया के रमाकान्त रथ को भी आमन्त्रित किया गया था। समारोह से कुछ दिन पहले 'नवभारत टाइम्स' के हरियाणा संस्करण में दो कॉलम का एक समाचार प्रकाशित हुआ था, जिसका शीर्षक था—'विश्व कविता समारोह में हरियाणा का प्रतिनिधित्व सत्यपाल सक्सेना करेंगे'। मुझे यह ख़बर थोड़ी अटपटी लगी। अटपटी इसलिए कि इन्हीं दिनों मैंने किसी समाचार-पत्र में पढ़ा था कि हिन्दी का एकमात्र प्रतिनिधित्व तो वरिष्ठ कवि रघुवीर सहाय को करना है। वैसे राज्यवार प्रतिनिधित्व की कहीं कोई सूचना या ख़बर सुनी भी नहीं थी।

'नवभारत टाइम्स' में जब मैंने एक दिन हरियाणा डेस्क के प्रभारी, जिससे मैं एकाध बार पहले मिल चुका था, इस ख़बर के स्रोत के बारे में पूछा, तो उसने बताया कि यह बात उसे सत्यपाल सक्सेना ने ही बतायी है। इस पर मैंने उसे बताया कि जहाँ तक मेरी जानकारी है इसमें तो हिन्दी का एकमात्र प्रतिनिधित्व रघुवीर सहाय कर रहे हैं, तब इस पर उसने सत्यपाल सक्सेना को बड़ी भद्दी गाली दी थी। शायद उसे मेरी बात पर यक़ीन हो गया था। समारोह के कुछ दिन बाद मैं किसी काम से गुड़गाँव गया था। वहाँ भूतेश्वर मन्दिर, बसई रोड पर देवेन्द्र अभिनव (जो हम दोनों का मित्र था) की सोसाइटी प्रिंटिंग प्रेस थी। मैं देवेन्द्र के पास गया तो उसने हुमकते हुए छोटा-सा लिफ़ाफ़ा निकाला और उसमें रखे फ़ोटो मुझे दिखाते हुए बोला कि देख सत्यपाल सक्सेना भोपाल में हुए विश्व कविता समारोह में हरियाणा की ओर से हिस्सा लेकर आया है। मैं चित्रों में उसे विदेशी कवियों के साथ देखकर हैरान होने लगा। मैंने जो बात हरियाणा डेस्क के प्रभारी राजेन्द्र भारद्वाज को बतायी थी, वही देवेन्द्र को भी बता दी। मगर देवेन्द्र को मेरी बात पर यक़ीन नहीं हुआ। सत्यपाल सक्सेना ने विदेशी कवियों के साथ इतनी सफ़ाई से फ़ोटो खिंचवाये थे, कि कोई यह नहीं कह सकता था कि यह हरियाणा का प्रतिनिधित्व नहीं करने आया है।

यहाँ कवि, कथाकार और पत्रकार रघुवीर सहाय का ज़िक्र चला है, तो मुझे याद है उन दिनों हिन्दी कविता में रघुवीर सहाय स्कूल अथवा कहिए सम्प्रदाय, बेहद सक्रिय था। इस सम्प्रदाय को आईटीओ पुल कवि के नाम से भी जाना जाता था। इसमें विष्णु खरे, प्रयाग शुक्ल, मंगलेश डबराल, विष्णु नागर, विनोद भारद्वाज, असद ज़ैदी प्रमुख थे। दिसम्बर 1990 में रघुवीर सहाय के निधन के बाद आधार प्रकाशन और उसकी पत्रिका 'पल-प्रतिपल' के सम्पादक देश निर्मोही ने पता नहीं किसकी सलाह पर 'रघुवीर सहाय स्मृति पुरस्कार' शुरू कर दिया। इस पुरस्कार के निर्णायक थे असद ज़ैदी, प्रयाग शुक्ल और मंगलेश डबराल।

इस तरह पहला 'रघुवीर सहाय स्मृति पुरस्कार' कॉन्स्टीट्यूशन क्लब के एक भव्य समारोह में कवि वीरेन डंगवाल को प्रदान किया गया था। उस समय इस पुरस्कार की राशि थी पाँच हज़ार रुपये। पुरस्कार समारोह मेरी दृष्टि में सही-सलामत बिना किसी किचकिच के सम्पन्न हो गया था। मगर पता नहीं समारोह के दौरान पुरस्कार के युवा और जोशीले संचालक देश निर्मोही से ऐसी क्या चूक या ग़लती हो गयी, कि निर्णायक मंडल का एक सदस्य और कवि असद ज़ैदी देश निर्मोही को बुरी तरह डाँटने लगा। इस डाँट का नतीज़ा यह हुआ कि देश निर्मोही की रुलाई फूट गयी और ज़ोर-ज़ोर से हिचकियाँ मार कर रोने

लगा। इस दृश्य को हम कुछ लोग चुपचाप देखते रहे और समझने की कोशिश करने लगे कि देश निर्मोही से ऐसी क्या ग़लती हो गयी? बाद में जैसे-तैसे माहौल शान्त हुआ। आख़िर में रह गये प्रदीप कासनी, चंडीगढ़ से आये कवि परेश और मैं। बाद में हमने देश को हिम्मत बँधाते हुए डाँटा कि यह क्या बात हुई। पैसा भी ख़र्च करो, भागदौड़ भी करो और ऊपर से डाँट भी खाओ। अगर कोई कमी रह गयी थी तो उसे अकेले में भी तो समझाया जा सकता था। बात वहीं ख़त्म हो गयी। फिर वे तीनों हरियाणा भवन की ओर चल दिये और मैं अपनी दिशा में बढ़ गया। बाद में यह पुरस्कार विनोद कुमार शुक्ल, लीलाधर जगूड़ी, विष्णु खरे, अरुण कमल तथा नरेन्द्र जैन को प्रदान करने के बाद बन्द कर दिया गया, ठीक राजेन्द्र यादव द्वारा भागलपुर से शुरू करवाये गये 'सुधा स्मृति सम्मान' और बहुत से दूसरे पुरस्कारों की तरह। इस पुरस्कार को लेकर उन दिनों दिल्ली में यह चर्चा होती थी कि निर्णायकों के जब कवि मित्र खत्म हो गये, तब पुरस्कार बन्द करवा दिया गया। वैसे भी मेरे जानते निर्णायक मंडल के सदस्यों द्वारा खुद पुरस्कार लेने की न तो कोई परम्परा है, न कोई उदाहरण।

1989 की 28-29 जनवरी को कथाकार कमलेश्वर की अगुवाई में गिरनार पहाड़ियों के अंचल में बसे, और मध्यकाल के प्रसिद्ध गुजराती कवि नरसी मेहता की जन्म स्थली जूनागढ़ शहर (गुजरात) में दो दिवसीय 'समान्तर साहित्य सम्मेलन' का आयोजन हुआ था। मेरे जानते कमलेश्वर जी के जीवन का यह अन्तिम समान्तर सम्मेलन था। दरअसल, इस सम्मेलन का असली सूत्रधार और आयोजक था कथाकार शैलेश पंडित। जो उन दिनों जूनागढ़ के श्री पटेल महिला आर्ट्स एवं डिग्री कॉलेज में हिन्दी पढ़ाता था, और बाद में दूरदर्शन में आ गया था। इस सम्मेलन में कमलेश्वर जी के साथ दिल्ली से जाने वाले लेखकों में देहरादून के वरिष्ठ कथाकार सुभाष पन्त, जितेन ठाकुर, अरुण प्रकाश, प्रदीप पन्त, आलोचक पुष्पपाल सिंह, गीतकार रमेश रंजक और मैं भी शामिल था।

दिल्ली से हम सब इकट्ठे आश्रम एक्सप्रेस से अहमदाबाद गये थे, जहाँ से हम एक वैन में जूनागढ़ गये। आश्रम एक्सप्रेस में पहली बार मैं कमलेश्वर जी, उनकी पत्नी गायत्री भाभी, पुष्पपाल सिंह और गीतकार रमेश रंजक से मिला था। कमलेश्वर जी व गायत्री भाभी को छोड़कर बाकी हम सब एक ही कोच में थे। शाम को चार बजे के आसपास आश्रम एक्सप्रेस के रवाना होते ही साहित्यिक चर्चा शुरू हो गयी। बीच-बीच में बातचीत के दौरान रमेश रंजक अपने बग़ल में रखे स्टील के जग को उठाते, और उसमें से पानी के छोटे-छोटे घूँट भर लेते। यह

जग पूरे जूनागढ़ में इनके साथ रहा। रमेश रंजक अपने गीतों के बारे में बताने लगे कि उन्हें तराशने में उनकी अम्माँ की कितनी बड़ी भूमिका थी। उन्होंने बताया कि अम्माँ ने न केवल मुझे लोक-संगीत की शिक्षा दी बल्कि बीच-बीच में मेरे गीतों को सजाया-सँवारा भी। इसी बीच रमेश रंजक का काव्य-पाठ शुरू हो गया। अपनी मौलिक धुन पर लिखे गये और ताल कहरवा पर आधारित 'ग़रीबों का गीत' का जिस तन्मयता, भाव प्रवणता के साथ उसमें डूब कर रमेश रंजक ने कोच में सुनाया था, किसी रचना को सुनकर मेरे रोएँ पहली बार खड़े हुए थे। ऐसी ताक़त थी रमेश रंजक के इस गीत और उनके शब्दों में। इसके बाद महीनों और सालों ही नहीं, आज भी उनके द्वारा गाये गये इस गीत, जिसे रमेश रंजक लोक गीत कहते थे, की धुन मेरे कानों में गूँजती है। दिसम्बर 1976 में रचे गये इस गीत की पंक्तियाँ इस प्रकार हैं—

बिपत सारी, हमरे लिलार लिखी
हमरे लिलार लिखी, बिपत सारी हमरे लिलार लिखी
कछु तो नगद-नगद लिखि दीनी
कछुक उधार लिखि। बिपत सारी...॥

काजर बहिना, देह हमारी
बिधिना ने कागद करि डारी
कारी घटा आँखि पै लिखि कै
अधर मल्हार लिखि। बिपत सारी...॥

पीर पीठ पै, गम गर्दन पै
एक थकान समूचे तन पै
गहरी-गहरी भूख पेट पै
सौ-सौ बार लिखी। बिपत सारी...॥

यह गीत मुझे ही नहीं बल्कि कथाकार अरुण प्रकाश को भी बहुत प्रिय था। लोक-रस, लोक-व्यंजना, लोक-बिम्ब, और उसकी जितनी गहरी समझ रमेश रंजक के पास थी, वैसी मुझे रामकुमार कृषक या फिर उनके एकाध समकालीनों के अलावा किसी में भी नज़र नहीं आती है। इनके गीतों में लोक के दुःख, पीड़ा व अभावों का ज़ैसा चित्रण नज़र आता है, वह विरल है। इनके ज़्यादातर गीत तालों जैसे कहरवा, दीप चन्दी, रूपक, दादरा पर आधारित होते थे। भोजपुरी की

बिरहा धुन पर आधारित 'राममजूरिन की होली', लाँगुरिया की धुन पर आधारित 'बालविवाहिता का गीत', मल्हार की विशेष धुन पर आधारित 'अछूत कन्या की मल्हार', रसिया की धुन पर आधारित 'कचहरी के मारे का गीत', 'हरिजन महिला का गीत', कजरी की मिर्जापुर शैली पर आधारित 'महँगाई का गीत', कजरी की बनारसी शैली पर आधारित 'अछूत कन्या की कजरी', ज्यौनार के समय गायी जाने वाली एक गाली विशेष की धुन पर आधारित 'विधवा की ज्यौनार' जैसे गीत रमेश रंजक की लोक-चेतना का प्रमाण हैं।

सम्मेलन के पहले दिन जूनागढ़ के शामलदास गाँधी टाउन हॉल में रात एक बजे तक चले, कवि सम्मेलन को जिस तरह रमेश रंजक ने बाँधे रखा, अपने आप में यह एक उदाहरण है। चूँकि रमेश रंजक हिन्दी के अकेले कवि व गीतकार थे इसलिए कमलेश्वर जी ने उन्हें यह कहते हुए संचालन का भार सौंप दिया कि अब यह कवि सम्मेलन आपको ही सँभालना है। स्टील का वह जग जो ट्रेन में उनके साथ था, मंच पर भी था। कमलेश्वर जी की कसौटी पर मेरा यह प्रिय कवि शत-प्रतिशत खरा उतरा। इसका प्रमाण था आधी रात तक चलने वाला यह कवि सम्मेलन। इसकी सफलता का बड़ा कारण यह था कि संचालन के दौरान वे अपना गीत या कविता भी सुना देते। इधर वे गीत सुनाकर या अगले कवि को आमन्त्रित कर अपनी जगह पर आकर बैठते, उधर उनके हाथ में स्टील का यह जग होता। इस तरह अकेले रमेश रंजक ने लोक में प्रचलित गुजराती के मशहूर लोक-कवि नरसी मेहता के 'नरसी के भात' की तरह, अपने गीतों और कविताओं से मंच की लाज बचायी थी। बाद में इस स्टील के जग का रहस्य समझ में आया कि इसमें मैं जो पानी भरा हुआ समझ रहा था, वह पानी नहीं बल्कि कुछ और था जिसे हलक़ से नीचे उतार वे अपनी चेतना को सक्रिय रखते थे।

जूनागढ़ के इस 'समान्तर साहित्य सम्मेलन' में जब कमलेश्वर जी को यह पता चला कि मैं मेवात का रहने वाला हूँ, तब उन्होंने मुझे बताया कि दिल्ली दूरदर्शन ने मेरे पुराने कार्यक्रम 'परिक्रमा' को फिर से स्वीकृति दे दी है। इस कार्यक्रम में एक एपिसोड मेवात पर भी है, इसलिए मुझे आपकी मदद की ज़रूरत पड़ेगी। मैंने तुरन्त हाँ कर दी। इसके बाद जून में कमलेश्वर जी अपने प्रोड्यूसर सतीश गर्ग, सहायक प्रणव बोस, कैमरामेन डी. विनोद और मुझे लेकर चल पड़े मेवात की ओर। मैंने इसकी सूचना अपने क़स्बे में जीजी-चाचा को दे दी थी कि हम एक शूटिंग करने के लिए आ रहे हैं। इस सूचना का असर या कहिए प्रतिक्रिया यह हुई कि पूरे क़स्बे में यह ख़बर फैल गयी कि हम कोई फ़िल्म जैसी शूटिंग करने आ रहे हैं। जिस दिन दिल्ली की तरफ़ से घासेड़ा, नूँह, मालब की कुछ जगहों को

शूट करने के बाद, हमारी दो-तीन कारें नगीना में हमारे मोहल्ले में जाकर रुकीं, वहाँ पूरा ऊपरलीघाँ का जमघट लग गया। दोपहर हो चुकी थी। चाचा ने शूटिंग करने वाली टीम के लिए बढ़िया खाना बनवाया हुआ था। इसमें दो सब्ज़ियाँ और मीठे में सूजी का हलवा शामिल था। खाना इतना स्वादिष्ट था कि इसका पता कमलेश्वर जी की इस टिप्पणी से लगाया जा सकता है, कि टिंडे की सब्ज़ी मुझे बिल्कुल पसन्द नहीं है, मगर यहाँ बनी यह सब्ज़ी मुझे बहुत अच्छी लगी। मुझे इसका अनुमान था कि इस खाने में चाचा का काफ़ी खर्चा हो गया था।

हमारे साथ कमलेश्वर जी के सहायक प्रणव बोस की बहन ऐसे ही घूमने की गरज़ से चली आयी थी। उसने जीन्स पहनी हुई थी और बाल उसके ब्वॉयकट थे। इसे देखकर क़स्बे के लोगों को पूरा यक़ीन हो गया कि सचमुच हम यहाँ फ़िल्म की शूटिंग के लिए आये हैं। हमारी गाड़ियों का छोटा-सा काफ़िला जब पड़ोस के गाँव गुमट बिहारी की तरफ़ रवाना हुआ, तो युवाओं की भीड़ हमारे पीछे-पीछे दौड़ पड़ी। कुछ देर बाद वे भी गुमट बिहारी पहुँच गये। यह वही गुमट बिहारी है जहाँ के मुग़लकालीन मक़बरे के नीचे ओमी मास्टर का विद्यालय चलता था। दरअसल, यहाँ के मीरासियों से पूर्व तय कार्यक्रम के अनुसार मक़बरे की गुम्बद में कमलेश्वर जी 'पंडून कौ कड़ा' (महाभारत पर आधारित) को शूट करना चाहते थे। मगर हमारे वहाँ पहुँचने के बाद वे दोनों मीरासी भाई तरह-तरह के बहाने बनाने लगे। किसी की समझ में कुछ नहीं आ रहा था। मैं भी हैरान-परेशान कि वायदे के बावजूद ये आनाकानी क्यों कर रहे हैं। काफ़ी देर के बाद कमलेश्वर जी ने झल्लाते हुए मुझसे कहा कि यार, इनसे पूछो तो सही कि ये चाहते क्या हैं? मैं इनके घर गया और इनसे खुलकर बात की और वही बात मैंने कमलेश्वर जी को आकर बतायी। इस पर कमलेश्वर जी ने कहा कि यह बात वे पहले ही बता देते। हमारा इतना वक़्त बरबाद तो नहीं होता। दरअसल, उन मीरासी भाइयों ने यह कहते हुए गाने से मना कर दिया कि बाबूजी, हम मीरासी हैं। हमारा तो गुज़ारा ही गाने-बजाने से होता है। अगर हम ऐसे ही मुफ़्त में गाते-बजाते रहे, हम तो भूखे मर जाएँगे।

जहाँ तक मुझे याद है, कमलेश्वर जी ने उन मीरासियों को पाँच सौ रुपये दिये थे। इसके बाद उन्होंने मक़बरे की गुम्बद में घुसकर 'पंडून कौ कड़ा' गाया था। इसी दिन नगीना में फ़य्याज मीरासी की लड़की की शादी थी। मैं कमलेश्वर जी को बता चुका था कि मेवात में मेवों में भात की रस्म पूरी तरह हिन्दुओं जैसी है। ठीक वैसी ही जैसे नरसी अपनी बेटी के घर अपनी नातिन के विवाह पर गुड़ की भेली ले कर जाता है। हमें गुमट बिहारी में 'पंडून कौ कड़ा' की

रिकॉर्डिंग करते-करते शाम हो गयी। वहाँ से हम नगीना फ़य्याज मीरासी के घर आ गये। मगर तब तक भात लेने की रस्म शुरू हो चुकी थी। कमलेश्वर जी ने इस रस्म की रिकार्डिंग पूरे मनोयोग से की थी। इसके बाद उनकी टीम अलवर (राजस्थान) रवाना हो गयी। रास्ते में पड़ने वाले गाँव साकरस, जहाँ मेरे मित्र और लेखक फ़जरुद्दीन बेसर रहते हैं, मेवात के सामाजिक व सांस्कृतिक पक्षों पर उनसे भी बातचीत रिकॉर्ड की थी।

एक बार इस कार्यक्रम के कैमरामेन डी. विनोद ने मुझसे पूछा था कि मेवात पर बने इस एपिसोड के लिए कमलेश्वर जी ने मुझे कितना पारिश्रमिक दिया था? मैंने टालते हुए कहा कि पारिश्रमिक की क्या ज़रूरत थी, मेरी इसमें इन्होंने एक छोटी-सी बातचीत जो डाल रखी है, वह क्या कम है। सुनकर विनोद को यक़ीन नहीं हुआ। यक़ीन इसलिए नहीं हुआ कि उसे पता था कि मेवात पर 'परिक्रमा' के लिए तैयार हुए इस एपिसोड में मेरी कितनी बड़ी भूमिका थी। क्योंकि डी. विनोद के सामने खुद कमलेश्वर जी ने यह स्वीकार किया था कि जो शूटिंग/रिकॉर्डिंग तीन दिन में पूरी होती, मोरवाल के सहयोग से वह एक दिन में हो गयी। वह यह भी जानता था कि इससे पहले मैं, कमलेश्वर जी का सहायक प्रणव बोस और इस कार्यक्रम का प्रोड्यूसर सतीश गर्ग, एक दिन हम तीनों शूटिंग वाली लोकेशंस का अवलोकन करने भी आये थे। इस कार्यक्रम का प्रोड्यूसर वही सतीश गर्ग था जो अस्सी के दशक में दूरदर्शन पर प्रसारित होने वाले भारतीय सोप ऑपेरा 'हम लोग' का कार्यकारी प्रोड्यूसर था।

जिस दिन हम तीनों लोकेशंस को देखते हुए अपने क़स्बा नगीना से अट्ठारह किलोमीटर दूर पड़ने वाली अपनी तहसील और नगर फ़िरोज़पुर झिरका गये, तो यहाँ के स्थानीय पत्रकार व मित्र विनोद बंसल ने हमसे मुस्कराते हुए कहा कि अलवर जा रहे हो, तो रामगढ़ से दो किलोमीटर आगे दायें ओर एक कुआँ मिलेगा, वहाँ ज़रूर रुकना। मैंने इस जगह के बारे में थोड़ा-सा पहले से सुन रखा था। इसलिए मौक़ा अच्छा था यहाँ कुछ देर रुककर देखने का कि सचमुच यहाँ ऐसा होता है? फ़िरोज़पुर झिरका से हम अलवर की ओर चल दिये। लगभग पैंतालीस मिनट के बाद रामगढ़ पार करते ही मैंने ड्राइवर से कार की गति कम कर देने को कह दिया। लगभग डेढ़-पौने दो किलोमीटर आगे जाते ही दायें ओर ऊँची मुंडेर वाला जैसे ही एक कुआँ दिखाई दिया, हमारी कार वहाँ रुक गयी। कार रुकते ही हमारे पास तेज़ी-से वहाँ बैठी दो युवतियाँ आयीं। इन्हें देखते ही कमलेश्वर जी के सहायक प्रणव बोस की बाँछें खिल उठीं। बातें करते-करते उनमें से एक ने प्रणव बोस के हाथ की कलाई में लिपटे कैमरे पर

झपट्टा मारा। यह तो ग़नीमत था जो कैमरा उसकी ज़द से दूर था वरना उस दिन उसका कैमरा चला जाना था।

इसके बाद वे सामने बनी एक झोंपड़ी की ओर बढ़ गयीं, तो हमने देखा उसमें दो-तीन पुरुष और एक उम्रदराज़ औरत बैठी हुई है। उन्होंने पहले तो हमें ग्राहक समझा, उसके बाद जब हमने बताया कि हम आपकी बस्ती देखना चाहते हैं, इसके बाद उसने रुचि लेनी बन्द कर दी। हम बस्ती में अन्दर गये तो हमें देखते ही गली में खेल रहे बच्चे, तेज़ी से चिल्लाते हुए अपने-अपने घरों की ओर दौड़े, "कज्जा आ ग्यो...ऐ माँ कज्जा आ ग्यो!"

बच्चों की आवाज़ सुनते ही घरों की दहलीज़ से निकले चेहरे हमें देखकर इशारे करने लगे। हमने यूँ ही समय बिताने के लिए उस बस्ती में चक्कर लगाया और कार में बैठकर अलवर की ओर रवाना हो गये। दरअसल, वह कंजरों की एक छोटी-सी बस्ती थी। मेरे उपन्यास 'रेत' की एक पात्र रुक्मिणी के बेटे गुड्डू द्वारा किसी ग्राहक को देखकर यह कहना—कज्जा आई रियो माँ! वास्तव में इसी बस्ती के शोर मचाते बच्चों का संवाद है।

कार्यक्रम के प्रसारण के बाद मैंने कई बार इसकी कैसेट की एक कॉपी देने के लिए कमलेश्वर जी के सहायक और खुद उनसे भी आग्रह किया। मगर उसकी यह एक कॉपी मुझे कभी नहीं मिली। हर बार कोई न कोई बहाना बना कर टाल दिया गया।

पत्रकार बनने की जिस सनक के चलते मैंने 1984 में राजस्थान विश्वविद्यालय से पत्रकारिता में डिप्लोमा किया, उसी सनक के चलते केन्द्रीय समाज कल्याण बोर्ड में आने के बाद, 1989 में मेरठ विश्वविद्यालय से पीएच.डी. का रजिस्ट्रेशन करा लिया। पीएच.डी. का विषय था 'स्वातन्त्र्योत्तर हिन्दी पत्रकारिता को दिल्ली का योगदान'। इस विषय की प्रेरणा मुझे कहीं देखी गयी 'हिन्दी पत्रकारिता को हरियाणा का योगदान' नाम की पुस्तक से मिली। अपने इस विषय के लिए मैंने कहाँ-कहाँ धक्के नहीं खाये। इससे पहले मैं जामिया मिलिया इस्लामिया, विश्वविद्यालय के डॉ. असग़र वजाहत और यहीं की उन दिनों हिन्दी विभागाध्यक्ष डॉ. माजदा असद से भी मिल चुका था। मगर कोई सफलता हाथ नहीं लगी।

इसी बीच किसी ने डॉ. राजकुमार शर्मा का नाम सुझाया। डॉ. राजकुमार शर्मा साहिबाबाद के लाजपत राय कॉलेज में पढ़ाते थे। वे काफ़ी समय तक जनवादी लेखक संघ से भी जुड़े रहे थे। वे बेहद सरल और विनम्र स्वभाव के थे। एक दिन मैं समय लेकर उनके मॉडल टाउन स्थित आवास पर पहुँच गया। उन्हें

विस्तार से अपने विषय और पहले से तैयार किया गया सारांश (Synopsis) दिखाया, तो वे तुरन्त मेरे सुपरवाइज़र बनने के लिए तैयार हो गये। उनके तैयार होने के पीछे का एक बड़ा कारण यह भी था कि मैं भी उन दिनों जनवादी लेखक संघ, दिल्ली इकाई से जुड़ा हुआ था। बराबर मैं दिल्ली इकाई के कार्यालय में आयोजित होने वाले कार्यक्रमों में जाता था। मगर मुझे जनवादी लेखक संघ कुछ जमा नहीं। जल्दी ही समझ में आ गया कि हमारे लेखक संघ वास्तव में हम जैसे लेखकों के लिए नहीं हैं। ये लेखकों के नाम पर पार्ट टाइम साहित्यिक कार्यकर्ताओं के ठीहे हैं। वह भी सत्ता केन्द्रों से नज़दीकी रखने वाले सवर्णवादी कार्यकर्ताओं के। उन दिनों हर शुक्रवार को संघ के कार्यालय में एक साहित्यिक आयोजन होता था। इस आयोजन का हाल यह था कि जब हमारे जैसे लेखक का रचना-पाठ होता था, तो मुश्किल से पन्द्रह लोग जमा होते थे। जब 'उनके लेखकों' का रचना-पाठ होता था तो संघ के कार्यालय में जगह नहीं बचती थी। यह वही दौर था जब प्रगतिशील और जनवादी लेखक संघ से जुड़े दलित लेखक संघों के बनने के पीछे असली कारण यही मानसिकता थी, जो आज भी हमारे समाज में व्याप्त है।

चूँकि पीएच.डी. के लिए मेरठ विश्वविद्यालय से सम्बद्ध किसी कॉलेज का छात्र होना ज़रूरी था, इसलिए डॉ. राजकुमार शर्मा ने मेरा अपने कॉलेज के छात्र के रूप में रजिस्ट्रेशन करा लिया। इस तरह 26 जुलाई, 1989 को मैंने मात्र बीस रुपये शिक्षण शुल्क जमा कराया और लाजपत राय कॉलेज, साहिबाबाद तथा डॉ. राजकुमार शर्मा का विधिवत छात्र बन गया। इसके ठीक तीसरे दिन 28 जुलाई, 1989 को मैंने अपने 'स्वातन्त्र्योत्तर हिन्दी पत्रकारिता को दिल्ली का योगदान' विषय पर प्रस्ताव की दस प्रतियाँ, अन्य ज़रूरी दस्तावेज़ और रजिस्ट्रेशन शुल्क 115/- रुपये की रसीद के साथ विश्वविद्यालय के पीएच.डी. अनुभाग में जमा करा दी। मगर इसे मेरा दुर्भाग्य कहिए या विधि का विधान कि मेरी यह सनक या इच्छा कहिये, मेरी काहिली और लापरवाही के चलते पूरी नहीं हुई। 'डाक्साब' कहलवाने की आस धरी की धरी रह गयी। साक्षात्कार से पहले मेरठ में हुए साम्प्रदायिक दंगे और बाद में कुलपति के असामयिक निधन के बाद मैंने कभी पलटकर यह जानने की कोशिश नहीं की कि आख़िर शोध-प्रारूप का क्या हुआ। आज भी कभी गोदरेज टाइप राइटर के रिबन की स्याही के छपे शोध-प्रारूप के लगभग धुँधले पड़ चुके, और ओझल होते शब्दों को देखता हूँ, तो ये नश्तर की तरह चुभने लगते हैं। लाजपत राय कॉलेज, साहिबाबाद की रसीद संख्या 85300 और मेरठ विश्वविद्यालय की पावती (Acknowledgement) पर नज़र पड़ती

है, तो लगता है जैसे इतिहास की रद्दी की टोकरी का मैं जगह-जगह से नुचा व गला हुआ कोई काग़ज़ का टुकड़ा हूँ।

वरिष्ठ लेखक धर्मेन्द्र गुप्त की सलाह, मित्र सुधीर मेहता की पसन्द और कनॉट प्लेस के मैरीना होटल के नीचे इक़बाल ब्रॉदर्स से सिलवाये गये, थ्री पीस सूट को अभी दो ही सीज़न पहना था कि इसके साथ एक मज़ेदार दुर्घटना घट गयी। दुर्घटना भी ऐसी कि इस पर एक मध्यवर्गीय जादुई यथार्थवाद जैसी लम्बी कहानी लिखकर, बाद में उसे उपन्यास का नाम देकर आसानी से छपवाया जा सकता था।

नवम्बर 1989 का यह एक शनिवार का दिन था। अवकाश होने के कारण कुछ घरेलू और निजी काम निपटाने के साथ-साथ, शाम को कॉफ़ी हाउस भी जाना लाज़िमी था। लिहाज़ा पहले ज़रूरी कामों को निपटाना ज़रूरी समझा। इसीलिए जब इन कामों को निपटाने की योजना बन रही थी, तभी पत्नी ने कहा कि लगे हाथ अपने सूट को भी ड्राइक्लीनर के पास डाल देना। पत्नी का सुझाव मुझे उचित लगा। मैंने सूट को एक पोली बैग में रख देने को कह दिया।

उस दिन शनिवार था। रास्ते में एकाध जगह शनि देवता भी आसन जमाये नज़र आये। मगर मैंने शनि महाराज को भाव देना उचित नहीं समझा। सबसे पहले मैंने पालम गाँव के पुराने बस स्टैंड के पास एक फोटोस्टेट की दुकान से कुछ काग़ज़ात की फोटोस्टेट करायी। यहाँ से निवृत्त हो मैं पालम कॉलोनी स्थित स्टेट बैंक ऑफ़ इंडिया की शाखा चला आया। बैंक में घुसते ही एकाएक मुझे लगा कि मेरा हाथ ख़ाली-ख़ाली-सा है। शायद घर से चलते समय मेरे हाथ में कुछ था। अगले ही पल मुझे याद आया कि मेरे हाथ में तो ड्राइक्लीनर को देने के लिए थ्री पीस सूट का पोली बैग था। कोई बात नहीं। एक बार थोड़ी दूर फिर से वापस ही तो जाना पड़ेगा। पहले बैंक से निपट लेता हूँ। सूट कौन-सा भागा जा रहा है। यही सोचकर मैं बैंक में घुस गया।

बैंक में आराम से काम निपटाकर मैं पैदल ही फोटोस्टेट की दुकान पर आ गया। आते ही मैंने फोटोस्टेट वाले से पूछा कि यहाँ एक पोलीथीन का बैग रखा था। मेरे इतना पूछते ही वह चौंकते हुए बोला कि क्या, वह आपका था? मैंने अकबकाते हुए पूछा कि आपका था, क्या मतलब! भाई साहब आपके जाने के बाद दूसरा ग्राहक आया था, उसे तो वह लेकर चला गया। मुझे क्या पता था, वह आपका था। फोटोस्टेट वाले का जवाब सुन मेरा ऊपर का दम ऊपर, और नीचे का नीचे रह गया। फिर उसने मुझे कुरेदते हुए पूछा कि वैसे

उसमें था क्या? मैंने बताया कि उसमें थ्री पीस सूट था। मैं उसे ड्राइक्लीनिंग के लिए लाया था। उसे अभी मैंने दो ही सीज़न पहना था। हालाँकि मेरा मन उस फोटोस्टेट वाले को यह भी बताने को कर रहा था कि मैंने इसका कपड़ा रीगल सिनेमा के पास के एक शो रूम से ख़रीदा था। जिसे मैंने बड़े चाव से कनॉट प्लेस के मैरीना होटल के नीचे स्थित इक़बाल ब्रॉदर्स से सिलवाया था। उसकी इतनी सिलाई दी थी मगर बताते-बताते अपने आपको रोक गया, यह सोचकर कि इसे यह सब बताने से क्या फ़ायदा। मुझे बेकस छोड़ फोटोस्टेट वाला अपने काम में लग गया। मैं निराश बोझिल क़दमों से दुकान से बाहर आ गया। वापस घर लौटने की हिम्मत न पड़ने के बावजूद, घर की ओर चल दिया। रास्ते में लौटते समय शनि देवता की सरसों के तेल में भीगी काली-कलूटी प्रतिमा पर न चाहते हुए भी नज़र पड़ गयी। लगा जैसे शनि महाराज मुझे घूर-घूर कर देख रहा है।

घर पहुँचकर पत्नी का मेरे लटके हुए चेहरे पर कोई ध्यान नहीं गया। वैसे उसका ध्यान तो तब जाता, जब उसे पता होता कि उस सूट के साथ आज यह दुर्घटना होगी। हार कर मैंने ही बताया, "आज तो सनीचर बैठ गया!"

"क्यों, क्या हुआ?" पत्नी ने चौंकते हुए पूछा तो मैंने सारी बात बता दी। वह थोड़ी देर तो परेशान हुई मगर फिर तसल्ली देती हुई बोली कि अब बैठ गया तो बैठ गया। यही समझ लो उसका साथ यहीं तक था। पत्नी एकाएक दार्शनिक हो गयी।

दोपहर बाद तीन बजे के आसपास केवल दो ही सीज़न पहने हुए और एक जाने-माने टेलर से सिलवाये गये सूट के वियोग में, मैं कॉफ़ी हाउस के लिए घर से निकल गया। मन एकाएक जैसे विरक्ति से भर गया। बस में बैठे-बैठे पूरे रास्ते सूट से जुड़ी स्मृतियों से बतियाता रहा। इस तरह कॉफ़ी हाउस तक पहुँचते-पहुँचते एक शहरी मध्यवर्गीय जादुई यथार्थवादी कहानी आकार ले चुकी थी। हालाँकि अभी कॉफ़ी हाउस से घर लौटने में कई घंटे बचे हुए थे, इसलिए घर वापस लौटने तक पूरी उम्मीद थी कि एक धमाकेदार कहानी तैयार हो ही जायेगी।

रात को दुःखी मन से ग्यारह बजे के बाद घर पहुँचा, तो पत्नी ने चुपचाप खाने की थाली रख दी और खुद भी पास में बैठ गयी। उसे जैसे पता था कि मैं दिन में घटी इस दुर्घटना को ज़रूर दोहराऊँगा। उसका यह अनुमान निकला भी सही, जब मैंने बेमन से रोटी का गस्सा मुँह में डाल धीरे-से कहा, "आज तो अच्छा सनीचर बैठा।"

मुझे लगा कि पत्नी मेरे इस दुःख में शामिल हो मेरा हौसला बढ़ाएगी, मगर

हौसला बढ़ाने के बजाय वह एक बेपरवाह मुस्कान उछालते हुए बोली, "बाली आंटी मिठाई माँग रही है।"

पत्नी के मुँह से इतना सुन मैंने मारे ख़ुशी के उछलते हुए पूछा कि क्या सूट मिल गया है? पत्नी बोली कि हाँ। यह चमत्कार, जादू, अनहोनी कैसे हुई? मेरे पूछने पर पत्नी ने बताया कि आपके जाने के बाद मैंने यह बात बाली आंटी को बतायी थी। इतना सुन आंटी सीधा उस फोटोस्टेट की दुकान पर गयी और उससे बोली कि तेरी दुकान से सूट गया तो कहाँ गया। अगर सूट नहीं मिला तो मैं उसके पैसे तुझसे धरवा लूँगी। इस तरह आंटी उसके पास कई बार हो आयी। मगर जब सूट को दूसरा ग्राहक ले गया था तब वह भला आदमी उसे वापस कहाँ से लौटा गया। पत्नी ने बताया कि सूट को कोई ग्राहक-ग्राहक नहीं ले गया था। उसे फोटोस्टेट वाले ने ही उठाकर रख लिया था। उसे लगा कि कभी बाली आंटी ने उसे यह सूट पहनते हुए देख लिया तो ठीक नहीं होगा। इसलिए उसने बाली आंटी को यह कहते हुए सूट लौटा दिया कि जो ग्राहक इसे ग़लती से ले गया था, वह इसे लौटा गया है।

सूट तो मेरा मिल गया परन्तु एक मलाल यह रह गया कि इस बाली आंटी ने एक अच्छी-ख़ासी जादुई यथार्थवादी कहानी की जन्म लेने से पहले ही हत्या कर दी। एक सम्भावित कहानी के बुने गये ताने-बाने के पंखों को उसने उगने से पहले ही नोच दिया।

इसी बाली आंटी से जुड़े एक और प्रसंग को मैं कभी नहीं भूल सकता। यह सितम्बर 1989 की बात है। मेरी पहल पर अरुण प्रकाश और मैंने एक तरल अनुष्ठान का कार्यक्रम बनाया। इसमें हम दोनों के अलावा प्रदीप पन्त और कमलेश्वर जी के सहायक प्रणव बोस को भी शामिल किया गया था। वास्तव में, इस अनुष्ठान का आयोजन मेरी एक रणनीति के कारण किया गया था, जिसका खुलासा करना उचित नहीं होगा। इसी रणनीति के तहत इसमें प्रदीप पन्त को शामिल किया गया था। जबकि प्रणव बोस को इसलिए शामिल किया गया था कि यह आयोजन चितरंजन पार्क के पास उसके कमरे पर किया जाना था। यहाँ इस रहस्य का उद्घाटन करना ज़रूरी है कि इस तरल अनुष्ठान के दौरान यज्ञ सामग्री या कहिए पीने-खाने के रूप में इस्तेमाल होने वाली समिधा की ज़िम्मेदारी मेरे ऊपर थी। वैसे जब मैंने इसकी पहल की है, तो इसकी नैतिक ज़िम्मेदारी भी मेरी ही बनती है। इस तरह इस अनुष्ठान का दिन तय हो गया महीने का अन्तिम कार्य दिवस, क्योंकि इस दिन सरकारी सेवक को तनख़्वाह जो मिलती है। संयोग से महीने का यह आख़िरी कार्य दिवस 29 सितम्बर, शुक्रवार को पड़

गया था। उसके बाद दो दिन शनिवार और रविवार अवकाश के दिन थे।

इस तरह 29 सितम्बर शुक्रवार की शाम को शुरू हुए इस तरल अनुष्ठान के सम्पन्न होते-होते रात के दस बज गये। चूँकि प्रदीप पन्त ईस्ट ऑफ़ कैलाश में रहते हैं, वे तो खा-पीकर अपने घर चले गये, और मैं तथा अरुण प्रकाश दोनों यह सोचकर प्रणव बोस के घर रुक गये कि इतनी रात को धक्के खाने से अच्छा है रात को यहीं रुक जाते हैं। सवेरे-सवेरे अपने घर चले जाएँगे। अरुण प्रकाश तो वैसे भी, जहाँ तक याद है, उन दिनों दिलशाद गार्डन रहते थे। उन दिनों टेलीफ़ोन इत्यादि की भी ऐसी कोई सुविधा नहीं थी। जो थी वह लैंडलाइन थी किन्तु वह भी हरेक के पास नहीं थी। इसलिए मैं घर सूचित नहीं कर पाया। वैसे भी रात भर की ही तो बात थी।

रमेश रंजक उन दिनों सख़्त बीमार चल रहे थे। सवेरे बातों-बातों में तय हुआ कि क्यों न उनका भी हालचाल पूछ लिया जाये। यही तय कर मैं और अरुण प्रकाश चितरंजन पार्क से रमेश रंजक के पूर्वी विनोद नगर, यमुना पार उनके घर की ओर चल दिये। वहाँ पहुँचते-पहुँचते हमें बारह-साढ़े बारह बज गये। रमेश रंजक के पास हम पौने-एक घंटा बैठे। सचमुच रमेश रंजक बहुत बीमार थे और बिस्तर पर पड़े हुए थे। उनसे मिलने के बाद हम दोनों अपनी-अपनी दिशाओं की ओर चल पड़े। मुझे घर पहुँचते-पहुँचते तीन बज गये।

पालम गाँव के जैन मन्दिर से पहले जैसे ही मैं बायीं ओर अपने किराये के मकान की ओर मुड़ा, तो देखा घर के बाहर आसपास की आठ-दस महिलाएँ पत्नी को घेर कर बैठी हुई हैं। मुझे देखते ही उनमें तीख़ी प्रतिक्रिया हुई। पत्नी की सुर्ख़ आँखें, पपड़ाये होंठ और मुरझाये चेहरे को देख मेरी कुछ समझ में नहीं आया। मुझे आया देख सारी महिलाएँ उठकर अपने-अपने घरों को जातीं, उनके ही सामने बाली आंटी फट पड़ी, "कहाँ गया था? शरम नहीं आयी। कल रात से इसका कितना बुरा हाल हुआ पड़ा है। यह भी नहीं सोचा कि करवा चौथ के दिन तो अपने घर पर रहूँ। एक तो बरत (व्रत) ऊपर से खसम घर से ग़ायब!" एक ही साँस में बाली आंटी बहुत कुछ कह गयी।

पत्नी की सुर्ख़ आँखों, पपड़ाये होंठों और मुरझाये चेहरे का अर्थ मेरी अब समझ में आया। अब समझ में आया घर के बाहर महिलाओं के एकत्रित होने का मतलब। मुझे याद आया कि कल पत्नी ने बताया तो था कि आज करवा चौथ है। मुझे अपनी इस ना-समझी और बेवकूफ़ी पर रह-रह कर गुस्सा आने लगा। मैंने पत्नी से अपने इस कृत्य के लिए माफ़ी माँगी कि मुझे रात को न आने के बारे में पहले से सूचित करना चाहिए था। इस पर पत्नी ने कहा कि एक तो

तनख़्वाह का दिन, ऊपर से पूरी रात और आज आधा दिन न आने के कारण मन में बुरे-बुरे ख़याल आ रहे थे। मैं पत्नी की मनःस्थिति को समझ सकता था कि जिस पति परमेश्वर की दीर्घायु की कामना के लिए वह पिछले अट्ठारह घंटे से भूखी-प्यासी है, उसका वही निर्लज्ज परमेश्वर घर से ग़ायब है। बाली आंटी की उस डाँट, पत्नी की मनःस्थिति और मेरी उस बेवकूफ़ी भरी ना-समझी ने एक सबक ज़रूर सिखा दिया, कि जब भी कहीं थोड़ी-बहुत देर रुकना होता है, घर सूचित करने की कोशिश करता हूँ या फिर पत्नी ही पूछ लेती है। हाँ, यहाँ उस बात का उल्लेख करना ज़रूरी समझता हूँ कि जिस प्रयोजन, मंशा, उद्देश्य और नीयत से यह तरल अनुष्ठान किया गया था, जिसके कारण बाली आंटी की डाँट खानी पड़ी तथा पत्नी को अच्छे-बुरे ख़यालों से जूझना पड़ा, वह पूरा नहीं हुआ। वह उद्देश्य या प्रयोजन क्या था उसका आप खुलासा कराना चाहेंगे, तो भी मुमकिन नहीं है! इसके लिए मैं आपसे माफ़ी चाहता हूँ।

मद्रास होटल के पीछे शिवाजी स्टेडियम टर्मिनल के सामने कोने की छोटी सी ब्रज मोहन की दुकान पर पहले लगभग दो घंटे के जमावड़े, और फिर इसके बाद कॉफ़ी हाउस में रात के लगभग दस बजे तक बैठने के बाद यहाँ से उठता, तो लगता मानो साहित्य के किसी स्कूल से लौट रहा हूँ। कॉफ़ी हाउस से पहले ब्रज मोहन की दुकान पर कवि कुमारेन्द्र पारसनाथ सिंह, हंसराज रहबर, डॉ. आनन्द प्रकाश, रमेश उपाध्याय, रामकुमार कृषक, अरुण प्रकाश, शम्सुल इस्लाम, कुबेर दत्त, रमेश आज़ाद, देवेन्द्र पाल, प्रदीप तिवारी, और बाहर से आने वालों में जनप्रिय ग़ज़लगो अदम गोंडवी, कवि शलभ श्रीराम सिंह यहाँ आते और बाद में छह बजे के बाद कॉफ़ी हाउस जाते।

अदम गोंडवी से मेरी पहली मुलाक़ात ब्रज मोहन की इसी दुकान पर हुई थी। एक बार तो मैं उन्हें अपने घर भी ले गया था। मेरे घर अदम जी एक रात रुके थे। मैंने उनसे एक बातचीत भी रिकॉर्ड की थी, जो आज तक कहीं प्रकाशित नहीं हुई। यह 1992 की बात है। कुबेर दत्त से प्रायः ब्रज मोहन की दुकान पर भेंट होती थी। यह भेंट शनिवार के अलावा अन्य दिनों में ज़्यादा होती थी। कुबेर दत्त का यहाँ आने का ख़ास मक़सद अपना तरल अनुष्ठान सम्पन्न करने का होता था। मैं पालम के लिए बस जन्तर मन्तर के स्टॉप से लेता था, और कुबेर भी ऑटो यहीं से लेता था। इसलिए हम दोनों यहाँ तक साथ-साथ आते। मैं उन्हें जैसे-तैसे ऑटो में बिठाने के बाद अपनी बस लेता। वैसे कुबेर दत्त की इस सेवा-टहल या कहिए उसको ऑटो में तसल्ली से बिठाने के पीछे मेरा एक

स्वार्थ था, और वह यह कि उन दिनों वह दूरदर्शन के एक साप्ताहिक कार्यक्रम 'पत्रिका' और 'किताबों की दुनिया' का प्रोड्यूसर हुआ करता था। कभी-कभी कवि गोष्ठियों का भी आयोजन करता था। कुबेर दत्त ने एकाध कवि गोष्ठी में एकाध बार मुझे 'चांस' भी दिया था।

रात को साढ़े नौ-दस बजे जब मैं कुबेर दत्त को लेकर चलता, तो उसके ज़्यादा नशा होने के कारण कभी-कभी स्थिति विकट हो जाती थी। कुबेर से जुड़ी मुझे ऐसी ही एक घटना याद आ रही है। एक बार वह नशे के चलते शिवाजी टर्मिनल पर खड़ी डीटीसी की एक ख़ाली बस में चढ़ गया। थोड़ी देर में बस के कंडक्टर-ड्राइवर आ गये। आते ही कंडक्टर ने उससे बस से उतरने को कहा। मगर कुबेर दत्त नहीं उतरा। ड्राइवर-कंडक्टर पहले तो प्यार से समझाते रहे कि भाई साहब यह बस डिपो जायेगी। मगर जब कुबेर दत्त नहीं माना तो कंडक्टर मुझसे तमतमाते हुए बोला कि भाई या तो इसे आराम से उतार ले, या फिर इसे हमें उतारना पड़ेगा। चूँकि दिल्ली परिवहन निगम (डीटीसी) और दिल्ली पुलिस की शराफ़त व चरित्र से मैं भली-भाँति परिचित था, इसलिए मैं समझ गया कि अगर कुबेर को बस से नहीं उतारा गया, तो आगे कुछ भी हो सकता है। मैंने जैसे-तैसे करके कुबेर दत्त को समझाने की कोशिश की। उसकी चिरौरी की। तब कहीं जाकर वह बस से उतरा।

शिवाजी स्टेडियम से चलकर हम जन्तर मन्तर आ गये। मगर यहाँ आकर वह एक ऑटो रिक्शा चालक से उलझ गया कि मुझे मयूर विहार ले चल। अब दिल्ली का ऑटो हो और वह यात्री को आसानी से उसके कहे के अनुसार उसे ले जाये—ऐसा सोचना भी पाप है। इधर ऑटो चालक तैयार नहीं हुआ और उधर कुबेर इस ज़िद पर अड़ गया कि नहीं मयूर विहार तो मुझे तू ही ले जायेगा। ऑटो चालक जब तैयार नहीं हुआ तो कुबेर उसे हड़काते हुए बोला कि तुझे पता नहीं मैं कौन हूँ? ऑटो चालक कोई बड़ा ही ख़लीफ़ा था, जो इतना सुनते ही हत्थे से उखड़ गया और विशुद्ध भारतीय गाली देते हुए बोला कि तुझे पता नहीं मैं मेनका गाँधी का आदमी हूँ। उन दोनों के बीच बढ़ती तनातनी को देख, मैंने तुरन्त एक समझदारी भरा फ़ैसला लिया और चुपके से वहाँ से खिसक, दूर खड़े ऑटो की ओट में छिपकर उन्हें देखने लगा। कहीं ऐसा न हो कि इस चने के साथ घुन का नम्बर भी आ जाये।

ऑटो चालक की इस हेकड़ी का कुबेर दत्त पर तुरन्त असर हुआ और ऑटो चालक से यह कहते हुए लिपट गया कि तू तो मेरा भाई है। मैं तो ऐसे ही मज़ाक़ कर रहा था। ऑटो चालक शायद कोई ख़ानदानी, शरीफ़ और भला

आदमी रहा होगा, जो उसने बात वहीं ख़त्म कर दी। मामला शान्त हुआ तो मैं ऑटो की ओट से बाहर आया और दूसरे ऑटो में उसे बैठाकर, तब कहीं जाकर मैं घर आया। बाद में कई बार तो ऐसा हुआ कि आधी रात के आसपास मेरा लैंड लाइन टेलीफ़ोन घनघना उठता। कच्ची नींद से उठकर मैं उसे उठाता, तो पता चलता दूसरी तरफ़ कुबेर भाई हैं। शुरू में एकाध बार मैंने उससे बात क्या कर ली, फिर तो वह सप्ताह में एकाध बार घनघना उठता। कई बार तो मैं हैलो-हैलो करता रह जाता और उधर रिसीवर से उसके खर्राटें गूँजने शुरू हो जाते। एक अच्छा कवि होने के बावजूद कुबेर दत्त की सबसे बड़ी विडम्बना यह रही कि अरसे तक हमारा आभिजात्य, कुलीनतावादी कवि वर्ग उसे कवि मानने को तैयार नहीं था। वह तो बाद में जब उसने इन कवियों को अपने कार्यक्रमों में बुलाना शुरू किया, तब कहीं जाकर उसे उस कवि का दर्ज़ा प्राप्त हुआ, जिसका वह बहुत पहले से हक़दार था।

1991 में 'आचार्य महावीर प्रसाद द्विवेदी पत्रकारिता संस्थान' नाम की एक संस्था का अचानक उदय हुआ। इस संस्थान का जिस तेज़ी के साथ उदय हुआ, उससे कहीं ज़्यादा तेज़ी के साथ यह अस्त भी हो गया। अपने छोटे-से कार्यकाल में इस संस्थान ने जितनी सुर्ख़ियाँ बटोरीं, वह अपने आप में एक मिसाल थी। पंचकुइयाँ रोड स्थित रामाकृष्ण आश्रम मार्ग के कोने पर बने पालिका प्लेस में इसका कार्यालय, और राजेन्द्र जैन नाम का कवि इसका मालिक व महामन्त्री दोनों था। इसी साल इस संस्थान ने न केवल 'जनाधार भारती' नाम की एक मासिक पत्रिका का प्रकाशन शुरू किया, बल्कि अहिन्दी भाषी कथा लेखकों की लगभग एक हज़ार पृष्ठों की डिमाई आकार में, कथा-साहित्य के महाग्रन्थ प्रकाशित करने की एक भव्य योजना की भी घोषणा कर दी। इतना ही नहीं लगे हाथ दिवंगत पत्रकार व सम्पादक राजेन्द्र माथुर तथा कुछ अन्य पत्रकारों को पुरस्कृत करने की घोषणा भी कर डाली। इस संस्थान की मासिक पत्रिका 'जनाधार भारती' का सम्पादक ख़ुद इस संस्थान का मालिक यही राजेन्द्र जैन था। जबकि कार्यकारी सम्पादक कथाकार व कवि ब्रज मोहन और सलाहकार सम्पादक प्रदीप तिवारी था। पत्रिका के पहले ही अंक यानी प्रवेशांक ने अपने पाठकों को संकेत दे दिया कि इस पत्रिका का भविष्य कितना उज्ज्वल होगा। वरिष्ठ आलोचक डॉ. मैनेजर पाण्डेय का 'जन-आन्दोलन और जनवादी गीत', हंसराज रहबर का आत्मकथ्य, डॉ. आनन्द प्रकाश का 'वैकल्पिक कथा परम्परा की पहचान', ब्रज मोहन का 'लेखक संघों की भूमिका : कुछ सवाल', इटली के साहित्य और सिनेमा पर

फ्रांचेस्का ओरेसिनी का अनुवाद जैसे गम्भीर व वैचारिक लेखों के अलावा, शलभ श्रीराम सिंह की कविताएँ तथा असग़र वजाहत, रमेश उपाध्याय, ज्ञान प्रकाश विवेक, भगवानदास मोरवाल की कहानियाँ इसका प्रमाण थीं।

मगर कुछ ही महीनों में 'आचार्य महावीर प्रसाद द्विवेदी पत्रकारिता संस्थान' और इसका महामन्त्री राजेन्द्र जैन एक के बाद एक नये-नये विवादों में घिरता चला गया। साहित्यिक महत्त्वाकांक्षा का मारा इस संस्थान का सुप्रीमो राजेन्द्र जैन, जिसका इसी संस्थान से 'कटघरे में खड़ा वक़्त' शीर्षक से एक कविता-संग्रह भी प्रकाशित हो चुका था, खुद सन्देह के कटघरे में खड़ा हो गया। 30 जुलाई, 1991 की रात दिल्ली पुलिस ने उसकी कार से एक ताक़तवर बम बरामद किया। हालाँकि इससे पहले प्रवेशांक के बाद ही राजेन्द्र जैन से किसी अनबन के चलते ब्रज मोहन और प्रदीप तिवारी 'जनाधार भारती' से अपने आपको अलग कर चुके थे। अगले दिन 31 जुलाई को समाचार-पत्रों में प्रकाशित हुई कार से बम बरामदी की ख़बर को पढ़ते ही साहित्य जगत में हड़कम्प मच गया। इस ख़बर के मुताबिक़ दिल्ली पुलिस ने चार पत्रकारों जिनमें प्रबन्ध सम्पादक रंजन ज़ैदी, संस्थान के अध्यक्ष व कवि शलभ श्रीराम सिंह, खुद राजेन्द्र जैन और एक सहकर्मी को रात भर मन्दिर मार्ग थाने में बुलाकर पूछताछ करने के बाद रिहा कर दिया गया था।

अभी यह मामला ठंडा भी नहीं पड़ा था कि उसी दिन राजेन्द्र जैन अर्थात् संस्थान का महामन्त्री एक नये विवाद में फँस गया। हुआ दरअसल यह कि इस दिन संस्थान की ओर से (31 जुलाई को) स्वर्गीय राजेन्द्र माथुर और कुछ दूसरे पत्रकारों को पुरस्कार स्वरूप जिस नकद राशि से पुरस्कृत किया गया था, उनके चैकों पर 31 जुलाई की जगह 31 अगस्त, 1991 यानी एक महीने बाद की तारीख़ डाल दी गयी। मज़ेदार तो यह था कि ये पुरस्कार उपराष्ट्रपति के हाथों दिये जाने थे, परन्तु ऐन मौक़े पर उपराष्ट्रपति कार्यालय से ख़बर आ गयी कि वे इस कार्यक्रम में नहीं आ पाएँगे। इस विवाद के चलते संस्थान के नये-नये अध्यक्ष व कवि शलभ श्रीराम सिंह ने राजेन्द्र जैन पर कई आरोप जड़ दिये। बाद में चैकों पर एक महीने बाद की तारीख़ डालने का जो राज़ खुला, वह यह था कि संस्थान के खाते में पैसा ही नहीं था। यह विवाद महीनों तक लेखकों के बीच चर्चा का विषय रहा था। विदित है कि इस प्रसंग से पहले 17 जून, 1991 को अज्ञेय के सम्पादन में प्रकाशित प्रयोगवाद के महत्त्वपूर्ण संकलन 'तार सप्तक' के एक कवि डॉ. प्रभाकर माचवे का इन्दौर में हृदय गति रुक जाने से असामयिक निधन हो चुका था। कुछ दिनों बाद राजेन्द्र जैन की

भी अचानक मृत्यु हो गयी थी। इस घटना के बाद मैंने तो कभी शलभ श्रीराम सिंह को दिल्ली में देखा नहीं। उस शलभ श्रीराम सिंह को, जिसने अपनी एक कविता में कहा है—

जीवन बचा है अभी
ज़मीन के भीतर नमी बरक़रार है
बरक़रार है पत्थर के भीतर आग
हरापन जड़ों के अन्दर साँस ले रहा है।

बीसवीं सदी के अन्तिम दो दशक इस देश के लिए बड़े दुर्भाग्यपूर्ण रहे हैं। इसकी शुरुआत शुरू की गयी एक रथ यात्रा से होती है, जिसकी परिणति 6 दिसम्बर, 1992 के दिन अयोध्या के विवादित स्थल राम जन्मभूमि-बाबरी मसजिद के विध्वंस के रूप में होती है। मुझे याद है, रथ यात्रा के दौरान (अक्तूबर-नवम्बर 1990) में मेरे मेवात में एक ख़ौफ़नाक तनावपूर्ण माहौल बन गया था। मेव बाहुल्य इस इलाक़े के गाँव-क़स्बों के मोहल्लों से हिन्दुओं के परिवार के परिवार पलायन कर गये थे, जो इसके बाद कभी वापस नहीं लौटे। उनसे जब पूछा जाता था तो वे कहते कि जैसी हिन्दू-मुसलमानों के बीच मारकाट बँटवारे के दौरान मची थी, सुनते हैं वैसी ही 30 नवम्बर रथयात्रा के दिन मचेगी। मगर यह तो भला हो लालू यादव का जिसने एक काठ के रथ की लगाम थाम कर, उसे बीच में रोक मेवाती जैसे समाजों में उड़ते आदमख़ोर अफ़वाहों के पंखों को नोच डाला। इसी तनाव को केन्द्र में रखकर मैंने एक कहानी लिखी थी 'भूकम्प', जो मृणाल पांडे के सम्पादन में निकलने वाले 'साप्ताहिक हिन्दुस्तान' के मार्च 1992 के एक अंक में प्रकाशित हुई थी।

इस कहानी के बारे में डॉ. नित्यानन्द तिवारी ने मेरे एक कहानी संग्रह 'अस्सी मॉडल उर्फ़ सूबेदार' की भूमिका में लिखा है कि हिन्दुस्तान-पाकिस्तान के बँटवारे से निकले दुःख की अनेक कहानियाँ हिन्दी, पंजाबी, उर्दू, बंगला में क्लासिक महत्त्व पा चुकी हैं। 'भूकम्प' में 1947 की स्मृति है लेकिन यह स्मृति 30 तारीख़ (राममन्दिर-बाबरी मसजिद के सन्दर्भ में) के सम्भावित दंगों के सन्दर्भ में है। इतनी निकटवर्ती घटना को लेखक ने एक जीवन्त वास्तविक कलानुभूति में व्यक्त कर दिया है। इस कहानी की पारो की सृष्टि हिन्दी कहानी के महत्त्वपूर्ण पात्रों की जमात में शामिल होने लायक है। इससे पहले मैंने यह कहानी 'हंस' में भेजी थी। क्योंकि 'हंस' की रीति-नीति और वैचारिक प्रतिबद्धता के कारण मेरी नज़र में यह कहानी एकदम फिट बैठती थी तथा राजेन्द्र जी से

तब तक छोटा-मोटा कच्चा-पक्का, जो भी परिचय विकसित हो चुका था, उसके आधार पर मुझे शत-प्रतिशत उम्मीद ही नहीं, पूरा यक़ीन था कि इस कहानी को 'हंस' में न छापने की राजेन्द्र जी तो क्या, कोई माई का लाल हिम्मत नहीं कर सकता। चूँकि उन दिनों और अपने अन्तिम समय तक राजेन्द्र जी पत्र लिखकर रचना की स्वीकृति-अस्वीकृति की सूचना देते थे, सो एक दिन उन दिनों के मेरे पते (डब्ल्यू ज़ेड-583, निकट जैन मन्दिर, पालम गाँव, नयी दिल्ली-45) पर 'हंस' की ओर से आसमानी नीले रंग का अन्तर्देशीय पत्र आया। पत्र पाते ही उसे बिना खोले मन बल्लियों उछलने लगा। इस कल्पना में देर तक मैं डूबा रहा कि वह पल कैसा होगा जब कहानी की प्रतिक्रिया में पाठकों के पत्र 'हंस' के 'अपना मोर्चा' कॉलम में प्रकाशित होंगे।

मारे रोमांच के पत्र खोलते हुए मेरी अँगुलियाँ काँपने लगीं। टाइप किये गये पत्र खोलने के बाद तो यह रोमांच अपने चरम पर था। दिनांक 20 मार्च, 1991 के इस पत्र का हू-ब-हू मजमून इस प्रकार था—

राजेन्द्र यादव
दिनांक 20.3.91

प्रिय भगवान दास जी,

आपकी कहानी 'भूकम्प' दिलचस्प कहानी है और मैंने इसे उतनी ही दिलचस्पी से पढ़ा भी। इसे लेकर मेरी जो प्रतिक्रियाएँ हैं वे इस प्रकार हैं—

1. पाठकों को सम्बोधित करने वाला लटका छोड़ना पड़ेगा। इसकी कोई ज़रूरत नहीं है।

2. मेरी जानकारी में यह शायद पहली कहानी है जो 'मेवों' के जीवन पर लिखी गयी है। हो सकता है एकाध रांगेय राघव ने भी लिखी हो। मगर यह हिन्दी पाठकों के लिए नयी ही है क्योंकि नामों से लेकर रीति-रिवाज़ और धार्मिक विश्वासों में वहाँ हिन्दू-मुसलमान इतने ज़्यादा घुले-मिले हैं कि बाहर वालों के लिए उस स्थिति को समझना मुश्किल है। सम्बन्धों की यह जटिलता और उलझन कहानी में नहीं दिखाई देती, इसलिए मुझे लगता है कि इस कहानी को चलते-चलते न लिखकर इस पर मेहनत करें और सामाजिक स्थितियों, सम्बन्धों की जटिलताओं और द्वन्द्वात्मकता को ज़्यादा गहराई से उभारें। हो सकता है इसके लिए आपको नये सिरे से उन लोगों के बीच अपने आपको रिफ्रेश करना पड़े। मगर जब आप पहली बार ज़िन्दगी को दे ही रहे हों तो पूरे भराव और प्रामाणिकता के साथ उसे दिया जाना चाहिए।

3. आखिर का नतीजावादी अन्त भी बदलना होगा। विश्वासों के दरकने का

निष्कर्ष किसी और ढंग से पाठक तक सम्प्रेषित करना पड़ेगा।

आशा है आप मेरी बातों पर विचार करेंगे। कहानी मेरे पास सुरक्षित है।

आपका,
राजेन्द्र यादव

श्री भगवानदास मोरवाल
डब्ल्यू ज़ेड-583 (निकट जैन मन्दिर)
पालम गाँव, नयी दिल्ली-45

इस पत्र को पढ़ने के बाद इस घायल की जो गति थी, उसे मुझ जैसे लेखक के लिए वर्णित करना कितना हृदय विदारक रहा होगा, इसकी कल्पना आज नहीं, 1991 में ही की जा सकती है। बावजूद इसके मैंने हिम्मत नहीं हारी और एक आधी-अधूरी उम्मीद के सहारे 1992 के मध्य एक और कहानी 'रंग अबीर' लेकर गया। यह कहानी भी रथ यात्रा के बाद मेवात में पैदा हुए आपसी अविश्वास को लेकर लिखी गयी थी। चूँकि यह कहानी थोड़ी-सी लम्बी थी इसलिए उसे ग्रहण करते समय राजेन्द्र जी ने एक मारक टिप्पणी की, जो मुझे अच्छी तरह तो याद नहीं कुछ इस तरह थी कि मैं 'हंस' में कहानी अर्थात् बकरे की गरदन देखकर छापता हूँ कि वह मोटी है या पतली। मुझे उसी समय खटक गया था कि यह कहानी भी छपने वाली नहीं है। फिर भी मैं बेमन से उसे उनके पास छोड़ आया, यही सोचकर कि क्या पता तुक्का लग ही जाये।

सितम्बर महीने के लगभग मध्य में डाक से एक स्वस्थ लिफ़ाफ़े (जो 'हंस' कार्यालय से आया था) को देखते ही मुझे समझते हुए देर नहीं लगी कि कहानी वापस आ चुकी है। लिफ़ाफ़ा खोलकर देखा तो 'हंस' सम्पादक की ओर से 11/09/1992 की तारीख़ की छोटी-सी हस्तलिखित टिप्पणी नत्थी की हुई थी–

प्रिय मोरवाल जी,

कहानी मैंने ध्यान से पढ़ी। बहुत लम्बी है। मुझे लगता है कि उसके विस्तार को कम किया जा सकता है। फिर वहीद को निकालने का केस नहीं बन पाया। क्या इस तरह के भावुक एप्रोच से इस समस्या का हल निकाला जा सकता है? कुछ और गहराई में जाने की जरूरत नहीं है? वहीद का चरित्र इकहरा और द्वन्द्वहीन है वह सिर्फ़ अच्छा ही अच्छा है।

राजेन्द्र यादव

'रंग अबीर' कहानी के रूप में यह मेरी अन्तिम रचना थी। इसके बाद मैंने भी तय कर लिया, कि भविष्य में कोई रचना 'हंस' के लिए नहीं भेजूँगा। यह ज़िद आज तक बनी हुई है। यानी 'हंस' में मेरी कोई रचना प्रकाशित नहीं हुई है, मैं इसे सगर्व कहता हूँ और इस तोहमत से बचा हुआ हूँ कि मैं किसी का बनाया हुआ लेखक हूँ।

बावजूद इसके 'हंस' में मेरा आना-जाना लगा रहा। बाद में मुझे अपने कुछ लेखक शुभचिन्तकों से यह पता चला कि राजेन्द्र जी मुझसे कुछ नाराज़ हैं। मैंने इसे गम्भीरता से नहीं लिया। मगर यह मेरा कोरा भावुकता भरा भ्रम था कि इतना बड़ा लेखक भला मुझ जैसे व्यक्ति से क्यों नाराज़ होगा? बाद में इसका ख़ुलासा हुआ, जिसके बारे में इस स्मृति-कथा में नहीं, इसके बाद लिखी जाने वाली किसी स्मृति-कथा में विस्तार से लिखूँगा।

इस तरह रथ यात्रा के दौरान साम्प्रदायिकता के जो बीज बोये गये थे, वे 6 दिसम्बर के विध्वंस के रूप में अंकुरित हुए। जैसाकि मैंने कहा कि 1984 के सिख विरोधी दंगे किसी पार्टी विशेष द्वारा प्रायोजित दंगे नहीं थे, बल्कि तथाकथित राष्ट्रवादी उन्मादी हिन्दुओं द्वारा किया गया सिखों का सामूहिक नरसंहार था। पार्टीशन के बाद हिन्दुओं का ध्रुवीकरण व्यापक रूप से दो बार देखने को मिलता है। पहला 1984 में सिख विरोधी दंगों के रूप में और दूसरा 6 दिसम्बर, 1992 में राम जन्मभूमि-बाबरी मसजिद ढाँचे के विध्वंस के रूप में।

केन्द्रीय समाज कल्याण बोर्ड के क़ुतुब इन्स्टीट्यूशनल एरिया में अपने निजी भवन में आ जाने के बावजूद, कुछ महीनों के लिए यहाँ की पत्रिका 'समाज कल्याण' का सम्पादकीय विभाग अपने पुराने कार्यालय जीवन दीप, संसद मार्ग में आ गया था। केन्द्रीय समाज कल्याण बोर्ड के यहाँ से जाने के बाद दिल्ली राज्य समाज कल्याण बोर्ड को यहाँ स्थानान्तरित कर दिया गया। उस दिन 7 दिसम्बर था। शाम के क़रीब चार बजे मुझे किसी ने बताया कि दिल्ली बोर्ड की सचिव सुश्री विनीता नागर, जिसे सब बहन जी कहकर बुलाते थे, मुझे ढूँढ़ रही हैं। मैं भी उसे ढूँढ़ने लगा तो देखा कि बहन जी बदहवास-सी मुझे देखते ही मेरी तरफ़ लपककर आयी, और अपने हाथ में पकड़े हुए एक अख़बार को हवा में लहराती हुई बोली, "अरे मोरवाल, तू तो कहता था, कि हमारे मेवात में ऐसी घटनाओं के बाद कुछ नहीं होता...ले पढ़, इसमें क्या लिक्खा है!"

इतना कह बहन जी ने वह अख़बार मेरी ओर बढ़ा दिया। मैंने उसे खोला तो पाया वह हिन्दुस्तान टाइम्स समूह का दोपहर बाद निकलने वाला अख़बार

'इवनिंग न्यूज़' था। उसके मुखपृष्ठ को ग़ौर से देखा तो उसके दायें ओर सबस नीचे बॉक्स में छपे इस शीर्षक पर मेरी नज़र टिक गयी—टेंशन इन मेवात। मैं एक ही साँस में छोटी-सी छपी इस ख़बर को पढ़ गया कि मेवात के चार प्रमुख क़स्बों—नूँह, पुन्हाना, फ़िरोज़पुर झिरका और नगीना में विवादित ढाँचे को ढहाने के खिलाफ़ यहाँ के मेवों में बेहद गुस्सा है। मेरी अब जाकर समझ में आया कि बहन जी मुझे क्यों ढूँढ़ती फिर रही थी। इस ख़बर के मुताबिक़ इन क़स्बों में कर्फ़्यू लगा दिया गया है।

ख़बर पढ़ते ही मैंने गुड़गाँव में उस समय 'दैनिक ट्रिब्यून' के संवाददाता महेश बंसल को फ़ोन किया। मैंने 'इवनिंग न्यूज़' में छपी इस ख़बर की पुष्टि करनी चाही, तो उसने बताया कि हाँ, सोहना के बाद पूरे मेवात में कर्फ़्यू लगा हुआ है। किसी को उधर से आने-जाने नहीं दिया जा रहा है। हमें भी कोई प्रामाणिक सूचना नहीं मिल रही है। उस समय मेवात के बारे में सिवाय गुड़गाँव के और कहीं से जानकारी प्राप्त करना सम्भव नहीं था।

बाद में दो-तीन दिन बाद मैंने अपने मित्र और ग़ज़लगो फ़जरुद्दीन बेसर को मेवात के वास्तविक हालात जानने के लिए चिट्ठी लिखी। जिसके जवाब में 17 दिसम्बर, 1992 की उसकी एक चिट्ठी आयी, जो मेवात के हालात को इस तरह बयाँ कर रही थी—

भाई मोरवाल

साकरस

सप्रेम वन्दे,

17.12.92

विश्वास है स्वस्थ एवं सानन्द होंगे और सर्दी से जूझते हुए जी रहे होंगे। मेवात की बदनामी की ख़बरें आप तक पहुँच ही गयी होंगी। सद्भावना, एकता, सौहार्द की भूतपूर्व मिसाल और मशाल जो इस इलाके में रोशन थी, उसको पुलिस की शह व शरारत ने चन्द शरारती नादानों के हाथों बरबाद कर दिया। मेवात में दंगे नहीं हुए बल्कि पूजा स्थलों पर हमले हुए हैं। मांडीखेड़ा, पिनगंवा, नगीना, भादस, नूँह व पुन्हाना, इन पाँच जगहों के अलावा कहीं भी मेवात में कोई वारदात नहीं हुई है। या यूँ कहें कि मेवात का आम आदमी अभी भी उसी सद्भावना व एकता की मिसाल की मशाल को बचाये हुए है। दंगे वहीं हुए हैं जहाँ पुलिस पहुँची और उसने सांकेतिक ढील दी, यही ढील उकसावे का रूप थी। ये सभी गाँव मेवात के मुख्य मार्गों पर हैं, जबकि हिन्दू अल्पमत में गाँवों में रहता है, वहाँ मन्दिर भी हैं। अगर लोगों में साम्प्रदायिक भावना होती तो गाँवों में हर तरह से साम्प्रदायिक आग भड़कती, क्योंकि पुलिस और अर्ध सुरक्षा बलों

का गाँवों में पहुँचना अपेक्षाकृत मुश्किल था। दंगों में कुर्सियों के प्यासों का भी हाथ रहा लेकिन इन वारदातों से किसी भी नेता के हीरो बन जाने की सम्भावना दिखाई नहीं देती। तोड़फोड़ के उपर्युक्त क़सूरवार आमतौर पर बच निकले और बेक़सूरों के साथ ज़ुल्म, ज़्यादतियों व गम्भीर मुकद्दमें बन रहे हैं। अगर इस माहौल में क़सूरवारों को सज़ा मिलती तो सज़ा से सबक मिलता लेकिन इस बार क़सूरवारों का बच जाना और बेक़सूरों पर ज़ुल्म, ज़्यादतियाँ व केस इस इलाक़े के भविष्य के लिए नुकसानदेह है।

मेवात में अब सभी जगह शान्ति है। तोड़फोड़ सिर्फ़ 7.12.92 को दोपहर बाद हुई है जिसके लिए पुलिस तथा राजनेताओं के स्पष्ट संकेत जिम्मेदार हैं। 95% से ऊपर क़सूरवार बच निकले और घरों से, गाँवों में जा-जाकर या बाहर से आ रहे वाहनों से उतारकर मजदूरों को दंगों, आगजनी के केसों में फँसाया जा रहा है। असल मुलज़िमों से पैसा ऐंठने की योजना जोरों पर है। लोगों में आपसी झगड़े/हमले नहीं हुए हैं, इसलिए आम लोगों में वही लगाव है लेकिन सामूहिक भावनाएँ आहत हुई हैं क्योंकि धार्मिक स्थलों पर हमलों ने सभी को दुःख पहुँचाया है।

आहत आँगन में कर्फ़्यूग्रस्त कलम ने एक बार फिर सियासत के गन्दे नाले से निकलकर लिखाई (12.12.92) की ओर दौड़ लगायी है। ताज़ा ग़ज़ल 'समाज कल्याण' के लिए भेज रहा हूँ। और अन्त में—

मेरे यहाँ पर हो गयी ख़ानाबदोश अम्न
अफ़सोस सभी ख़ूनी ख़बर मेरे नाम क्यों

मैं जल रहा हूँ मुफ़लिसी की तेज़ धूप में
इस ज़िन्दगी के सूखे शजर मेरे नाम क्यों

तू मुझको बता आज मेरे हाथ की लकीर
तक़दीर की है तिरछी नज़र मेरे नाम क्यों

है फ़स्ले-अलम, रात के ग़म, गर्मियों की धूप
न जाने क्यों हैं सारे 'बशर' मेरे नाम क्यों

आपका ही,
फ़जरुद्दीन बशर

फ़जरुद्दीन बेसर की इस चिट्ठी और चिट्ठी की इस ग़ज़ल (उन दिनों फ़जरुद्दीन बेसर, फ़जरुद्दीन बशर के नाम से ग़ज़लें लिखा करते थे) को पढ़कर मन व्याकुल हो गया। अपने मेवात के बारे में मैंने तो कम से कम ऐसा कभी सोचा ही नहीं था। इस पत्र के मिलते ही तुरन्त एक और पत्र लिखा, जिसका जवाब लौटती डाक से आ गया। अपने 20 दिसम्बर, 1992 के इस पत्र में फ़जरुद्दीन बेसर ने हालात को और खुल कर बयाँ किया–

भाई मोरवाल

सप्रेम वन्दे,

1. आज से ठीक एक सप्ताह पहले तुमको पत्र लिखा था। कर्फ़्यूग्रस्त कलम ने मेवात के हालात और दंगों के लिए उत्तरदायी तत्त्वों का सांकेतिक ज़िक्र मैंने उस पत्र में किया था। बेक़सूर सरकारी व अदालती क़सूरवार बनकर जमानतें करवाने व क़ैदों से बाहर आने के प्रयास में लगे हैं। पुलिस पैसे बटोरने के 'बम्पर ड्रा' के खुलने पर खुश है। क़सूरवार किस्मत के बली हैं कि गुलछर्रे उड़ा रहे हैं। उनको इस बात से क्या लेना-देना कि इस इलाक़े की सद्‌भावना, संस्कृति और मेल-मिलाप को कितना बड़ा दाग़ लगा है। समझदार और सद्‌बुद्धिमान आदमी सिर ऊँचा करके जातीय एकता की अजेय मिसाल को अब कहीं नहीं देख सकेंगे। अफ़सोस जिसका हमने मुक़ाबला किया था, उसके नाम की मसजिद ने इस नस्ल को आपस में लड़ा दिया।

2. आज ही तुम्हारा लेख 'क्यों हो रही हैं मेवात की लोक कलाएँ लुप्त' नवभारत टाइम्स के 'रविवार्ता' में पढ़ा। बेहद पसन्द आया। बेहतर होता चंगेरियों के संग बीजणे, बुहारी व भित्ती कलाओं के मेवाती नमूने भी अख़बार में होते।

3. आज ही पंजाब केसरी में मेरे बारे में गाँव में साम्प्रदायिक सौहार्द व आपसी भाईचारे को क़ायम रखने के बारे में ख़बर छपी है।

4. 10 जनवरी वाले शनिवार/इतवार को आने का प्रयास करूँगा। अपनी ग़ज़लों की पांडुलिपि लाने का इरादा है। किसी बेहतरीन प्रकाशक से बात कर लेना जो अच्छा गेटअप बेहतर काग़ज़ लगा सके। बेशक मुझे रकम देनी पड़ जाये।

शेष मिलने पर।

इस पत्र में फ़जरुद्दीन बेसर 'अफ़सोस जिसका हमने मुक़ाबला किया था, उसके नाम की मसजिद ने इस नस्ल को आपस में लड़ा दिया' के वाक्य का आशय उस मुक़ाबले से है, जो पहले मुग़ल शासक बाबर से मेवात के रणबाँकुरे

हसन खाँ मेवाती ने किया था। बाबर ने अपनी आत्मकथा में इसका उल्लेख भी किया है।

मेवात में जब लगा कि हालात ठीक हैं उसके लगभग पौने दो महीने बाद 30 जनवरी, 1993 को फिर से सद्‌भाव बहाल करने की ग़रज से, एक तरफ़ निकाली गयी सत्ताधारी कांग्रेस और दूसरी तरफ़ भारतीय जनता पार्टी द्वारा निकाली गयी नूँह में तथाकथित सद्‌भावना रैलियों ने स्थिति को 7 दिसम्बर से भी ज़्यादा विस्फोटक बना दिया। इन दोनों राजनीतिक पार्टियों ने गाँधी के इस शहीदी दिवस को मेवात के इतिहास में एक बदनुमा धब्बे की तरह दर्ज़ कर दिया। इन दोनों पार्टी के तथाकथित देशभक्तों और राष्ट्रवादियों की ख़ूनी झड़प के चलते, ठाकुर बाहुल्य क़स्बे उजीना में चार लोगों को ज़िन्दा जला दिया गया। यह घटना कितनी भयानक थी, इसका अनुमान फ़जरुद्दीन बेसर के 2 फ़रवरी, 1993 के इस पत्र से लगा सकते हैं—

फ़जरुद्दीन बशर
लेखक
स्थान/पोस्ट : साकरस
जिला : गुड़गाँव
हरियाणा : 122108
दिनांक : 02.02.1993

भाई मोरवाल

सप्रेम नमस्कार,

मैं यहाँ बिल्कुल ठीक नहीं हूँ। ठीक भला रहा भी कैसे जाये। टेलीविज़न/रेडियो/अख़बार इस क्षेत्र की अशान्ति से भरे हों और यहाँ का कोई भी संवेदनशील, शान्तिप्रिय शख़्स कैसे अपने आपको ठीक कहे। वही मेवात जो सहृदयता, शान्ति, सद्‌भाव की ज़िन्दा मिसाल था आज सियासत के शिकंजे में जकड़ा जा चुका है और आज दहशत, मौत, तनाव, कटुता, शत्रुता का आँगन है। 7 दिसम्बर को चयनित स्थानों पर हुए दंगों और तोड़फोड़ के बाद हालात पूरी तरह सामान्य हो गये थे लेकिन सत्ताधारी कांग्रेस और सत्तालोलुप भारतीय जनता पार्टी दोनों ने 30 जनवरी को नूँह क़स्बा में एक ही साथ समानान्तर सद्‌भावना रैलियाँ आयोजित करने का ऐलान कर दिया। गाँधी जी जो शान्ति, अहिंसा के अपने आप में मिशन व मिसाल थे, उनके बलिदान दिवस को सद्‌भाव दिवस में मनाने के लिए इस क्षेत्र में दुर्भाव फैलाने की साज़िशें बनीं। मैं स्वयं भी नूँह गया था।

गुड़गाँव- अलवर रोड पर भाजपा का प्रदर्शन (?) या सद्भावना रैली (?) थी और मेवात मॉडल स्कूल के प्रांगण में कांग्रेस की सद्भावना रैली (?) ट्रकों द्वारा सरकारी एहतयाती व एहतराम (?) से लायी गयी थी। भाजपा कार्यकर्ता कांग्रेस रैली की ओर बढ़ना चाहते थे, पुलिस बढ़ना नहीं देना चाहती थी। इस खींचतान व धक्कामुक्की में आँसू गैस व हवाई फायर भी हुए। पुलिस ने भाजपा कार्यकर्ताओं को कांग्रेस रैली तक पहुँचने नहीं दिया। इसी बीच कांग्रेस रैली में लगभग 12 बजे हथीन से विधायक अजमत खाँ लड़खड़ाते मंच की ओर पहुँचे। वे बेहाल थे। तब तक हमें किसी अनहोनी का पता न था लेकिन अचानक वक्ताओं को न बुलवाकर धर्मपाल मलिक कांग्रेस अध्यक्ष को बुलवाया और उन्होंने संक्षिप्त-सा भाषण देकर रैली तुरन्त समाप्त कर दी। हम उठे तो अजमत खाँ की कार देखी जो क्षत-विक्षत, शीशे टूटे हुए व क़रीब 10-12 पत्थर उसके अन्दर पड़े थे। रैली स्थल से बाहर आये तो पता चला कि उजीना गाँव में (जहाँ के सूरजपाल सरपंच हैं) भीड़ ने उस गाड़ी को पत्थर मारे हैं और जैसे-तैसे अजमत खाँ (हरियाणा मिनरल्स के अध्यक्ष) बच आये हैं। कुछ और आगे हम बढ़े तो पता चला कि एक और आती गाड़ी को भीड़ ने उजीना में घेर लिया और सवारियों सहित आग लगा दी है जिसमें सवार चार आदमी ज़िन्दा जला दिये हैं। बात सही निकली। कल 1.2.93 तक उन लोगों का अन्तिम संस्कार नहीं हुआ है क्योंकि कई हज़ार भीड़ यह माँग कर रही है कि जलाने वाले लोगों को सज़ा दी जाये और भी उनकी कई माँगें हैं।

हालात बेहद नाज़ुक हैं और कब क्या हो जाये, कहा नहीं जा सकता। राजनीतिक लोग अपने-अपने नफ़ा-नुकसान के नज़रिये से देख रहे हैं। पुलिस पहले भी निष्क्रिय थी आज भी निष्क्रिय है। इस इलाक़े में कड़वाहट पूरी तरह से भर दी गयी है। आज हर आदमी दूसरे को शक की नज़र से देख रहा है। प्रशासन ने कोई कारगर क़दम नहीं उठाया है, कोई अपना वोट बनाना चाहता है, कोई अपनी वोट बिगड़ने नहीं देना चाहता। मैं दोनों समुदायों के आन्तरिक तनावों को देखकर कह रहा हूँ कि पता नहीं यहाँ कब क्या हो जाये, कुछ कहा नहीं जा सकता। घात-प्रतिघात का खेल बहुत घिनौना रूप ले सकता है। 7 दिसम्बर को जान का नुकसान नहीं था वो कमी भी पूरी हो गयी। मुझे डर है कि इस क्षेत्र में अब बाहरी हस्तक्षेप इतना बढ़ सकता है कि यहाँ अपराध और हत्याएँ आम हो सकते हैं। शान्ति और सद्भाव खुलकर शायद लम्बे अरसे की बात हो जाये। नियन्त्रित शान्ति तो यूँ अब भी है। हर शख़्स आज डरा, सहमा हुआ है। हालात क़ाबू में है (सरकारी नज़र में) लेकिन मेरे ख़याल से ये तूफ़ान पूर्व की ख़ामोशी है। दोनों समुदाय अपनी-अपनी जगह तैयारियों में हैं। शान्ति

की ज़ंजीर सियासी देवताओं के हाथों में है। अब आप स्वयं अन्दाज़ा लगा सकते हैं कि कैसी शान्ति, कैसा सद्भाव मिलेगा मेवात को।

इस अँधेरे में भी बेशुमार शख़्स शान्ति की दुआ माँग रहे हैं। प्यार की तलाश में हैं जो मेवात से छीन लिया गया है। आज के ताज़ा व गहरे घाव शायद वक़्त भर दे, मैं यक़ीन से नहीं कह सकता क्योंकि जब तक सियासत के हाथों में शान्ति और सद्भाव की पताका रहेगी तब तक आग धधकेगी या अन्दर ही अन्दर पनपेगी।

हरियाणा साहित्य अकादमी का कार्यक्रम गाँव में कराने का इरादा था। मुख्यमन्त्री से बात हुई है। मुख्यमन्त्री स्वयं ही इस कार्यक्रम का उद्घाटन करेंगे। हालात सही होने पर शायद तारीख़ तय हो जायेगी। प्रारम्भिक स्वीकृति मुख्यमन्त्री ने दे दी है, अब सिर्फ़ हालात ठीक होने की बात है। लेकिन बदले हालातों में क्या कब कुछ हो जाये कहा नहीं जा सकता। मेवात उस मनहूस दौर को झेल रहा है जिसके बारे में सिर्फ़ सुना था। यह कितना बुरा है पहली बार देखा-परखा है। या ख़ुदा इस मुल्क को इस बुरी साम्प्रदायिकता से बरी कर। यही दुआ है, यही नमाज़ है, यही आवाज़ है।

आपका कर्फ़्यू पीड़ित साथी,
फ़जरुद्दीन बशर
साकरस

इन तथाकथित सद्भावना रैलियों ने मेवाती समाज में इस तरह कटुता भर दी कि मेवात के कुछ बड़े क़स्बों में कुछ दिनों तक मेव समुदाय द्वारा हिन्दुओं का आर्थिक बहिष्कार तक किया गया। इस बहिष्कार के पीछे मेवात के कुछ राजनेताओं की परोक्ष भूमिका और समर्थन भी था। एक तरह से इस समर्थन के पीछे मेवात के हिन्दुओं में भय पैदा करने की मंशा थी, ताकि वे मेवात से पलायन कर जाएँ। अपनी इस रणनीति में वे क़ामयाब हो भी गये। इस भय और असुरक्षा के चलते, जिसकी शुरुआत 1990 में रथ यात्रा के दौरान हो चुकी थी, मेवात के बड़े क़स्बों और गाँवों से बनिया, ब्राह्मण और विशेषकर वह पंजाबी समुदाय जो विभाजन के समय मेवात में आया था, अपनी ज़मीन-जायदाद बेचकर शहरों में आ गये। मेवात में जो गंगा-जमुनी तहज़ीब सदियों से क़ायम थी, वह यहाँ के इन राजनेताओं द्वारा पैदा किये गये अविश्वास के चलते भरभरा कर ढह गयी। यह अविश्वास आज भी इन दोनों समुदायों के दिल के कोने में बना हुआ है। इस दौर का सबसे दिलचस्प पहलू यह था कि मेवात के दो

बड़े राजनीतिक प्रतिद्वन्द्वी चौधरी तैयब हुसैन और चौधरी ख़ुर्शीद अहमद तथा उनके समर्थक इस बहिष्कार का न केवल खुला समर्थन कर रहे थे बल्कि आम मेवों पर इसके लिए दबाव भी डाल रहे थे। राजनीति में ऐसी विद्रूपताएँ और विडम्बनाएँ हमें प्रायः देखने को मिल जाती हैं। हालाँकि इस आर्थिक बहिष्कार को ख़त्म करने में बड़ी भूमिका और पहल मेव समुदाय की उन छोटी जातियों ने की, जो आर्थिक रूप से कमज़ोर थीं। धीरे-धीरे मेवों और हिन्दुओं के बीच आपसी भाईचारे की जो बुनियाद हिल गयी थी, वह फिर से मज़बूत होने लगी। हालाँकि वैसी मज़बूती उसमें नहीं रही जो 6 दिसम्बर, 1992 या 1990 में रथ यात्रा से पहले थी। इसकी कमज़ोर दरारों से इसके दरकने के चिह्न गाहे-बगाहे हमें आज भी देखने को मिल जाते हैं। वास्तव में 6 दिसम्बर एक तरह से मेवात के लिए दूसरा 'पार्टीशन' साबित हुआ।

मेवात के इस भाईचारे और सदियों से चले आ रहे सांस्कृतिक व सामाजिक सौहार्द के चटकने के बाद, मोहन सिंह पैलेस के कॉफ़ी हाउस की खुली छत पर हिन्दू-मुस्लिम साम्प्रदायिकता को लेकर होती बहस-मुबाहिसों का मर्म अब मेरी समझ में आने लगा था। मेवात को लेकर मन और दिमाग़ में एक बड़ा काम करने की जो योजना धीरे-धीरे पल्लवित हो रही थी; उसे 6 दिसम्बर, 1992 की घटना और इसके बाद यहाँ हुई प्रतिक्रियाओं ने मूर्त रूप देने का साहस प्रदान कर दिया। मन शायद बार-बार ऐसे ही किसी विडम्बनापूर्ण व दुर्भाग्यपूर्ण पल का इन्तज़ार कर रहा था। महीनों तक दिलो-दिमाग़ दोनों में मन्थन चलता रहा। जब लगा कि अब समय आ गया है, अपने अतीत, स्मृतियों और वर्तमान की अनुकृतियों को शब्दों के माध्यम से काग़ज़ पर उतारने का, तब धीरे-धीरे एक बड़ी रचना जन्म लेने लगी। 1999 में 'काला पहाड़' शीर्षक से प्रकाशित होकर आया उपन्यास दरअसल स्मृतियों के बिखेरने, तथा मेवात जैसे समाजों की प्रबल जिजीविषा और अदम्यता का ऐसा आख्यान है, जो हमारे छिन्न-भिन्न होते चेतनात्मक व एकात्मता को चित्रित करता है।

1993 तक अपनी यात्रा तय कर यह स्मृति-कथा अपनी भोली यादों को भुलाने की एक छोटी-सी बेमानी कोशिश है। बेमानी नहीं तो और क्या है? भला, ख़ुर्शीद मंज़िल, गोलकुंडा, हैदराबाद के पते पर लिखी गयी आयशा के दुःखों की इबारतों को भुलाया जा सकता है? हरसाय खटीक की लड़की फूल के पति के नाम लिखे गये पत्रों में 'सरस्वती चन्द्र' के फूल तुम्हें भेजा है ख़त में/ फूल नहीं मेरा दिल है गीत की इन पंक्तियों को भुलाया जा सकता है? चलो, इन्हें भी भुला दूँ तो क्या मास्टर टेकचन्द टुटेजा के घर से बोसा के साथ लाये

गये घी-बूरा की उस गन्ध को भुला दूँ, जो आज भी नथुनों में समायी हुई है? किस-किस को भुलाऊँ, रोटियों के ताज़ा-ताज़ा उस स्वाद को, जिसे कमबख़्त भूख ने बन्द कनस्तर से चुराने पर मजबूर कर दिया था? या फिर उन फ़रेबों को एक दास्तान समझकर भूल जाऊँ जिनकी खरोंचें आज भी स्मृतियों में एकदम ताज़ा हैं? सच तो यह है कि यादें कभी भुलायी नहीं जाती हैं। भले ही हम उन्हें भुलाने की लाख कोशिश करें। क्या ताप के उन ताये दिनों को भूलना इतना आसान है, शायद नहीं। ये तो वे यादें हैं जिन्होंने मुझे थपकी देते हुए इतना बड़ा किया है। आज पीछे पलटकर धुँधली पड़ चुकी, मटमैली, उदास तस्वीरों में अपने आपको ढूँढ़ने की कोशिश करता हूँ, तो लगता है मानो ज़िद्दी बच्चे-से स्मृतियों के नन्हे हाथ, अतीत के पाँवों से लिपट वापस लौट आने की गुहार करते हैं। मगर बेरहम अतीत पाँवों को इनसे ज़बरन छुड़ा, उसे अकेला छोड़ वापस लौट जाता है। इसीलिए अहमद नदीम कासमी के शब्दों को उधार लेते हुए कहूँ, तो यह स्मृति-कथा सिवाय इसके कुछ नहीं है कि–

फिर आज खेल रहा हूँ पुरानी यादों से।
यही तो आख़िरी कोशिश है भूल जाने की ॥

❑❑